W0356363

LA FABRIQUE DE L'HUMANITÉ

PASCAL BOYER

LA FABRIQUE DE L'HUMANITÉ

Traduit de l'anglais
par Abel Gerschenfeld

Robert Laffont

Titre original : *Minds Make Societies*

© Pascal Boyer, première publication par Yale University Press, 2018
Traduction française : Éditions Robert Laffont, S.A.S., Paris, 2022

ISBN : 978-2-221-25679-4
(édition originale : 978-0-300-22345-3)
Dépôt légal : mai 2022
Éditions Robert Laffont – 92, avenue de France, 75013 Paris

Sommaire

Introduction – Les sociétés humaines
en tant qu'objets naturels 9

I – Pourquoi y a-t-il des conflits entre groupes ? 55
II – Esprits sains, croyances étranges
et folie des foules 105
III – Pourquoi existe-t-il des religions...
et pourquoi sont-elles si récentes ? 145
IV – La famille naturelle existe-t-elle ? 193
V – Les sociétés peuvent-elles être justes ? 251
VI – L'esprit humain peut-il comprendre la société ? 311

Conclusion 373
Remerciements 421
Bibliographie 423

Introduction

Les sociétés humaines en tant qu'objets naturels

Pourquoi la société serait-elle un mystère ? Pourquoi les sociétés humaines ne pourraient-elles être décrites avec la même minutie et le même succès que le reste de la nature ? N'avons-nous pas de bonnes raisons de vouloir comprendre les processus sociaux, tant leur impact sur nos vies est grand ? La science est ce que l'on a trouvé de mieux jusqu'à présent pour comprendre le monde. Une science de ce qui constitue les sociétés humaines est, à n'en pas douter, éminemment souhaitable. Or, jusqu'à peu, il n'existait rien de tel. Ce n'était pas faute d'avoir essayé. Des siècles durant, les spécialistes ont accumulé toutes sortes de données pertinentes sur différents types de sociétés. Ils ont essayé de comparer les endroits et les périodes pour donner un sens à l'ensemble, souvent en cherchant, sans grand succès, des principes sociaux ou historiques qui auraient eu la clarté des lois naturelles. À bien des reprises, cette entreprise s'est avérée fascinante et surprenante, depuis Ibn Khaldoun et Montesquieu jusqu'à Tocqueville, Adam Smith et Max Weber – et beaucoup d'autres encore. Mais on aurait eu du mal à parler de progrès cumulatif.

Or, les choses sont en train de changer, surtout parce que la biologie évolutive, la génétique, la psychologie, l'économie ainsi que d'autres disciplines montrent la voie d'une compréhension unifiée du comportement humain. En quelques décennies, de grands progrès ont été accomplis dans tout cet ensemble de domaines, rendant possible d'expliquer ce qui fait de nous des êtres spéciaux – en particulier à cause de notre aptitude à vivre en société.

Le principal moteur de ce progrès a été une rupture radicale avec la tradition. À un certain stade de leur histoire, les sciences sociales ont commis l'erreur désastreuse de décréter que la psychologie et l'évolution étaient sans importance. L'idée était que la compréhension de l'histoire et des sociétés humaines ne demanderait pas une connaissance poussée de la manière dont les humains ont évolué ni de leur biologie. Selon ce point de vue, la raison pour laquelle nous avons des poumons et des cœurs, la manière dont fonctionnent notre digestion et notre reproduction, n'ont rien à nous apprendre sur la prise de la Bastille ou la révolution industrielle.

Or, c'est complètement faux. La biologie évolutive et la psychologie, ainsi que d'autres sciences empiriques, jouent un rôle crucial dans l'explication de tels événements et des processus sociaux en général. Au cours des cinquante dernières années, l'étude scientifique de l'espèce humaine a fait de grands progrès, nous offrant une connaissance de plus en plus fine de notre fonctionnement mental, de l'impact de l'évolution sur nos organismes, ainsi que des modèles formels des interactions humaines et de la manière dont ces interactions locales donnent naissance à des dynamiques globales.

Cela faisait un moment que l'on attendait les avancées d'une telle perspective unifiée sur les sociétés humaines[1]. Mais

1. Hinde, 1987 ; Rosenberg, 1980 ; E. O. Wilson, 1998.

c'est seulement depuis peu que l'étude de la manière dont les humains forment et font fonctionner des groupes a acquis ses lettres de noblesse scientifiques. Il reste beaucoup de questions difficiles à régler et beaucoup d'incertitudes frustrantes – mais le plus surprenant est que cela produit des réponses claires.

Que s'agirait-il d'expliquer ?

Il ne faut jamais commencer par la théorie. Plutôt qu'une liste de principes premiers et de déductions, je vous propose un assemblage, une liste dépareillée, fragmentaire et non structurée de phénomènes que nous aimerions voir expliqués par une science sociale en bonne et due forme.

POURQUOI LES GENS CROIENT-ILS TANT DE CHOSES MANIFESTEMENT FAUSSES ?

Partout dans le monde, un grand nombre de gens croient des choses que d'autres jugent clairement absurdes. Il est vaste, le répertoire de ce qui est raisonnable ici et sans queue ni tête ailleurs. Certaines personnes pensent que des inconnus peuvent vous dérober votre pénis, tandis que d'autres croient qu'il suffit de réciter une formule pour que quelqu'un tombe amoureux de vous. Les gens partagent toutes sortes de rumeurs et de légendes urbaines. Certains pensent que la pandémie de sida a été montée par les services secrets. D'autres que la maladie et le malheur sont dus aux machinations de sorcières. Les esprits humains semblent particulièrement vulnérables à de mauvaises informations, et le progrès scientifique et technique ne semble pas y pouvoir grand-chose.

Pourquoi la domination politique existe-t-elle ?

Comme on l'a dit, l'homme naît partout libre mais vit partout enchaîné. Pourquoi les humains supportent-ils la domination ? Les spécialistes en sciences sociales ne devraient-ils pas chercher à expliquer comment la domination politique émerge et perdure dans les sociétés humaines ? Ne devraient-ils pas chercher à expliquer la soumission des Chinois à des empereurs autocratiques pendant la majeure partie de leur histoire, les passions déchaînées par la démagogie nationaliste au XXe siècle en Europe, l'acceptation de régimes communistes totalitaires pendant soixante-dix ans ou la tolérance à l'égard de dictateurs kleptocrates dans bien des pays de l'Afrique contemporaine ? S'il est vrai que l'histoire de la plupart des sociétés est l'histoire de la domination par les rois, les seigneurs de la guerre et autres élites, qu'est-ce qui rend cette oppression possible, et durable ?

Pourquoi les gens sont-ils si préoccupés par l'identité ethnique ?

Partout dans le monde, depuis toujours, les gens considèrent qu'ils appartiennent à des groupes, le plus souvent des groupes ethniques, qui pensent avoir des ancêtres communs. Les gens considèrent aussi que le monde est un jeu à somme nulle entre leur propre groupe et ceux des autres, ce qui sert à justifier toutes sortes de discriminations et peut conduire facilement à des conflits ethniques, voire à la guerre. Pourquoi ces idées exercent-elles une telle fascination sur les gens, qui semblent prêts à subir des coûts importants en poursuivant leurs idées de rivalité ethnique ?

Pourquoi les hommes et les femmes sont-ils différents ?

Dans toutes les sociétés humaines, il existe des rôles de genre distincts, c'est-à-dire des attentes quant au comportement typique des hommes et des femmes. Pourquoi ? Ces rôles sont-ils liés à des différences anatomiques et physiologiques ? Et d'ailleurs, s'il existe des rôles de genre distincts, pourquoi sont-ils si souvent associés à des différences d'influence et de pouvoir ?

Existe-t-il différents modèles possibles de famille ?

On débat beaucoup de la forme appropriée ou naturelle de la famille. Mais une telle chose existe-t-elle, tout simplement ? Certes, les enfants ont besoin de parents, mais combien ? Et lesquels ? Et dans quel arrangement ? Ces débats sont souvent formulés de manière idéologique et les faits scientifiques n'y trouvent pas toujours leur place. Mais que dit la science de la diversité et des caractéristiques partagées par toutes les familles humaines ? Cela nous apprend-il quelles formes de famille sont plus viables que d'autres, ou quels problèmes elles rencontrent ?

Pourquoi les humains coopèrent-ils si peu ?

Les humains dépensent beaucoup d'énergie dans les conflits, entre individus et entre groupes. La fréquence et la nature des conflits, et leur tendance à déboucher sur de la violence, varient beaucoup selon les lieux. Qu'est-ce qui explique de telles différences ? Le conflit entre humains est-il une conséquence inévitable de leur nature ? Autrefois, on pensait qu'il existait une pulsion agressive chez les humains qui était libérée de temps à autre, un peu comme lorsque la pression monte à l'intérieur d'une cocotte jusqu'au moment où la vapeur s'échappe par la soupape de sécurité. S'agit-il d'une description raisonnable des motivations humaines ? Si non, quelle est donc l'explication de la violence et de l'agressivité ?

Pourquoi les humains coopèrent-ils autant ?

À l'opposé du conflit, il y a la coopération, qui fait sans doute moins parler d'elle parce qu'elle est omniprésente et donc invisible. Les humains sont incroyablement coopératifs. Ils se lancent régulièrement dans des entreprises collectives en vue desquelles ils coordonnent leurs actions pour parvenir à de meilleurs résultats que lorsqu'ils s'y prennent individuellement. Dans les sociétés de petite taille, les gens chassent ou cueillent ensemble, et souvent ils partagent la totalité du résultat. Dans les sociétés modernes, les gens adhèrent à des associations ou à des partis politiques pour réaliser certains buts. Les humains possèdent-ils un instinct coopératif ? Si tel est le cas, quelles conditions favorisent ou empêchent son expression ?

La société peut-elle être juste ?

Dans la plupart des sociétés humaines, il existe des distinctions de rang et/ou de classe, et le processus de production peut aboutir à des inégalités de revenus et de richesses. Dans certains cas, la différence semble être simplement le résultat de la domination politique. Les seigneurs de la guerre, les aristocrates, les dictateurs ou la nomenklatura des régimes communistes accaparent tout simplement les meilleures ressources. Mais dans la plupart des démocraties modernes, le processus économique conduit aussi à des résultats inéquitables. La principale question de la politique moderne est : que faire face à de tels résultats ? Mais cette question en soulève elle-même de nombreuses autres, auxquelles les chercheurs devraient s'efforcer de répondre. Par exemple : que veulent dire les gens exactement lorsqu'ils affirment qu'ils souhaitent une société juste ? Pourquoi, alors qu'ils affirment partager ce même but, les gens défendent-ils des politiques diamétralement opposées ? Existe-t-il une notion humaine de justice, commune à tous, ou varie-t-elle d'un endroit à l'autre ? Les humains peuvent-ils vraiment comprendre les processus complexes qui aboutissent à des résultats injustes ou inégaux ?

Peut-on expliquer la morale ?

Pourquoi réagissons-nous si fortement lorsque nous sommes témoins de transgressions morales ? Partout dans le monde, les gens ont des normes morales et formulent des jugements moraux, mais le font-ils sur la base des mêmes valeurs ? Comment la morale pénètre-t-elle dans l'esprit de jeunes enfants ? Beaucoup de moralistes ont décrit la nature humaine comme étant foncièrement amorale, laissant entendre que les sentiments et motivations éthiques ont été plantés dans nos esprits par la « société ». Or, comment cela est-il possible ?

Pourquoi des religions ?

On trouve des religions un peu partout dans le monde. Dans les sociétés de petite taille, il n'y a pas d'organisations religieuses mais il est souvent question d'esprits et d'ancêtres. Les humains ont-ils une sensibilité particulière pour de telles notions ? Avons-nous un instinct religieux, une partie spécifique de notre esprit qui s'occupe de ces idées concernant les pouvoirs et les agents surnaturels ? Ou bien, au contraire, ces représentations religieuses sont-elles le signe d'un dysfonctionnement de l'esprit ? Quoi qu'il en soit, comment expliquer que les activités religieuses ont une dimension collective ? D'où vient que les humains ont une telle variété d'idées religieuses ?

Pourquoi les gens surveillent-ils ou cherchent-ils à réguler le comportement d'autrui ?

Partout dans le monde, les gens manifestent un grand intérêt pour la moralisation, la régulation et de manière générale le contrôle du comportement d'autrui. Cela est particulièrement vrai dans les petits groupes sociaux, où l'on vit sous ce que les anthropologues appellent la « tyrannie des cousins ». Mais dans nos sociétés modernes, de grande taille, les gens s'intéressent tout autant aux mœurs des autres, à leurs préférences sexuelles, à la manière dont ils se marient ou aux drogues qu'ils consomment. Ce n'est pas qu'une affaire d'intérêt personnel, d'où l'inévitable question : est-il dans la nature des êtres humains de se mêler des affaires des autres ?

Cette liste disparate n'obéit à aucun ordre particulier et n'a aucune cohérence non plus – certaines de ces questions sont très générales et d'autres bien plus spécifiques. Beaucoup sont des questions sur lesquelles philosophes et auteurs s'échinent depuis des siècles et d'autres exigent une connaissance de notre préhistoire. Des gens d'un autre temps ou d'une autre planète poseraient certainement des questions différentes ou les formuleraient autrement. Mon but est plutôt de suggérer le type de questions sur lesquelles devraient se pencher les chercheurs en sciences sociales.

Certaines sont au centre des débats dans notre monde moderne, par exemple le rôle de l'identité culturelle dans la fabrication de nations, l'effet des systèmes économiques sur la justice sociale, les modèles possibles de la famille et des relations de genre, les dangers de l'extrémisme religieux ou les conséquences de ce que l'on appelle la « révolution de l'information ». Comme il s'agit de questions pressantes et importantes, il existe une forte demande pour des réponses faciles, de grande ampleur, qui décriraient, prescriraient et nous expliqueraient le fonctionnement de la société ainsi que la manière de l'améliorer. Beaucoup d'idéologies politiques reposent sur ces promesses d'une réponse magique à ce type d'interrogation et représentent en plus un guide en vue de l'action – elles nous fournissent une solution à la fois claire, plausible et fausse, comme l'a dit le satiriste américain H. L. Mencken.

Il est possible de faire mieux. On peut, en prenant du recul, se demander ce que l'on sait exactement des dispositions humaines, des capacités et des préférences impliquées dans ces comportements. Le volume de ce que l'on sait déjà est considérable. Par exemple, on sait comment l'esprit acquiert des croyances et comment il perçoit les autres groupes, on sait quelles motivations interviennent dans la fondation et l'entretien des familles et quels processus font que les gens sont à la fois si différents, et si semblables[1].

1. Sanderson, 2014.

Règle 1 : Voir l'étrange dans le familier

Il arrive que les springboks, une sorte de gazelle, bondissent vigoureusement lorsqu'ils aperçoivent un lion, ce qui ne semble pas une très bonne idée, puisque cela ne fait qu'attirer l'attention des prédateurs se trouvant dans les parages. Les paons, c'est connu, exhibent une longue queue qui ne sert à rien, formée de longues plumes magnifiques. Ces traits et ces comportements ont de quoi surprendre. Il semble que les gazelles feraient mieux de se tenir tranquilles et que les paons dépensent beaucoup d'énergie à transporter des ornements imposants.

Un anthropologue extraterrestre serait tout aussi ébahi par bien des aspects du comportement humain. Pourquoi les humains forment-ils des groupes stables, qui sont souvent en concurrence et parfois en conflit les uns avec les autres ? Pourquoi sont-ils si attachés à leurs groupes, parfois au détriment de leur propre bien-être ? Pourquoi s'inventer des divinités et se livrer à des cérémonies religieuses ? Pourquoi les hommes et les femmes forment-ils des unions stables et élèvent-ils ensemble leurs enfants ? Pourquoi les gens se soucient-ils à ce point de la justice et de l'inégalité ? La liste continue, et elle est longue.

Autrefois, les anthropologues culturels encourageaient leurs étudiants à se plonger dans les normes et les pratiques d'habitants de régions reculées, partant de l'idée raisonnable que la familiarité est l'un des principaux obstacles à la compréhension des phénomènes sociaux. Beaucoup d'éleveurs d'Afrique orientale trouvent parfaitement raisonnable de sacrifier un taureau à des ancêtres pour les apaiser. Le fait de disposer de toute une organisation, dotée de bâtiments et de personnel spécialisé, vouée à la gestion des rapports avec des divinités invisibles, paraît tout aussi raisonnable à nombre de chrétiens et de musulmans. Ce n'est que confrontés à des coutumes inhabituelles que nous recherchons des explications. Après tout, c'est à un aristocrate français que l'on doit la meilleure description de la jeune république américaine. Tocqueville connaissait bien l'absolutisme de l'Ancien Régime et avait survécu à la Terreur – raison pour laquelle, justement, il voyait dans la démocratie américaine une curieuse singularité, qui demandait à être expliquée.

Pour comprendre des caractéristiques très générales des cultures humaines, comme l'existence du mariage, des croyances religieuses ou des sentiments moraux, il faut appliquer la même procédure d'éloignement. Mais cette fois il s'agit de faire un saut plus radical, de nous éloigner non seulement de notre propre société, mais de l'humanité elle-même. Comment s'y prendre ? L'économiste Paul Seabright a suggéré que, pour considérer le comportement humain, nous pourrions adopter le point de vue d'autres animaux. Si les bonobos, par exemple, étudiaient les humains, ils s'étonneraient du temps et de l'énergie que nous consacrons au sexe, à y penser, à souhaiter qu'il se produise, à l'imaginer, à le chanter, à en parler et à écrire à son sujet, tout en pratiquant la chose elle-même très rarement – rarement, du moins, si l'on songe au temps que les bonobos passent à copuler. Les gorilles non plus n'en reviendraient pas que le chef de groupes d'humains ne soit pas toujours l'individu le plus baraqué, et ils ne cesseraient de s'interroger sur la manière dont des gringalets arrivent à avoir de l'autorité sur des brutes épaisses. Un chimpanzé anthropologue se demanderait comment nous faisons pour nous assembler en des foules importantes sans qu'éclatent tout le temps des bagarres, pourquoi nous demeurons attachés au même partenaire sexuel durant des années, et pourquoi, chez nous, les pères s'intéressent autant à leur descendance[1].

1. Seabright, 2012, pp. 15-61.

Mais nous n'avons pas besoin de nous mettre à la place d'un gorille ou d'un chimpanzé, car nous pouvons observer le comportement humain de l'extérieur, pour ainsi dire, grâce à la théorie de l'évolution. En fait, elle nous oblige même à le faire. Conjointement à d'autres disciplines pertinentes, elle nous fournit les outils indispensables. L'idée centrale de l'approche évolutionniste est que les capacités et dispositions qui nous distinguent des autres organismes sont là parce qu'elles ont contribué au succès reproductif de nos ancêtres. Vues sous cet angle évolutionniste, les cultures humaines dans leur ensemble paraissent on ne peut plus étranges, toutes leurs coutumes semblent demander à être expliquées. Ce à quoi les humains consacrent la plus grande partie de leur temps, en formant des groupes, en se mariant, en ayant des enfants et en les élevant, devient quelque peu mystérieux. Il aurait pu en être autrement. Et chez la plupart des espèces animales, ça l'est. Comme l'a dit l'anthropologue Rob Foley, seule l'évolution permet d'expliquer les nombreuses manières dont nous sommes une espèce unique de plus[1].

La perspective évolutionniste nous permet aussi de dépasser toutes les réponses faciles qui surgissent bien trop souvent dans nos réflexions spontanées sur le comportement humain. Pourquoi les gens veulent-ils avoir des rapports sexuels ? Parce que c'est agréable. Pourquoi les humains aiment-ils tellement le gras et le sucré ? Parce qu'ils ont bon goût. Pourquoi détestons-nous le vomi ? Parce qu'il a une odeur épouvantable. Pourquoi la plupart des gens apprécient-ils la compagnie des personnes drôles ? Parce que rire, ça fait du bien. Pourquoi les gens sont-ils souvent xénophobes ? Parce qu'ils préfèrent leurs propres mœurs et coutumes à celles des autres.

D'un point de vue évolutionniste, ces explications sont à l'envers. Nous n'aimons pas le sucre parce qu'il a bon goût

1. Foley, 1987.

et ne détestons pas le vomi pour son odeur. En fait, si nous trouvons l'un délicieux et l'autre répugnant, c'est parce que nous sommes ainsi faits que nous recherchons le premier et évitons le second. Dans les environnements de notre évolution, le sucre était si rare que l'apprécier pouvait être une bonne stratégie et le vomi était certainement rempli de toxines et de pathogènes. Les individus qui manifestaient de telles préférences un peu plus que les autres pouvaient tirer plus de calories et moins de substances dangereuses de leur environnement. En moyenne, ces individus avaient des chances légèrement meilleures d'avoir une descendance plus nombreuse que les autres. En des termes plus précis, certains gènes dotaient les organismes d'un intérêt modéré pour les fruits mûrs, tandis que d'autres variantes s'accompagnaient d'une motivation plus forte pour leur consommation. Ces derniers gènes sont progressivement devenus plus fréquents dans les populations humaines. Tout cela veut simplement dire que le goût prononcé pour le sucre est une propriété des humains modernes produite par l'évolution, et il en est bien sûr de même pour l'évitement de la nourriture régurgitée. Cette logique évolutive, si facile à comprendre et encore plus facile à mal comprendre, est la clé des comportements humains, y compris des comportements sociaux.

D'accord, pourrait-on dire, admettons que notre nature évoluée puisse expliquer pourquoi nous vivons en société. Pourrait-elle expliquer toutes les manières dont nous vivons en société ? Après tout, les questions que j'ai énoncées plus haut concernent toutes des processus qui sont tous différents en différents lieux. Les relations familiales sont différentes en Islande, au Japon et au Congo. La manière dont nous envisageons les questions de justice sociale est certainement différente dans nos sociétés de masse modernes, dans les royaumes agraires et chez les petites bandes de chasseurs-cueilleurs. Les doctrines religieuses et les croyances en la magie sont aussi très diverses selon les endroits. L'étude de la nature humaine évoluée, censée être la même dans tous ces endroits, nous permettra-t-elle d'expliquer des résultats aussi dissemblables ?

Pour répondre à cette question, il faudrait écrire tout un livre (comme vous l'aurez remarqué). Mais la réponse est, globalement, oui. Oui, nos capacités évoluées et nos dispositions expliquent la manière dont nous vivons en société, et nombre d'importantes différences selon le lieu et la période. Mais nous ne pouvons pas, et nous ne devons pas, essayer de le démontrer par des arguments théoriques. Il vaut mieux commencer par l'examen de certains domaines importants, comme l'organisation familiale humaine et l'existence de la domination politique puis, à partir de là, tirer des conclusions sur les dispositions concernées.

L'information se trouve dans les environnements

Pour comprendre la logique des explications évolutives, y compris l'explication de comportements sociaux complexes, nous devons décrire la manière dont les organismes, en général, collectent de l'information dans l'environnement. Plutôt qu'une longue digression théorique, commençons par un exemple.

Chez de nombreuses espèces d'oiseaux, la reproduction suit le rythme des saisons. Dès que commence le printemps, les mâles et les femelles se jaugent, choisissent un partenaire attirant, construisent un nid, s'accouplent et pondent quelques œufs qui vont rapidement éclore. Les parents élèvent leur descendance durant plusieurs semaines, puis partent chacun de leur côté. Avec l'arrivée de l'automne, le cycle pourrait en principe recommencer, mais à ce moment-là, les oiseaux semblent avoir perdu tout intérêt pour la reproduction et l'élevage des oisillons. Cela est raisonnable, la nourriture étant justement la plus abondante au moment précis où elle est nécessaire pour nourrir les petits. Chez les espèces migratoires, la fin de l'été et le début de l'automne correspondent aussi au moment où les individus renouvellent leur plumage et augmentent leur masse musculaire en prévision des longs voyages qui les attendent. Ils doivent donc s'occuper en priorité de leur propre subsistance au lieu de courir après de quoi nourrir leurs petits. Durant cette saison, dans de nombreuses espèces, la taille des organes sexuels diminue[1].

Ce cycle annuel de reproduction est une adaptation à l'écologie des latitudes tempérées et septentrionales en Eurasie et sur le continent américain. L'environnement ne permet pas d'élever plus d'une nichée par an, en comptant le temps nécessaire pour les parades nuptiales, la nidification, l'accouplement et l'élevage des oisillons. Pour réaliser cela, il est impératif de commencer dès le début du printemps. Dans ces conditions, il est optimal de se reproduire une fois par an. Cette disposition a évolué chez ces organismes, elle fait partie de ce que nous pouvons appeler leur « héritage évolutif ».

Mais *quid* de leurs gènes ? Rien dans leur génome ne semble leur imposer de ne se reproduire qu'une seule fois par an. Aucun mécanisme ne leur interdit de se reproduire à nouveau peu après avoir fini d'élever leur première nichée. En fait, le cycle annuel est déclenché par un système bien plus simple, qui produit des changements hormonaux menant à la reproduction seulement si la longueur des journées est supérieure à un seuil donné. Au printemps, les journées deviennent plus longues et cela déclenche une cascade de comportements dont le résultat est la reproduction.

Ainsi, un trait évolué (sous les latitudes tempérées et septentrionales, ne se reproduire qu'une fois par an) dépend de deux types d'information distincts. Il existe, à l'intérieur de l'organisme, une horloge à déclenchement hormonal (lorsque

1. Dawson *et al.*, 2001 ; Gwinner, 1996.

la longueur des jours dépasse une certaine valeur, elle incite à des comportements reproductifs). Autre information : à l'extérieur de l'organisme, les jours de longueur *j* surviennent deux fois par an à cause du mouvement de la Terre autour du Soleil. Naturellement, ces deux éléments peuvent se combiner pour produire un comportement spécifique en raison d'autres données physiques, comme le fait que la reproduction dure, du début à la fin, plus de *x* semaines, et que *x* est supérieur à l'intervalle entre deux jours de longueur *j*. L'important, ici, c'est de noter que l'évolution peut produire un trait ou un comportement chez des organismes sans qu'aucun gène particulier ne dicte ce trait ou ce comportement. Des propriétés stables de l'environnement fournissent l'information supplémentaire nécessaire, et la sélection naturelle n'a donc pas à s'en occuper par l'intermédiaire de gènes.

On peut estimer qu'il y a loin des grives et des fauvettes qui détectent qu'il est temps de se reproduire, à nos comportements humains complexes, comme l'invention de systèmes politiques et l'apprentissage de la technologie. En effet, la distance est grande car les humains acquièrent bien plus d'information à partir de sources bien plus variées dans leur environnement que d'autres organismes, et la majeure partie de ces informations provient d'autres humains. Mais les principes de l'information s'appliquent au cas complexe de la même manière qu'au cas simple. L'information, ce sont des états détectables du monde extérieur qui réduisent l'incertitude des états internes de l'organisme. Le processus exige un ensemble d'états internes possibles, organisés de telle manière qu'ils seront changés de manière prédictible par l'information reçue[1]. Les gènes et les structures complexes qu'ils aident à construire obéissent aux mêmes principes en interagissant avec les environnements.

1. Gallistel & King, 2011, pp. 2-25.

Règle II : pas d'information sans système de détection (évolué)

Jusque-là, tout va bien. Mais l'interaction des gènes et de l'environnement a des conséquences non intuitives. L'une d'elles est que l'« environnement » en général n'existe pas – pour des organismes dotés de certains gènes, il n'existe que des environnements spécifiques. Le fait que la durée du jour dépasse un certain seuil, à un certain moment de l'année, a des conséquences non négligeables sur les cerveaux de certains oiseaux. Mais cela laisse de marbre la plupart des autres organismes. Les bousiers continuent à manger et à digérer de la bouse avec le même enthousiasme, mais sont indifférents à ce qui excite tant les cailles et les fauvettes. Et ce n'est pas parce que les bousiers sont des organismes plus simples que les oiseaux. Souvent, l'animal apparemment plus simple perçoit des choses que les animaux plus complexes ignorent. Par exemple, les saumons et les anguilles sont capables de détecter des changements subtils dans la salinité de l'eau – un élément crucial pour ces poissons qui migrent de l'eau salée vers l'eau douce – mais de tels changements ne sont pas détectés par des organismes censés être plus complexes comme les canards, les loutres ou les humains[1]. Plus près de notre expérience ordinaire, une incroyable variété d'odeurs différentes fait partie de l'environnement d'un chien mais reste indécelable, dans l'ensemble, par nos cerveaux humains, pourtant plus complexes. C'est une caractéristique évoluée des saumons et des anguilles qui les rend capables de détecter les courants et la salinité, et d'en inférer la direction qu'ils doivent suivre. C'est à cause de la sélection génétique que certains oiseaux sont sensibles

1. Sola & Tongiorgi, 1996.

à la durée du jour ou à l'orientation du champ magnétique terrestre. Ce sont aussi leurs gènes qui font que les abeilles et les oiseaux sont sensibles à la polarisation de la lumière, alors que la plupart des mammifères ne le sont pas. L'information dans l'environnement n'affecte que les organismes dont les gènes produisent le dispositif nécessaire pour détecter ce type particulier d'information.

Mais nous avons bien du mal à appliquer ce principe simple aux humains. Nous acceptons sans discussion que les humains extraient toutes sortes d'informations de leur environnement, mais nous sommes incapables de voir que cela n'est possible que grâce à un équipement de détection spécialisé. Qu'on me pardonne un autre exemple. Prenons un aspect de notre environnement qui est une mine d'informations pertinentes : la direction du regard. D'un point de vue physique, lorsque nous avons les yeux ouverts, les tailles relatives des deux parties visibles de la sclère (la région blanche autour de l'iris) permettent de déduire la direction dans laquelle quelqu'un regarde, laquelle permet à son tour d'identifier l'objet auquel cette personne prête attention. Même les bébés savent que cette information est importante, car elle permet de déterminer ce à quoi s'intéresse quelqu'un et offre une fenêtre sur ses états mentaux invisibles[1]. Dans ce cas, pour tirer de l'information de l'environnement, il faut du savoir, parce que, *stricto sensu*, cette information est constituée d'indices (les deux régions blanches de l'œil) qui déclenchent des inférences spécifiques (une estimation du rapport entre les deux régions de la sclère), qui à leur tour conduisent, grâce à un peu de trigonométrie, au calcul d'une direction spécifique du regard, qui elle-même sous-tend une représentation ou un état mental (par exemple :

1. Butterworth, 2001 ; Onishi & Baillargeon, 2005 ; Surian, Caldi & Sperber, 2007 ; Woodward, 2003.

« Elle regarde le chat »). Ce calcul assez complexe repose non seulement sur une compétence géométrique, mais aussi sur un ensemble d'attentes préalables très précises. Autrement dit, le système ne peut calculer ce que vous regardez sans faire l'hypothèse, entre autres, qu'il existe bien une ligne continue entre les yeux et les objets, qu'il s'agit toujours d'une droite, qu'elle ne traverse pas les objets opaques, que l'attention se fixe en général sur des objets entiers, pas sur des parties d'objets, que le premier objet qui se trouve sur cette ligne est probablement celui qui attire l'attention, et ainsi de suite[1]. Ce sont des suppositions assez complexes et subtiles, mais elles sont indispensables pour déterminer ce que regarde quelqu'un, ce qui est bien moins simple qu'il n'y paraît.

Les subtilités ne s'arrêtent pas là. Le fait de savoir dans quelle direction regarde quelqu'un vous apprend aussi quelque chose sur les états mentaux de la personne. S'il y a quatre biscuits sur la table et que l'enfant regarde fixement l'un d'eux, lequel convoite-t-il ? Lequel saisira-t-il ? Ce type de déduction nous paraît très facile. Or, certains enfants autistes ont le plus grand mal à le faire et répondent au hasard. Ils vous diront sans peine quel biscuit l'enfant regarde. Ils savent également ce que vouloir quelque chose veut dire. Mais le lien entre regarder un biscuit et le convoiter reste opaque pour eux[2]. Une pathologie particulière est nécessaire pour le mettre en évidence : le rapport entre la direction du regard et l'intention est une information qui doit venir compléter notre compréhension de la scène. La préférence de l'enfant pour le biscuit n'est une information que si l'on dispose d'un système de détection approprié.

1. Harari *et al.*, 2016 ; Hooker *et al.*, 2003 ; Pelphrey, Morris & McCarthy, 2005.

2. Baron-Cohen, 1991, 1995.

C'est l'évolution qui détermine les systèmes de détection que possède un organisme. Les humains utilisent constamment la direction du regard pour inférer des états mentaux, une capacité incroyablement utile pour une espèce dont les membres dépendent de leurs interactions avec les autres pour survivre. Une capacité à inférer ce que d'autres regardent constitue un grand avantage si vous devez coordonner votre comportement avec le leur. Si l'on considère la détection du regard sous cet angle évolutif, on peut aussi s'attendre à ce que des animaux domestiques, en raison de leurs interactions avec nous, soient capables de détecter ce que nous regardons. C'est ce que l'on constate chez les chiens, dont la domestication s'est accompagnée d'interactions avec des humains en matière de protection et de chasse, deux activités où une compréhension minimale des intentions humaines représente un avantage. À l'inverse, il faut un long entraînement pour que des chimpanzés soient capables de suivre le regard des humains, et même dans ce cas leur performance n'est pas formidable – parce que leur histoire évolutive n'a pas comporté des interactions de leur attention avec celle des humains. C'est aussi la raison pour laquelle les chats domestiques, qui ne participent pas à des tâches coopératives avec des humains, sont incompétents dans ce domaine[1].

Au risque de me répéter, l'information n'est là que si vous avez le système de détection approprié – et si vous avez le système de détection approprié, c'est parce qu'en disposer, ou disposer d'une version un peu plus performante, a conféré à nos ancêtres un avantage au fil des générations. Mais cela crée justement un problème. Parce que nous disposons de ces systèmes de détection, et parce qu'ils fonctionnent de manière efficace, à l'insu de notre conscience, leur existence est parfaitement

1. Miklósi *et al.*, 1998 ; Povinelli & Eddy, 1996.

invisible à nos yeux. Pour nous, c'est comme si l'information n'attendait que d'être remarquée, en quelque sorte.

Cette manière de considérer que l'information est là, sans que nous ayons conscience qu'il faut un système spécialisé pour la détecter, est ce que les chercheurs appellent notre « réalisme spontané », ou notre « réalisme naïf ». C'est notre manière naturelle d'envisager comment nos esprits acquièrent de l'information : elle est là, et n'attend que d'être détectée[1]. Il est difficile de se défaire de ce réalisme spontané lorsque l'on considère des phénomènes sociaux complexes, comme la détection du prestige, ou de la beauté, ou du pouvoir. Car même le pouvoir est une qualité abstraite que ne peuvent détecter ceux qui ne disposent pas de l'équipement cognitif approprié. On pourrait penser qu'il n'y a rien de bien compliqué dans le fait de comprendre qui détient le pouvoir dans un groupe humain – après tout, certaines personnes donnent des ordres aux autres, comment ne pas s'en apercevoir ? Mais en raisonnant de la sorte, on tombe dans le piège du réalisme spontané. Les comportements que nous appelons « donner des ordres » ou « obéir » n'ont de sens que pour un système de détection qui scrute des comportements et les interprète comme exprimant des préférences, qui peut attribuer des préférences spécifiques à des individus spécifiques, qui peut identifier les éléments pertinents du comportement des individus, et qui présuppose bien plus de choses encore, par exemple que le rang est transitif, de sorte que si *a* est supérieur à *b* et *b* supérieur à *c*, alors *a* est supérieur à *c*. Les jeunes enfants ont déjà des intuitions sur les comportements qui rendent la domination manifeste, alors qu'ils ne savent pas grand-chose de ses conséquences dans la vie humaine[2]. Donc, pour redire ce qui a besoin d'être répété

1. Sellars, 1963 [1991].
2. Charafeddine *et al.*, 2015.

un grand nombre de fois, on ne peut pas trouver d'information dans l'environnement sans avoir l'équipement de détection correspondant. Mais nous avons de la chance : nous avons fait de grands progrès dans l'étude des systèmes spécialisés qui nous aident à extraire de l'information de notre environnement social, même à propos des différences subtiles de pouvoir, de prestige ou de beauté.

Apprendre à babiller, à être quelqu'un de bien et à avoir ses règles

Une autre conséquence de ce que nous venons de dire est que plus un organisme extrait de l'information de son environnement, plus ses systèmes de détection sont complexes. Si l'on prend le continuum de complexité qui mène des protozoaires et des cafards – des organismes relativement simples – aux rats et aux humains, on constate qu'il s'agit d'organismes qui tirent de plus en plus d'information de leur environnement. Or, les capacités de ces organismes sont elles-mêmes de plus en plus complexes. Pour acquérir plus d'information, il faut que le système contienne lui-même plus d'information. En fait, une bonne règle empirique de l'évolution cognitive veut que les organismes qui apprennent le plus de choses soient ceux qui en savent le plus au départ. (Les utilisateurs d'ordinateurs savent bien que les appareils qu'ils utilisent aujourd'hui, comparés aux « collectors » d'il y a une vingtaine d'années, sont capables d'« apprendre » bien plus de choses – c'est-à-dire de traiter des informations bien plus variées dans leur environnement numérique – parce qu'ils contiennent bien plus d'informations au départ, comme des systèmes d'exploitation plus complexes, que les machines plus anciennes.)

Les organismes plus complexes peuvent donc « apprendre » plus de choses que des organismes plus simples. Ici, « apprentissage » est une étiquette très générale et très vague que nous utilisons pour décrire toute situation dans laquelle un organisme acquiert une information extérieure qui modifie son état intérieur, ce qui modifie à son tour les recherches suivantes d'information. La plupart des comportements humains comportent une part importante d'apprentissage. Citons quelques exemples de la manière dont l'apprentissage se déroule dans les jeunes esprits.

Babiller

Dès la naissance (et même avant), les bébés font spontanément très attention à la parole, par opposition à d'autres sons, et sont capables de reconnaître le rythme et la prosodie caractéristiques de la langue de leur mère, qu'ils perçoivent de manière un peu étouffée durant les derniers mois de la grossesse. Au cours des premiers mois de vie, cela les conduit à ne prêter attention qu'aux sons récurrents qui sont pertinents dans leur langue et à ignorer le reste. Cette attention sélective est reflétée par le babillage, qui, au départ, est un mélange chaotique de tous les sons que l'on peut produire avec des cordes vocales, une bouche et une langue, et se limite progressivement aux sons du langage local[1]. Le fait de ne prêter attention qu'à des sons spécifiques permet ensuite aux bébés d'identifier les frontières entre les mots, ce qui n'est pas une mince affaire, car le flux de la parole est en général continu[2]. L'apprentissage procède donc par étapes – isoler le langage du

1. B. L. Davis & MacNeilage, 1995 ; Werker & Tees, 1999.
2. Estes & Lew-Williams, 2015.

reste, isoler les particularités de votre langage, isoler les sons pertinents du bruit ambiant, isoler les mots les uns des autres. Bien évidemment, chaque étape repose sur certaines attentes préalables – par exemple, que la parole existe, qu'elle est plus importante que d'autres sons, qu'il existe deux types d'unités récurrentes, les sons et les mots, et ainsi de suite[1]. À chaque étape, ces attentes permettent à l'organisme de se focaliser sur un aspect particulier de l'environnement sonore, et à chaque étape ces attentes sont modifiées à leur tour par le type d'information recueillie. En raison de ces attentes, les enfants font attention à certaines propriétés de la parole qui, à la différence d'autres, véhiculent des significations – ils s'attendent à ce que des différences récurrentes entre « bas » et « batte », ou entre « peau » et « pas », correspondent à des différences de sens, mais ils ne tiennent pas compte des différences entre la prononciation par un homme et par une femme du mot « batte », bien que le contraste acoustique soit aussi marqué. Les enfants acquièrent leur langue maternelle en interagissant avec d'autres locuteurs parce que certains systèmes mentaux très spécifiques les incitent à prêter attention à certaines propriétés des sons et à en ignorer d'autres.

Être quelqu'un de bien...

Les enfants acquièrent aussi des informations sur des réalités invisibles – la morale constituant un bon exemple à cet égard. La différence entre un comportement moral et un comportement immoral ne tient pas aux propriétés des comportements eux-mêmes. Selon les circonstances, il peut être criminel de donner votre argent, tout comme il peut être louable de frapper

1. Pinker, 1984.

quelqu'un. La valeur morale des actions ne pouvant être observée directement, les esprits humains doivent « peindre » des qualités morales sur les comportements. Comment un esprit en développement apprend-il à faire cela de la manière appropriée ?

Une explication tentante serait de dire que les enfants observent et ressentent les récompenses négatives associées aux comportements réprouvés sous forme de punitions, puis généralisent une certaine qualité négative à de nombreux autres comportements. Mais les choses ne sont pas si simples. Pour commencer, même les bébés sont sensibles aux comportements antisociaux. Ils n'aiment pas les poupées qui s'opposent ou font du mal à d'autres poupées – et cela bien avant qu'ils puissent expérimenter la réprobation ou la punition[1]. Et d'ailleurs, si les enfants essayaient effectivement de généraliser à partir de ce qui leur est présenté comme étant mal, comment le feraient-ils ? Dès leur plus jeune âge, les enfants font attention aux actions que d'autres, en particulier les adultes, approuvent ou condamnent. Mais les réactions des adultes ne servent pas à grand-chose en l'absence d'une compréhension de leurs raisons. On vous dira que ce n'est pas bien de s'en prendre à une vieille dame dans une ruelle obscure pour lui voler son sac à main. D'accord, mais comment concluez-vous qu'il est tout aussi mal d'abuser d'une personne aveugle ? On pourrait penser qu'il n'y a pas de difficulté particulière à cela – il suffira de remarquer que, dans les deux cas, quelqu'un profite de sa force ou de quelque autre avantage pour exploiter une personne vulnérable. Mais pour parvenir à cette généralisation, l'enfant doit faire appel, au moins de manière implicite, à des notions abstraites, par exemple, la liberté par opposition à la contrainte, l'échange par opposition à l'exploitation. Dans une certaine mesure, c'est exactement ce que font les enfants – leur première compré-

1. Hamlin, Wynn & Bloom, 2007.

hension intuitive de la coopération et de la justice les aide à donner un sens à des jugements moraux qui, à défaut de cela, resteraient incompréhensibles.

L'esprit humain possède un système d'apprentissage moral, un détecteur d'informations moralement pertinentes. Cela est clairement démontré par son absence chez certaines personnes. Les psychopathes sont des individus qui se développent de la manière que nous décrivons dans notre théorie naïve, lorsque nous disons que les humains apprennent la morale en généralisant à partir des punitions. Ces individus savent que certains comportements conduisent à des punitions, ce qui est contraire à leurs intérêts. Ils en concluent qu'ils doivent faire en sorte de profiter de ce qui leur fait plaisir tout en évitant les conséquences déplaisantes[1]. Ils survivent, et parfois prospèrent, en exploitant autrui tout en faisant leur possible pour tirer parti de comportements que d'autres trouveraient intuitivement répugnants parce qu'ils reposent sur l'exploitation d'autrui. Ce syndrome particulier a bien évidemment suscité beaucoup d'intérêt et il existe à présent une importante littérature sur les schémas d'activation cérébrale, les profils hormonaux et les modes de pensée qui y sont associés[2].

Donc, l'idée que l'enfant atteint une compréhension morale à partir de la culture locale simplement en observant et en généralisant des comportements est gravement défectueuse. Elle ne paraît plausible que si l'on ne se donne pas la peine de compléter cette description en précisant quelle information exactement est collectée, comment, quand, et par quel système.

1. Blair *et al.*, 1995.
2. Blair, 2007 ; Viding & Larsson, 2010.

… ET AVOIR DES BÉBÉS

Demandons-nous à présent comment les jeunes filles apprennent à avoir leurs règles. Voilà une idée absurde, direz-vous, mais certains aspects de la reproduction impliquent une sorte d'apprentissage. Prenons, par exemple, l'incidence des grossesses précoces dans certaines régions des États-Unis. Cela est associé avec le statut socio-économique et l'éducation. Les jeunes femmes défavorisées (dont le foyer appartient au quart inférieur de la population en matière de revenus) risquent bien davantage que des jeunes femmes plus aisées de tomber enceintes avant l'âge de vingt ans. Beaucoup de programmes d'aide sociale ont abordé ce problème comme s'il s'agissait d'une pathologie ou le résultat d'une ignorance quant à la reproduction. Mais ils étaient inefficaces et fondés sur des hypothèses discutables – dans les environnements urbains modernes, les jeunes femmes savent très bien que des rapports sexuels conduisent à la reproduction.

Si les grossesses précoces ne sont donc pas une simple aberration, pourquoi ont-elles lieu ? Des recherches de grande ampleur ont établi que les facteurs qui contribuent au phénomène sont nombreux. L'un des plus importants a de quoi surprendre : les jeunes femmes dont le père biologique, quelle qu'en soit la raison, est absent du foyer pendant leur petite enfance et avant l'âge de douze ans, risquent davantage d'avoir des rapports sexuels précoces, et donc de tomber enceintes à un jeune âge[1]. La séparation des parents, mais aussi le moment de leur séparation, sont fortement associés à des règles, à une sexualité et à des grossesses précoces[2]. Ces facteurs restent importants

1. Deardorff *et al.*, 2010 ; Ellis *et al.*, 2003 ; Ellis, Schlomer, Tilley & Butler, 2012 ; Nettle, Coall & Dickins, 2011 ; Quinlan, 2003.

2. Quinlan, Quinlan & Flinn, 2003 ; Flinn, Ward & Noone, 2005, p. 567 ; Jayakody & Kalil, 2002.

même lorsque l'on tient compte du statut socio-économique, de l'origine ethnique et d'autres facteurs sociaux. Mais quel rapport peut-il bien y avoir entre l'absence d'un père (longtemps avant la puberté) et une maturation sexuelle précoce ? Rien ne semble indiquer que cela soit lié à un déficit d'autorité parentale (ce sont les pères qui font la loi), à un statut économique inférieur, ou à certaines normes locales (les jeunes filles ne feraient qu'imiter ce qui se passe autour d'elles). En tout état de cause, aucun de ces facteurs ne permet d'expliquer le lien entre l'absence du père et la survenue des premières règles.

Une explication plus plausible, qui est encore en partie spéculative, fait appel à l'idée d'un apprentissage. Une jeune fille dont le père est absent interprète peut-être cette situation comme le signe que, dans son environnement, les pères ne s'intéressent pas en général à leur descendance. Si un investissement durable de la part de mâles de valeur est peu probable, et si votre propre situation a peu de chances de s'améliorer, une stratégie efficace peut être de dévaluer fortement l'avenir, autrement dit de maximiser votre descendance en lui donnant le jour le plus tôt possible[1]. Une telle stratégie s'offre surtout à de très jeunes femmes au sommet de leur attractivité sexuelle. Ces facteurs convergeraient pour favoriser une stratégie de reproduction précoce dans laquelle une femme aurait plus d'enfants, le plus tôt possible. Cette explication permet de comprendre d'autres caractéristiques du phénomène, comme le fait que les jeunes femmes sans père semblent s'intéresser davantage aux enfants, même si ces enfants ne leur sont pas apparentés. Bien sûr, il s'agit d'une interprétation provisoire, car il reste à remplir de nombreuses lacunes dans la chaîne causale proposée – et il faut énormément de données pour démêler les effets de ces différentes variables. Il est aussi possible qu'une partie de la

1. Edin & Kefalas, 2011.

variabilité de tels comportements soit due à des différences génétiques : les filles auraient alors tendance à reproduire les stratégies reproductives de leur mère, en partie parce qu'elles portent les mêmes gènes[1].

Naturellement, il n'est nul besoin dans ce cas d'une prise de décision consciente. Les jeunes femmes ne pensent pas dans ces termes quasi évolutionnistes qui évaluent les hommes sur le marché reproductif local en termes de coûts et bénéfices potentiels. Elles répondent plutôt à des motivations internes et à des préférences, dont l'attirance sexuelle, l'amour romantique, le désir d'enfants et la gratification qu'ils procurent. Ces processus inconscients traitent l'information pertinente présente dans l'environnement et favorisent l'une des stratégies reproductives qui s'offrent aux humains[2].

Les systèmes d'inférence intuitifs

J'ai cité ces exemples d'apprentissage pour illustrer certaines propriétés des systèmes mentaux qui structurent le comportement humain en collectant des quantités d'informations énormes dans l'environnement, entre autres à partir de ce que font et disent d'autres individus. L'apprentissage est rendu possible par un ensemble de mécanismes mentaux que j'appellerai dorénavant des « systèmes d'inférence intuitifs » (d'autres termes sont utilisés[3], « modules » et « systèmes à domaine spécifique »). Le terme « inférence » veut simplement dire qu'ils traitent de l'information et produisent une information modifiée conformément à certaines règles. Par exemple, pour transformer des sons en

1. Ellis *et al.*, 2012 ; Mendle *et al.*, 2009 ; Rowe, 2002 ; Waldron *et al.*, 2007.
2. Del Giudice, 2009a.
3. H. C. Barrett, 2014, pp. 316-319 ; P. Boyer & Barrett, 2015 ; Sperber, 2002.

significations, nous comptons, pour commencer, sur un système qui reçoit un flux de parole continu et le transforme en un flux de mots distincts, séparés par des frontières. Un autre système identifie alors des propriétés abstraites comme l'ordre des mots, ou les prépositions, ou les déclinaisons, si la langue locale est le russe, et d'autres informations de type morphologique, et il s'en sert pour analyser la phrase et obtenir une nouvelle représentation qui spécifie qui a fait quoi à qui et comment.

L'esprit humain comporte un grand nombre et une grande variété de systèmes de ce type, qui effectuent les calculs les plus divers, comme détecter la direction du regard, évaluer la beauté des gens, analyser les phrases, distinguer les amis des ennemis, détecter la présence de pathogènes, classer les animaux en espèces et en familles, créer des scènes visuelles en trois dimensions, entreprendre des actions coopératives, prédire la trajectoire d'objets solides, détecter des groupes sociaux dans notre communauté, tisser des liens émotionnels avec notre descendance, comprendre les récits, déterminer les traits de personnalité stables des gens, estimer si de la violence peut être productive ou contre-productive, penser aux êtres absents, apprendre quelles nourritures sont sûres, inférer les rapports de domination à partir des interactions sociales – et beaucoup d'autres encore. Ils constituent une galerie assez disparate, mais possèdent d'importantes propriétés communes.

Pour commencer, ces systèmes opèrent en général de manière inconsciente. Nous ne pouvons tout simplement pas être conscients de la manière dont nous identifions chaque mot du flux de parole en moins d'un dixième de seconde, dans une base de données qui peut contenir cinquante mille éléments lexicaux. De même, nous ne savons pas quels calculs exacts se déroulent quelque part dans notre esprit et nous amènent à conclure qu'un individu est séduisant ou repoussant. Nous n'avons pas besoin de raisonner explicitement pour être dégoûtés par des violations grossières de nos normes morales, comme s'en prendre à plus faible que soi ou trahir ses amis. C'est la raison pour laquelle nous disons que ces systèmes sont intuitifs, voulant dire par là qu'ils fournissent un certain résultat, par exemple l'impression qu'une certaine nourriture est répugnante ou qu'une certaine personne est un ami cher, sans que nous soyons conscients des opérations qui ont conduit à cette conclusion. Tout ce que nous pouvons rapporter, c'est la conclusion elle-même – à partir de laquelle nous pouvons ensuite raisonner, et que nous pouvons expliquer ou justifier. Mais l'intuition n'a pas besoin d'invoquer ces raisonnements.

Ensuite, il est clair que les systèmes d'inférence sont des dispositifs spécialisés[1]. Chez les jeunes filles, un système mental détecte la présence ou l'absence du père biologique, et plusieurs années plus tard, cela peut avoir pour effet de déclencher la puberté ainsi que produire des motivations pour l'activité sexuelle et la maternité. Les processus impliqués ici ne sont probablement pas utiles pour établir où se trouvent les frontières entre les mots d'une langue. Et l'apprentissage de la manière dont votre langue conjugue les verbes a sans doute peu d'effets sur votre développement moral. Ces systèmes sont relativement indépendants les uns des autres. C'est une conséquence peu surprenante du principe « Pas d'information sans détection ». Un système ne peut détecter un certain type d'information que s'il n'en détecte pas d'autre. Il n'y a de signal que si l'on n'ignore le bruit. Mais ce qui est du bruit pour certaines inférences – par exemple, les vêtements que vous portez ne changent pas la manière dont nous comprenons vos phrases – peut représenter un signal pour un autre, par exemple s'il s'agit de déterminer votre classe sociale ou votre

1. H. C. Barrett, 2014, pp. 26–27.

origine ethnique. Chaque système doit donc se concentrer sur certains types d'information[1].

Cela, bien sûr, nous est encore une fois familier grâce aux programmes d'ordinateur, qui sont différents de nos systèmes mentaux à bien des égards mais partagent cette propriété d'être composés de plusieurs sous-programmes avec des fonctions spécifiques. Le compteur de mots dans un traitement de texte nous dit combien de mots contient un texte. Le vérificateur d'orthographe nous signale les fautes d'orthographe en comparant les mots à un lexique en mémoire. Mais le compteur de mots ne voit pas les fautes d'orthographe et le vérificateur d'orthographe ne dit rien de la longueur d'un texte. Et aucun de ces deux systèmes n'est capable de vous dire si les mots que vous employez sont ordinaires ou recherchés. Tous ces calculs sont propres à un domaine, car chaque système effectue exclusivement un ensemble limité d'opérations pour traiter un type de données particulier à l'exclusion de tous les autres.

Pour finir, nous pouvons bien mieux comprendre la manière dont fonctionnent ces systèmes, ce dont ils s'occupent et les comportements qu'ils motivent, lorsque nous comprenons qu'il s'agit de propriétés évoluées de notre espèce, c'est-à-dire des manières d'acquérir de l'information qui ont conféré un avantage aux individus qui en disposaient dans leur répertoire. Cela suggère que la meilleure manière de comprendre notre architecture cognitive, les composantes de notre esprit et les rapports qu'elles entretiennent, est de considérer comment ces composantes répondent à des problèmes spécifiques que nous, humains, avons rencontrés dans notre passé évolutif. Cette manière de relier l'évolution et les systèmes mentaux fut le point de départ d'un ensemble de recherches connu sous le nom de

1. Gallistel & King, 2011, pp. 218-241.

« psychologie évolutive[1] ». Plus précisément, les variantes des gènes qui ont favorisé une version un peu plus performante, ou un peu moins coûteuse, de ces petits systèmes (par des activations compliquées de gènes en cascade, de synthèses de protéines, d'activations de gènes, de sécrétion d'hormones et ainsi de suite) avaient un peu plus de chances d'être transmises à la descendance. Comme nous le verrons par la suite, des aspects apparemment mystérieux de notre fonctionnement mental et de ses conséquences pour la vie sociale, peuvent être expliqués en nous demandant quelles contributions ils pourraient apporter à notre succès reproductif.

Considérer qu'un système d'inférence mental est une adaptation n'est que le point de départ d'un programme de recherche. Cette hypothèse évolutionniste ne vaut d'être prise en considération que si elle nous permet de prédire des aspects inattendus ou non évidents du système d'inférence, et si nous pouvons tester ces prédictions grâce aux observations ou aux données expérimentales. Comme ces systèmes sont très divers, les programmes de recherche le sont également. C'est la raison pour laquelle on ne doit pas s'attendre à ce que la nouvelle convergence scientifique que je décris ici nous fournisse une théorie générale des sociétés humaines. Mais elle peut conduire à quelque chose de bien plus utile et plausible : une série d'explications claires des nombreuses propriétés des esprits humains impliquées dans la construction des sociétés humaines.

Règle III : N'anthropomorphisez pas les humains !

Le poète et naturaliste amateur Maurice Maeterlinck a évoqué un jour les douces émotions qu'il parvenait à lire sur le visage

1. Cosmides & Tooby, 1987 ; Tooby & Cosmides, 1995, 2005.

d'une fourmi lorsqu'elle régurgitait de la nourriture sur les larves de la colonie, ses yeux emplis d'une abnégation et d'une dévotion maternelles absolues[1]. Fort heureusement, Maeterlinck s'est sagement contenté d'une brillante carrière de poète et de dramaturge. Aucun spécialiste des fourmis, aussi admiratif qu'il puisse être de leurs nombreuses qualités, ne prendrait une telle description au sérieux. Mais cela reflète une certaine conception de la nature qui était (et est encore) assez répandue. Avant que nous ayons compris l'origine du tonnerre et des tremblements de terre, il pouvait sembler naturel de penser que des agents se trouvaient derrière ces phénomènes spectaculaires. Mais nous avons appris à nous méfier de ce type d'explication. Le monde est régi par des lois physiques, non par les intentions d'agents. Les arbres poussent et les rivières s'écoulent, mais ce n'est pas parce qu'ils en ont envie. À mesure que la science nous a aidés à mieux comprendre la manière dont le monde fonctionne réellement, l'anthropomorphisme (la tendance à considérer les autres espèces comme ayant des qualités humaines) et l'animisme (le fait de considérer des choses comme les arbres, les rivières et les orages comme des agents) ont été peu à peu exclus des recherches sérieuses.

Mais il existe un domaine où ce recul de l'animisme et de l'anthropomorphisme rencontre encore de sérieuses résistances : celui du comportement humain. Lorsque nous tentons d'expliquer pourquoi les gens font ce qu'ils font, notre penchant naturel est de les considérer comme des personnes : nous avons tendance à supposer que le comportement des gens est dû à leurs intentions, que les gens ont accès à ces intentions, qu'ils peuvent les exprimer. Nous supposons également que les gens sont des unités, c'est-à-dire que chaque individu a des préférences, par exemple, pour le café par rapport au thé, et il

1. Maeterlinck, 1930, p. 52.

serait donc étrange de demander quelle partie de leur personne a de telles préférences ou combien de sous-parties préfèrent le café. Nous traitons les gens comme des personnes entières, intégrées. Autrement dit, nous les anthropomorphisons.

Et cela est aussi dangereux pour une science des personnes que pour une science des rivières et des arbres. En fait, depuis des siècles, le fait que nous anthropomorphisions les gens s'est avéré le principal obstacle à une authentique science du comportement humain. L'idée que les gens ont des raisons précises de se conduire de telle ou telle manière, qu'ils connaissent ces raisons, qu'il existe une unité centrale dans les esprits humains qui évalue ces raisons et dicte le comportement – toutes ces suppositions sont gravement erronées. Elles empêchent la recherche de progresser et devraient être abandonnées.

Bien sûr, il n'y a rien de mal à considérer les gens comme des personnes lorsque l'on interagit avec eux – bien au contraire. Considérer les autres comme des agents ayant des préférences, des objectifs, des pensées et des désirs est la base de toute norme ou de tout fondement moral. Les voir comme étant intégrés, c'est-à-dire disposant d'une capacité de jugement centrale qui choisit entre leurs buts et intentions, est aussi la seule manière d'attribuer faute et responsabilité. C'est une manière de penser qui nous vient naturellement, et elle est indispensable à nos interactions sociales.

Mais pas lorsqu'il s'agit de faire de la science. S'il s'agit de comprendre les causes réelles du comportement, ce que nous savons des esprits humains et de leurs bases neuronales suggère qu'il n'existe pas de pilote central, qu'une préférence pour le café peut mettre en jeu des dizaines de systèmes autonomes – en bref, que nous devons procéder avec les esprits comme nous le faisons avec les voitures : nous devons soulever le capot pour tenter de comprendre comment les parties contribuent à l'ensemble. Nous comprenons sans difficulté que c'est la bonne démarche s'agissant de systèmes complexes comme la fonction immunitaire ou la digestion. Mais c'est bien plus difficile lorsqu'il s'agit de la pensée.

Le problème est que nous, les humains, pensons déjà savoir comment fonctionne la pensée. Par exemple, nous supposons (pas forcément de manière explicite) que la pensée se déroule dans un processeur central où différentes pensées, en gros semblables à celles que nous éprouvons de manière consciente, sont évaluées et combinées avec des émotions pour donner naissance à des intentions et à des plans d'action. Tous les êtres humains possèdent ce que les psychologues ont baptisé une « théorie de l'esprit » spontanée, une psychologie intuitive, un ensemble de systèmes qui permettent d'interpréter les comportements d'autrui en invoquant leurs intentions et leurs croyances[1]. Cette psychologie intuitive est activée automatiquement lorsque nous considérons des comportements. Nous voyons une personne marcher, puis s'arrêter brièvement, puis faire demi-tour pour repartir à vive allure dans la direction opposée – et nous ne pouvons nous empêcher d'inférer qu'elle s'est *rendu compte* qu'elle a *oublié* quelque chose et qu'elle *veut* à présent s'occuper de cet objectif-là. Les mots en italique décrivent des états internes invisibles de l'individu, qui nous viennent spontanément à l'esprit dès qu'il s'agit de comportements. Nous attribuons spontanément des croyances et des intentions à des organismes d'autres espèces, ce qui peut fonctionner s'il s'agit de prédire des comportements, mais qui souvent ne marche pas. Nous le faisons aussi avec des machines compliquées, en particulier celles qui traitent de l'information, comme les ordinateurs.

Le problème est le suivant : notre psychologie intuitive n'est en rien une description précise des mécanismes de la pensée. Un exemple familier pourra nous être utile. Nous anthropomor-

1. Leslie, Friedman & German, 2004.

phisons constamment les ordinateurs. Par exemple, nous disons que l'ordinateur *essaye* d'envoyer un texte à l'imprimante mais qu'il *ne sait pas* de quel type d'imprimante il s'agit, ou qu'il n'a pas encore *compris* que l'imprimante est allumée. Des telles affirmations sont (globalement) raisonnables, car elles décrivent une situation en employant des termes qui fournissent une indication sur ce qui ne marche pas et ce que l'on pourrait faire pour y remédier. Mais s'il s'agit de comprendre pourquoi, comment et quand de tels incidents se produisent, il faut utiliser un vocabulaire totalement différent. Il faut parler de ports physiques, de ports logiques, de protocoles de communication, d'adresses réseau et ainsi de suite. Le philosophe Daniel Dennett décrit ce changement de mode d'explication comme le passage d'un point de vue intentionnel – nous décrivons la situation en termes de croyances et d'intentions – à un point de vue d'ingénieur, où nous parlons des composants et des rapports qu'ils entretiennent[1]. Pour comprendre comment fonctionnent les esprits, il faut une transition analogue, ce qui est parfois assez peu intuitif. Par exemple, rien ne semble plus simple que la notion de croyance. Certaines personnes pensent que les fantômes existent et d'autres pas, certaines personnes croient qu'elles ont mis leurs clés de voiture dans leur poche, d'autres qu'une guitare a six cordes et ainsi de suite. Mais cette manière de parler de croyances peut être trompeuse.

Prenons, par exemple, la manière dont les gens agissent à cause de croyances magiques auxquelles ils ne croient pas vraiment, pour ainsi dire. Lors de nombreuses expériences, des psychologues, comme Paul Rozin et ses collègues, ont démontré que beaucoup de gens semblent être sensibles à la pensée magique[2]. Par exemple, si on leur demande de choisir

1. Dennett, 1987.
2. Rozin, Millman & Nemeroff, 1986 ; Rozin & Royzman, 2001.

entre deux verres d'eau dont l'un porte l'étiquette « eau », et l'autre « cyanure », ils préféreront boire dans le premier verre, même s'ils ont vu l'expérimentateur verser dans chaque verre le contenu d'une même carafe. Il y a beaucoup d'autres situations expérimentales où des gens ont des « pensées magiques » de ce type, par exemple en refusant de porter un pull-over dont on leur a dit qu'il appartenait à Hitler. Dans la plupart de ces études, les participants reconnaissent qu'ils ne croient pas à la contagion magique, alors que leur comportement contredit cette affirmation. Cela veut-il dire qu'ils croient en la magie sans croire qu'ils y croient ?

On aura du mal à éviter de telles descriptions si l'on s'en tient à la conception ordinaire, intentionnelle, de l'esprit, qui stipule qu'il existe une boîte centrale de croyances, en quelque sorte, où sont entreposées et combinées les croyances de l'organisme pour produire de nouvelles inférences. C'est comme si, en dépit de leurs dénégations, les gens dans ces situations croyaient à la contagion magique – une étiquette rend le contenu d'un verre dangereux, un dictateur sanguinaire rend ses vêtements dangereux.

Mais il existe une autre manière de considérer la situation du point de vue d'un ingénieur. L'esprit est composé de nombreux systèmes d'inférence, chacun spécialisé dans un domaine. Lorsque les gens voient un verre portant l'étiquette « poison », les systèmes qui s'occupent de la détection des menaces sont activés car l'étiquette correspond à l'une de leurs conditions d'activation – quelque chose indique qu'une substance est dangereuse. D'autres éléments, par exemple « Cette étiquette est trompeuse » ou « Ceci est un jeu inventé par l'expérimentateur », ne font pas partie de ce qui active le module de détection des menaces, parce qu'ils ne correspondent tout simplement pas à son format de donnée. Et ils ne modifient pas l'inférence de ce système selon laquelle un danger est présent dans l'environnement. Et puisqu'un système dans l'esprit crie « Danger ! » (ou, plutôt, un équivalent neuronal de ce cri) et que la plupart des autres systèmes cognitifs n'ont rien à dire sur la hiérarchie entre les deux verres (parce que rien ne permet de le savoir), cela peut conduire, au moins une partie du temps chez beaucoup de personnes, à une légère préférence pour le verre à l'étiquette rassurante.

Tout cela est raisonnable, mais l'on remarquera que selon cette interprétation, ni la personne ni aucune partie de la personne ne saurait être décrite comme croyant : « Il y a du poison dans le verre portant l'étiquette "poison". » Cela est vrai même du module de détection des menaces, dont l'unique fonction est de rendre certains aspects de l'environnement saillants et d'activer des réponses de peur ou de défense, et non de fournir des descriptions des raisons pour ces réponses. Et cela explique de manière satisfaisante la raison pour laquelle les gens préfèrent un verre à l'autre. Mais, du coup, nous nous sommes discrètement débarrassés d'un élément central de notre psychologie spontanée, à savoir que le comportement est expliqué par les croyances d'une personne, entreposées et évaluées dans une unité centrale de gestion des croyances.

L'anthropomorphisme, en ce qui concerne l'esprit humain, donne souvent lieu à une maladie intellectuelle que j'appellerai « cécité cognitive », laquelle empêche de voir que le comportement le plus banal repose sur des calculs sous-jacents d'une incroyable complexité. Autrefois, cette cécité était universelle et elle reste endémique dans les sciences sociales. Pour reprendre l'un de nos exemples, pouvons-nous dire que des jeunes femmes ayant grandi dans des conditions de privation « prennent conscience » que leur environnement social rend peu probable la rencontre d'un conjoint attentif ? Pouvons-nous dire qu'elles « décident » d'avoir leurs premières règles au plus tôt pour avoir une vie sexuelle précoce ? C'est une idée très étrange. Il serait plus raisonnable de penser que certaines informations de l'environnement social, comme la présence de pères, sont traitées par des systèmes spécialisés, tandis que d'autres, en ce qui concerne par exemple les amitiés, l'alimentation ou l'appartenance ethnique, sont gérées par d'autres systèmes, leur interaction produisant des changements dans les préférences et les comportements.

Règle IV : Ignorez les fantômes des théories passées

L'étude du comportement humain est pleine de fantômes de théories et de paradigmes morts. Il est extrêmement difficile de s'en défaire car ils reviennent sans cesse, comme des zombies. Ainsi de la distinction entre « nature » et « culture », par exemple, qui semble exiger que nous parlions de leurs contributions respectives à notre comportement. Ou bien la contribution de l'« inné » et de l'« acquis » à nos capacités et à nos préférences. Notre propension pour le conflit est-elle « culturelle » ou « naturelle » ? Les différences manifestes entre le comportement des hommes et des femmes sont-elles de caractère « naturel » ou « culturel » ? Les sentiments moraux sont-ils « naturels », un produit de notre « biologie », ou bien résultent-ils de pressions sociales, de normes « culturelles » ?

Ces oppositions reposent sur une vision dépassée de la génétique, selon laquelle des gènes stables et rigides interagissent avec des environnements variés qui changent de manière imprévisible. Or, cela est doublement faux. Les environnements possèdent beaucoup de propriétés invariantes, sans lesquelles la sélection naturelle ne saurait opérer. D'ailleurs, j'ai évoqué une telle propriété en décrivant l'aspect très stable de l'environnement des oiseaux migrateurs, le mouvement saisonnier de la Terre, qui rend possible une adaptation génétique limitant la période de reproduction des oiseaux de manière adaptative. Inversement, les gènes peuvent être activés ou désactivés par d'autres gènes, par des coactivateurs, des répresseurs, et tout un matériel non génétique dans l'environnement chimique du gène. D'ailleurs, une des grandes réussites de la génétique moléculaire a été de montrer comment ces interactions multiples conduisent à la mise en place de traits et de comportements extrêmement complexes à partir d'un matériau génétique relativement simple[1].

C'est la raison pour laquelle le fait qu'un comportement corresponde à une caractéristique évoluée des organismes, conséquence de la sélection naturelle, ne veut pas dire que le trait ou le comportement soit codé dans des gènes particuliers, comme le montre l'exemple de la reproduction saisonnière des oiseaux. Cela ne suggère pas non plus que le trait ou le comportement se produise invariablement, quelles que soient les circonstances extérieures, ni qu'il soit rigide, impossible à modifier, ou présent dans les organismes dès la naissance. Cela suggère seulement qu'il se produit chez la plupart des organismes au cours d'un développement normal, lorsqu'ils se trouvent confrontés à des conditions semblables, dans les domaines concernés, aux environnements dans lesquels leurs gènes ont été sélectionnés. Des environnements très différents donneraient lieu à des résultats très différents. Des oiseaux migrateurs élevés dans un vaisseau spatial se reproduiraient probablement à un rythme très différent. Comme nous le savons grâce à des cas réels, tragiques, les enfants qui grandissent dans un isolement total ne réussissent pas à acquérir le langage[2]. Mais si les environnements rencontrés incluent les mêmes invariants qui ont rendu l'évolution génétique possible, nous savons que le développement conduira aux capacités et aux préférences typiques de l'espèce.

1. Carroll, Grenier & Weatherbee, 2013.
2. Curtiss *et al.*, 1974.

Nous pouvons à présent jeter nos préjugés aux oubliettes, parce que nous avons une bien meilleure compréhension de la manière dont les esprits apprennent à partir des environnements. Au cours des pages précédentes, j'ai décrit certains comportements humains typiques, comme l'apprentissage de la langue parlée par un groupe, ou l'adaptation du comportement sexuel à l'environnement social, ou le fait d'inférer les intentions des gens à partir de leur regard, comme étant des conséquences probables de l'évolution humaine. Nous évoquerons beaucoup d'autres comportements humains typiques par la suite, en particulier ceux qui contribuent à la construction des sociétés humaines, et nous verrons pourquoi, dans chaque domaine, cela n'a pas grand sens de parler de « nature » et de « culture » comme si ces termes avaient un sens stable[1]. Cela a encore moins de sens de parler de la « culture humaine » comme si une telle chose existait réellement dans le monde.

Le programme positif

Une véritable science sociale devra répondre – ou au moins se poser des questions comme celles que j'ai énumérées au début de ce chapitre – à : pourquoi les humains ont-ils des comportements sociaux comme créer des familles, construire des tribus et des nations ou inventer des rôles de genre ? La meilleure manière de répondre à de telles interrogations consiste à faire de la science, car on n'a pas trouvé mieux, s'agissant de comprendre le monde. Les humains n'ont jamais rien inventé qui pousse les choses aussi loin que l'étude scientifique du monde, et ils n'ont pas trouvé mieux pour y parvenir. Mais la pratique de la science est difficile et frustrante et, à bien

1. Kaufmann & Clément, 2007.

des égards, elle va à l'encontre de notre manière spontanée de penser[1].

Bien sûr, beaucoup de sceptiques pensent que les sociétés et les cultures humaines ne sauraient être étudiées scientifiquement. Pour certains, le monde social est trop complexe pour être expliqué par des principes simples et généraux. D'autres affirment encore plus radicalement que les croyances et les significations humaines appartiennent à un domaine spécial d'objets sociaux ou culturels qui est à jamais fermé à toute explication scientifique. Je ne m'attarderai pas sur ces débats, parce que la meilleure réponse que l'on puisse apporter à ces idées est de démontrer que l'on peut en fait donner des explications scientifiques à des phénomènes sociaux particuliers. Une fois cela accompli, la philosophie s'alignera sur la science, comme cela a toujours été le cas jusqu'ici.

Les chapitres suivants décrivent quelques aspects de cette science naturelle des sociétés humaines, qu'il s'agisse de la manière dont nous formons des groupes, de nos interactions au sein de familles, de notre fascination pour les idées religieuses, des raisons pour lesquelles nous créons des groupes et des rivalités ethniques, de la manière dont nous comprenons intuitivement l'économie ainsi que de notre goût immodéré pour la coopération et l'amitié. Gardons-nous de conclure pour autant que nous savons à peu près tout ce qu'il y a à savoir sur ces questions – nous en sommes bien loin. Mais nous commencerons à deviner qu'ils sont plus compréhensibles si on les replace dans le contexte de l'évolution humaine. Cette vision est riche en promesses – certains iraient jusqu'à parler d'une certaine grandeur – si l'on parvient à faire progresser l'explication du comportement humain comme processus naturel.

---

1. McCauley, 2011.

Six problèmes
en quête d'une science nouvelle

I

Pourquoi y a-t-il des conflits entre groupes ?

Pourquoi le « tribalisme » n'est pas une pulsion mais un calcul

Des extraterrestres observant notre espèce seraient sûrement frappés par deux choses. Nous sommes incroyablement doués pour ce qui est de former des groupes, et nous le sommes tout autant lorsqu'il s'agit d'opposer des groupes les uns aux autres. Aucun animal d'aucune autre espèce n'est aussi capable que nous d'obtenir tant de choses en agissant collectivement. Peu d'espèces consacrent autant d'énergie à s'en prendre à des groupes rivaux – ou à se défendre contre eux. Toutes les populations humaines connaissent conflits et rivalités ethniques, lesquels peuvent déboucher sur de véritables guerres civiles, voire des génocides. Pas besoin de chercher bien loin pour se faire une idée de leur violence : les conflits raciaux aux États-Unis, les pogroms en Europe, la guerre civile en ex-Yougoslavie, sans oublier l'interminable litanie des conflits ethniques africains, dont le point culminant fut sans doute le génocide rwandais de 1994.

Pour nommer et expliquer ce phénomène, nous parlons de « nationalisme » et de « tribalisme », et cela semble suggérer l'existence d'une pulsion incontrôlable qui pousse les humains à se porter au secours d'un village, d'un clan, d'une nation menacés par un adversaire « étranger ». Mais cela ne sert à rien d'expliquer notre tribalisme par... notre tribalisme. Il est plus intéressant de considérer notre comportement comme si nous étions observés par une autre espèce, ou en adoptant le point de vue de l'évolution. C'est cela qui permet de s'interroger sur le véritable « pourquoi » des comportements. Parmi les questions que l'on est ainsi amené à se poser, on trouve : d'où vient l'attachement des individus à leur groupe ? pourquoi leur engagement est-il si puissant, alors même qu'il pourrait être dans leur intérêt de quitter le groupe ? d'ailleurs, comment les groupes persistent-ils en tant qu'entités alors que les intérêts individuels de leurs membres peuvent être divergents ? pourquoi des groupes se trouvent-ils pris au piège de conflits insolubles alors qu'une rivalité prolongée n'est dans l'intérêt de personne ? pourquoi les conflits entre groupes, en particulier les conflits ethniques, s'accompagnent-ils si souvent d'explosions de violence spectaculaires ? comment cela est-il possible alors que ces groupes cohabitent pacifiquement depuis des décennies ou des siècles ? Du point de vue de l'évolution, l'existence d'une forte solidarité et de conflits violents demande à être expliquée, pour la même raison qu'on cherche à expliquer l'existence de griffes ou de défenses : ces choses ont dû avoir une utilité, du point de vue des organismes, au cours de l'évolution.

La nation, une idée inventée ?

L'idée de nation suggère que chaque État englobe une communauté de gens soudée par des traditions, des valeurs culturelles, une langue et un passé communs. Or, à l'échelle de l'évolution, l'idée de nation est une invention on ne peut plus récente. Les humains modernes sont présents sur terre depuis au moins cent mille ans, alors que l'idée d'État a au mieux quelques millénaires d'existence. Mais pour qui cherche à comprendre les groupes et les conflits qui les déchirent, il peut sembler raisonnable de commencer par les nations, car celles-ci semblent illustrer fort bien à quel point les humains trouvent l'identification à des groupes évidente et contraignante.

Au cours du XIXe siècle, l'Europe a vu émerger des nouvelles nations, qu'elles soient nées d'une unification politique, comme l'Allemagne et l'Italie, ou de la dislocation d'empires, comme la Hongrie ou la Serbie, ou qu'elles apparaissent pour la première fois, comme l'Estonie. Ce fut l'ère des nations en tant qu'idéal romantique, celui de régimes politiques fondés sur une culture et une langue communes, elles-mêmes le produit d'une origine commune. À l'époque, on pensait que les États devaient correspondre à des communautés « naturelles » et « ancestrales » et ne pas être de simples assemblages impériaux, fruits de guerres et de conquêtes. Les nations modernes devaient être fondées sur des affinités naturelles entre des gens partageant une origine et des traditions communes. Le mouvement romantique insistait sur les prétendues caractéristiques culturelles spécifiques des peuples et voyaient dans les nations modernes le déploiement de ces traits culturels. Selon ce point de vue, appelé parfois « primordialiste », la Serbie, la Lituanie et l'Italie existaient déjà, en quelque sorte, en tant que nations potentielles. Ce qu'elles n'avaient pas eu jusque-là, c'était l'opportunité de se doter d'États[1].

À l'opposé de cette vision, des anthropologues et des historiens « modernistes » affirmaient que les nations étaient souvent l'invention des États. Autrement dit, dès lors qu'un État existait, on insistait sur l'existence de traits communs chez les

1. A. D. Smith, 1987.

populations vivant en son sein, quand on ne les inventait pas, tout simplement. Par exemple, l'anthropologue Ernest Gellner analysait l'émergence du nationalisme de manière essentiellement fonctionnelle, comme résultat de la société industrielle moderne, et pensait que les États bureaucratiques modernes avaient besoin de clercs aux compétences administratives, ainsi que d'une langue administrative commune, le tout fondé sur des revendications plausibles de légitimité. Pour Gellner, les États-nations répondaient à ces besoins. L'éducation instaurée par l'État forme les bureaucrates. L'unification linguistique à partir de langues disparates (comme cela s'est produit, par exemple, en Allemagne et en Italie) facilite la communication. Et l'État est d'autant plus légitime qu'il paraît fondé sur des valeurs culturelles communes et englobe des populations ayant une origine commune[1]. Des mythes fondateurs renforcent ce sentiment d'une destinée commune et ancrent les groupes dans un passé plus ou moins fantasmé, un âge d'or auquel le groupe ethnique pourrait revenir, une fois rétablie sa souveraineté en tant que nation[2].

Cette explication fonctionnelle suggérait que la plupart des affirmations romantiques d'authenticité ethnique étaient avant tout instrumentales, et que nombre d'entre elles étaient en fait des fabrications. Autrement dit, s'agissant d'unifier une région particulière et d'en faire une entité politique, on finirait toujours par trouver un mythe fondateur ou des similitudes entre dialectes permettant de doter cette région d'une origine ethnique et d'une langue communes, pour en faire une nation. Par exemple, selon certains historiens, il n'existait pas de langue norvégienne unifiée avant sa création par les élites, et peu de gens auraient dit qu'ils étaient estoniens avant que les élites n'eussent établi

1. E. Gellner, 1983.
2. B. R. Anderson, 1983 ; R. M. Smith, 2003 ; Wertsch, 2002.

une Estonie indépendante. Dans la même veine, des historiens ont pu démontrer que les « traditions » de certaines nations européennes, comme le tartan écossais et les rituels royaux britanniques, que l'on aimait à présenter comme archaïques et authentiques, avaient été inventés au XIXe siècle par des gens qui estimaient que toute nation digne de ce nom se devait de posséder des reliques de ses coutumes passées[1].

Mais cette description des nations en tant qu'« inventions » allait bien trop loin – surtout parce qu'elle ne s'intéressait qu'à un moment historique et à un lieu géographique précis, à savoir l'Europe du XIXe siècle. Ailleurs, et bien avant l'émergence des États bureaucratiques modernes, les gens affirmaient déjà l'existence d'un lien intuitif entre langue, ethnie et régime politique. En dépit de la complexité des conflits qui opposèrent des États régionaux durant des millénaires, pour les Chinois, l'empire devait englober tous les peuples de culture han, et les Coréens et les Japonais étaient du même avis. Bien avant l'apparition du nationalisme au sens moderne du terme, dans des endroits aussi différents que les cités-États grecques ou les royaumes yoruba, les gens invoquaient déjà des notions d'identité ethnique qui étaient globalement fondées sur la langue et les traditions[2].

Cela soulève la question suivante : pourquoi ces caractéristiques communes ont-elles une telle importance ? Pourquoi comptent-elles autant pour les gens ? Même si la description « moderniste » était juste, même si la nation était effectivement une invention des élites à partir de communautés disparates, on doit se demander pourquoi les gens sont séduits à ce point par ces identités. Qu'est-ce qui les pousse à défendre un héritage ethnique (peut-être fictif) ? Pourquoi les peuples se sont-ils

1. Hobsbawm & Ranger, 1983.
2. Gat, 2013, pp. 67-131 ; A. D. Smith, 1987.

laissés convaincre si facilement par les machinations des élites ? Les raisons pour lesquelles tout cela a fonctionné (dans une certaine mesure), les raisons pour lesquelles les gens se sont laissé convaincre par l'appartenance ethnique, ne sont pas à chercher dans des modèles d'appartenance ethnique mais dans un phénomène bien plus général, qui renvoie aux exigences de l'action collective et de la formation de groupes stables.

L'ethnicisation en tant que recrutement

Les nations sont souvent fondées sur l'appartenance ethnique, mais elle-même est un mystère – ou devrait être considérée comme tel. L'appartenance ethnique, c'est l'idée que des gens partagent des intérêts communs et doivent s'unir pour atteindre des buts communs, en vertu de traditions, (souvent) d'une langue commune et, dans la plupart des cas, d'une origine commune. On aurait tort de considérer l'appartenance ethnique comme un signe d'immaturité politique, un phénomène primitif caractéristique d'un ordre politique antérieur à l'émergence de grandes nations, d'institutions démocratiques et de moyens de communication modernes. Un conflit ethnique peut déchirer des républiques jusque-là unies, les hommes politiques nationalistes acquièrent souvent leur notoriété en exploitant des voies démocratiques et la communication de masse facilite grandement la propagation de la xénophobie. Loin d'être une phase transitoire de l'histoire humaine, le conflit ethnique est plutôt un point de départ pour l'interaction entre groupes sociaux[1]. Le mystère est (ou devrait être) que tant de gens, partout dans le monde, trouvent cette notion de groupe ethnique naturelle et attractive.

1. Gat, 2013.

Lorsque nous pensons à la dislocation de la Yougoslavie ou au génocide rwandais, nous avons tendance à y voir le résultat d'un ensemble d'accidents historiques très spécifiques doublés de griefs et de soupçons nourris depuis longtemps par des groupes. Souvent, l'événement déclencheur est la disparition ou l'affaiblissement d'un État légitime[1]. C'est ce qui s'est produit, par exemple, en Afrique centrale au cours des années 1980, en Yougoslavie dans les années 1990 et, plus récemment, en Somalie. Dans les Balkans ou au Rwanda, un ressentiment profond existait depuis des générations. Cette haine entre groupes voisins ne demandait qu'à exploser, une fois les gens libres de l'exprimer. Dans les Balkans, des régimes autoritaires (les empires ottoman et austro-hongrois), suivis par un socialisme totalitaire, n'ont été que des obstacles temporaires sur la pente conduisant à l'affrontement.

Cette description, aussi séduisante qu'elle puisse paraître, présuppose ce que l'on cherche à expliquer, à savoir que les gens considèrent qu'ils font partie d'un groupe ayant des objectifs et des intérêts communs, et qu'ils sont prêts à soutenir leur propre groupe contre les autres. Un conflit ethnique oppose des individus ayant des objectifs communs, qui savent qu'ils partagent de tels objectifs et qui sont prêts à agir collectivement pour les réaliser. Mais les processus sociaux ne se laissent pas réduire aussi simplement, comme le montre le cas des conflits européens.

Dans les Balkans, par exemple, il existe des catégories ethniques claires. C'est un endroit où les gens s'identifient depuis longtemps en tant que, par exemple, Croates, Serbes, Roumains et autres. Mais cela ne veut pas dire que de telles identités renvoient en tout temps et en tout lieu à des groupes[2]. Le

1. Rotberg, 1999.
2. Brubaker, 2004.

spécialiste des conflits ethniques Roger Brubaker, par exemple, insiste sur la différence entre catégories et groupes ethniques. Partout dans le monde, les gens utilisent des catégories pour découper le monde social en diverses classes de gens – vous êtes serbe et moi croate, parisien ou marseillais, et ainsi de suite. Mais l'existence de telles catégories n'implique pas nécessairement que leurs membres forment des groupes, c'est-à-dire des ensembles de gens agissant de concert pour atteindre des buts communs. Dans la plupart des situations, et souvent durant de très longues périodes, les gens utilisent des catégories ethniques sans qu'il existe de groupes ethniques à proprement parler[1].

Dans certaines situations historiques, on voit émerger de véritables groupes – par exemple, lorsque les Serbes s'estiment menacés par les Croates, lesquels, selon eux, doivent être contenus (ou vice versa). L'émergence de groupes à partir de catégories est précisément ce qui demande à être expliqué. Dans des circonstances spécifiques, des gens appartenant à des catégories différentes, mais coexistant et interagissant pacifiquement tous les jours, deviennent des ennemis et se livrent à des déchaînements de violence. Comme le font souvent remarquer les observateurs extérieurs, les conflits ethniques surgissent sans crier gare et surprennent même bon nombre des participants, qui jusque-là considéraient, à juste titre, que leur situation était un cas de ce que Brubaker appelle l'« ethnicité sans groupes[2] ». Une explication courante de ce changement consiste à dire que l'hostilité était déjà là, que les gens cachaient leurs sentiments et qu'à un certain moment quelqu'un, ou un certain événement, a ravivé une vieille querelle, comme dans le cas des Capulet et des Montaigu. Mais il s'agit d'une explication *ad hoc*, qui ignore (ou considère comme allant de soi) le mécanisme même

1. Sorabji, 2006.
2. Brubaker, 2004, p. 7 ; Brubaker, Loveman & Stamatov, 2004.

qu'il s'agit d'expliquer, à savoir le recrutement en vue d'une action collective.

Comme le fait remarquer Brubaker, l'ethnicité n'est pas un état de fait, c'est un processus qui transforme les catégories sociales en des groupes cohérents. Et il s'agit d'un processus cognitif, une masse d'informations extérieures étant interprétée en des termes ethniques, les coûts et les bénéfices de la participation se trouvant réorganisés d'une manière que les attitudes antérieures ne permettaient pas de prévoir[1]. Comment et pourquoi cela se produit-il ? Voilà qui demande à être interprété en termes de motivations et de capacités cognitives. Mais pour expliquer cela, nous devrons nous éloigner pour le moment du domaine étroit de l'ethnicité afin d'étudier le processus de formation des groupes de manière bien plus générale, en faisant appel à la théorie de l'évolution.

Les humains sont-ils « groupistes » ?

Les humains, personne ne le conteste, forment facilement des groupes sociaux. La vie en groupe étant bénéfique pour certaines espèces, il n'y a là rien de mystérieux. Ce qui l'est, en revanche, ce sont les capacités et les motivations particulières sélectionnées par l'évolution pour que les individus puissent agir efficacement au sein de groupes. Les difficultés surgissent lorsque l'on cherche à comprendre la psychologie qui sous-tend le « groupisme » des humains, pour reprendre l'expression du biologiste Matt Ridley[2].

Au cours des cinquante dernières années, un vaste corpus de recherches en psychologie sociale a permis d'éclairer de

1. Brubaker, 2004, p. 167.
2. Ridley, 1996.

nombreux aspects de ces « biais intragroupes » dans les sociétés modernes. Cela ne se limite pas à une préférence pour les membres de son propre groupe mais englobe des domaines multiples de la cognition. Par exemple, les gens ne retiennent pas de la même manière les informations concernant leur groupe et les autres. Ils sont bien plus attentifs aux désaccords entre membres de leur propre groupe qu'avec les membres d'autres groupes. Ils ont plus d'empathie pour les membres de leur groupe que pour les autres, surtout dans le contexte d'interactions entre groupes[1]. Les gens sont moins convaincus par des assertions énoncées avec un accent étranger – en fait, même les bébés semblent se méfier des camarades de jeu dont l'accent est inhabituel[2]. Toute une série d'études se sont penchées sur les effets physiologiques de l'interaction avec des membres d'autres groupes, effets cardiovasculaires, hormonaux et de stress[3].

Les humains sont tellement engagés dans la formation de groupes qu'ils sont capables de manifester leur solidarité ou de déclencher des conflits pour les raisons les plus ténues. Un aspect frappant de ce « groupisme » est le contraste entre les liens souvent très superficiels qui unissent les membres d'un groupe et la violence dont ils font preuve lorsqu'il s'agit de le défendre ou de s'en prendre à un groupe adverse. L'histoire abonde en exemples de ce phénomène, comme les fameuses émeutes de Nika en 532, au cours desquelles les supporters d'équipes de courses de char concurrentes, les Verts et les Bleus, ont mis à sac la moitié de Constantinople[4]. Les

1. F. F. Chen & Kenrick, 2002 ; Gray, Mendes & Denny-Brown, 2008 ; Krebs & Denton, 1997.

2. Kinzler *et al.*, 2009 ; Lev-Ari & Keysar, 2010 ; Nesdale & Rooney, 1996.

3. P. Boyer, Firat & Van Leeuwen, 2015 ; De Dreu *et al.*, 2012 ; De Dreu *et al.*, 2011 ; Mendes *et al.*, 2002.

4. Norwich, 1989.

supporters de football ou d'autres sports fournissent d'autres exemples de ce type de tribalisme, que l'on trouve partout dans le monde[1].

Les psychologues en ont déduit que les humains ont une tendance « groupiste » ou « tribale » spontanée, au point qu'ils prendront la défense de leur groupe même lorsque celui-ci est totalement artificiel, comme lorsque les groupes sont choisis arbitrairement par un expérimentateur, comme dans le paradigme dit du « groupe minimal » inventé par Henri Tajfel, où les gens sont répartis en deux groupes, A et B, ou bleu et vert, ou toute autre étiquette dépourvue de sens, sur la base de critères manifestement arbitraires. Les membres de ces groupes n'ont rien en commun et n'interagissent même pas les uns avec les autres au cours de l'expérience. Une fois la répartition effectuée, on demande aux participants de partager différents biens. Invariablement – et ce résultat a été reproduit à de nombreuses reprises – les gens favorisent les membres de leur groupe. L'effet est le même quelles que soient la valeur des biens en question, la familiarité avec la tâche ou l'origine socioculturelle des participants. Le phénomène existe même pour des processus inconscients : sans s'en rendre compte, les gens tendent à se tenir plus près des membres de leur propre groupe[2].

Ces résultats semblent montrer qu'il existe une forte motivation pour favoriser son propre groupe, aussi artificiel soit-il. Et c'est précisément la raison pour laquelle les psychologues utilisent de tels groupes « minimaux », dont les membres n'ont rien en commun hormis l'étiquette qu'on leur a collée. Même lorsque les participants savent que leur répartition est arbitraire,

1. Armstrong, 1998.

2. Billig & Tajfel, 1973 ; Paladino & Castelli, 2008 ; Tajfel, 1970 ; Tajfel, Billig & Bundy, 1971.

on obtient le même effet. On favorise les membres de son propre groupe même lorsqu'il n'y a absolument aucune raison à cela, si ce n'est que ces individus ont été présentés comme appartenant au même groupe que soi, ce qui semble irrationnel[1].

Mais ces résultats démontrent-ils réellement que le groupisme est aveugle ? Comme des chercheurs l'ont fait remarquer à la suite des travaux de Tajfel, ces groupes minimaux ne le sont pas tant que ça. Dans ces expériences, les participants offrent des biens réels ou symboliques et, en retour (c'est le point crucial), ils s'attendent à en recevoir de la part des autres. Donc, dans ce contexte, leur propre bien-être ou estime de soi dépend du fait qu'ils soient préférés par d'autres[2]. Cela explique l'irrationalité apparente de l'effet. Ce n'est pas que les gens pensent qu'un groupement arbitraire est un vrai groupe social. Comme l'a fait remarquer le psychologue Toshio Yamagishi, si les gens se trompent, c'est en supposant qu'ils participent à un échange social, au cours duquel ils peuvent rendre les faveurs qu'on leur a faites. Les participants, sachant qu'ils vont attribuer des biens aux autres et recevoir des biens en retour, en déduisent intuitivement (mais à tort, dans ce cas) qu'ils obtiendront davantage s'ils donnent davantage. Cette heuristique de réciprocité étant toujours activée lorsqu'il s'agit de groupes réels, les gens l'appliquent spontanément à toutes les situations de groupe. Et les résultats empiriques le confirment. Lorsque les participants apprennent qu'ils ne recevront rien des autres en retour des dons qu'ils leur ont faits, le biais en faveur du groupe disparaît[3].

Donc, le groupisme n'est pas un instinct qui vous fait suivre le troupeau aveuglément. Lorsque les gens se comportent d'une manière qui semble favoriser les membres de leur groupe, c'est

1. Rabbie, Schot & Visser, 1989.
2. *Ibid.*
3. Karp *et al.*, 1993.

parce qu'ils utilisent implicitement une heuristique d'échange social, un ensemble d'hypothèses sur la tâche qui leur est proposée (évaluer différents individus ou leur allouer des ressources) comme étant une forme de coopération réciproque[1]. Évidemment, cela n'a pas lieu de manière consciente. Mais ces calculs ont bien lieu, à l'abri de la conscience. Regardons de plus près à présent ce monde invisible de calculs mentaux qui rend possible l'existence de groupes.

La psychologie des coalitions

Pour comprendre les groupes sociaux, nous devons nous pencher sur les alliances que forment les humains et la manière dont ces alliances recrutent leurs membres. Les groupes sociaux, qu'il s'agisse de petites bandes d'amis, des nations entières, de tribus ou de syndicats, n'existent que parce que des individus ont des raisons d'y participer durablement. En tant qu'êtres humains, nous trouvons tout à fait naturel que les humains fassent partie de groupes, et nous avons peut-être même tendance à penser que, d'une certaine manière, les groupes précèdent les individus, qu'ils ont en quelque sorte une existence propre. Mais d'un point de vue évolutif, la création de groupes n'a rien de simple, car elle exige que des organismes différents, dotés de génomes différents, surmontent leurs conflits d'intérêts pour instaurer des interactions sociales mutuellement profitables[2].

Il est donc raisonnable de s'intéresser d'abord aux alliances, c'est-à-dire à ce qui se passe lorsque plusieurs individus se comportent de manière à améliorer la situation de tous. Il existe des coalitions chez beaucoup d'espèces sociales, surtout

1. Kiyonari, Tanida & Yamagishi, 2000 ; Yamagishi & Mifune, 2009.
2. Kurzban & Neuberg, 2005 ; Neuberg, Kenrick & Schaller, 2010.

chez les singes. Mais elles sont de petite taille, instables et de portée limitée. Les alliances humaines, en revanche, peuvent impliquer de très nombreux individus et persister durant des générations. On retrouve de telles coalitions dans toutes les sphères du comportement humain, à tous les niveaux d'organisation, qu'il s'agisse de partis, de gangs, de cliques de bureau, de cabales universitaires ou de bandes d'amis. Elles peuvent impliquer des milliers, voire des millions d'individus dans des coalitions ethniques ou nationales. On trouve aussi des réseaux informels de solidarité, de taille modeste, là où leur présence est plus surprenante, par exemple au sein de grandes entreprises qui possèdent des mécanismes formels pour coordonner le comportement de multiples individus, occupant chacun une position bien définie, avec des chaînes de commandement et de transmission d'information claires. Néanmoins, dans la plupart des entreprises, des cliques d'employés se fournissent des informations et s'aident mutuellement.

L'importance des coalitions est aussi manifeste dans le domaine militaire. Dans la plupart des armées, l'unité de base est un petit groupe de dix à vingt-cinq soldats. De telles unités font partie en général d'unités plus importantes, comptant entre deux cents et cinq cents individus. L'expérience prouve que les soldats sont plus efficaces lorsqu'ils font partie d'un petit groupe de soldats qui se connaissent bien, groupe au sein duquel la solidarité est la plus forte, avec une très grande confiance entre individus. Les unités plus grandes produisent certes un certain niveau de loyauté et leurs membres ont le sentiment de partager une identité, mais elles sont moins efficaces lorsqu'il s'agit d'atteindre des objectifs précis[1].

Pour finir, les partis politiques sont bien évidemment l'exemple le plus clair d'affiliation à une coalition de grande taille. Dans

1. A. Y. Lee *et al.*, 2010.

la plupart des assemblées législatives, les groupes votent conformément à la ligne du parti. Un homme politique qui change de parti sera vu par ses anciens camarades non pas comme quelqu'un qui aura simplement changé d'avis, mais comme un renégat et, en général, il ne sera pas considéré comme une recrue fiable par son nouveau groupe. Changer d'opinion ou d'allégeance est perçu comme quelque chose de moralement répugnant. Cette réaction est tellement intuitive que l'on se demande rarement pourquoi il en est ainsi.

Il n'existe pas d'étude historique ou ethnographique d'une seule communauté humaine où les gens n'unissent pas leurs forces pour atteindre des objectifs communs, pour créer et préserver des alliances et punir toute défection. Ce phénomène est si général qu'il semble banal, raison pour laquelle, précisément, la contribution des sciences cognitives s'avère ici indispensable. La vision binoculaire tridimensionnelle paraît aussi simple jusqu'à ce qu'on tente d'en expliquer la production par les neurones. Nous avons besoin du secours des sciences cognitives pour comprendre en quoi la construction d'alliances ne va pas du tout de soi et met en jeu des compétences spécifiques[1].

Comment se mettent donc en place des coalitions ? Les alliances humaines sont extrêmement variées. Et cette diversité, justement, est rendue possible par une panoplie de capacités et de préférences psychologiques qui semblent faire partie du bagage mental qui nous a été légué par l'évolution. Cet ensemble de capacités et de dispositions spécialisées constitue ce que les psychologues évolutionnistes, à la suite de Leda Cosmides et John Tooby, appellent à présent la « psychologie coalitionnelle[2] ».

1. Fox, 2011, pp. 83-113 ; Pietraszewski, 2013.
2. Kurzban & Neuberg, 2005 ; Pietraszewski, 2013 ; Tooby & Cosmides, 2010.

Les humains ont toujours eu besoin, pour survivre et se reproduire, du soutien de leur parentèle mais aussi d'individus non apparentés. Un tel soutien est indispensable dans les domaines les plus variés de la vie sociale. Tout au long de l'évolution humaine, le succès reproductif a reposé sur la propension qu'ont eue des individus non apparentés génétiquement à s'entraider. Le soutien social est un des principaux facteurs de succès reproductif parce que tant d'activités humaines dépendent d'un degré élevé de coopération – qu'il s'agisse de la chasse, du commerce, de la défense contre des ennemis, et sans doute aussi de l'élevage en commun des enfants. Selon certaines données, les humains préhistoriques aidaient les membres les plus faibles de leur groupe. Nous savons que certains individus ont survécu à la maladie et à des blessures, ce qui suggère que l'on prenait soin d'eux alors qu'ils ne pouvaient participer à la chasse ou à la défense du groupe. Les conditions modernes abondent en situations où les humains font montre de leur talent pour recruter l'aide d'autrui.

Pour que des alliances émergent, il faut que les participants disposent de représentations mentales spécifiques. Premièrement, ils doivent se représenter un certain objectif, qui sera plus facile à atteindre par des efforts collectifs plutôt qu'individuels. Deuxièmement, chaque individu doit pouvoir se représenter le fait que les autres membres du groupe partagent globalement une représentation de l'objectif. Faute de cela, les membres de l'alliance ne pourraient espérer coordonner leurs efforts. Troisièmement, on ne doit pas tenir compte des coûts encourus en réalisant cet effort collectif. L'effort coalitionnel, comme toute action collective, exige des comportements qui peuvent paraître altruistes, c'est-à-dire conférant un avantage à autrui au détriment de soi. Mais ce coût est compensé par les bienfaits espérés de l'entreprise collective – que cet espoir soit justifié ou non. Quatrièmement, on doit s'attendre également à ce que les autres ne tiennent pas compte non plus des coûts qu'ils auront à encourir, du moins à court terme. Cinquièmement, on peut attendre des autres qu'ils aient cette même attente envers soi. Pour finir, on doit se représenter tous les coûts (ou bénéfices) des coalitions adverses comme autant de bénéfices (ou de coûts) pour soi, de sorte que l'on sera motivé pour les accroître (ou les réduire)[1].

Ceci peut sembler un peu trop technique, mais les données expérimentales montrent que l'esprit humain effectue ces calculs coalitionnels sans difficulté et sans en avoir conscience. Par exemple, les gens interprètent aisément les bénéfices pour la coalition comme étant des bénéfices pour eux-mêmes[2]. Et des expériences de mémorisation démontrent que les gens à qui l'on présente des conversations entre des tiers inconnus sont attentifs à qui est l'allié de qui, même lorsqu'on ne leur demande pas de le faire – et souvent ne comprennent pas qu'ils le font. Cette information est alors évoquée plus facilement que d'autres caractéristiques de l'interaction[3]. Autrement dit, les gens peuvent ne pas bien se souvenir de ce qui a été dit, mais ils ont une mémoire très claire de qui s'oppose à qui. Il semblerait donc que notre psychologie coalitionnelle comprenne un système de détection d'alliances, système qui surveille des informations sur le monde social en ce qui concerne les relations de solidarité ou d'affiliation entre certains individus[4].

Les gens surveillent aussi l'engagement et la défection, car il peut être désastreux d'investir des ressources et des efforts dans une coalition si les autres ne font que profiter des réalisations communes, ou s'ils font défection au moment où ils devraient

1. Pietraszewski, 2013 ; Tooby & Cosmides, 2010.
2. Baron, 2001.
3. Kurzban, Tooby & Cosmides, 2001 ; Pietraszewski, Cosmides & Tooby, 2014.
4. Pietraszewski, Cosmides & Tooby, 2014 ; Pietraszewski *et al.*, 2015.

eux-mêmes investir, par exemple lorsque des membres de votre compagnie s'enfuient lorsque les choses se gâtent. C'est la raison pour laquelle nous sommes si attentifs aux signes d'engagement, telles des affirmations publiques d'allégeance, ou des contributions en temps, en efforts et en ressources. De fait, cette attention prêtée aux risques de défection est si importante que les gens interprètent spontanément la simple possibilité que d'autres se défilent comme une forme de trahison moralement répréhensible[1]. Cela explique également pourquoi les gens accordent de l'importance à la différence de statut entre les membres de longue date d'une coalition et les nouveaux venus. Plus précisément, le fait que quelqu'un soit un nouveau venu déclenche l'intuition qu'il profite peut-être de la situation, puisqu'il récolte les bénéfices de l'appartenance sans avoir pu jusqu'à présent contribuer à la cause commune. Chez les marines américains, par exemple, toute nouvelle recrue bénéficie du prestige associé à ce corps militaire sans avoir à apporter la preuve qu'elle est prête à se mettre en danger pour défendre le groupe. Des études expérimentales ont montré que cette situation où l'on bénéficie de la situation sans en payer le prix déclenche un mécanisme automatique de détection des profiteurs. Cela explique peut-être pourquoi, dans de nombreux groupes, les vieux briscards s'en prennent aux bleus en leur faisant subir bizutages et initiations[2].

Ces calculs sont effectués par des systèmes cognitifs qui produisent des intuitions spécifiques (par exemple, « Ces gens font partie d'un groupe et sont opposés à nous ») et des motivations (par exemple, « Nous devrions les ménager/attaquer », « Nous avons besoin d'alliés », et ainsi de suite), mais ils ne sont pas accessibles à l'inspection consciente. Tout aussi inconscients

1. Delton *et al.*, 2013.
2. Cimino & Delton, 2010 ; Delton & Cimino, 2010.

sont les effets de ces calculs sur les motivations, lesquelles déclenchent la sécrétion d'hormones spécifiques impliquées dans les systèmes neuronaux émotionnels.

Les alliances s'opposent-elles toujours à d'autres alliances ? Les coalitions humaines sont souvent concurrentes, et poursuivent leurs objectifs en s'opposant aux objectifs d'autres coalitions. Une grande partie de la psychologie coalitionnelle cherche à mobiliser certains soutiens pour s'opposer à autrui. Cela ne veut pas dire nécessairement que la nature humaine soit intrinsèquement antagoniste. Non, la nature concurrentielle des coalitions tient au fait qu'il s'agit d'efforts visant à obtenir un soutien social, et celui-ci est ce que les économistes appellent un « bien rival ». Plus quelqu'un obtient quelque chose, moins cette chose est disponible pour les autres. Toute interaction promettant de fournir un soutien social à quelques individus conduira les autres à former leur propre réseau, faute de quoi ils pourraient se retrouver seuls.

Les intuitions coalitionnelles alimentent les stéréotypes

Nous ne devons donc pas attribuer aux humains un « instinct de groupe ». Les motivations pour se joindre à des groupes et pour les défendre semblent mettre en œuvre une psychologie plus sophistiquée, un ensemble de systèmes qui nous aident à recruter l'appui d'individus non apparentés. Mais, si cela est le cas, nous devrons renoncer à certains points de vue bien établis quant aux groupes sociaux et aux conflits. Plus particulièrement, il nous faudra peut-être repenser l'hypothèse courante selon laquelle les gens cherchent à aider leur communauté et, inversement, à s'opposer à des groupes rivaux parce qu'ils partagent certaines valeurs, certaines idées et certains buts.

Prenons les préjugés ethnico-raciaux et les discriminations. On pourrait penser que si l'on discrimine les gens sur des critères ethniques, c'est en raison d'une hostilité à leur égard. Vous ne voulez pas d'Italiens parmi vos employés parce que vous n'aimez pas les Italiens. Par ailleurs, cette hostilité semble fondée sur une représentation négative d'une catégorie sociale – vous n'aimez pas les Italiens parce que vous pensez qu'ils sont tous fainéants et malhonnêtes. Dans le vocabulaire de la psychologie sociale, on dit que les stéréotypes (une représentation de ce qui est commun aux membres d'une certaine catégorie sociale) suscitent des attitudes (une réaction émotionnelle aux interactions avec eux), lesquelles conduisent à leur tour à la discrimination (des comportements qui nuisent à leur bien-être).

Ce tableau paraît suffisamment vraisemblable pour que des gens considèrent, comme certains chercheurs en sciences sociales, que la discrimination pourrait être moindre si les attitudes évoluaient, et que les attitudes pourraient évoluer si plus de gens comprenaient à quel point les stéréotypes ne reposent sur rien. Une fois que vous aurez fait la connaissance d'Italiens, votre expérience fera obstacle à ces clichés. C'était le point de départ de l'idée du « contact social » : selon les psychologues sociaux, les rapports raciaux aux États-Unis, par exemple, ne s'amélioreraient que si plus de Blancs avaient des interactions personnelles avec des Noirs[1]. Mais cela est-il vrai ? Les données, plutôt contradictoires, ne permettent pas vraiment de trancher. Par exemple, l'armée américaine est très intégrée, on y trouve des gens de toutes les origines qui interagissent constamment à tous les échelons. C'est aussi l'endroit où les gens se disent le plus satisfaits des relations interraciales[2]. Mais

1. Dovidio, Gaertner & Kawakami, 2003 ; Pettigrew & Tropp, 2008.
2. Bullock, 2013.

cela ne peut être simplement dû à des contacts plus étroits. Après tout, dans le Sud, avant la guerre civile, les esclaves et leurs maîtres avaient des rapports étroits, personnels. Il existe beaucoup d'autres situations de diversité ethnique où le contact entre différents groupes est intense, tout comme les suspicions, voire la haine.

On peut avoir des doutes quant à l'idée selon laquelle les stéréotypes conduisent à des attitudes, qui conduisent elles-mêmes à des comportements. D'un point de vue évolutif ou fonctionnel, l'hypothèse est mystérieuse. Pour commencer, quelle est la fonction de ces stéréotypes ? Autrement dit, quel avantage procure le fait de penser que les membres d'autres groupes sont stupides, paresseux ou dangereux ? Selon une conception répandue, connue sous le nom de « théorie de l'identité sociale », les gens penseraient, pour une raison ou une autre, qu'eux-mêmes et leur groupe vaudraient mieux que les autres. Mais c'est une idée entièrement *ad hoc*, que l'on ne postule que parce qu'elle permet d'expliquer l'ethnocentrisme – en affirmant, en substance, que si les gens sont ethnocentriques, c'est parce qu'ils en ont besoin[1].

Pour tenter d'élucider le rapport entre stéréotypes et comportements, prenons les travaux du psychologue social James Sidanius sur la discrimination ethnique dans différents pays. Des études montrent que des attitudes persistantes associent des stéréotypes (les *x* sont paresseux, incompétents ou violents) avec des émotions de peur et de mépris. Il existe aussi des pratiques discriminatoires observables. La question est de savoir lequel de ces faits est la cause des autres. La réponse habituelle considérait les stéréotypes comme étant la source de ces différents maux. Mais Sidanius et ses collègues les décrivent comme reflétant une situation de domination et ont

1. Hornsey, 2008.

montré que les groupes ethniques et les « races » sont perçus dès le départ comme s'ils étaient en concurrence pour des ressources[1].

La discrimination est-elle donc due à des stéréotypes négatifs, ou les stéréotypes négatifs sont-ils simplement une manière de justifier l'hostilité envers une alliance concurrente ? L'analyse des modes de discrimination permet de tester ces différentes explications. Par exemple, si le racisme envers les Noirs aux États-Unis était dû à des stéréotypes et à des identités, on s'attendrait à ce que tous les membres d'un groupe donné soient discriminés de la même manière. À l'inverse, dans le modèle de domination coalitionnelle défendu par Sidanius, les mâles devraient être la cible privilégiée des préjugés, car ils représentent la menace la plus claire pour les bénéfices coalitionnels. Les mâles du groupe minoritaire seraient perçus comme étant les plus dangereux car ils seraient plus susceptibles que les femmes d'exercer des représailles. Cela suggère également que les mâles des groupes oppresseurs s'adonneraient plus facilement que les femmes à des pratiques discriminatoires. C'est ce que Sidanius a appelé l'« hypothèse du mâle subordonné comme cible[2] ». Les données penchent en faveur de son hypothèse. Les études expérimentales et les observations de terrain montrent que les visages de mâles noirs évoquent bien plus facilement des stéréotypes (incompétence, violence), des attitudes (rejet) et des réactions émotionnelles spécifiques (peur) que les visages féminins. Le processus est automatique. Il ne dépend pas de pensées explicitement accessibles concernant le groupe. Par exemple, de nombreux sujets américains identifient bien plus rapidement un revolver et moins vite un outil si on leur a brièvement présenté préalablement le visage

1. Sidanius & Veniegas, 2000.
2. Sidanius & Pratto, 1999, p. 52 *sqq.*

d'un homme noir, mais pas si on leur a montré le visage d'une femme noire. Qu'il s'agisse de loyers ou de primes d'assurance, la discrimination semble cibler davantage les hommes que les femmes d'une minorité[1].

Cela semble suggérer qu'aux États-Unis, les catégories raciales sont interprétées par la plupart des gens comme un signe d'appartenance à une coalition rivale. Une série d'expériences étonnantes de Rob Kurzban et de ses collègues a permis de le confirmer. Ces travaux avaient été motivés par des résultats précédents qui avaient montré que la « race » des personnes est automatiquement codée lors des expériences de psychologie. Peu importent les instructions explicites que l'on donne, aussi non pertinente que puisse être la race et quel que soit le travail cognitif supplémentaire à effectuer, les participants américains semblent toujours se souvenir de l'identité raciale des visages qui leur sont présentés. Pourquoi en est-il ainsi ? Une possibilité est que, tout simplement, la race est saillante d'un point de vue perceptif. Ce trait « se trouve là » en quelque sorte, et ne demande qu'à être remarqué. Mais les différences perceptives, comme toutes les autres informations présentes dans l'environnement, ne sont là que s'il existe des systèmes destinés à les détecter. Cela veut-il dire que les humains sont équipés d'un système qui détecte les différences raciales ? Du point de vue de l'évolution, ce serait très étrange. À l'échelle de l'évolution génétique, les humains ne sont en rapport avec d'autres humains à l'apparence différente que depuis très peu. Dans les conditions d'évolution de l'esprit humain, on ne rencontrait que des gens avec des phénotypes très semblables au sien. Un tel système de détection des races aurait eu fort peu de chances d'évoluer – que l'on songe à l'intérêt que nous portons spontanément à l'âge et au sexe.

---

1. Payne, Lambert & Jacoby, 2002 ; Sidanius & Veniegas, 2000.

Une manière de montrer que les gens considèrent inconsciemment la race comme un signe d'appartenance à une coalition serait de créer une situation expérimentale dans laquelle les sujets seraient obligés de prêter attention à une rivalité coalitionnelle, par exemple entre une équipe A et une équipe B, les deux équipes comptant des membres des deux races. Si le codage racial était vraiment perceptuel, les participants ne devraient avoir aucun mal à se rappeler la race de chaque individu. Si, à l'inverse, la race est un signal coalitionnel, ils devraient se tromper de temps à autre sur l'identité raciale des membres des équipes. Et c'est précisément ce qui a été observé dans les travaux originaux ainsi que dans leurs réplications[1].

Il semblerait donc que, dans de nombreux cas, le point de vue habituel prenne les choses à l'envers : ce qui motive le comportement des gens, c'est une situation coalitionnelle, où il est avantageux de maintenir les membres d'autres groupes dans une position d'infériorité, avec des résultats clairement défavorables, en partant de l'intuition que le bien-être de groupes rivaux est un jeu à somme nulle – où l'on ne gagne que si quelqu'un d'autre perd. Loin d'être une situation où ce sont les stéréotypes qui mènent au conflit, il semblerait que la rivalité entre groupes est intuitive et immédiatement évidente pour beaucoup de gens, les représentations négatives des membres de l'autre groupe n'étant qu'une manière très pertinente d'expliquer ces intuitions. Selon ce modèle, les stéréotypes ne sont pas la cause du comportement mais fournissent une interprétation de ce comportement pour ceux qui participent à la discrimination ou à d'autres comportements coalitionnels[2].

1. Cosmides, Tooby & Kurzban, 2003 ; Kurzban, Tooby & Cosmides, 2001 ; Pietraszewski, Cosmides & Tooby, 2014.

2. McGarty, Yzerbyt & Spears, 2002.

Construire de grands groupes grâce à des signaux

Ayant établi que notre psychologie coalitionnelle participe à l'établissement de groupes, c'est-à-dire d'ensembles d'individus ayant des objectifs communs, potentiellement concurrents d'autres alliances, il reste à expliquer comment cela peut fonctionner dans le cas de très grands groupes. C'est un problème, car les mécanismes coalitionnels que je viens de décrire sont très efficaces dans le contexte de petits groupes dont les membres se connaissent et peuvent évaluer leurs contributions respectives. Or, la dynamique coalitionnelle ne s'arrête pas là, mais s'applique aussi à de grands groupes composés de milliers d'individus. Cela est rendu possible par le signalement de l'appartenance coalitionnelle. Les vêtements, l'accent, la gestuelle peuvent servir à rendre manifeste l'appartenance à une coalition spécifique.

Ces codes et ces symboles se comprennent mieux si on les place dans le contexte des modèles développés depuis plus de quarante ans par les biologistes et les théoriciens des jeux[1]. Une grande variété d'animaux produisent des signaux ; autrement dit, ils communiquent aux autres organismes de l'information au sujet de leur état ou de leurs dispositions. Il faut bien distinguer ici les signes et les indices – à partir desquels on peut déduire des choses sur l'environnement ou les autres organismes – des signaux, qui ont été conçus pour fournir de l'information[2]. L'odeur d'un cerf est un indice de la présence de l'animal, mais lorsqu'un cerf mâle frotte sa tête contre un arbre, il adresse un signal aux autres mâles. Le gonflement des parties génitales d'une guenon n'est pas un simple effet de ses

1. Bradbury & Vehrencamp, 2000 ; Maynard Smith & Harper, 2003 ; Seyfarth & Cheney, 2003.
2. Scott-Phillips, 2008.

chaleurs, c'est un signal destiné à attirer des partenaires potentiels. Il n'y a pas ici d'autre créateur que la sélection naturelle, dans la mesure où ces signaux contribuent au succès reproductif de celui qui les produit.

Il existe une foule de manières de détecter l'ethnicité, car les membres de groupes différents ou provenant de lieux différents s'habillent, parlent et cuisinent de manières différentes. Mais certains de ces indices servent de signaux, du moins de temps à autre. Ils indiquent que la personne appartient à une catégorie sociale particulière, mais sont utilisés à cet effet et adressés à d'autres membres du groupe, ou à des étrangers, ou aux deux. Lorsque les Noirs américains ont adopté la coupe afro dans les années 1970, ou lorsque certains musulmans européens ont commencé à porter des tenues traditionnelles au cours des années 1980, ils signalaient une affiliation ethnique et culturelle. Dans de nombreux groupes tribaux, des ornements spécifiques, des tatouages, des scarifications et d'autres modifications corporelles indiquent l'appartenance à un groupe. Dans certains contextes contemporains, les gens diraient que le fait d'adopter des marqueurs ethniques est motivé par une fierté pour cet héritage ou cette appartenance culturelle. Mais cela soulève une question : pourquoi choisit-on d'exprimer une telle fierté de cette manière particulière à cet instant particulier ? La meilleure explication est qu'il s'agit d'une forme de signalisation.

La signalisation a des conséquences que prédisent les modèles de la théorie mathématique des jeux et que confirme l'observation. Pour commencer, certains signaux sont plus fiables que d'autres. Ils fournissent des informations vraies à propos de l'émetteur, dans des circonstances où la connaissance de la vérité représente un avantage pour le destinataire. Par exemple, il est dans l'intérêt des chimpanzés femelles d'attirer des mâles lorsqu'elles sont fertiles plutôt qu'à d'autres moments du cycle menstruel, et il est dans l'intérêt des mâles de concentrer leurs efforts reproductifs sur des femelles fertiles. À l'inverse, lorsque les intérêts de deux organismes divergent, les signaux peuvent avoir pour but de tromper l'autre. Un chat arquera son dos et dressera ses poils pour paraître plus grand qu'il ne l'est. Les informations fausses de ce type peuvent aboutir à une course aux armements entre duperie et détection, les émetteurs améliorant leurs capacités de tromperie, tandis que les récepteurs améliorent leurs capacités de détection des subterfuges. Une autre dynamique émerge lorsque l'émission de signaux par certains organismes contraint d'autres organismes à les imiter. Par exemple, les crapauds mâles signalent leur vigueur et leur taille à des partenaires potentielles en émettant des coassements graves qui sont de bons indicateurs d'un corps de grande taille. Mais si un crapaud fait cela, les autres crapauds devront faire comme lui, le silence devenant un indicateur de mauvaise qualité. L'absence de signalisation signifie alors qu'on n'a rien de bon à signaler[1]. Émettre des signaux peut aussi servir à contraindre son propre comportement. Pour prendre un exemple historique, Philippe d'Orléans, le chef de la branche cadette des Bourbons, un parent proche de Louis XVI, a adopté le nom de Philippe-Égalité pendant la Révolution et a voté en faveur de la condamnation à mort de son royal cousin. Ce signe de loyauté envers le nouveau régime était d'autant plus conséquent qu'il lui interdisait de revenir en arrière, et surtout de diriger le camp royaliste[2]. Le but de tels signaux n'est pas simplement de démontrer son adhésion à une alliance, mais aussi de couper les ponts avec les autres. S'il s'agit bien d'une signalisation coalitionnelle, l'on doit s'attendre à ce que des coalitions très stables favorisent la production de signaux d'engagement irréversibles. Et, effectivement, dans des contextes tribaux, l'identification ethnique prend souvent la forme

1. Mitchell, 1986 ; Searcy & Nowicki, 2010, pp. 3-6.
2. Jordan, 1979, p. 75 *sqq.*

de tatouages, de scarifications et d'autres modifications corporelles permanentes. Cela explique peut-être aussi pourquoi les criminels prisaient tant les tatouages avant que, récemment, la mode ne vienne diluer leur signification. Tant que la société environnante voyait d'un mauvais œil de tels tatouages, l'individu qui les arborait montrait à ses pairs qu'il ne risquait pas de faire défection[1]. Il en va de même pour les tatouages des gangs, qui interdisent à un individu d'être recruté par un gang adverse. Dans son ouvrage *Codes of the Underworld : How Criminals Communicate*, le sociologue Diego Gambetta propose une analyse de la manière dont les criminels signalent à leurs associés potentiels qu'ils ne peuvent abandonner le monde criminel pour reprendre des activités économiques légales : ils se sont engagés sur cette voie de manière irréversible. De tels calculs n'ont pas à être conscients – les gens en général, et les criminels en particulier, ne se demandent pas si cela est conforme à la théorie des jeux ou de la signalisation biologique. Mais ils savent intuitivement que la scarification et les tatouages sont la preuve d'un engagement bien plus profond que la connaissance des chants de la tribu.

Comme l'a fait remarquer l'économiste Timur Kuran, chaque comportement de signalisation influe non seulement sur ses destinataires mais aussi sur d'autres signaleurs potentiels[2]. Prenons le cas d'un homme qui vit dans un pays musulman, où la plupart des dignitaires religieux et des hommes pieux portent la barbe. Un individu peut choisir de porter la barbe pour signaler une certaine religiosité tandis que d'autres hommes adopteront une apparence plus laïque. Mais en faisant cela, le nouveau barbu modifie le paysage de la signalisation pour tous les autres hommes en modifiant, même minimalement, le nombre d'hommes barbus par rapport au nombre d'hommes rasés. La prise en compte de

1. Gambetta, 2011.
2. Kuran, 1998.

cette proportion est peut-être une des manières dont les autres hommes estiment le coût que peut représenter pour eux le fait de manifester ou non leur appartenance religieuse. Cela pourra avoir pour résultat que certains de ces hommes adopteront un comportement différent, et ainsi de suite. À chaque étape, le coût perçu de ce choix – se raser ou non – s'en trouvera modifié, ce qui influera sur la probabilité que d'autres individus fassent ou non le même choix. Ce processus de « cascade réputationnelle » produit des effets de mode lorsque de très nombreuses personnes adoptent très rapidement un style vestimentaire nouveau ou expriment leur solidarité avec une cause particulière. De l'extérieur, on aura peut-être l'impression que les préférences et les convictions des gens ont changé brusquement et simultanément. Mais cette interprétation est fausse : nul besoin de supposer que la plupart des gens changent d'avis lorsqu'ils s'adaptent aux coûts changeants de la signalisation. Chaque personne qui émet ces signaux accroît le coût en matière de réputation pour celui qui ne fait pas de même.

Calculs de violence

L'hostilité ethnique prend souvent la forme d'explosions de violence, qu'il s'agisse des pogroms antisémites en Europe, des affrontements entre chiites et sunnites dans le monde arabe, des guerres civiles africaines ou des émeutes et des massacres qui ont accompagné la partition de l'Inde. La violence est un signe de passion, mais la passion ne doit pas être interprétée comme une émotion primale. Bien au contraire, les explosions de violence ethnique sont la preuve que la rage et l'agression résultent de calculs mentaux complexes.

Un symptôme – ou une conséquence – de tels calculs est que les manifestations de violence ethnique, bien qu'elles puissent sembler prendre des formes très variées, sont souvent prévisibles. À première vue, on pourrait penser que les épisodes d'agression ethnique ont peu de choses en commun. Certains se produisent dans des situations de guerre, d'autres en temps de paix, certains sont le fait de petites bandes d'agresseurs déterminés, tandis que dans d'autres cas, la violence embrase toute une région ou tout un pays. Le sociologue Don Horowitz, qui a étudié les conflits ethniques au cours de l'histoire, a montré que ceux-ci possèdent de nombreux traits communs. Lorsque la violence ethnique se déchaîne, elle suit en général un cours remarquablement similaire, quels que soient le lieu et le moment[1]. Commençons par ce qui est le plus évident : les émeutes ethniques se produisent là où l'ethnicité est un marqueur clair d'identité sociale, c'est-à-dire où la plupart des gens appartiennent à l'un des groupes qui s'excluent mutuellement et qui affirment avoir des origines et des intérêts communs, et où la plupart des gens savent où vivent les autres. D'une manière tout aussi évidente, le conflit ethnique implique que les gens considèrent que le bien-être de leur tribu ou de leur nation est un jeu à somme nulle, la prospérité d'un groupe ne pouvant se faire qu'aux dépens de l'autre. Enfin, les gens ont une mémoire de griefs historiques importants qui semblent confirmer cette vision à somme nulle et les intentions néfastes de l'autre groupe. Dans de nombreuses situations de ce type, les interactions sociales entre les membres des différents groupes sont plutôt bonnes, du moins elles ne sont pas ouvertement hostiles, ce qui rend les explosions de violence encore plus déconcertantes aux yeux des observateurs.

Mais la découverte la plus surprenante est que les émeutes ethniques suivent souvent un « scénario » très semblable. Le point de départ est un événement en apparence mineur, une

1. Horowitz, 2001.

bagarre entre jeunes, une réaction violente à la suite d'une manifestation sportive, une dispute entre propriétaires terriens et métayers. Il s'agit en général d'un conflit limité qui pourrait même paraître non ethnique. Souvent, ces événements n'ont pas de conséquences. Mais dans certains cas, ils sont amplifiés par des rumeurs d'agressions ou de préparatifs en vue de telles agressions : « ils » ont attaqué et tué des enfants, « ils » ont empoisonné des puits, « ils » se préparent à « nous » tuer ou à « nous » chasser. Une fois que ces rumeurs commencent à se propager, les interactions avec les « autres » se font prudentes et limitées. Quelques jours plus tard a lieu un autre incident mineur, qui dégénère en bataille rangée. Les gens commencent alors à recruter d'autres personnes pour qu'elles leur viennent en aide, des quartiers entiers se mobilisent et mettent à sac les commerces et les maisons des « autres ». Les gens essaieront peut-être de tuer les victimes qui s'enfuient et commenceront à s'en prendre aux membres du groupe ennemi là où ils se trouvent. C'est à ce moment qu'ont lieu les pires violences : les gens ne se contentent pas de malmener les « autres » mais cherchent à les tuer, à les brûler, à les enterrer vivants, à les mutiler et à les torturer. Les victimes, dont des femmes, des vieillards et des enfants, échappent difficilement à leur sort, et leurs suppliques sont tournées en dérision[1].

La violence ethnique n'est pas une explosion de rage incontrôlable. Si elle prend des formes prévisibles, c'est que des processus communs sont à l'œuvre lors de ces interactions violentes. Ce sont les capacités psychologiques et les préférences des gens qui rendent possible leur participation coordonnée à de tels actes.

Cette conclusion à première vue contre-intuitive, selon laquelle la violence est le fruit de calculs mentaux complexes,

1. Horowitz, 2001, pp. 71-123.

est confortée par les atrocités qui accompagnent les guerres civiles. Depuis l'Antiquité jusqu'aux guerres civiles africaines du XXe siècle, tous les observateurs ont remarqué que les guerres civiles sont souvent plus violentes et plus cruelles que les conflits entre nations[1]. Au cours de ces derniers, la violence des armées est en général bien plus limitée et souvent prévisible, alors que pendant des guerres civiles et des insurrections, le recours à la violence est souvent imprévisible et semble avoir pour principal but de faire du mal et non de chercher à atteindre des objectifs militaires rationnels. Les bandes d'insurgés et les milices pro-gouvernementales pillent et brûlent des villages, tuant, violant ou mutilant ceux que l'on soupçonne de faire cause commune avec les « autres ». Les assassinats et les agressions dans un contexte ethnique prennent souvent des formes particulièrement cruelles, comme dans les célèbres cas de mutilation par « jambisation » en Irlande du Nord[2]. Durant le génocide rwandais de 1994, l'effort pour exterminer la population tutsie a conduit à des niveaux d'horreur inégalés, le meurtre de masse s'accompagnant de tortures et de mutilations.

Comment expliquer l'intensité de cette violence ? Pour commencer, les atrocités sont une forme de signalisation. Autrement dit, les agresseurs savent que les crimes seront rapportés et inspireront d'autant plus la terreur qu'ils seront publics, spectaculaires, massifs et incontournables d'un point de vue émotionnel. Cela explique non seulement le degré de violence, mais aussi certains détails étranges. Par exemple, durant le génocide rwandais, les exécutions prenaient souvent des formes spécifiques directement inspirées des méthodes de sacrifice d'animaux. Les agresseurs avaient l'intuition qu'ils devaient employer des méthodes qui,

1. Gat, 2006 ; Kalyvas, 2006.
2. English, 2003.

dans le contexte culturel local, enverraient les signaux les plus spectaculaires et les plus efficaces[1].

Un autre facteur important est que les victimes, tant lors d'émeutes ethniques que de guerres civiles, sont présentées comme des agresseurs dangereux. Tout comme les juifs étaient décrits comme des cafards par les nazis, la propagande hutue présentait les Tutsis comme des insectes, des parasites dangereux dont la présence était une menace pour la survie des Hutus. De la même manière, les rumeurs qui précèdent les émeutes ethniques « nous » décrivent comme devant faire face à une menace terrible, imminente. « Ils » cherchent à nous empoisonner, à tuer tous les enfants, à brûler nos maisons. Tous les observateurs s'accordent à dire que la principale émotion impliquée est la peur, la terreur même, suscitée par la perspective de ce qui pourrait bientôt se produire. De l'extérieur, cela peut paraître paradoxal, dans la mesure où le groupe ciblé est en général une minorité. Mais la détection des menaces est un moteur puissant. La métamorphose d'individus jusque-là pacifiques en auteurs d'atrocités plonge souvent ses racines dans la peur[2]. Cela mobilise peut-être des capacités spécialisées qui sont présentes dans les esprits humains, à commencer par les systèmes mentaux impliqués dans la détection des prédateurs ainsi que la prédation. L'évolution a fait des humains des chasseurs efficaces, armés d'une compréhension sophistiquée des interactions entre prédateurs et proies, qui déclenche des comportements violents dans des situations où une menace est perçue[3].

Un autre facteur important est l'incertitude, qui est une constante des affrontements dans des situations d'insurrection ou de guerre civile. Typiquement, les acteurs d'une guerre civile

1. Taylor, 1999.
2. Dutton, 2007.
3. H. C. Barrett, 2005 ; Nell, 2006.

sont les gouvernements en place (les forces gouvernementales et leurs milices alliées), les insurgés (des groupes de combattants plus ou moins organisés) et une masse de civils non combattants. Les parties ont peu d'informations sur la puissance militaire des autres et, c'est crucial, personne ne peut être certain du soutien de la population locale. Cela crée une situation dans laquelle les combattants peuvent se livrer à des violences généralisées dont sont victimes les non-combattants, femmes, enfants et vieillards, comme moyen de signaler leur force et le risque qu'il y aurait à rejoindre l'autre camp[1]. Les villages abritant des combattants sont rasés ou brûlés pour signaler le prix de la collaboration. L'incertitude quant à la loyauté des gens pousse les combattants à impliquer les civils autant que possible, pour leur interdire de rejoindre l'autre camp. Durant le génocide rwandais, les miliciens forçaient souvent les civils à prendre part aux atrocités, par exemple en assassinant leurs voisins et leurs amis, faute de quoi leurs propres enfants et parents pouvaient être tués[2]. Cela est aggravé par le fait que, dans de nombreuses guerres civiles, l'effondrement du maintien de l'ordre permet de liquider ses ennemis ou de se venger en prétextant des motifs politiques. Le politologue Stathis Kalyvas a résumé ces différents aspects de la guerre civile dans un modèle qui montre comment le déclenchement des violences et leur intensité dépendent de quelques variables comme les informations disponibles à propos de l'ennemi, les besoins de signalisation des agents, les cycles de vengeance, la structure de commandement du groupe et, par-dessus tout, le dilemme de sécurité auquel doivent faire face les insurgés et les groupes établis : si « nous » n'attaquons pas en premier, « ils » nous attaqueront[3].

1. Sales, 2003.
2. Luft, 2015b.
3. Kalyvas, 2006.

L'ombre de la guerre primitive

Dans toutes les sociétés, les humains s'en prennent régulièrement à d'autres humains, individuellement ou collectivement. Cela veut-il dire pour autant qu'il existe un « instinct d'agression » universel ? La littérature populaire décrit souvent les humains comme possédant de tels instincts. Cela semble conforter l'idée selon laquelle la violence se produit parce que les gens ont en quelque sorte besoin de libérer de l'énergie agressive accumulée depuis un certain temps, laquelle doit trouver un exutoire – et la cible peut ne pas être choisie avec le plus grand soin. Ce type de métaphore est aussi invoqué lorsque les gens disent que les jeunes mâles, par exemple, ont besoin de guerres ou d'exercices violents pour décharger leurs instincts agressifs naturels. Ces métaphores sont difficiles à contester parce qu'elles sont souvent intégrées dans des manières courantes de penser la colère et la violence. Nous disons que les gens « explosent » ou libèrent de l'énergie « accumulée » dans une « explosion » de colère. C'est aussi la manière dont les gens décrivent la colère dans de nombreuses langues : une forme d'énergie présente en quantités variables qui ne fait que croître à mesure que l'on remâche la raison initiale de notre colère, laquelle serait plus facile à maîtriser après avoir été exprimée par des mots ou des actions, comme si de la pression avait été libérée[1]. Mais ce ne sont là que des métaphores. Les processus mentaux ne sont pas des processus hydrauliques, où la pression qui s'accumule est libérée par des soupapes de sécurité ou lors d'explosions. Ce n'est pas ce qui se produit dans les esprits humains.

Si vous considérez ce qui passe dans les esprits en termes fonctionnels comme des solutions à des problèmes récurrents

1. Lakoff & Johnson, 1980.

auxquels sont confrontés les organismes, l'idée d'une pulsion généralement agressive n'a aucun sens, surtout s'agissant d'organismes particulièrement sociaux comme les humains. Dans certains types d'interactions sociales, la violence est une stratégie valable (par exemple, lorsqu'un berger rival essaye de vous voler votre troupeau, ou lorsqu'un étranger s'en prend à votre enfant). Dans d'autres situations, la violence est une stratégie perdante (par exemple, lorsque vous êtes seul face à une bande d'envahisseurs qui essaye de voler votre bétail). Et dans certaines circonstances, la coopération est la meilleure option (par exemple, lorsqu'un ou plusieurs groupes d'éleveurs doivent partager un point d'eau). Si les humains étaient mus par un instinct de violence irrésistible, indépendant du contexte, ils ne feraient aucune différence entre ces différentes situations et passeraient à l'attaque dès que possible. À l'inverse, les individus qui pourraient être violents ou coopérer selon le contexte s'en sortiraient bien mieux et auraient donc une descendance plus nombreuse ayant les mêmes dispositions, plutôt que celles d'agresseurs moins sophistiqués. Autrement dit, quels qu'ils soient, les gènes qui rendent les humains potentiellement agressifs ont davantage de chances d'être transmis que des gènes dont l'effet serait une agressivité généralisée[1].

La guerre était-elle vraiment une caractéristique récurrente de notre vie ancestrale et, en tant que telle, une source probable de pressions de sélection qui auraient façonné notre cognition et nos motivations ? Pour le philosophe anglais Thomas Hobbes, l'espèce humaine était constamment en guerre jusqu'au moment où le souverain a imposé la paix, la soumission étant le prix à payer pour la sécurité[2]. Pour Jean-Jacques Rousseau, les communautés primitives étaient pacifiques et

1. Griskevicius *et al.*, 2009.
2. Hobbes, 1651.

c'est la propriété et la civilisation, parmi d'autres maux, qui les ont rendues violentes[1].

Longtemps, l'anthropologie culturelle a adopté le point de vue de Rousseau, car les anthropologues étaient rarement témoins de crimes et de guerres tribales dans les sociétés de petite taille qu'ils étudiaient. Les gens n'auraient pas mis leur vie dans la balance pour acquérir à grand risque ce qu'un peu de travail leur aurait permis d'obtenir sans peine. À l'époque, de nombreux chercheurs en sciences sociales estimaient que les faibles densités de population des groupes préhistoriques de chasseurs-cueilleurs rendaient la guerre très peu probable, à la différence des densités bien plus importantes résultant de l'agriculture[2]. Mais une meilleure analyse des données ainsi que des études plus systématiques ont mis fin à cette vision de communautés ancestrales pacifiques. Certes, les anthropologues observaient rarement des crimes, mais compte tenu de la taille de ces communautés, l'impact des homicides était en fait disproportionné. On court davantage le risque de périr assassiné dans certaines sociétés tribales que dans le ghetto américain le plus dangereux[3]. Un autre facteur contribuait à cette sous-estimation : au moment où les anthropologues ont commencé leurs observations de terrain, les conflits tribaux avaient beaucoup diminué à cause de l'action des autorités coloniales[4].

En ce qui concerne les rapports entre bandes ou tribus dans les conditions ancestrales, on peut penser que les conflits ont dû être omniprésents au cours de notre histoire évolutive, l'une des raisons en étant la territorialité de l'espèce humaine. Dans tous

1. Rousseau, 1762.
2. Hrdy, 2009, p. 27 *sqq.*
3. Chagnon, 1988 ; Daly & Wilson, 1988 ; M. Wilson & Daly, 1997.
4. LeBlanc & Register, 2003.

les groupes humains, les gens pensent qu'une société possède un territoire, qu'il existe une distinction claire entre « notre » espace et le « leur ». Il est vrai que les premiers humains étaient des chasseurs-cueilleurs nomades, mais en général le nomadisme consiste à se déplacer à l'intérieur d'un espace bien défini et limité. De fait, le nomadisme exige de vastes territoires, et les gens n'apprécient guère l'intrusion d'autres groupes.

C'est la raison pour laquelle Hobbes et Rousseau avaient tort tous les deux – ou, plutôt, ils avaient tous les deux raison à propos d'aspects différents des premières sociétés. Notre passé tribal comportait sûrement une coopération intense (entre groupes) ainsi que des agressions fréquentes (tueries, vols et enlèvements entre groupes et à l'intérieur des groupes). Leur erreur commune était de penser que les humains sont mus par des instincts de guerre et de paix inconditionnels et rigides. Les raisons pour lesquelles les humains choisissent de faire la guerre ou de coopérer ne sont pas le résultat de préférences stables, générales et indépendantes du contexte, comme le croyaient les hobbesiens et les rousseauistes, mais un ensemble de mécanismes conditionnels qui évaluent la valeur de chaque stratégie selon la situation[1].

Quel type de guerre résultait de tels conflits ? Les données anthropologiques et archéologiques suggèrent qu'il ne s'agissait certainement pas de batailles rangées, avec de grandes armées s'affrontant à découvert. De tels affrontements organisés ont lieu occasionnellement dans certaines sociétés tribales, mais ils relèvent le plus souvent du spectacle – les deux parties se jaugent, se menacent et s'insultent, puis rentrent à la maison sans se battre. Les confrontations graves sont plutôt des opérations de commando. Celles-ci n'exigent pas un grand nombre de combattants – en fait, elles ne peuvent mobiliser des groupes

1. Gat, 2006 ; Horowitz, 2001.

importants car il ne faut pas se faire repérer. Il s'agit de tuer le plus de mâles possible, d'obtenir autant de butin que possible et, très souvent, de rentrer au camp avec des femmes et des captifs avant que l'ennemi n'ait pu organiser une résistance[1].

Cette forme d'agression entre groupes existait dans presque toutes les sociétés tribales de petite taille étudiées par les anthropologues avant que le pouvoir des États n'ait compliqué les choses. Elle était omniprésente, par exemple, chez des chasseurs-cueilleurs comme les peuples du Nord-Ouest américain, et même chez les Aborigènes australiens, qui produisaient très peu d'outils mais beaucoup d'armes. Les chasseurs-cueilleurs inuits fabriquaient aussi des armes et des armures, alors que leurs ressources étaient très limitées. Les villages pueblos étaient bâtis en haut de collines afin de pouvoir repérer les manœuvres hostiles. Les traditions orales et les données archéologiques confirment que cet état de menace potentielle était la règle, d'aussi loin que l'on dispose de preuves, depuis l'époque des peintures rupestres en Australie et en Amérique du Nord ou celle des charniers paléolithiques de Haute-Égypte. Les bandes de chasseurs-cueilleurs et les sociétés tribales savaient faire la paix et connaissaient la valeur des alliances, mais la guerre tribale était un risque constant. Et il ne s'agissait pas d'un aspect marginal de leur existence : l'étude démographique de certains groupes suggère que 5 à 20 % des mâles périssaient lors de combats[2].

Ces éléments permettent de décrire la guerre primitive. « Primitif » ne veut pas dire « archaïque ». Le terme désigne simplement le fait que ce type de conflit n'exige pas une technologie particulièrement sophistiquée, ni la mobilisation et la coordination de grands groupes d'hommes, comme lors des guerres modernes. De ce point de vue, les émeutes ethniques,

1. LeBlanc & Register, 2003 ; Mueller, 2004.
2. Gat, 2006.

la guérilla urbaine, les insurrections et très certainement les conflits meurtriers entre gangs rivaux sont des cas de guerre « primitive ». Et toutes ces formes extrêmement semblables mobilisent les mêmes capacités mentales.

Premièrement, ce type de guerre primitive repose sur une asymétrie conférant un avantage. Dans certains cas, il s'agit simplement d'une asymétrie d'information : les agresseurs savent quand ils vont attaquer, alors que les victimes vivent dans la peur d'être attaquées à chaque instant. Dans les raids de ce type, on ne se bat que si l'on pense disposer d'un avantage numérique, et le sort infligé aux ennemis est d'une violence extrême. Ces raids dirigés contre des voisins ne sont pas très différents des conflits entre bandes de chimpanzés. Dès que les agresseurs estiment que la situation tourne à leur désavantage, ils abandonnent le combat et prennent la fuite pour ne pas se faire massacrer[1].

Deuxièmement, à cause de cette asymétrie, beaucoup de raids sont couronnés de succès. Même si les attaquants ne parviennent pas à infliger des pertes importantes à leurs adversaires, ils réussissent souvent à se retirer sans subir trop de pertes. Par conséquent, il est raisonnable, d'un point de vue stratégique, d'anticiper les raids en montant des attaques préventives. Puisqu'un groupe nombreux en passe de devenir puissant peut nous attaquer n'importe quand, mieux vaut prendre les devants et l'attaquer avant qu'il ne soit effectivement trop puissant. Mais dans la mesure où les membres de ce groupe eux aussi en sont conscients, il est encore plus probable qu'ils nous attaqueront en premier, ce qui justifie encore plus une attaque préventive, et ainsi de suite. Une attaque préventive découragera les ennemis potentiels, mais, en plus, les neutralisera – d'où la volonté de tuer le plus de membres du groupe adverse plutôt que de

1. Wrangham & Peterson, 1997.

les soumettre. Le besoin perçu des frappes préventives afin d'éviter des attaques, connu sous le nom de « dilemme de la sécurité », semble garantir un état de guerre tribale constante ou, du moins, de suspicion entre les groupes. Dans de nombreux cas, les gens parvenaient à résoudre le dilemme de la sécurité en nouant des alliances, souvent accompagnées d'un échange de cadeaux et de mariages. Mais il ne s'agit que de garanties temporaires contre la menace potentielle de frappes préventives[1].

Troisièmement, la guerre primitive était et demeure une affaire essentiellement masculine. Les hommes organisent et conduisent les raids, et doivent faire face à l'opposition violente d'autres hommes. L'un des résultats habituels de ces raids, quand il ne s'agit pas de leur but principal, est l'enlèvement ou le viol des femmes de l'adversaire. Cette asymétrie vaut pour la violence en général, pas seulement dans le contexte d'une rivalité entre groupes. La violence physique est potentiellement très coûteuse pour les femmes, car les blessures peuvent gravement nuire à leur potentiel reproductif, alors que cela est bien moins vrai pour les hommes. À l'inverse, la capacité à protéger les siens est d'une importance cruciale pour le succès reproductif d'un homme[2].

Mais, dans ce cas, qui pourrait vouloir participer à un conflit, étant donné le danger encouru ? Le choix de l'affrontement semblerait s'opposer à l'impératif de maximisation du succès reproductif, une bellicosité excessive pouvant être moins performante de ce point de vue que la capacité à déserter furtivement. Mais cela n'est pas forcément vrai, tant en coûts qu'en bénéfices. Du point de vue des coûts, les raids sont moins dangereux pour l'agresseur que les batailles rangées.

1. Gat, 2006 p. 97 *sqq.* ; Herz, 2003.
2. McDonald, Navarrete & Van Vugt, 2012.

Quant aux bénéfices, qui dans de nombreuses guerres tribales incluent l'enlèvement de femmes et des captifs, ils peuvent être plus grands que le risque d'être blessé ou tué. Autrement dit, un risque modeste de mort peut être compensé, en moyenne, par un grand gain en prestige, en pouvoir et en accès à la reproduction. Comme l'ont fait remarquer John Tooby et Leda Cosmides, c'est la raison pour laquelle il existe un « contrat social » tacite dans les opérations guerrières. Même si un certain coût est inévitable, l'identité de celui qui aura à le payer, c'est-à-dire qui pourrait périr au combat ou être gravement blessé, demeure imprévisible. Mais le partage des bénéfices en cas de succès doit être garanti, faute de quoi les gens pourraient refuser de participer[1].

La longue histoire de la guerre primitive explique certaines caractéristiques des conflits contemporains qui, sinon, resteraient mystérieuses. Les humains sont passés maîtres dans le calcul des coûts et des bénéfices qui rend les guerres primitives possibles. Ainsi, ni les membres de gangs de rue ni les participants à des émeutes ethniques n'ont besoin d'être des experts ès sciences sociales pour comprendre l'intérêt d'infliger de la violence à des non-combattants. Ils saisissent intuitivement la puissance de signaux terrifiants et l'intérêt des attaques préventives. Ils savent aussi que les mâles et les femelles ne peuvent être recrutés ou menacés de la même manière. Les guerres civiles et les émeutes ethniques prennent des formes tragiques, prévisibles, parce qu'elles impliquent des organismes dotés de capacités très similaires pour l'agression de groupe.

1. Tooby & Cosmides, 1988, 2010.

Détecter la diversité

Heureusement, la plupart des sociétés modernes ne connaissent pas l'horreur des émeutes ethniques ou de la guerre civile. Les gens appartenant à des catégories raciales ou ethniques différentes cohabitent et, dans de nombreux contextes, ces catégories ne conduisent pas à la formation de groupes dotés d'une organisation interne et de buts communs. Mais la diversité n'efface pas totalement l'ethnicité, les signaux ethniques ou le sentiment d'appartenance. Dans de nombreux pays, les migrations modernes ne conduisent pas à l'assimilation ou à l'intégration dans le pays d'accueil. Au contraire, elles font ressurgir des sentiments d'identité communautaire et de démarcation ethnique. Les conditions multi-ethniques modernes créent une situation inédite pour les esprits humains, dans laquelle les individus peuvent être facilement identifiés comme appartenant à des catégories ethniques distinctes et exclusives, sans habiter des territoires distincts et sans que l'on puisse être certain de leur degré d'attachement à leur groupe.

Que peut-il arriver dans une telle situation ? On pourrait être tenté de penser, dans le droit-fil des sciences sociales traditionnelles, que tout dépend des stéréotypes quant aux différentes catégories, fondés sur l'adoption d'idéologies politiques spécifiques. On pourrait croire que ces stéréotypes, par exemple que les membres de certaines catégories sont agressifs ou paresseux, régiront l'interaction avec eux. Certaines données semblent montrer l'existence de tels effets et, par le passé, cela a conduit de nombreux psychologues sociaux à conclure que l'interaction avec les autres reposait principalement sur un traitement de l'information descendant, c'est-à-dire sur des attentes et des idées préconçues. Mais la réalité des interactions est plus complexe et suggère que les esprits humains sont de meilleurs dispositifs de traitement de l'information que ne le laisserait croire cette vision traditionnelle. Pour commencer, nous savons grâce à de nombreux exemples (la cognition au sujet de la race en est un), que ce sont les intuitions des gens, que les membres d'un certain groupe appartiennent à une coalition rivale, par exemple, qui mobilisent les stéréotypes plutôt que l'inverse[1]. Aussi, lorsque les gens disposent à la fois d'un stéréotype à propos d'un individu en tant qu'il appartient à une catégorie et d'informations spécifiques sur l'individu en question, les secondes l'emportent sur le premier. Autrement dit, le stéréotype de l'Irlandais qui parle fort lorsqu'il a bu n'empêche pas en réalité les gens d'évaluer la répartition réelle des grandes gueules alcooliques et des individus sobres et discrets dans leur environnement social. Les stéréotypes sont souvent abandonnés lorsqu'ils empêchent de se frayer efficacement un chemin dans la société[2].

Nous devrions donc éviter de supposer que ce qui se produit dans les environnements modernes dépend exclusivement des politiques à grande échelle et des idéologies. En fait, comme le suggèrent les études sur les stéréotypes et l'information individuelle, l'interaction entre groupes est peut-être déterminée par des facteurs plus modestes, par la manière dont les systèmes cognitifs des individus acquièrent de l'information à partir de rencontres directes avec le monde social.

Considérez ceci. Dans les environnements modernes où règne la diversité, on croise un grand nombre d'individus (aux origines ethniques différentes) avec qui l'on peut avoir toutes sortes d'interactions sociales, qu'il s'agisse de se croiser sur un trottoir ou dans un bus, d'avoir des échanges économiques anonymes, de collaborer sur le lieu de travail ou de participer à des actions

1. McGarty, Yzerbyt & Spears, 2002.
2. Jussim, Crawford & Rubinstein, 2015 ; Jussim *et al.*, 2005.

collectives communes. Quel impact ont ces rencontres multiples, ces micro-épisodes d'interaction sociale, sur nos représentations mentales des catégories et des groupes ?

L'impact des rencontres répétées entre individus n'a pas été vraiment étudié, surtout parce que de telles recherches sont très difficiles à réaliser. L'effet de rencontres multiples sur une personne peut dépendre dans une grande mesure de sa situation individuelle, ce qui complique tout échantillonnage. Pour rendre les choses encore plus difficiles, ces effets sont essentiellement inconscients, et il ne suffit donc pas d'interroger directement les gens sur la manière dont ils perçoivent leur environnement social. Pourtant, nous devrions nous intéresser de très près à ces microprocessus, parce qu'ils sont fondamentaux lorsqu'il s'agit de comprendre la dynamique de la diversité ethnique dans les environnements modernes. Pour le moment, cette affirmation est plutôt spéculative, car la question a été très peu étudiée. Mais on a des raisons de penser que les représentations des groupes sont effectivement influencées par la qualité et la fréquence des rencontres avec d'autres ethnies, dans ce que l'on pourrait appeler l'« écologie de la diversité ethnique moderne ».

Les systèmes de détection d'alliances réagissent certainement à des informations disponibles dans l'environnement social quant à la présence de différents types de personnes pouvant appartenir à des coalitions distinctes. Une part de l'information consiste en des indices, comme l'accent et l'apparence, révélateurs de l'origine et de la communauté. Ces informations incluent des signaux comme des marqueurs ethniques (vêtements, ornements corporels, symboles religieux et ainsi de suite). Dans un environnement urbain, les gens recueillent probablement des informations sur la taille relative des groupes ethniques et le nombre de leurs membres. C'est probable, car nous savons que dans d'autres domaines les esprits humains produisent spontanément, la plupart du temps de manière inconsciente, des représentations statistiques de leur environnement. Les chasseurs-cueilleurs savent évaluer la fréquence avec laquelle différents endroits fournissent différents types de nourriture sur la base de dizaines ou de centaines de visites. Les consommateurs savent que différents magasins sont plus ou moins chers pour différentes catégories de nourriture. Les chauffeurs pensent qu'il y aura plus ou moins de places de parking disponibles selon le quartier et l'heure. Ces attentes sont le résultat d'inférences statistiques automatiques tirées d'épisodes répétés. Ce sont des exemples d'échantillonnage naturel, de statistiques intuitives que les humains évaluent sans difficulté[1]. On peut spéculer qu'il en va de même pour l'identité ethnique. Chaque jour, de nombreuses personnes dans les sociétés modernes calculent de manière inconsciente des statistiques sur les membres de diverses catégories ethniques.

Il est aussi probable que les gens détectent des informations sur la cohésion de leur propre coalition et celle de ses rivaux potentiels, le degré d'engagement des gens dans chaque groupe envers les autres membres. La cohésion est indispensable pour le succès d'une coalition, et plus une coalition rivale est soudée, moins cela est bon pour « nous ». C'est la raison pour laquelle les gens participant à un conflit coalitionnel ont tendance à insister sur leur similitude (« Nous sommes tous pareils ») comme moyen de manifester leur solidarité (« Nous avons tous les mêmes objectifs ») et la cohésion de la coalition (« Nous luttons tous ensemble »). En cas de guerre, les gens portent le même uniforme ou arborent des tatouages très semblables, typiques du groupe, des scarifications ou du maquillage, qui servent à faire passer le même message. Et, comme je l'ai

1. Gigerenzer, 2002 ; Gigerenzer & Hoffrage, 1995 ; Gigerenzer & Murray, 1987.

dit plus tôt, les gens ont tendance à adopter des marqueurs ethniques, comme une tenue caractéristique d'un groupe, et ce, d'autant plus facilement s'il existe une rivalité ethnique. Il serait surprenant que notre psychologie coalitionnelle ne fasse pas attention à ce type d'information. En Europe, depuis une trentaine d'années, les musulmans se distinguent plus facilement qu'avant, car de plus en plus de femmes et d'hommes portent des tenues islamiques traditionnelles, et cela contribue sans doute à l'idée que cette catégorie ethnico-religieuse est nombreuse et soudée[1].

On a démontré que ces statistiques intuitives sur l'appartenance coalitionnelle influencent l'attitude des gens. Robert Putnam, par exemple, soutient qu'une plus grande diversité s'accompagne souvent d'une baisse de la confiance sociale, le point auquel l'on considère la plupart des autres comme étant dignes de confiance[2]. Aux États-Unis, l'effet est visible au niveau des États et des comtés, ce qui n'est pas très précis. Mais une étude danoise a mis en évidence le même effet en mesurant les choses de manière bien plus précise, grâce à des données sur le nombre réel d'individus d'ethnicité différente qui vivent à différentes distances de chaque participant de l'étude. Dans ce cas, le sentiment que les autres sont fiables en général décroît en fonction du nombre d'étrangers que l'on croise, ce qui laisse penser qu'il s'agit d'un effet de l'écologie sociale[3].

Nos statistiques coalitionnelles spontanées peuvent même avoir un impact sur notre santé. De nombreuses études ont montré que la santé et le bien-être subjectif des gens sont affectés par les relations ethniques. Les membres des groupes minoritaires ont en général une moins bonne santé que la popu-

1. Bowen, 2006
2. Putnam, 2000, 2007.
3. Dinesen & Sønderskov, 2012.

lation d'origine[1], et cette différence persiste même si l'on tient compte de facteurs évidents comme le statut socio-économique et l'accès aux soins. Cela semble suggérer que les relations de domination ont leur propre effet sur la santé[2]. Comment cela est-il possible ? Une piste concernerait le stress. De multiples études physiologiques nous ont appris que les rencontres avec des membres d'autres catégories ethnico-raciales, même dans le contexte artificiel d'une expérience en laboratoire, déclenchent des réactions de stress[3]. Dans la vie de tous les jours, les individus d'une minorité ont des rencontres répétées avec des individus de la majorité avec, à chaque fois, la possibilité d'une telle réaction. Aussi minimes que puissent être ces effets, leur fréquence peut avoir pour résultat un stress cumulatif, ce qui permettrait d'expliquer en partie la moins bonne santé des individus de la minorité[4]. Cette explication possible est confortée par une autre observation, apparemment paradoxale, selon laquelle la santé des membres d'une minorité est meilleure lorsqu'ils habitent dans des quartiers non intégrés, des enclaves ethniques, que lorsqu'ils se trouvent mélangés à la population d'accueil[5]. Cet effet, dit de « densité ethnique », n'est pas bien compris. Une explication faisant appel à nos calculs coalitionnels intuitifs serait que les individus de la minorité habitant des quartiers minoritaires ont tout simplement moins l'occasion de croiser des individus d'autres groupes et pâtiraient donc moins des effets cumulatifs du stress.

Bien qu'en partie spéculative, cette interprétation de la diversité ethnique moderne s'accorde bien avec ce que nous savons

1. Williams & Mohammed, 2009.
2. Major, Mendes & Dovidio, 2013.
3. Blascovich *et al.*, 2001 ; Page-Gould, Mendoza-Denton & Tropp, 2008.
4. P. Boyer, Firat & Van Leeuwen, 2015.
5. Alvarez & Levy, 2012 ; Bécares *et al.*, 2012 ; Bosqui, Hoy & Shannon, 2014 ; Das-Munshi *et al.*, 2010, 2012.

de la psychologie des relations entre les groupes en général. Depuis la rivalité tribale jusqu'au nationalisme moderne, depuis les affirmations pacifiques d'identité jusqu'aux émeutes ethniques meurtrières, nous pouvons donner un sens à des comportements très variés, parfois paradoxaux, en invoquant les capacités coalitionnelles dont nous a dotés l'évolution. Les humains dépendent de la cohésion et de la continuité des groupes pour leur propre bien-être et leur survie individuelle. Ce sont des enjeux considérables, ce qui explique pourquoi nos systèmes évolués peuvent déclencher des réactions très puissantes. Les résultats de ces calculs inconscients peuvent se manifester par de la fierté, de la suspicion, de la colère et même de la haine.

II

Esprits sains, croyances étranges et folie des foules

Tuer des bébés, boire du sang et, à l'occasion, manger des fœtus : voilà comment les Anglais de classe moyenne passaient leur temps, du moins certains d'entre eux, pendant les années 1980 – quand ils ne faisaient pas subir à leurs propres enfants des formes étranges d'abus sexuels lors de rituels sataniques. Ce qui au départ n'était qu'une rumeur avait fini par devenir une crise publique, des cas de plus en plus nombreux étant rapportés tandis que des enfants livraient leurs propres témoignages de rituels horribles. Les autorités locales croulaient sous les dénonciations anonymes. Certains travailleurs sociaux réussirent à les convaincre qu'il fallait retirer les enfants à leurs parents. Après des enquêtes de police plus poussées, il apparut qu'il n'y avait pas la moindre preuve que de tels épisodes d'abus, sataniques ou autres, avaient eu lieu[1].

On rapporte des vols de pénis dans des pays africains et asiatiques depuis au moins trente ans. Des individus dangereux

1. La Fontaine, 1998.

auraient le pouvoir de dérober les organes sexuels d'un homme en le regardant dans les yeux, en lui serrant la main ou en prononçant des formules magiques. Des endroits très fréquentés comme les marchés et les gares routières seraient les lieux de chasse préférés de ces dangereux individus. Les choses sont censées se dérouler comme suit : dans un de ces lieux publics, quelqu'un hurle soudain qu'on lui a volé son pénis et désigne un individu comme étant le coupable. Le voleur suspecté est rapidement entouré par une foule déchaînée. Cela s'achève parfois par sa mise à mort. S'il a de la chance, le voleur supposé sera conduit au poste de police. Les gens sont persuadés qu'un pénis a été volé, et ils sont tout aussi certains qu'il ne servirait à rien de fouiller l'accusé, car il se sera déjà débarrassé des preuves par magie[1].

Partout dans le monde, aussi loin que l'on remonte, les groupes humains ont connu de telles paniques. Les accusations de sorcellerie en sont un autre exemple. Quelqu'un déclarera avoir été attaqué et ensorcelé par des parents ou des connaissances et demandera à la communauté de l'aider à leur faire avouer leurs méfaits[2]. Ces paniques peuvent avoir des effets aussi puissants que durables, comme durant la chasse aux sorcières dans l'Angleterre élisabéthaine, lorsque des centaines de sorcières supposées furent jugées et condamnées[3] (pas forcément dans cet ordre). Pourquoi ces épisodes se produisent-ils ? Pourquoi les gens ont-ils même des croyances si étranges ?

Ces épisodes sont des illustrations spectaculaires d'un phénomène bien plus général. Il existe un vaste domaine culturel où les passions populaires se déchaînent à cause d'informations de

1. Bonhomme, 2012 ; Mather, 2005.
2. Douglas & Evans-Pritchard, 1970.
3. P. S. Boyer & Nissenbaum, 1974 ; Demos, 1982 ; Thomas, 1997.

très faible valeur (car les sorcières n'existent pas, pas plus que les voleurs de pénis). Pour paraphraser T. S. Eliot, les humains semblent s'accommoder d'un haut degré de non-réalité. L'émergence et la propagation de telles croyances sont déconcertantes, car nos esprits ont été façonnés par la sélection naturelle pour être des machines à apprendre performantes. La sensibilité des humains à une information de si mauvaise qualité semble être le signe d'une grave erreur de conception. C'est la raison pour laquelle tant d'anthropologues se sont demandé par le passé : « Pourquoi les gens croient-ils donc de telles insanités ? » Mais cela soulève une autre question, qui n'est que rarement évoquée : pourquoi cela a-t-il une telle importance pour les gens ? Qu'est-ce qui les incite à en parler autour d'eux ? Pourquoi participer à une chasse aux sorcières ? Plus généralement, à quoi est due la folie des foules ?

Les mystères de la culture poubelle

L'ère de l'information a commencé il y a entre cinq cent mille et cent mille ans, lorsque les humains se sont mis à échanger de l'information à une fréquence inconnue jusque-là dans le règne animal. Beaucoup d'organismes échangent de l'information, au sein d'une même espèce et entre diverses espèces, mais les humains le font avec une intensité d'un ordre de grandeur entièrement différent. L'environnement naturel des êtres humains est l'information fournie par d'autres humains, tout comme l'océan est celui des dauphins et la banquise celui des ours blancs. Sans information, ils ne pourraient pratiquer la cueillette, chasser, choisir des partenaires ou fabriquer des outils. Sans information, les humains ne survivraient pas[1].

1. Tooby & DeVore, 1987.

Et cela rend encore plus surprenant le fait qu'une grande partie de cette information soit dépourvue de la moindre utilité. Appelons ce vaste domaine d'informations apparemment inutiles la « culture poubelle ». Certains trouveront ce terme trop négatif, mais il est inspiré par ce qu'on appelle l'« ADN poubelle », ces grands segments de notre code génétique qui semblent ne pas contenir la moindre information utile, même si l'on commence à comprendre qu'une partie de cet ADN poubelle a en fait une fonction importante et précise[1]. Dans le même esprit, on pourrait peut-être expliquer l'existence de cette « culture poubelle » par ses fonctions.

On trouve aisément des exemples d'informations sans grande valeur. La littérature anthropologique regorge de théories bizarres qui semblent exercer une attraction puissante sur l'esprit des gens tout en n'ayant aucune utilité. On pourrait remplir des volumes entiers avec des exemples de ce que Kant aurait sobrement décrit comme étant l'exercice de la raison au-delà de ce qu'autorise l'expérience[2]. Il existe même des compilations, comme les classiques *Extraordinary Popular Delusions and the Madness of Crowds* de Charles Mackay, et bien d'autres recueils[3]. Mais il peut être utile d'en décrire la portée de manière plus précise.

Les anthropologues classiques se sont penchés sur les mystères de la culture poubelle, qu'ils appelaient « symbolisme », « magie » ou « superstition », et décrivaient souvent comme étant caractéristiques des « autres » cultures, c'est-à-dire des cultures non occidentales, dont les cogitations obéissaient à des règles radicalement différentes des nôtres. Leur mentalité, affirmait-on, était primitive, plus proche de l'association libre que du raisonnement reliant des

1. N. Carey, 2015.
2. Kant, 1781.
3. Mackay, 1841.

causes à des effets. Cela expliquait, par exemple, la croyance en la magie. Ou celle selon laquelle manger des noix permet de soigner les maladies du cerveau (parce qu'une noix ressemble à un cerveau). Ou bien celle arguant que brûler une boucle de cheveux d'une personne la rendra malade, puisque les cheveux font partie de cette personne. Selon cette vision anthropologique, les relations de similitude ou de contiguïté étaient, pour les esprits primitifs, plus importantes que les rapports de cause à effet[1]. Mais cette forme de relativisme cognitif a rapidement été abandonnée car il s'est avéré que la croyance en la magie (et d'autres croyances apparemment infondées) était courante dans les sociétés occidentales. À l'inverse, une meilleure connaissance des contrées éloignées a montré que les membres de ces cultures faisaient preuve d'autant de sens commun dans la gestion de leurs affaires quotidiennes qu'un philosophe occidental de haut vol. Les savants avaient d'abord cru que les paysans étaient différents d'un point de vue cognitif. Une fois que les paysans eurent migré vers les villes, ce sont les Africains que l'on décrivit comme des victimes de la pensée magique. Puis les Africains se sont rendus en Europe, et c'est vers les jungles de la Papouasie-Nouvelle-Guinée ou de l'Amazonie que l'on s'est tourné à la recherche de manières radicalement différentes de penser. Les progrès du transport ont sonné le glas du relativisme.

Puisque la plupart des gens, dans toutes les cultures, se livrent occasionnellement à ce que l'on appelle de la « pensée primitive », il reste à expliquer pourquoi il en est ainsi. Pour cela, nous devons revenir sur un point que nous avons souligné dans l'Introduction, à savoir que les humains sont des machines à apprendre et ont besoin de nombreux dispositifs sophistiqués leur permettant de détecter des informations utiles dans l'environnement.

1. Blondel & Lévy-Bruhl, 1926.

Pour apprendre, il faut savoir

Il faut un effort d'imagination pour apprécier les quantités colossales d'information qu'exige tout comportement un tant soit peu complexe, à commencer par les interactions avec ses congénères et son environnement. Dans le cas des humains, une grande partie de cette information est obtenue en communiquant avec d'autres humains et grâce à une expérience du monde social et naturel.

Des décennies d'études expérimentales sur des bébés et de jeunes enfants ont confirmé que les esprits humains doivent disposer d'une grande quantité de connaissances préalables pour acquérir tant d'information. Il est aussi évident, grâce à ces découvertes sur le développement, que cette connaissance prend la forme d'attentes concernant des domaines d'information très spécifiques. Par exemple, les bébés qui commencent à parler s'attendent à ce que les mots désignent des objets plutôt que des parties d'objets ou des couleurs. Ils s'attendent à ce que des objets solides soient distincts et ne fusionnent pas les uns avec les autres après une collision. Ils s'attendent aussi à ce que le nombre d'objets dans un sac reste inchangé tant qu'on n'y ajoute ni enlève rien. Ces principes sont présents bien avant que l'enfant puisse manipuler lui-même des objets. Plus tard, les jeunes enfants pensent que quelque chose à l'intérieur des animaux, plutôt que leur apparence, est la cause de leur comportement (un chat, même grimé en chien, reste un chat). Plus subtilement, les bébés s'attendent à ce que le comportement d'un agent soit déterminé par ce qu'il croit et non par ce qui est vrai. Même des bébés d'un an savent que les gens peuvent avoir des croyances fausses. Tout cela – et bien d'autres choses encore – illustre l'opération d'attentes au sujet des objets solides, des nombres, des animaux et de l'esprit[1]. Il existe aussi des attentes concernant les rapports sociaux, les échanges et la tricherie, l'équité et la morale, la hiérarchie, l'amitié, les prédateurs et les proies, les expressions faciales, la contagion et la contamination, et la liste ne s'arrête pas là.

Ces attentes dans des domaines spécifiques permettent de collecter de l'information de manière efficace. Par exemple, les jeunes enfants s'attendent intuitivement à ce que les animaux se déplacent de leur propre chef, et ils s'attendent également à ce que des états internes, comme les intentions et les croyances, expliquent leurs mouvements. Cela permet à un esprit en cours de développement de se concentrer sur des informations précises, par exemple sur ce qui fait face à un animal, de telle manière qu'il chercherait à s'en approcher, tout en ignorant des faits aussi perceptibles mais non pertinents, par exemple ce qui se trouve en aval de la rivière et qui pourrait en expliquer l'écoulement. Comme l'ont remarqué les philosophes et les chercheurs en sciences cognitives, un système cognitif sans attentes spécifiques serait paralysé par le nombre astronomique de faits non pertinents.

Même lorsque des adultes communiquent explicitement une information nouvelle à propos d'un objet, les enfants passent cette information au tamis de leurs suppositions quant aux états mentaux des adultes. Gergely Csibra et György Gergely ont montré que les enfants sont sensibles aux intentions pédagogiques qu'un adulte exprime, par exemple, en leur demandant de prêter attention à un objet. Dans ces conditions, les bébés s'attendent à ce que l'information s'applique à toute une catégorie, et non seulement à un cas particulier[2].

1. Carey, 2009 ; Gallistel & Gelman, 2000 ; Hirschfeld & Gelman, 1994 ; Spelke & Kinzler, 2007.

2. Egyed, Király & Gergely, 2013 ; Futó *et al.*, 2010 ; Gergely, Egyed & Király, 2007.

Pour résumer, dès les premiers stades du développement cognitif, l'esprit humain semble être conçu pour acquérir des connaissances utiles sur son environnement. J'insiste sur le terme « utiles ». Ce serait une erreur de supposer que l'esprit humain est conçu pour acquérir des informations *véridiques* sur son environnement naturel et social. Cette distinction est importante. Le simple fait qu'une chose soit vraie ne veut pas dire que les humains ont les moyens de le savoir. Inversement, bon nombre de nos attentes intuitives nous conduisent à avoir des croyances fausses. Par exemple, les humains ont tendance à penser les espèces naturelles de manière « essentialiste ». Nous supposons spontanément qu'il existe une qualité interne, possédée par tous les membres d'une espèce donnée, qui explique pourquoi cette espèce est différente des autres. Cela implique qu'il existe un fossé infranchissable entre deux espèces données. Or, c'est faux. Les girafes sont des chevaux, les deux espèces étant en fait reliées par une lignée continue de reproduction, si l'on remonte suffisamment loin dans le temps. Une croyance essentialiste en des espèces strictement séparées rend la sélection naturelle difficile à comprendre et les idées créationnistes très intuitives[1]. Cet essentialisme au sujet des espèces est la supposition que nous faisons spontanément, et si elle fait partie de notre équipement cognitif, c'est peut-être qu'elle représente une manière pratique d'organiser l'information au sujet des animaux et de prédire leur comportement, ce qui a une grande valeur adaptative, même si les hypothèses sous-jacentes sont fausses. Il est donc important de ne pas oublier que l'esprit humain n'a pas toujours raison d'un point de vue philosophique ou scientifique. Ses suppositions ne sont peut-être pas vraies, mais elles sont utiles[2].

1. Kelemen, 2004 ; Kelemen & DiYanni, 2005.
2. P. Boyer & Barrett, 2005.

Leur utilité est une conséquence de différentes pressions de sélection. Nous avons des attentes quant au regard en tant qu'indice des états mentaux d'autrui parce que nous sommes des organismes dont la survie dépend de la compréhension de leurs états mentaux. Nous appliquons des principes intuitifs aux outils et aux objets naturels parce que nous fabriquons des outils et avons besoin de comprendre les rapports entre leur forme et leur fonction. Nous avons des attentes sociales parce que nous avons besoin du soutien d'autrui. Comme nous le verrons, nous avons des intuitions morales parce qu'il faut que nos échanges soient équitables pour que nous puissions prospérer. Dans chaque cas, le fait d'avoir ces dispositions cognitives a permis à nos ancêtres de mieux se reproduire que d'autres, raison pour laquelle ils sont nos ancêtres.

Cela ne rend que plus pressante notre question de départ. Si les humains sont faits pour acquérir des informations utiles sur leur environnement, pourquoi produisent-ils et consomment-ils de la culture poubelle ? L'une des explications pourrait être que, justement, nous sommes faits pour acquérir de l'information par le truchement des autres. Les humains n'acquièrent qu'une partie de leur immense réservoir de connaissances sur le monde directement. Nous avons une disposition pour obtenir l'information auprès d'autrui et dans bien des domaines nous utilisons ces informations comme point de départ de nos propres décisions. Est-il donc possible que cette disposition dérape, pour ainsi dire, et nous rende vulnérables à des informations de mauvaise qualité ?

Les gens ne sont pas naïfs

Il est une croyance fort répandue dans la plupart des cultures selon laquelle les gens sont naïfs... surtout les autres, bien sûr. Beaucoup d'entre nous pensent que c'est la meilleure explication du fait que les croyances des autres sont si souvent et si manifestement fausses. Mais est-ce le cas ? Sans sombrer dans la suffisance, les humains sont-ils vraiment crédules ?

Longtemps, les psychologues sociaux et cognitifs ont pensé qu'il existait une disposition générale des humains à être sensibles aux informations fournies par les autres, surtout s'ils sont persuasifs. De nombreuses études prétendaient démontrer le pouvoir de la suggestion et de la persuasion. Dans les années 1950, par exemple, Solomon Asch a réalisé des expériences à propos desquelles on a souvent déclaré qu'elles démontraient le pouvoir de la suggestion. Les participants devaient répondre à une question d'ordre perceptuel, par exemple en disant quelle ligne était la plus longue dans un ensemble de lignes, la bonne réponse étant évidente. Mais avant d'avoir pu donner leur avis, d'autres « sujets », en fait des comparses de l'expérimentateur, donnaient une réponse fausse. Étonnamment, il en résultait que certains sujets exprimaient leur accord avec ces comparses, comme s'ils étaient incapables de se fier à leurs propres yeux[1]. Dans la même veine, au cours des années 1980, des chercheurs travaillant sur la mémoire ont montré que l'on pouvait convaincre des gens d'accepter comme véridiques des souvenirs d'enfance inventés de toutes pièces, par exemple qu'ils s'étaient perdus dans un centre commercial. En utilisant des photos truquées et en se faisant aider par des parents complices, on persuadait les sujets qu'ils se souvenaient d'un événement qui n'avait jamais eu lieu[2].

Ce type d'effet a fini par devenir une sorte d'idée reçue en psychologie, mais la réalité est plus complexe que ne le suggèrent ces descriptions. Lorsque le chercheur en sciences cognitives Hugo Mercier a réexaminé systématiquement les

1. Asch, 1956.
2. Hyman, Husb & Billings, 1995 ; Loftus, 1997.

données, il a découvert que la tradition orale (et beaucoup de manuels) avait passablement déformé les résultats initiaux[1]. Par exemple, dans la célèbre « expérience de conformité » d'Asch, la plupart des gens ne révisaient pas leur jugement, et Asch lui-même avait commenté ce résultat. En fait, le but de ce dernier était d'étudier comment on pouvait vaincre cette résistance. De la même manière, la plupart des sujets ne se rappelaient pas le souvenir fabriqué et beaucoup contestaient même son existence. Ici aussi, le but originel de ces études avait été oublié. En fait, ce que les chercheurs cherchaient à démontrer était qu'avec un grand nombre de « preuves » fabriquées et à l'aide de tiers de confiance, les gens pouvaient parfois se laisser convaincre de la réalité de tels événements. C'était important et utile car, à l'époque, il existait un véritable engouement pour les « souvenirs refoulés », de soi-disant thérapeutes utilisant des suggestions répétées et même de l'hypnose pour faire en sorte que leurs patients « se souviennent » d'abus inexistants[2]. Ces études expérimentales, donc, montraient en fait que la suggestion de souvenirs ne fonctionnait (et c'est le point crucial) que si elle était particulièrement intense. Elles montraient donc justement qu'il n'est pas facile de berner les gens quant à leurs propres souvenirs, bien au contraire.

Il en va de même pour beaucoup des prétendus effets de la persuasion. On pourrait croire que les gens se laissent facilement convaincre par des données fragiles et des arguments légers, et nombre d'études semblent aller dans ce sens. Mais l'effet n'apparaît que dans des conditions très particulières, par exemple lorsque les participants ne disposent pas d'autres preuves que celles qu'on leur présente, lorsqu'ils ont des raisons de faire confiance à l'expérimentateur et, surtout, lorsque l'information

1. Mercier, 2017.
2. Loftus, 1993, 2005.

en question ne les concerne pas directement. Lorsque l'information a de l'importance pour eux, ou lorsqu'ils peuvent choisir parmi différentes sources, ils sont bien moins faciles à persuader[1].

Que les esprits humains rechignent à avaler tout ce qu'on leur raconte ne devrait pas vraiment nous surprendre. L'idée que nous sommes des machines à gober tout ce que nous racontent les autres a toujours été quelque peu mystérieuse du point de vue de l'évolution, car leur crédulité rendrait les gens facilement manipulables. Les humains ont des capacités de communication bien plus sophistiquées que toute autre espèce. En communiquant, les gens modifient les états mentaux des autres, par exemple en suscitant dans l'esprit de quelqu'un des croyances (« Regarde, un crocodile ! ») ou des raisons d'agir (« Passe-moi le sel »), et bien d'autres processus encore plus subtils. Cela étant dit, dans la mesure où l'on peut changer les croyances d'autrui, il est tout à fait envisageable de tirer profit de ce changement. Mais la signalisation risque de tourner à la tromperie, car les intérêts des uns et des autres divergent : les pigeons mâles gonflent les plumes de leur cou pour tromper les femelles quant à leur taille et leur vitalité.

Cela aboutirait à une forme de communication dépourvue de valeur, à une situation où la communication verbale ne serait profitable pour personne car majoritairement peu fiable. Or, ce n'est pas ce que l'on constate, et ce, pour une raison évolutive simple. La tromperie peut avoir une valeur adaptative si l'on parvient à exploiter autrui, mais il devient alors adaptatif pour autrui de développer des armes symétriques, par exemple une capacité à voir clair dans votre jeu. Il existe un équilibre lorsque les capacités de tromperie et de détection sont, en gros, équivalentes. Mais cet équilibre est instable. Tout organisme un

1. Mercier, 2017.

peu plus habile que les autres en matière de tromperie aura un avantage, et il transmettra donc ses capacités de tromperie à sa descendance, jusqu'au moment où ses capacités deviendront la règle dans la population. Mais dans ce cas, une amélioration des capacités de détection acquerra une valeur adaptative et, selon le même argument, deviendra progressivement la norme. Ce type de course aux armements, entre tromperie et détection, est courant dans la nature.

Dans le cas de la communication humaine, la course aux armements consiste en une compétition entre, d'une part, une capacité à rendre ses affirmations convaincantes et, de l'autre, une capacité à protéger ses propres croyances contre la tromperie. Dan Sperber et ses collègues ont appelé cette dernière la « vigilance épistémique », qui est une motivation et une capacité à détecter et à rejeter des informations non fiables ainsi qu'à vérifier la validité des arguments[1].

Ce besoin de vigilance épistémique explique de nombreux aspects de la communication humaine. Pour commencer, les gens font attention aux sources d'information et estiment leur fiabilité, ce qui influe sur la manière dont ils évaluent l'information. À l'inverse, plus l'information est douteuse, plus nous nous souviendrons de sa source comme n'étant pas fiable. Et les gens font attention de manière automatique aux différences ou contradictions dans les affirmations d'autrui, ce qui a des conséquences pour le statut de l'information et de la source qui, étant toutes les deux contaminées, ne peuvent servir de guides pour le comportement. Il en va de même pour les illogismes – quelqu'un suscitera de telles suspicions s'il affirme que les kangourous sautent haut parce qu'il fait chaud en Australie.

Certains rudiments de la vigilance épistémique apparaissent tôt au cours du développement cognitif. Les bébés, par exemple,

1. Sperber *et al.*, 2010.

semblent faire une distinction entre experts et novices. Plus tard, les enfants utilisent des indices de compétence pour évaluer les énoncés de différents individus et se méfient de ceux qui se sont trompés en d'autres occasions, ou semblent vouloir manipuler les autres ou, tout simplement, qui parlent de choses qu'ils ne peuvent pas savoir, par exemple à propos d'objets qu'ils ne peuvent percevoir[1].

Surtout, les expériences montrent que les gens semblent plutôt doués lorsqu'il s'agit de juger (et d'accepter) des arguments. Confrontés à divers types d'informations, surtout s'il s'agit de questions qui ont de l'importance pour eux, les gens savent très bien, en général, choisir les données pertinentes et préfèrent les bons arguments aux arguments incohérents. En fait, selon Mercier et Sperber, l'émergence de la raison, une capacité façonnée par l'évolution permettant de considérer des arguments de manière abstraite, est le résultat de l'avantage adaptatif conféré par le fait d'être capable d'extraire le meilleur de ce que peuvent nous offrir les autres, ainsi que de rejeter les conseils douteux et les informations incohérentes. Autrement dit, la fonction adaptative du raisonnement n'est pas une appréhension solitaire du monde. C'est un outil social, un ensemble de capacités dont nous avons besoin pour convaincre les autres, leur faire adopter nos préférences et nos choix et, inversement, pour détecter et expliquer ce qui est valide et ce qui ne l'est pas dans les arguments imparfaits d'autrui[2].

Tout cela éclaire encore plus crûment le paradoxe de la culture poubelle. Les psychologues ont recueilli toutes sortes de données en faveur de l'existence de systèmes cognitifs chargés de l'acquisition d'informations utiles sur le monde, pertinentes en matière de succès reproductif, surtout auprès de congénères,

1. Harris & Lane, 2014 ; Mascaro & Sperber, 2009.
2. Mercier & Sperber, 2011, 2017.

et de faire en sorte que l'information soit d'assez bonne qualité. Cela semble être une conséquence directe de l'évolution cognitive. Tout comme notre système visuel est conçu pour utiliser des informations utiles fournies par la lumière réfléchie, nos systèmes d'inférence doivent être conçus pour acquérir des informations fiables et toute amélioration de cette capacité se traduira par un avantage en matière de survie. Mais, dans ce cas, pourquoi les humains se farcissent-ils la tête d'informations de piètre qualité, qui le plus souvent ne confèrent aucun avantage évident ?

Rumeurs et conspirations

Pour affiner notre compréhension des échecs potentiels de notre contrôle de qualité évolué des croyances, il pourrait être pertinent d'étudier les situations dans lesquelles les gens acquièrent rapidement et transmettent avidement des informations de piètre qualité. C'est le cas de la plupart des rumeurs qui accompagnent des événements d'intérêt public, en général tragiques. Par exemple, après le 11-Septembre, des centaines de sites web ont expliqué que le gouvernement américain (ou les services secrets israéliens) était impliqué. Lorsque La Nouvelle-Orléans a été inondée après le passage de l'ouragan Katrina, des dizaines de milliers de personnes ont cherché refuge dans la ville voisine de Baton Rouge. Aussitôt, des histoires ont circulé sur les crimes affreux commis par ces arrivants. Quelques jours après l'arrivée des réfugiés, la plupart des gens avaient eu vent de ces histoires, souvent les mêmes, diffusées par plusieurs sources. Et la plupart de ceux qui avaient entendu ces histoires se sont empressés de les colporter, s'ils ne l'avaient pas déjà fait[1].

1. S. A. Thomas, 2007.

Pour prendre d'autres exemples, beaucoup d'Américains sont convaincus que le crack et le virus du sida ont été mis au point et disséminés par les services secrets ou d'autres agences gouvernementales afin de décimer ou de pousser la population noire au crime. Dans d'autres versions de cette histoire, des communautés différentes étaient ciblées. Bien que personne n'ait jamais fourni la moindre preuve de ces allégations, un grand nombre de gens les tiennent pour vraies et sont capables de citer des cas de mauvais traitements de la part des autorités[1].

Que penser de tout cela ? L'étude systématique des rumeurs a commencé aux États-Unis pendant la Seconde Guerre mondiale, culminant dans le classique de Gordon Allport et Leo Postman, *La Psychologie de la rumeur*. Ces deux psychologues s'intéressaient en particulier aux rumeurs dues au stress collectif, en temps de guerre bien sûr, mais aussi pendant les périodes de crise économique ou lors de catastrophes naturelles[2]. Pour Allport et Postman, la croyance aux rumeurs était due à une « quête de sens », après des événements à la fois importants et ambigus, et dont les conséquences éventuelles étaient source d'anxiété. Par exemple, des soldats propageaient des rumeurs sur des offensives imminentes pour donner un sens à leur propre situation et expliquer des mouvements mystérieux d'hommes et de matériel. Dans le même ordre d'idées, les rumeurs diminueraient l'anxiété en rendant le monde moins opaque, plus ouvert aux explications. Jusqu'à peu, l'étude des rumeurs a consisté à développer ce modèle en y ajoutant plus de détails : l'incertitude, la perte de contrôle et le besoin de donner un sens à des événements étaient présentés comme les facteurs principaux[3].

1. Bogart *et al.*, 2010 ; Klonoff & Landrine, 1999.
2. Allport & Postman, 1947.
3. Difonzo & Bordia, 2007 ; Whitson & Galinsky, 2008.

Mais cette explication de la rumeur n'est pas vraiment satisfaisante. La vie quotidienne à Baton Rouge ne fait pas davantage sens parce qu'on croit que des criminels de La Nouvelle-Orléans ravagent ses quartiers. La propagation du virus du sida ne semble pas gagner en clarté du fait de sa prétendue propagation par les services secrets. En fait, l'épidémie semble même plus compréhensible si on ne croit pas cette rumeur. Pour des gens qui admettent l'explication officielle, la propagation du virus est très semblable à celle d'autres maladies sexuellement transmissibles et n'a rien de particulièrement mystérieux. Pour ceux qui croient la rumeur, l'émergence de l'épidémie pose de nouvelles et nombreuses questions, pour lesquelles on n'a pas de réponse. Il en va de même pour l'idée intuitive mais vague selon laquelle les rumeurs réduisent l'incertitude. Il est vrai que les inondations, les épidémies et les attentats sont imprévisibles. Mais les expliquer par des conspirations politiques ne semble pas les rendre plus prévisibles. En fait, cela semble accroître l'incertitude, puisque dans les deux cas il faut imaginer des agents dotés de grands pouvoirs, dont nous ne pouvons connaître les intentions. Le comportement de ce type de démons est plutôt moins prévisible qu'une crue après de fortes pluies. Quant aux gens qui pensent que le gouvernement et les services secrets ont organisé les attentats du 11-Septembre, ils semblent encore moins capables de prédire et d'expliquer ce type d'événement que ceux qui pensent qu'ils sont l'œuvre de terroristes islamistes.

Même si l'on acceptait l'idée selon laquelle, dans certains cas, les rumeurs diminuent l'incertitude et soulagent l'anxiété (ce qui est loin d'être évident), la théorie n'apporterait toujours pas de réponse à des questions importantes quant à ce type d'information. Pour commencer, pourquoi propager de telles rumeurs ? Car il est incontestable que des gens propagent délibérément des rumeurs. En général, l'information, comme l'idée que le sida aurait été créé par la CIA, provient non pas de sources récalcitrantes que nous aurions suppliées d'expliquer la pandémie, mais d'individus qui semblent décidés à faire entendre et admettre ce qu'ils pensent être des vérités importantes. Beaucoup de gens cherchent à communiquer sur de tels sujets. De nos jours, ils créent des sites web pour partager leurs croyances avec le reste du monde.

Pourquoi les gens accordent-ils tant d'importance au fait d'être crus ? Les fauteurs de rumeurs sont très attentifs aux réactions de leur public. Pour eux, il est important que l'on croie ce qu'ils racontent et que l'on en comprenne l'importance et les conséquences. Ceux qui affirment que la CIA a fabriqué le virus du sida veulent nous convaincre à tout prix. Aucun fauteur de rumeurs ne pense que les divergences d'opinions résultent d'une simple évaluation des faits. Pour eux, le scepticisme et l'agnosticisme sont insultants.

Rumeurs et détection de menaces

Les rumeurs concernent surtout des événements négatifs et leurs origines sinistres. Elles font référence à des gens dont le but est de nous nuire. Elles décrivent des situations qui conduiront à un désastre si l'on ne fait rien. Le gouvernement est impliqué dans les attentats terroristes, les autorités médicales complotent pour rendre les enfants fous, des gens venus d'ailleurs tentent de nous envahir, et ainsi de suite. Autrement dit, les rumeurs décrivent des dangers potentiels et les différentes manières dont nous pouvons tous être menacés.

Les rumeurs prospèrent-elles parce qu'elles sont négatives ? Cela fait longtemps que les psychologues ont constaté l'existence de ce qu'ils appellent un « biais de négativité » dans de nombreux domaines de la cognition. Par exemple, les mots négatifs dans une liste attirent davantage l'attention que les termes neutres ou positifs. Les impressions négatives laissées par des individus sont plus faciles à créer et plus difficiles à rejeter que les impressions positives[1]. Mais la description du biais ne constitue pas une explication du phénomène. Comme l'ont remarqué de nombreux psychologues, ce biais de négativité tient peut-être au fait que les humains sont particulièrement attentifs aux informations concernant des menaces potentielles. On le voit assez clairement dans le cas des biais d'attention. Par exemple, nous détectons bien mieux une araignée au milieu de fleurs qu'une fleur au milieu d'araignées. Le stimulus dangereux saute aux yeux, ce qui laisse penser qu'il existe des systèmes spécialisés dans la détection des menaces[2].

Comment un esprit façonné par l'évolution évalue-t-il ou prédit-il un danger potentiel ? Les humains possèdent des systèmes de détection des menaces. C'est un impératif évolutif pour tout organisme complexe que d'être capable de détecter des dangers potentiels dans son environnement afin de pouvoir adopter des comportements appropriés.

Il n'est donc pas surprenant que les systèmes de détection des dangers ciblent spécifiquement des menaces récurrentes comme la prédation, les intrusions d'inconnus, la contamination, la contagion, les offenses sociales et la menace de notre descendance[3]. Les humains font volontiers attention à des informations sur ces dangers. À l'inverse, ils négligent d'autres types de menaces, potentiellement plus dangereuses. De la même manière, les enfants semblent prédisposés à faire attention aux informations concernant des menaces particulières. Ils sont souvent indiffé-

1. Baumeister *et al.*, 2001 ; Pratto & John, 1991.
2. Öhman, Flykt & Esteves, 2001 ; Öhman & Mineka, 2001.
3. P. Boyer & Lienard, 2006 ; Neuberg, Kenrick & Schaller, 2011 ; Woody & Szechtman, 2011.

rents à de véritables sources de danger, comme les armes à feu, l'électricité, les piscines, les voitures et les cigarettes, alors que leurs peurs et cauchemars regorgent de loups et de monstres imaginaires, ce qui confirme que les systèmes de détection de menaces se concentrent sur des situations importantes d'un point de vue évolutif. Les pathologies de la détection de menaces comme les phobies, les troubles obsessionnels compulsifs et les troubles de stress post-traumatique concernent également des cibles précises comme les animaux dangereux, la contagion et la contamination, les prédateurs et les ennemis violents, qui constituaient des menaces pour notre succès reproductif dans les environnements où s'est déroulée notre évolution[1].

Les systèmes de réponse aux menaces, chez les humains comme chez d'autres animaux, doivent résoudre le problème de l'asymétrie entre signes de danger et signes de sécurité. Les premiers sont des propriétés réelles de l'environnement. Par exemple, les petits rongeurs détectent l'odeur de prédateurs comme les chats et adoptent des comportements appropriés. Ils inspectent attentivement leur environnement, ils évitent de s'aventurer à découvert, ils se cachent, et ainsi de suite. La raison en est qu'un trait spécifique présent dans l'environnement – une certaine odeur, dans le cas présent – est considéré comme le signe d'un danger potentiel. Mais il n'existe pas de signe clair de l'absence de danger. L'absence d'une odeur de chat ne veut pas dire forcément qu'il n'y a pas de chat dans les parages, car il arrive qu'un chat soit présent sans que son odeur parvienne à ses proies potentielles[2].

Chez les humains, dont le comportement est fortement influencé par les informations fournies par des congénères,

1. P. Boyer & Bergstrom, 2011 ; P. Boyer & Lienard, 2006 ; Eilam, Izhar & Mort, 2011 ; Öhman & Mineka, 2001 ; Rachman, 1977 ; Szechtman & Woody, 2004.

2. Blanchard, Griebel & Blanchard, 2003 ; Woody & Szechtman, 2011.

cette asymétrie entre menace et sécurité a une conséquence importante : les conseils de prudence ont rarement besoin d'être mis à l'épreuve. C'est même l'un des grands avantages de la transmission culturelle : elle nous évite d'avoir à inspecter systématiquement l'environnement pour identifier des sources de danger. Pour prendre un exemple simple, des générations de membres des tribus amazoniennes ont appris d'autrui que le manioc est toxique s'il n'est pas correctement détrempé et cuit. Les gens n'ont pas envie de vérifier les effets du cyanure présent dans ses racines. De toute évidence, faire confiance à des informations est un phénomène bien plus vaste dans la transmission culturelle – la majeure partie du savoir-faire technique est transmise de génération en génération sans être vraiment vérifiée. Les gens font confiance aux recettes soumises à l'épreuve du temps et, ce faisant, profitent du savoir accumulé par les générations précédentes[1]. Les précautions ont ceci de spécial qu'il n'y a pas vraiment de raison de les tester si on les prend au sérieux. Si vous pensez que le manioc cru est toxique, autant ne pas chercher à le vérifier.

Cela semble indiquer que les informations se rapportant à des menaces sont souvent considérées comme crédibles, du moins provisoirement, par précaution. Le psychologue Dan Fessler l'a testé directement en mesurant l'acceptabilité d'énoncés d'une menace formulés en des termes négatifs (« 10 % des victimes d'infarctus meurent dans les dix ans qui suivent ») ou en des termes positifs (« 90 % des victimes d'infarctus lui survivent plus de dix ans »). Les énoncés sont strictement équivalents, mais les gens font davantage confiance à ceux qui sont formulés négativement[2]. D'autres études montrent que les auteurs de textes descriptifs, par exemple à propos d'un programme d'ordinateur

1. Boyd & Richerson, 1985, p. 213 *sqq.*
2. Fessler, Pisor & Navarrete, 2014 ; Hilbig, 2009.

ou d'une randonnée, sont considérés plus compétents et bien informés si les textes incluent des informations à propos de menaces[1].

Ces facteurs convergent pour rendre plus probable la transmission d'informations concernant des menaces, ce qui expliquerait pourquoi les gens propagent tant de rumeurs sur des dangers potentiels. Même d'authentiques légendes urbaines obéissent à ce modèle, car elles comportent souvent des descriptions de ce qui arrive à ceux qui ne prennent pas au sérieux de tels dangers. La baby-sitter qui a mis le chiot mouillé dans le micro-ondes pour le sécher, la femme qui ne se lavait jamais les cheveux et finit par avoir un nid d'araignées dans son chignon, ainsi que d'autres légendes urbaines, nous avertissent, à leur manière macabre, de ce qui se produit lorsque les gens ne perçoivent pas les dangers posés par des situations et des objets ordinaires[2].

Il n'y a donc rien de surprenant à ce que les gens soient particulièrement soucieux d'obtenir des informations à propos des menaces. De telles informations ne donnent pas toujours lieu à des rumeurs que les gens prennent plus au sérieux que des légendes urbaines, sinon l'information culturelle serait constituée exclusivement de conseils de prudence. Mais plusieurs facteurs limitent la propagation de rumeurs sur des menaces potentielles. Premièrement, toutes choses égales par ailleurs, les mises en garde plausibles ont un avantage par rapport aux descriptions de situations hautement invraisemblables. Cela semble aller de soi mais impose, la plupart du temps, des contraintes fortes à leur communication. Il est en général plus facile de convaincre ses voisins que le boucher vend de la viande avariée que de

1. P. Boyer & Parren, 2015.

2. Brunv &, 1981 ; Eriksson & Coultas, 2014 ; Stubbersfield, Tehrani & Flynn, 2014.

leur faire croire qu'il lui arrive de se transformer en reptile. Remarquez que ce qui est plausible ou ne l'est pas varie selon les gens. Certaines personnes se laisseront convaincre par des rumeurs très invraisemblables (comme des cavaliers mystérieux répandant la maladie et la peste) s'ils ont déjà certaines croyances (à propos de la fin du monde, par exemple).

Deuxièmement, il est nécessaire que le coût des précautions soit relativement faible pour que l'information de précaution non testée (et généralement non valide) se fasse une place. Pour prendre un exemple extrême, on n'aura pas de mal à convaincre les gens de ne pas faire sept fois le tour d'une vache à l'aube, s'ils y ont jamais pensé, parce que le respect d'une telle prescription ne coûte rien. En général, il y a un coût, mais il ne doit pas être trop élevé. Cela explique pourquoi beaucoup de tabous et de superstitions n'exigent que des écarts minimes par rapport au comportement habituel. Les Tibétains contourneront un chorten ou un stupa par la droite, les Fang du Gabon verseront sur le sol quelques gouttes du contenu d'une bouteille qu'on vient d'ouvrir – dans les deux cas pour ne pas offenser les morts. Les conseils de précaution très coûteux sont aussi considérés attentivement, mais ils connaissent une moindre diffusion que des prescriptions peu coûteuses.

Troisièmement, le prix à payer si nous ne prenons pas de précautions doit être suffisamment important pour que les systèmes de détection de menaces de l'interlocuteur soient activés. Si la seule conséquence du contournement d'un stupa par la gauche est un éternuement possible, sans doute ne tiendrez-vous pas compte de la prescription. Mais si l'on vous dit que les ancêtres ou les dieux le prendront mal, cela pourra vous sembler bien plus sérieux, surtout si vous ne savez pas précisément quelle pourrait être leur réaction.

La détection des menaces est peut-être un domaine où nous devrons tempérer nos systèmes de vigilance épistémique en adoptant les informations préventives comme des guides pour le comportement, surtout s'il n'est pas très coûteux de les suivre, et si le danger évité est à la fois grave et incertain.

Pourquoi les menaces sont-elles présentées sous un angle moral ?

S'agissant de la culture poubelle, il est facile d'être obnubilé par cette question : pourquoi les (autres) personnes croient-elles de telles insanités ? Mais posons-nous une autre question tout aussi cruciale : pourquoi les gens propagent-ils de telles insanités ? Pourquoi raconter qu'il existe des voleurs de pénis et que les services secrets sont responsables de l'épidémie de sida ? Les questions au sujet des croyances sont certes fascinantes, mais elles sont peut-être moins importantes pour la transmission culturelle qu'on ne le pense. Il est vrai que beaucoup de gens accordent du crédit aux rumeurs qu'ils propagent, mais, même si c'est le cas, il ne suffit pas d'y croire : il faut aussi avoir des raisons de les propager. Sinon, beaucoup de gens se contenteraient de cultiver leurs propres informations de piètre qualité ; les rumeurs, la culture poubelle n'existeraient pas.

Dans de nombreuses situations, la transmission d'informations de peu de valeur est associée à de puissantes émotions. Les gens considèrent les informations sur les virus, les vaccins et les complots du gouvernement comme extrêmement importantes. Lorsqu'ils propagent des informations à propos de tels sujets, ils cherchent certes à les porter à la connaissance d'autrui, mais tout autant à convaincre. Ils sont très attentifs aux réactions de leur auditoire et prennent très mal la moindre manifestation de scepticisme. Le doute obéit à toutes sortes de motifs néfastes.

Considérez, par exemple, les rumeurs à propos des vaccins ROR (rougeole-oreillons-rubéole) qui sont apparues en Grande-

Bretagne et aux États-Unis dans les années 1990. Les gens qui dénonçaient les dangers de ces vaccins, lesquels, selon eux, pouvaient rendre des enfants autistes, ne se contentaient pas de les décrire. Ils s'en prenaient aussi aux médecins et aux biologistes dont les recherches contredisaient la théorie du lien entre autisme et vaccins. Pour eux, les médecins qui vaccinaient les enfants étaient des monstres qui savaient très bien qu'ils mettaient leur vie en danger et se laissaient acheter par l'industrie pharmaceutique, au lieu de résister et de proclamer la vérité[1]. Si, comme la plupart des médecins, vous considériez que les effets secondaires mineurs des vaccinations de masse sont largement compensés par la protection collective qu'ils procurent, vous vous rangiez du côté des criminels. Il en va de même de nombreuses autres rumeurs et théories du complot. Selon la rumeur, la propagation du VIH dans la population n'est pas accidentelle. Cela fait partie d'un complot visant à tuer les Africains (ou les Afro-Américains, dans certaines versions). Le silence persistant des autorités n'est pas dû à de l'ignorance ou de l'incompétence mais démontre une tentative de dissimulation. Comme dans le cas des vaccins, la réaction de l'auditeur est aussi d'ordre moral. Si vous exprimez des doutes sur l'idée que le gouvernement puisse mettre au point un plan sophistiqué pour tuer autant de gens que possible avec l'aide des services secrets, ou même si vous vous contentez de faire remarquer que les prétendues preuves ne sont pas vraiment convaincantes, vous pourrez être dénoncé comme un suppôt du gouvernement, un partisan de la guerre biologique contre le peuple.

D'où vient l'intense moralisation de ces croyances ? Un premier élément de réponse évident est que la valeur morale de la diffusion de l'information, et de son acceptation, est une conséquence

1. Lewandowsky *et al.*, 2012 ; Offit, 2011.

directe de l'information rapportée. Si vous pensez vraiment que le gouvernement a tenté d'exterminer certains groupes ethniques ou aidé à préparer des attaques terroristes visant ses propres citoyens, ou que les médecins empoisonnent volontairement les enfants avec des vaccins, ne devriez-vous pas vous efforcer de le faire savoir et de mobiliser autant de gens que possible ?

Mais il s'agit peut-être d'une de ces explications « évidentes » qui soulèvent plus de questions qu'elles n'en résolvent. Pour commencer, le rapport entre la croyance et le besoin de convaincre les autres est souvent moins évident qu'il n'y paraît. Le psychologue social Leon Festinger s'est rendu célèbre en étudiant les sectes millénaristes, dont les prédictions sur la fin du monde se sont manifestement révélées fausses, et en constatant que cette croyance clairement réfutée conduisait les membres de la secte à être encore plus, et non moins, prosélytes[1]. Pourquoi est-ce le cas ? L'explication de Festinger lui-même était que l'esprit humain cherche à réduire la dissonance cognitive, la tension entre des croyances incompatibles, par exemple qu'un prophète a raison alors que ses prédictions sont fausses[2]. Mais ce n'était pas pleinement satisfaisant. Cela ne pouvait en effet expliquer quelque chose d'essentiel, à savoir que les fausses prédictions non seulement conduisent les gens à inventer des excuses à leur échec (ce qui effectivement réduit la dissonance), mais aussi à recruter encore plus de membres. Les effets de la dissonance étaient surtout perceptibles dans les interactions des membres de la secte avec les non-membres, et cela demande à être expliqué[3].

Considérons tout cela d'un point de vue fonctionnel, puisque les systèmes et motivations mentaux sont conçus pour

1. Festinger, Riecken & Schachter, 1956.
2. Festinger, 1957.
3. Tedeschi, Schlenker & Bonoma, 1971.

résoudre des problèmes adaptatifs. De ce point de vue, on ne comprend pas bien pourquoi les esprits humains s'efforceraient d'éviter la dissonance cognitive, l'écart entre la réalité observée et les croyances préalables étant une information utile. Allons plus loin et demandons-nous pourquoi la réaction face à un échec patent serait de chercher à convaincre encore plus de gens.

Ce processus devient plus compréhensible si nous l'envisageons comme un processus coalitionnel du type que j'ai décrit au chapitre précédent. Les humains ont besoin d'appuis sociaux, et doivent recruter d'autres individus pour mener à bien des actions collectives sans lesquelles la survie individuelle est impossible. Des capacités et des motivations permettant une gestion efficace des coalitions composent une partie essentielle de notre psychologie. Donc, lorsque les humains propagent des informations qui pourraient persuader d'autres humains d'entreprendre certaines actions, nous devrions nous efforcer de formuler cela en termes de recrutement pour des coalitions. C'est-à-dire que nous devons nous attendre à ce que ce comportement soit effectivement principalement motivé par l'idée de persuader les autres de se joindre à une action collective.

C'est la raison pour laquelle beaucoup de gens trouveront intuitivement la moralisation des opinions appropriée. Des psychologues évolutionnistes comme Rob Kurzban et Peter DeScioli, ainsi que John Tooby et Leda Cosmides, ont défendu l'idée selon laquelle, dans de nombreuses situations, les intuitions et les sentiments moraux se comprennent mieux si on les considère du point de vue du soutien social et du recrutement[1]. Les arguments et les données sont complexes, mais l'idée centrale est simple – et manifestement pertinente dans le cas des

1. DeScioli & Kurzban, 2009, 2012 ; Tooby & Cosmides, 2010.

rumeurs. Comme le font remarquer Kurzban et DeScioli, pour chaque transgression morale, il existe un transgresseur et une victime, mais aussi des tiers concernés, des gens qui approuvent ou condamnent le comportement en question, protègent la victime, imposent des réparations ou des punitions, refusent la coopération et ainsi de suite[1]. Il est dans l'intérêt de ces gens de prendre le parti de celui qui risque davantage d'obtenir l'appui d'autres personnes. Par exemple, si un individu prend plus que sa part de nourriture, la décision de chacun d'ignorer ou de punir le tricheur est influencée par notre représentation de toutes les autres réactions. Or, les intuitions morales sur l'immoralité relative de différents comportements sont automatiques et largement partagées par les êtres humains. Autrement dit, chaque individu peut prédire les réactions des autres à partir de sa propre réaction émotionnelle. Dans la mesure où les gens peuvent s'attendre à un tel consensus, la description morale d'une situation aura pour effet, bien plus que d'autres accords possibles sur ce qui est en jeu, de produire des avis congruents. Les gens ont tendance à condamner celui qu'ils considèrent comme l'agresseur et à se ranger du côté de la victime en partie parce qu'ils devinent que ce sera aussi le choix des autres[2].

De ce point de vue, la moralisation du comportement des autres est un excellent outil de coordination sociale, sans laquelle il ne saurait y avoir d'action collective. En gros, présenter le comportement de quelqu'un comme étant contraire à la morale crée plus facilement un consensus que de l'associer à de l'incompétence, car ce jugement pousserait à l'évaluation des données et de la performance, ce qui diluerait le consensus au lieu de le renforcer.

1. Baumard, André & Sperber, 2013.
2. DeScioli & Kurzban, 2012, pp. 480-484 ; Tooby & Cosmides, 2010.

Cela semble suggérer que notre explication spontanée des affolements moraux est peut-être fausse, ou du moins très incomplète. Ce n'est pas, ou pas seulement, que les gens ont des croyances au sujet de méfaits horribles et en déduisent qu'ils doivent s'assurer l'appui des autres pour y mettre fin. Il se pourrait également que beaucoup de gens choisissent intuitivement (et, bien sûr, inconsciemment) des croyances ayant un tel potentiel de recrutement en raison de leur contenu moral. Les sectes millénaristes dont les prophéties ne se réalisent pas ne sont donc qu'un cas limite d'un phénomène plus général : ce qui pousse les gens au recrutement joue un rôle important dans la manière dont ils considèrent leurs croyances. En d'autres mots, les croyances sont sélectionnées intuitivement, et celles qui ne peuvent aboutir au recrutement ne sont pas considérées comme intuitives ou convaincantes[1].

Cette explication spéculative ne veut pas dire que les gens qui propagent des rumeurs sont de cyniques manipulateurs. Dans la plupart des cas, ils ne sont pas conscients des processus mentaux qui rendent une description moralisée du comportement également importante pour eux-mêmes et les autres, et donc fortement susceptible de mobiliser les gens en faveur de la cause. L'évolution nous a façonnés de telle sorte que nous recherchions l'appui d'autrui, et a fait de nous des experts en recrutement, car cela nous permet de mieux coordonner notre comportement et celui des autres, et ce, de manière inconsciente. Mais il ne faut pas supposer pour autant que l'invocation de la morale conduit invariablement au succès. Cela peut amplifier le recrutement, mais ne le garantit en rien.

1. Tooby & Cosmides, 2010.

Le modèle de la croisade

Toute une gamme de mouvements sociaux met en jeu des dynamiques de recrutement de ce type, certains individus propageant des informations particulièrement propices à l'assentiment. C'est par exemple ce qui se produit lors d'accusations de sorcellerie, où un individu affirme avoir été envoûté par un parent ou quelque autre habitant du village et mobilise la communauté pour faire avouer ses fautes au coupable et le punir pour ses méfaits[1]. La dynamique du recrutement en faveur d'une cause – une « croisade », pour utiliser un terme pratique – se produit lorsqu'un individu ou un petit groupe tombe sur le genre d'informations qui en persuaderont beaucoup d'autres de se joindre à leur coalition, souvent au prix d'efforts et de périls considérables pour eux.

Les gens qui appellent à une croisade – interdire l'alcool, se révolter contre le gouvernement, brûler un quartier où vivent des étrangers, défendre les enfants contre la vaccination, etc. – envoient un signal très particulier à leur public. Premièrement, ils attirent en général l'attention des gens sur une menace (réelle ou supposée) qu'ils décrivent comme étant potentiellement dangereuse non seulement pour eux mais, surtout, pour beaucoup d'autres. Deuxièmement, ils suggèrent que pour faire face à ce péril il faut agir collectivement, qu'il leur faut de l'aide. Troisièmement, ils décrivent la participation à l'action collective comme un impératif moral. Agir pour ou contre la cause en question n'est pas une simple affaire de connaissances ou de préférences : cela peut être perçu comme le signe d'une grande force morale[2].

Cette interprétation des rumeurs ou d'autres communications émotionnellement chargées peut paraître excessive. J'ai

1. Douglas & Evans-Pritchard, 1970.
2. Hoffer, 1951.

suggéré que la principale motivation ici est le recrutement en vue d'une action collective. Pourtant, dans de nombreux cas, aucune action n'est prévue. Les sites web qui dénoncent l'implication des autorités dans le 11-Septembre n'appellent pas (en général) les gens à renverser le gouvernement, et les gens qui pensent qu'une CIA raciste a mis au point le virus du sida n'appellent pas (en général) les Noirs à s'en prendre à elle. Mais la valeur stratégique des appels à l'action existe même lorsqu'aucune action collective précise n'est proposée. Cela tient au fait que les gens ont besoin que se signale un soutien potentiel bien avant qu'un soutien réel ne soit requis. Ils doivent donc être capables d'évaluer les alliances autour d'eux. Comme nous l'avons vu précédemment, on a pu démontrer expérimentalement que les gens surveillent leur environnement social et détectent automatiquement des alliances à partir d'informations directes ou implicites – qui connaît qui, qui a soutenu qui par le passé, qui a le même accent que qui et d'autres indices de ce type.

La diffusion d'informations sur des menaces peut avoir pour effet d'obliger les gens à fournir de telles informations : les gens qui sont d'accord avec l'information que vous fournissez, précisément parce que vous la fournissez, signalent qu'ils sont prêts à adhérer à votre cause, à se joindre à une action collective que vous pourriez susciter. À l'inverse, ceux qui demandent des preuves, ou qui contestent la vraisemblance de vos affirmations, signalent que leur solidarité avec vous sera soumise à conditions, ce qui est le contraire de ce à quoi on s'attend de la part des membres d'une coalition. Lorsque les habitants de Baton Rouge rapportent des histoires effroyables sur les réfugiés de La Nouvelle-Orléans, ils confirment aux yeux des autres qu'ils font partie d'un même groupe, avec des intérêts communs qui ne sont pas nécessairement les mêmes que ceux d'étrangers et de nouveaux venus, et ils testent ainsi l'engagement de chacun envers la communauté.

Un tel recrutement moral peut conduire à une surenchère dans l'indignation. Si votre réaction à des informations à propos d'une menace est un indice de votre valeur morale et de votre engagement en faveur d'une possible action collective, alors il est dans votre intérêt que votre réaction soit visible par tous. Mais dans un groupe où tout le monde croit la rumeur et où tout le monde montre son indignation morale, le meilleur signe d'engagement est d'être le plus indigné de tous. On rencontre cette dynamique dans de nombreux mouvements militants, les gens gagnant en reconnaissance, voire en autorité, parce qu'ils affirment que la situation est non seulement regrettable, mais inacceptable. Cela conduit naturellement à une escalade des actions proposées. Lorsqu'il règne une certaine incertitude quant à l'engagement des uns et des autres, de nombreux membres de la coalition chercheront à démontrer leur détermination en préconisant des actions plus radicales et en adoptant des positions encore plus extrêmes que les autres membres du groupe. Si certains disent qu'il faut interdire les alcools blancs, réclamez l'interdiction de tous les alcools. Si d'autres pensent que le groupe devrait prendre ses distances avec les « renégats », exigez qu'on s'en prenne à eux physiquement, voire qu'on les extermine. Ce glissement vers les extrêmes est également perceptible dans des mouvements dont la direction fait l'objet d'une lutte intense, car le chef potentiel ne peut pas laisser penser qu'il est moins convaincu que les autres. On a observé cette dynamique dans des mouvements aussi différents que l'IRA en Irlande du Nord, les Tigres tamouls au Sri Lanka, le Ku Klux Klan aux États-Unis et le Sentier lumineux au Pérou[1].

1. English, 2003 ; Porta, 2008 ; A. G. Smith, 2008.

Des institutions productrices de vérité

Peut-on remédier à cela ? De nombreux facteurs semblent converger pour transformer certaines formes de la culture poubelle en de véritables pandémies. L'information sur les menaces est traitée par notre esprit d'une manière particulière et submerge parfois notre système de vigilance épistémique. Les menaces morales sont de puissants signaux de recrutement qui peuvent être utilisés, conformément à notre nature façonnée par l'évolution, pour bâtir des coalitions. Cela ne devrait donc pas nous surprendre que les informations de piètre qualité soient si répandues et convaincantes.

Mais les choses ne s'arrêtent pas là. Les humains ont aussi inventé toutes sortes d'institutions « épistémiques », des ensembles de normes et de procédures censés garantir la production d'informations véridiques. Ces efforts ne sont pas toujours couronnés de succès, mais ils montrent l'existence d'une motivation puissante pour rechercher des informations fiables grâce à des institutions qui élargissent le champ de notre vigilance épistémique spontanée. En voici quelques exemples.

Il existe des procédures divinatoires dans presque tous les groupes humains connus. Les gens se fient au vol des oiseaux ou à des lancers de dés pour obtenir des informations qui, dans une certaine mesure, sont censées être plus sûres que des affirmations et des énoncés ordinaires. La plupart du temps, la divination concerne moins l'avenir que des états de choses inobservables. Avez-vous offensé les ancêtres ? Votre belle-famille est-elle jalouse de votre réussite ? Votre conjoint ou votre associé sont-ils vraiment loyaux ? Et ainsi de suite. Dans tous ces domaines, ce que fournissent les devins est d'une autre nature que l'opinion d'experts ou de sages. Pourquoi faire appel à de telles techniques ? Le scepticisme quant à la divination n'est pas un phénomène exclusivement moderne – Cicéron lui-même ne mâchait pas ses mots à ce sujet[1]. Mais il existe un marché pour de telles assurances, d'où le succès de la divination et des médiums, y compris dans les sociétés industrielles modernes, où les institutions officielles du savoir les moquent et les méprisent.

Pourquoi la divination exerce-t-elle un tel attrait ? Pourquoi les entrailles d'animaux sacrifiés fourniraient-elles des informations que l'on ne pourrait obtenir auprès de gens avisés et compétents ? Pourquoi un paquet de cartes en saurait-il plus sur votre famille qu'un ami bien intentionné ? Autrement dit, et tout simplement, pourquoi se donner tant de mal ? La réponse tient peut-être justement au fait que le diagnostic fourni par des procédures de divination est interprété comme n'ayant pas été formulé par un agent humain. En effet, une affirmation qui revient sans cesse dans les rituels divinatoires est que ni le devin ni son public ne peuvent avoir le moindre effet sur le diagnostic. Les cartes sont battues, et personne ne peut savoir lesquelles seront tirées, ni dans quel ordre. Les dés sont lancés et non posés sur le tapis, ce qui interdit de savoir quels nombres apparaîtront. Les oiseaux dans le ciel ne peuvent être contrôlés et les entrailles du mouton n'étaient pas visibles avant le sacrifice. Autrement dit, quoi que « dise » la divination, ce n'est pas le devin qui le dit. Bien sûr, la réalité est souvent très différente, mais cet attachement est révélateur. Qu'il s'agisse d'une divination purement mécanique (lancer de dés) ou d'une inspiration prophétique, les agents à l'origine du diagnostic sont explicitement présentés comme n'étant pas la source de la vérité. La principale supposition des officiants et des clients est que, compte tenu d'une certaine réalité, le diagnostic n'aurait pu être différent, ce qui suggère fortement

1. Cicéron, 1923.

que le diagnostic, la manière dont les dés sont tombés ou dont les oiseaux se sont envolés ont été causés par la situation qu'ils décrivent[1].

Cette impartialité apparente des procédures aléatoires est la raison pour laquelle, dans certains contextes, la divination peut paraître plus efficace que d'autres options. Au Liberia, l'épreuve dite du sassywood, un arbuste, est parfois utilisée pour établir la culpabilité d'un accusé. Les gens soupçonnés de meurtre boivent une décoction de feuilles de sassywood, un puissant poison qui, en théorie, les tuera rapidement s'ils sont coupables. Si un meurtrier présumé refuse de subir l'épreuve, cela équivaut à une reconnaissance de culpabilité. Ce supplice n'est certainement pas un processus optimal de découverte. Il est vrai que tantôt le poison est fatal, tantôt il ne l'est pas, mais cela, bien sûr, n'a pas grand-chose à voir avec la culpabilité de l'accusé. Pourtant, comparé à d'autres interventions existant dans la région, le procédé est au moins vaguement impartial, ce qui, selon certains juristes, le rend plus efficace que l'onéreux système judiciaire officiel corrompu du Liberia. L'épreuve du sassywood est ouverte à tous et fournit à bas coût des informations non aléatoires (à défaut d'être complètement fiables) à propos de la culpabilité[2].

Cela nous conduit à un autre domaine important d'institutions épistémiques : celui des arguments juridiques. Dans des environnements culturels très différents, les gens ont mis au point des règles de preuve et d'inférence pour aider des juges à établir des faits et à déterminer responsabilité et culpabilité. Cela n'est certainement pas l'apanage de la tradition légale occidentale, car l'on trouve des systèmes sophistiqués de ce type dans d'autres cultures, par exemple le système juridique

1. P. Boyer, 1990, pp. 61-78.
2. Leeson & Coyne, 2012.

chinois classique[1]. Il existe aussi des exemples de normes de ce type dans certaines cultures sans écriture. Les habitants de l'archipel des Trobriand, par exemple, ont mis au point un système complexe de normes et d'arguments pour la propriété foncière et le jugement de revendications opposées dans ce domaine[2].

Un troisième exemple particulièrement important est celui des institutions scientifiques et, de manière plus générale, les interactions sociales très improbables qui ont donné naissance à la recherche scientifique telle que nous la connaissons aujourd'hui. Des décennies de recherches ont établi que la science n'est pas produite par des esprits isolés mais repose sur une organisation sociale très spécifique[3]. Mais il s'est avéré difficile à ce jour de préciser en quoi cette interaction sociale est particulière, c'est-à-dire pourquoi elle produit un savoir plus exact, plus précis, dont le pouvoir explicatif est supérieur à tout autre. Pour élucider cette question il faudrait peut-être tenir compte des capacités cognitives et des motivations activées dans le cadre de l'activité scientifique, mais cette entreprise n'en est qu'à ses balbutiements[4].

L'existence d'institutions chargées de sanctionner la vérité suggère que notre futur épistémique est moins sombre qu'il n'y paraît : les sociétés humaines ne seraient pas nécessairement vouées à sombrer inexorablement dans un océan de mauvaises informations. À l'opposé de cette vision optimiste, on pourrait soutenir que la technologie, en particulier l'existence de la communication *via* Internet, ne fera qu'amplifier la diffusion de la culture poubelle, et ce, pour deux raisons.

1. Bernhardt & Allee, 1994 ; Huang, 1996 ; Katz, 2009.
2. Hutchins, 1980.
3. Merton, 1996.
4. Carruthers, Stich & Siegal, 2002.

Premièrement, nous le savons bien, la connectivité rend peu coûteuse l'acquisition d'informations et négligeable le coût de leur diffusion. Cela ne tient pas seulement au fait que les connexions sont peu chères mais aussi à celui que l'importance de la réputation s'en trouve grandement réduite. Considérons une nouvelle fois une société de petite taille. Dans un tel groupe, les accusations de sorcellerie, par exemple, sont potentiellement très coûteuses. Vous n'êtes jamais certain que les gens ne prendront pas le parti de la sorcière supposée. Si vous êtes la seule personne à accuser quelqu'un, vous pourriez le payer cher. C'est la raison pour laquelle les accusations de ce type ne sont lancées qu'après une longue période de discussions discrètes, et dans certains endroits elles ne sont jamais rendues publiques[1]. À l'inverse, la connectivité moderne favorise à la fois l'anonymat et l'éloignement géographique, ce qui élimine pratiquement le coût social des accusations et de la propagation des rumeurs. Il n'est donc pas surprenant que les rumeurs et les croisades soient si virulentes sur Internet, tant par leur tonalité que par leur vitesse d'apparition et de propagation[2].

Deuxièmement, la connectivité mondiale peut nourrir nos pires tendances à la création et à la diffusion de la culture poubelle en nous faisant prendre pour vrais des consensus illusoires.

Considérez le fait suivant. Dans une petite société ou un village, celui qui invente, disons, une nouvelle croyance religieuse, trouvera sans doute peu de gens pour partager ses idées. Mais dans un monde connecté avec des milliards d'utilisateurs, la moindre proposition farfelue, ou presque, sera portée par des milliers d'individus, sinon plus. Ainsi, la connectivité risque de fournir à chacun l'illusion d'un

1. Douglas & Evans-Pritchard, 1970 ; Favret-Saada, 1980.
2. Bordia & Difonzo, 2004 ; Solove, 2007.

consensus autour de ses propres idées – tendance qui a déjà été constatée lors d'études expérimentales[1]. Cet effet pourrait être amplifié par l'illusion que certaines sources sont indépendantes. Autrement dit, si nous constatons que des milliers de personnes sont d'accord avec nous pour dire, par exemple, que le monde est dirigé par des reptiles extraterrestres, nous ne pourrons que nous émerveiller du fait que tant d'esprits brillants puissent penser de la même façon. On pourrait en conclure que tous ces individus ont convergé de manière indépendante vers cette théorie, alors qu'ils ont peut-être tous lu la même page web.

Au vu de ces facteurs, une contre-stratégie serait d'essayer de rendre utile la vérité. S'il existe un immense marché pour l'information en provenance d'autrui, il doit exister un vaste marché pour des organisations proposant un certain contrôle de la qualité de cette information. La production d'évaluations de la véracité des affirmations peut devenir un service recherché, qui pourrait être rémunéré en argent ou en réputation. On m'objectera que cela pourrait aboutir à un nouveau cercle vicieux, dans la mesure où les garants de la vérité devront être eux-mêmes garantis par des « méta-garants », et ainsi de suite à l'infini. Ce serait certainement le cas si l'on recherchait une garantie absolue de qualité épistémique. Mais ce n'est pas forcément nécessaire. Ce dont nous avons besoin, c'est d'une garantie suffisante, assez forte en tout cas pour rendre le coût de la désinformation, du moins dans certains contextes, trop élevé pour que quiconque y consacre du temps et des efforts.

1. Bohner *et al.*, 2008 ; Ross, Greene & House, 1977 ; Wetzel & Walton, 1985.

Vraie ou utile ? À quoi sert l'information ?

Le domaine de la culture poubelle est vaste et dynamique. J'ai évoqué la détection des menaces, les rumeurs et les croisades morales, trois phénomènes qui se recouvrent partiellement, en raison de leur impact social. Ils créent des dynamiques qui peuvent mobiliser un très grand nombre de personnes coordonnant leurs actions de manière spectaculaire, et aboutissent à des changements sociaux et politiques massifs. Les croisades, qu'elles soient bénéfiques ou non, propagent des informations qui favorisent le recrutement. Dans ce sens, elles sont utiles pour les participants, qu'il s'agisse d'entrepreneurs en moralité ou de simples suiveurs, dans la mesure où elles produisent des représentations partagées qui facilitent l'alignement coalitionnel et l'action collective.

Les voleurs de pénis africains et le tsunami de satanisme anglais n'existent que dans l'imagination des fauteurs de rumeurs et de ceux qui les croient. De telles croyances semblent défier l'idée que nous nous faisons de l'esprit comme ayant été conçu pour acquérir et produire des informations utiles sur l'environnement. Dans ce cas, pourquoi nous arrive-t-il de croire de travers ? Le psychologue Ryan McKay et le philosophe Daniel Dennett ont suggéré qu'il fallait prendre au sérieux ce qu'ils appellent la « malcroyance adaptative », c'est-à-dire des situations dans lesquelles des accidents épistémiques ou, pour parler plus crûment, des croyances fausses, peuvent s'avérer avantageux du point de vue du succès reproductif. La diffusion d'informations de piètre qualité par des rumeurs, des légendes et des théories du complot pourraient être un exemple de tels processus. Ces croyances ne servent certes à rien si l'on songe à l'une des principales fonctions des systèmes mentaux, à savoir la construction de représentations exactes et utiles de notre environnement.

Les systèmes mentaux ont été conçus pour améliorer notre succès reproductif. La plupart du temps, cela impose que les représentations soient effectivement exactes. Mais cela n'arrive que la plupart du temps et non tout le temps.

Nous admettons en général que l'information est transmise à cause de sa valeur épistémique, de son rapport à la réalité des choses et de ses conséquences pour le succès reproductif. Cela explique la transmission de vastes pans du savoir culturel mais aussi d'informations fausses, qui profitent à leur auteur justement parce qu'elles sont fausses. Mais la valeur épistémique n'est pas le seul facteur qui pousse les humains à propager des informations. Le besoin d'être perçu comme des sources fiables, la nécessité de détecter les informations sur les menaces, le besoin de recruter d'autres personnes pour l'action collective ou au moins d'évaluer leur engagement sont autant de facteurs importants. Dans la mesure où cela n'est pas directement affecté par la valeur de l'information transmise, la culture poubelle est, dans certaines circonstances, à la fois épistémiquement désastreuse et avantageuse d'un point de vue évolutif.

III

Pourquoi existe-t-il des religions... et pourquoi sont-elles si récentes ?

Toutes les sociétés humaines ont une religion. Ou plusieurs. C'est du moins ce que pensaient les premiers voyageurs et explorateurs, tout comme les premiers anthropologues. Pour les savants européens, il était évident que toutes les bandes, toutes les tribus, tous les royaumes et tous les empires avaient une religion. Il s'est avéré que les choses étaient moins simples.

La plupart des empires et des États semblaient effectivement posséder quelque chose qui ressemblait à une religion, avec des prêtres, des cérémonies codifiées et, surtout, un ensemble de doctrines à propos de l'eschatologie, de la théodicée et de la sotériologie – ou, comme on le dit couramment, de la fin du monde, de l'origine du mal et de la voie du salut. Ce n'était pas vraiment surprenant car les anthropologues européens connaissaient les civilisations de l'Inde, de la Chine et du monde arabe.

Mais on ne trouvait rien de comparable dans les sociétés de petite taille. Il ne semblait pas y avoir d'organisation religieuse, au sens d'une caste ou d'un groupe de spécialistes des affaires surnaturelles, ayant suivi de véritable formation et obtenu de validation. Plus étrange encore, dans ces sociétés, les gens ne semblaient absolument pas se soucier du salut de l'âme ou de l'origine ultime du mal. Encore plus frustrant pour les anthropologues, ils ne semblaient pas avoir en général un ensemble de croyances religieuses bien définies. Ils parlaient bien d'ancêtres, d'âmes et d'esprits, mais ce qu'ils disaient était souvent vague, idiosyncrasique et incohérent. Il y avait donc bien quelque chose, mais qui ne ressemblait en rien à ce qu'on entend par « religion ». Les premiers anthropologues, lorsqu'ils essayaient de décrire les « religions » des petites sociétés, donnaient l'impression de vouloir faire rentrer des carrés dans des ronds.

Cela donna lieu à des débats terminologiques interminables, et en fait insolubles, sur la définition correcte du mot « religion ». Mais cela ne permettait en rien de répondre aux questions importantes comme : comment l'esprit humain se représente-t-il les concepts religieux ? existe-t-il des similarités, voire des universels dans ce domaine ? le fait de disposer de telles représentations est-il une conséquence de la manière dont fonctionne l'esprit ? est-ce une conséquence de la sélection naturelle ? cela est-il même adaptatif ?

Combinaisons surnaturelles

Pour comprendre la multitude de choses que l'on appelle « religion », on peut partir de la disposition des humains à la rêverie, la fiction, les mythes, les rêves, tous produits par ce que les psychologues classiques auraient appelé notre « faculté d'imagination »[1]. Ce que l'on pourrait désigner comme le domaine du « surnaturel », toutes ces entités, tous ces êtres imaginaires ou tous ces processus qui ne font pas partie du

1. Harris, 1991 ; Roth, 2007.

monde naturel que nous connaissons – et sont même souvent exclus par les lois naturelles –, revêt un intérêt particulier pour nous. Par exemple, les fantômes, comme les gens, peuvent se promener et apparemment percevoir et comprendre ce qui se passe autour d'eux, mais ils sont différents de nous en ce qu'ils sont morts et peuvent traverser des obstacles physiques comme les murs et les portes closes. Les zombies sont des cadavres animés qui se repaissent de chair humaine et dont le comportement n'est pas sous le contrôle de leur propre esprit, qui est vide. Les vampires sont des êtres immortels qui se nourrissent de sang humain. Les golems sont constitués d'argile et animés par une formule magique. L'imagination surnaturelle ne se contente pas de figures de ce type, semblables à des humains. Il y a aussi les animaux qui parlent, comme on en trouve dans tant de contes populaires, les champignons qui se transforment en humains chez Ovide, ou l'homme qui se transforme en âne chez Apulée. Sans oublier les amulettes qui se déplacent toutes seules et les statues qui saignent, pleurent ou manifestent d'autres émotions humaines.

Un nombre limité de thèmes sous-jacents revient constamment dans ce répertoire de bizarreries aussi vaste que varié. Très souvent, ils contreviennent aux attentes très générales quant aux objets physiques, aux êtres vivants, aux animaux et ainsi de suite. Les humains supposent tacitement que la forme et le comportement des animaux sont limités par les caractères essentiels dont ils ont hérité, mais les métamorphoses contredisent cela ; nous supposons que les êtres animés agissent en fonction de leurs propres buts et intentions, mais ce n'est pas le cas des zombies ; nous supposons que les objets fabriqués sont inertes et inanimés, mais certaines statues de la divinité hindoue Ganesh boivent des offrandes de lait. Même les visiteurs extraterrestres sont décrits de la sorte, comme combinant des pouvoirs étonnants et des intentions de type humain[1]. On retrouve des notions de ce type sous des formes très similaires partout dans le monde. Dans les cultures les plus différentes, on trouve des cadavres qui sortent de la tombe, des animaux qui parlent, les âmes des morts qui reviennent hanter les vivants et des objets magiques qui deviennent animés ou réagissent à des incantations.

Il peut paraître paradoxal que le domaine de la fantaisie et de l'imagination surnaturelle soit aussi répétitif. Cela tient au fait que l'imagination ne part pas de rien, elle recycle un matériau conceptuel préexistant. En fait, l'exercice de la fantaisie intéresse énormément les chercheurs en sciences cognitives parce qu'il révèle des principes implicites ou inconscients qui font partie de la cognition ordinaire, comme l'a fait remarquer Kant[2] (sûrement après bien d'autres). Par exemple, lorsqu'on demande aux gens d'imaginer des animaux inconnus, ils inventent des êtres dotés d'une symétrie gauche-droite (mais pas haut-bas), et d'un sens de déplacement préférentiel, avec des organes sensoriels dirigés vers l'avant. Cela suggère que des principes implicites, dérivés d'animaux réels, contraignent l'imagination dans le domaine de la fantaisie[3]. C'est également vrai des êtres imaginaires dans les romans et les mythes, même lorsqu'il s'agit de genres où les gens cherchent précisément à pousser les limites de ce qui est imaginable, comme dans la science-fiction ou la littérature fantastique.

Quelle que soit leur sophistication en ce qui concerne les détails, les notions surnaturelles sont souvent construites d'une manière très simple, généralement en combinant deux types d'éléments. L'un est une violation saillante et explicite de nos

1. Saler, Ziegler & Moore, 1997.
2. Kant, 1790.
3. Ward, 1994, 1995.

attentes, par exemple une personne qui traverse les murs ou une statue qui boit du lait. L'autre est un ensemble d'attentes qui s'appliquent à l'entité imaginée, comme le fait qu'un fantôme est doté de perception, de mémoire et d'intentions, ou que la statue magique est en bois, a un poids et ne se trouve qu'en un lieu à la fois. La partie qui viole nos intuitions est celle sur laquelle nous nous fixons en général et se trouve explicitement décrite. À l'inverse, la partie qui confirme nos intuitions n'est pas explicitée en général – puisque cela va sans dire, cela n'est généralement pas dit[1].

Pour être plus précis, les concepts surnaturels combinent des violations saillantes et des confirmations implicites de ce que l'on appelle des « ontologies naturelles », c'est-à-dire des ensembles d'attentes que nous avons au sujet de vastes pans de la réalité, comme les êtres animés, les personnes, les êtres vivants, les objets fabriqués, les choses naturelles[2]. Par exemple, des systèmes d'inférence spécialisés détectent certains types de mouvements comme étant caractéristiques d'êtres animés, ce qui déclenche automatiquement une représentation de leur mouvement comme obéissant à des buts internes. Dans tel autre domaine, par exemple lorsqu'un objet est identifié comme étant fabriqué par des humains, d'autres systèmes d'inférence chercheront à décrire sa fonction. Le comportement des gens déclenche des systèmes d'inférence qui produisent une image de leurs intentions et de leurs croyances. Tout cela a lieu de manière automatique et inconsciente – la seule chose dont nous sommes conscients, c'est du résultat de ces opérations[3].

Les idées surnaturelles comportent une violation explicite des attentes produites par ces systèmes d'inférence, raison pour

1. Barrett, 2000 ; Barrett & Keil, 1996 ; P. Boyer, 1994.
2. P. Boyer & Barrett, 2005.
3. Hirschfeld & Gelman, 1994 ; Spelke, 2000.

laquelle elles commandent l'attention. Une personne traverse des murs et une statue boit. Or, une bonne partie de ce qui rend ces notions utilisables, c'est le travail fait par les attentes initiales qui *ne sont pas* violées. Le fantôme a une mémoire et la statue se trouve dans un endroit précis. Sans suppositions d'arrière-plan, ces notions surnaturelles pourraient rapidement devenir inutiles – imaginez un fantôme qui ne se souvient de rien ou une statue qui ne se trouve nulle part. En fait, un grand nombre d'études expérimentales ont montré que de telles combinaisons de matériaux contre-intuitifs limités et d'une préservation massive de toutes les autres attentes intuitives sont particulièrement saillantes et mémorables comparées à d'autres combinaisons conceptuelles[1].

Cela suggère que, toutes choses égales par ailleurs, de tels concepts se diffuseront mieux que d'autres variantes possibles et seront en gros semblables chez les membres d'un même groupe. De la même manière, le rapport entre systèmes d'inférence et imagination surnaturelle explique pourquoi cette dernière présente les mêmes caractéristiques partout dans le monde. L'imagination surnaturelle est fondée sur des modifications d'attentes intuitives qui font partie de la manière dont l'évolution a façonné notre esprit, et ces modifications se produisent donc d'une manière très semblable dans tous les esprits humains. Autrefois, les anthropologues et les historiens pensaient que la notion d'un domaine « surnaturel » était une construction proprement culturelle, car elle semblait reposer sur une notion précise de la « nature » contre laquelle on pouvait soutenir que des arbres qui volaient et des statues qui buvaient étaient, en un certain sens, au-delà du naturel : les gens se livraient à des réflexions systématiques, explicites, sur ce que sont la nature et

1. Barrett, 1998 ; Barrett & Keil, 1996 ; Barrett & Nyhof, 2001 ; P. Boyer & Ramble, 2001 ; Gregory & Greenway, 2017.

ses lois générales dans de rares cultures seulement, comme en Chine et dans la Grèce antique[1]. Mais ce dont nous parlons ici ne concerne pas des pensées réflexives à propos de la nature mais une compréhension intuitive de l'environnement physique et social. Ce qui fait qu'un arbre parlant et une chèvre invisible sont si intéressants, ce n'est pas une théorie explicite de ce qui est naturel et de ce qui ne l'est pas, mais nos attentes intuitives, caractéristiques de la cognition humaine, quant aux objets physiques et aux processus biologiques[2].

Traditions religieuses

Notre ménagerie surnaturelle est assurément divertissante et mérite d'être étudiée puisqu'elle révèle des principes conceptuels implicites profondément enracinés. Mais une des raisons pour lesquelles elle a attiré l'attention des anthropologues et des historiens est que la plupart des concepts habituellement décrits comme religieux font partie de ce vaste domaine. C'est un sous-ensemble restreint des notions surnaturelles qui se trouve formalisé, codifié, au sein de ce que l'on a qualifié de « traditions religieuses », de « cultes », de « religions primitives », et ainsi de suite.

Quelques exemples nous permettront d'illustrer cela. Prenez, par exemple, les cultes des ancêtres que l'on trouve dans pratiquement toutes les sociétés de petite taille, tout particulièrement les sociétés agraires et pastorales. Les gens se livrent à des interactions imaginaires avec leurs ancêtres qui, dit-on, réclament de temps à autre des sacrifices et un certain respect de la part des vivants. Les morts sont souvent décrits comme errant dans le voisinage des humains sous la forme d'âmes

1. Lloyd, 2007.
2. P. Boyer, 2000b.

désincarnées, qui habitent un monde liminal entre la vie et la mort et sont source de problèmes car ils regrettent le monde qu'ils ont quitté. Le passage de cette présence instable, inquiétante et fantomatique à un ancêtre stable et conservateur est l'objet de rites dans de telles sociétés, souvent à l'occasion des « deuxièmes funérailles » que l'on rencontre dans les endroits les plus variés : au cours de celles-ci, les restes des morts sont conduits vers leur lieu de repos définitif, ce qui marque leur installation en tant qu'ancêtres[1].

Un autre ensemble de traditions est centré sur ce que les anthropologues appellent le « chamanisme », l'interaction avec certains esprits et âmes dans le but de remédier à un malheur. La maladie, mais aussi les mauvaises récoltes, les troupeaux en mauvaise santé et les conflits sociaux sont censés être dus à des esprits ou des ancêtres en colère ou réclament l'intervention de ces agents surhumains. Dans de tels cas, les contacts et les négociations avec les entités surnaturelles se font lors de cérémonies et impliquent le plus souvent la participation de médiums, de guérisseurs, de chamans ou de devins, auxquels on prête des qualités particulières pour comprendre ce que veulent les agents surhumains et ce qui doit être fait pour les apaiser.

Ces cultes et traditions concernent presque universellement des agents semblables à des humains, dotés de caractéristiques surhumaines précises. On est bien loin de la variété baroque de l'imaginaire surnaturel. Certes, les esprits humains aiment les îles flottantes, les arbres parlants et les oiseaux de feu mais les cultes et les traditions concernent presque exclusivement des agents. Les fantômes, les ancêtres, les âmes et les esprits possèdent des propriétés remarquables, contre-intuitives, comme le fait de pouvoir se trouver en même temps dans plusieurs endroits, d'être invisibles, d'avoir une connaissance parfaite de

1. Bloch & Parry, 1982.

ce que font les gens et ainsi de suite. Mais on leur attribue tacitement un esprit qui ressemble fort à un esprit humain. Ils perçoivent, pensent, sentent et ont des souvenirs, ce qui nous paraît très naturel car cela ressemble à ce que nous faisons.

Puisqu'il s'agit de sous-domaines du surnaturel, les notions de dieux, d'esprits et d'ancêtres héritent de bon nombre de propriétés importantes du domaine primordial. Un trait frappant est le contraste qui existe entre les composantes contre-intuitives et intuitives de ces concepts. Les premières sont en général explicites, frappantes et accessibles à l'inspection consciente. Les secondes n'ont pas à être représentées explicitement et, en général, ne le sont pas. Les gens n'ont pas besoin qu'on leur dise que « la déesse, étant dotée d'un esprit, se souvient de ce qui lui arrive » parce que cela va littéralement sans dire, s'agissant d'une généralisation de notre psychologie intuitive ordinaire à un être imaginaire.

Pour qui a l'habitude des religions modernes, institutionnelles, l'aspect le plus surprenant de ces pratiques ou traditions est qu'elles ne s'accompagnent pas d'une doctrine, d'un ensemble stable de suppositions que la plupart des participants pourraient facilement expliquer et avec lesquelles ils se diraient d'accord. Par exemple, les gens peuvent penser qu'il est essentiel de donner leur dû rituel aux ancêtres en sacrifiant des animaux, mais ils seraient bien en peine de dire pourquoi les ancêtres ont besoin de cela, par quel moyen ils profitent du sacrifice, comment ils savent si les gens ne font pas ce qu'il faut et ainsi de suite. Cela peut paraître surprenant à des observateurs extérieurs – comment prendre le rituel au sérieux si l'on n'a pas une idée claire des raisons pour lesquelles il est efficace ? – mais les anthropologues ne seront pas vraiment surpris, eux qui ont étudié de telles traditions et appris à leurs dépens que l'ethnographie est une entreprise difficile. La plupart du temps, il ne suffit pas de demander aux gens « À quoi ressemblent les ancêtres ? », « En quoi sont-ils différents de nous ? », car cela ne fait que susciter de l'incompréhension. La plupart des gens ne se posent jamais de telles questions et ceux qui le font fournissent des réponses extravagantes et idiosyncrasiques. Le travail de l'anthropologue consiste à faire le tri parmi ces informations pour formuler un ensemble d'hypothèses minimales au sujet des ancêtres, qui semblent clairement découler de la plupart des affirmations et des pratiques à leur sujet, par exemple qu'ils sont généralement invisibles, qu'ils préfèrent le cochon au bœuf, qu'ils peuvent être vindicatifs ou compréhensifs et ainsi de suite. C'est un travail difficile car il n'y a pas de doctrine stable, explicite.

Un autre aspect inattendu de ces traditions est qu'il n'existe pas d'organisation de spécialistes religieux, l'équivalent des prêtres ou des brahmanes, ni un groupe de savants en religion, comme les oulémas. Il n'existe aucune formation formelle, aucune école de médiums ni de chamans dont il faudrait suivre les cours pour être considéré comme un officiant légitime. Ces spécialistes sont souvent passés par une initiation et, dans la plupart des cas, ont appris leur métier sur le tas, en tant qu'apprentis d'un spécialiste reconnu. Mais ces conditions ne sont ni suffisantes ni nécessaires pour pouvoir s'occuper des ancêtres.

Dans de nombreux endroits, cette aptitude particulière est considérée comme une propriété essentielle, naturelle, de ces personnes. Chez les Fang du Cameroun, par exemple, les *ngengan* sont censés posséder un organe supplémentaire, l'*evur*, qui leur permet d'interagir avec les fantômes et les esprits. Comment savoir si une personne possède cet organe spécial ? Seules leurs actions (en fait, leurs succès) permettent de le savoir[1]. Cette notion d'un organe supplémentaire est courante en Afrique centrale et méridionale. Ailleurs, les gens n'invoquent pas un

1. Mallart Guimerà, 1981, 2003.

organe spécial, mais ils pensent tout de même que pour traiter avec les esprits il faut une aptitude naturelle, intrinsèque, qui fait du chaman un être différent des gens ordinaires. Par exemple, dans la république de Tuva, en Sibérie, les gens attribuent les résultats obtenus par le chaman à la possession d'une « force » intérieure dont il est doté à la naissance et qui l'accompagnera toute sa vie. Ils pensent en effet que chaque chaman a sa propre « essence » qui rend chaque spécialiste unique et lui confère un don pour s'occuper des esprits. Comment décider alors si un « spécialiste » en est vraiment un ? Les gens admettent sans difficulté que beaucoup de chamans sont des imposteurs, ou tout simplement des incapables. Mais seule l'expérience permet de le savoir[1].

Pour finir, la différence la plus frappante entre ces métiers religieux et ce que nous appelons une « religion », c'est l'absence de l'idée de croyance ou de communauté des croyants. Les anthropologues disent depuis longtemps que les notions de foi et de croyance, qui nous sont familières à cause des formes modernes de la religion, ne sont pas facilement exportables – en fait, elles paraissent totalement non pertinentes dès lors que l'on cherche à décrire des traditions religieuses qui nous sont moins familières[2]. Cela recouvre l'idée que la foi est un engagement. Les gens qui font appel aux services d'un devin ou d'un chaman n'adhèrent pas à un culte au sens moderne du mot. Ils font appel à un spécialiste, comme l'on fait appel à un charpentier ou à un plombier. Le fait d'utiliser le chaman du coin ne fait pas de vous un membre d'une communauté particulière, pas plus que le fait de vous rendre chez le dentiste ne fait de vous un membre de la confrérie des adeptes de la chirurgie dentaire. La même remarque vaut pour les cultes des

1. Stepanoff, 2014, pp. 113-151.
2. Needham, 1972.

ancêtres, l'autre grande forme de tradition religieuse que l'on trouve dans les petites sociétés. Les gens qui sacrifient un porc à leur ancêtre ne font pas acte d'adhésion à un groupe – ils sont déjà membres d'un lignage, raison pour laquelle, justement, ils veulent échanger des faveurs avec un ancêtre particulier. Nous ne sommes pas ici en présence d'une foi, ou d'un engagement envers des divinités, mais d'un pari empirique : on espère que ces rituels particuliers apaiseront les ancêtres, qu'un chaman particulier aidera ce patient particulier et ainsi de suite.

La différence la plus frappante entre les traditions religieuses des sociétés de petite taille et les religions qui nous sont familières est cet aspect très pragmatique. Dans ces sociétés, les gens ne se livrent pas à des activités religieuses pour comprendre le cosmos, donner un sens à leur existence ou sonder les fondements de la morale. Ce qu'ils veulent, tout simplement, c'est que leurs récoltes soient fructueuses et que le malheur ne les frappe pas. Le plus souvent, dans ces sociétés, dès lors que leurs problèmes particuliers sont pris en considération, les gens ne s'intéressent pas aux questions métaphysiques.

Tels sont, en des termes très généraux, les pratiques et les cultes que l'on observe partout dans le monde, depuis les débuts de l'histoire humaine. Bien sûr, il existe de nombreuses différences selon les situations. Par exemple, en général, les chasseurs-cueilleurs s'intéressent peu aux ancêtres, aux esprits et à la sorcellerie, comparés aux membres des sociétés agraires. Et dans beaucoup de grandes sociétés complexes, ces cultes sont en concurrence avec des formes d'activité religieuse plus organisées, comme nous allons le voir à présent. Mais cela mérite d'être souligné : pendant la plus grande partie de l'histoire humaine, et encore aujourd'hui dans de nombreuses sociétés, on cherche à interagir avec des agents surhumains sans qu'il existe de doctrine admise, explicite, sans qu'il existe de formation de spécialistes et certainement sans qu'il existe de notion d'appartenance à une communauté de croyants. Si on se donne tant de mal, c'est essentiellement pour des raisons pratiques.

Les religions et l'invention de la « religion »

Avec l'apparition des grands royaumes, des États-cités et des empires, la spécialisation et la division du travail sont devenues bien plus importantes que dans les tribus et les chefferies moins stratifiées. Cela s'est fait sentir en particulier dans le développement de lignages ou de castes d'artisans, dans l'émergence de classes marchandes et, plus fondamentalement, dans l'existence de fonctionnaires, de soldats, de bureaucrates, de scribes, d'officiels voués à la défense du pouvoir centralisé. C'est aussi au cours de cette période qu'un groupe particulier de spécialistes des rites est apparu, ces individus que nous appelons des « prêtres », avec des droits exclusifs sur certaines activités rituelles, en particulier celles étroitement liées au pouvoir politique. Leur influence s'est progressivement étendue et, dans de nombreux cas, ils se sont assuré une position de quasi-monopole de la dispensation de services rituels. En un sens, ce développement s'inscrit dans une continuité avec les cultes et les traditions décrits plus haut. Ces activités en appellent prétendument à des agents surhumains et recouvrent des comportements ritualisés et des cérémonies, analogues à ceux que l'on trouve dans les sociétés plus petites. Mais la ressemblance s'arrête là, car ce nouveau phénomène social et politique possède de nombreuses caractéristiques uniques.

La principale nouveauté est l'émergence d'une organisation vouée à l'interaction avec les agents surhumains. Comme nous l'avons dit plus haut, les cultes des ancêtres exigeaient des participants occupant des positions spécifiques, par exemple les membres du lignage d'un ancêtre en l'honneur duquel on accomplit un sacrifice, ainsi que des performances chamaniques assurées par des spécialistes. Mais il n'existait pas d'organisation unique prenant en charge l'ensemble de ces activités rituelles. Les castes et les groupes de prêtres constituent une telle organisation. Autrement dit, les questions sur qui doit faire quoi, quand et comment, sont à présent assurées par des collectifs de spécialistes, dont certains sont extrêmement hiérarchisés tandis que d'autres restent assez égalitaires, le résultat étant que ces activités se déroulent d'une manière plutôt homogène au sein de chaque État-cité ou royaume.

Cela est très différent de ce qui se passait avec les cultes précédents. Les cérémonies destinées aux ancêtres, par exemple, se déroulaient suivant le souvenir des performances passées conservé par les anciens. Les chamans et les médiums improvisaient et créaient souvent leurs propres versions des séquences rituelles. À présent, cela est remplacé par un ensemble unique de procédures, sur lesquelles les prêtres se sont mis d'accord. L'écriture, lorsqu'elle est présente, accentue cette uniformisation en rendant possible la codification des procédures, par exemple en stipulant ce qu'est une séquence rituelle correcte, les quantités d'offrandes requises et ainsi de suite. Avec la généralisation de l'écriture surgissent des doctrines et des règles religieuses écrites, qui permettent aux prêtres d'offrir des rituels régulés, standardisés, basés sur des recettes stables[1].

Les rituels offerts par un membre du groupe des prêtres peuvent être assurés, du moins en principe, par tout membre. Et les critères qui font de quelqu'un un représentant attitré du groupe sont à présent codifiés et valables pour tous. Les aspects mystiques de la formation, comme les initiations et les visions, sont remplacés par des cours de mémorisation de

1. Goody, 1986.

textes ou d'apprentissage de l'écriture, cours dont le résultat peut être facilement vérifié par la direction. Aucun prêtre ne peut prétendre faire l'économie de cette formation et de son intégration dans l'organisation parce qu'il aurait reçu une inspiration divine directe.

La plupart des organisations religieuses de ce type sont étroitement liées à un pouvoir politique central. L'influence politique est une nécessité pour tout groupe qui cherche à étendre son influence et elle remplace toutes sortes de services fournis de manière informelle par un seul ensemble de biens religieux. C'est la raison pour laquelle, au cours de l'histoire des États-cités et des empires, les prêtres se sont constamment efforcés d'accroître leur pouvoir politique. Il n'y a rien de machiavélique dans cette description. Cela n'implique même pas que les prêtres cherchaient à acquérir délibérément une influence politique – en fait, si une organisation ne procédait pas de la sorte, elle ne survivait pas, tout simplement.

Chose encore plus importante, les notions religieuses sont elles-mêmes d'un type nouveau. Les chamans s'occupaient des âmes, des fantômes ou des esprits, et les cultes des ancêtres des affaires du lignage. Tous ces cultes concernaient des agents surhumains locaux, liés à un lieu ou à un groupe social particulier. Mais les prêtres organisés se décrivent eux-mêmes, typiquement, comme interagissant avec des agents plus universels, des dieux dont la juridiction s'étend à tous, qu'il s'agisse des sujets d'un État-cité ou d'un empire. Les dieux, dotés de pouvoirs et d'une perception sans limites, voire d'une prescience absolue, sont décrits comme se trouvant partout[1].

Puisque les prêtres offrent des manières standardisées d'interagir avec des dieux particuliers, on voit surgir des descriptions explicites et uniformisées des dieux en question.

1. Kramer, 1961 ; Mann, 1955.

Comme le dit l'anthropologue Harvey Whitehouse, il existe un contraste frappant entre ces développements doctrinaux et les pratiques des chamans et des médiums, dans lesquelles les notions d'agents surhumains ou bien ne sont pas du tout expliquées ou bien n'apparaissent qu'au cours de rituels rares, excitants et conceptuellement ambigus. Souvent, les doctrines de ces religions structurées acquièrent une cohérence interne et deviennent explicatives, déductives. Elles peuvent être enseignées aux masses, les spécialistes ayant droit à des versions plus sophistiquées[1].

Ces religions sont d'abord apparues en Égypte, à Sumer, dans les empires maya et aztèque, en Inde et en Chine. Dans ces différents endroits, des prêtres spécialistes sont devenus les prestataires officiels, approuvés, de services cérémoniaux. Des groupes de prêtres se sont emparés de rituels jusque-là exécutés par des chamans ou des spécialistes locaux. Les notions d'esprits et de dieux locaux furent remplacées par des doctrines concernant des dieux cosmiques. Les castes ou les lignages de prêtres étaient étroitement alliés à la cour et constituaient même parfois l'entourage royal[2].

On notera que certaines caractéristiques importantes de ce que les gens associent aujourd'hui au terme « religion » sont absentes de ce tableau. Les gens ne choisissaient pas de rejoindre un culte particulier – on les recrutait pour servir les dieux, ériger des temples et contribuer aux sacrifices. Il n'y a pas de notion claire d'une « foi » individuelle qui soit pertinente pour les activités religieuses : on se doit d'obéir aux dieux et aux prêtres, et de respecter les prescriptions et les tabous de la doctrine. Mais, surtout, les dieux ne sont pas décrits comme se

---

1. Whitehouse, 2000.

2. Demarest, 2004 ; Freidel *et al.*, 1993 ; Kramer, 1961 ; Sharer & Traxler, 2006.

souciant de la morale des gens et ne sont en rien des parangons de moralité[1].

C'est à ce stade du développement social que les gens peuvent commencer à utiliser un concept explicite, celui de la « religion », pour désigner un domaine précis de la pensée et de l'activité humaine. La « religion » – ou plutôt, bien sûr, les termes locaux utilisés dans ces sociétés – est le nom donné aux biens fournis par des spécialistes des rituels organisés, ce qui englobe en général un ensemble stable de croyances officielles, avec des prescriptions et des tabous spécifiques, des rituels précis et un personnel ayant reçu une formation spéciale. De la même manière, avant une division sociale poussée du travail, personne ne pensait qu'il existait une chose appelée l'« artisanat ». Parmi les chasseurs-cueilleurs ou les horticulteurs qui fabriquaient leurs propres outils, armes, vêtements et jouets, le terme n'aurait pas eu grand sens. De la même manière, dans les petites sociétés au sein desquelles s'est déroulée notre évolution, les gens n'avaient pas en général de terme précis pour ce que nous appelons la « politique » ou la « religion ». C'est lorsqu'un groupe particulier de gens se spécialise dans un ensemble de biens ou d'activités, comme les services religieux, que la notion de « religion » prend un sens.

Les religions gagnent les batailles mais finissent par perdre la guerre

On aurait tort de penser que chaque forme d'activité religieuse a simplement remplacé les précédentes. L'émergence d'organisations religieuses n'a pas conduit à la disparition du culte des ancêtres, des cultes mystiques ou des pratiques

1. Baumard & P. Boyer, 2013.

chamaniques. Premièrement, tous les groupes humains ne sont pas devenus des systèmes politiques centralisés avec une stratification sociale poussée et une importante division du travail. Et, dans la plupart des endroits, pendant la plus grande partie de notre histoire, il y a eu des chamans, des médiums et d'autres prestataires non organisés de services religieux. Une grande partie de l'histoire des religions est l'histoire de leur combat contre ces concurrents. Comme nous avons eu l'occasion de le dire plus haut, des groupes organisés de prêtres chercheront naturellement à obtenir un monopole et, au cours de ce même processus, se trouveront associés de près au pouvoir politique central. Les organisations religieuses pourront alors établir un monopole sur des cérémonies spécifiques, ou sur l'accès à des lieux spéciaux comme des temples et des sanctuaires.

Mais la concurrence ne dort jamais. Dans la plupart des endroits où l'on trouve des religions, on trouve aussi des prestataires alternatifs – des chamans, des guérisseurs, des devins et des médiums. Pendant la période impériale, la religion romaine officielle (d'État) a dû accepter la concurrence de cultes exotiques et extravagants comme celui de Cybèle, la Grande Mère, dont les adorateurs pratiquaient des rituels extatiques et l'auto-flagellation. Leurs costumes bigarrés étaient destinés à se démarquer de la pompe terne des cérémonies officielles. Une autre source de concurrence fut la multiplication des mystères mithriaques et autres cultes initiatiques[1]. Les organisations religieuses gagnent beaucoup de batailles, surtout grâce à leur influence politique, mais elles semblent vouées à perdre la guerre, puisque la résurgence de prestataires alternatifs de services religieux paraît inévitable.

Cela soulève une question. Pourquoi les gens font-ils appel à des prestataires informels pour suppléer aux services des

1. Beard, 1996 ; Cumont, 1910 ; Martin, 1987.

religions officielles ? Il doit exister une demande et celle-ci doit être irrésistible puisque c'est le cas même lorsque les spécialistes alternatifs sont mal vus, marginalisés, si ce n'est interdits par les Églises officielles et les castes de prêtres. Il semblerait que les chamans, médiums et autres guérisseurs répondent mieux que les organisations religieuses à une demande très spécifique que celles-ci ne semblent pas capables de satisfaire.

Une explication possible, proposée par l'anthropologue Harvey Whitehouse, tient au contraste entre les pratiques doctrinales et ce qu'il appelle les pratiques « imagées ». La pratique doctrinale des religions consiste en une formation intellectuelle qui accumule un grand nombre de propositions pertinentes, explicitement reliées entre elles. En revanche, le mode de transmission imagé, typique des médiums et des chamans, consiste en des expériences exceptionnelles, rares, mais si spectaculaires que les détails restent gravés dans les mémoires. Les pratiques doctrinales courent le risque constant d'être aussi ennuyeuses que conceptuellement claires, alors que les pratiques imagées peuvent être incohérentes au point que la majeure partie du contenu conceptuel est perdue[1]. Dans son étude des mouvements religieux mélanésiens, Whitehouse a montré que le passage à une organisation plus doctrinale, avec des leçons, des commandements, des catéchismes et ainsi de suite, ouvre la voie à un renouveau imagé, avec des expériences spectaculaires mais conceptuellement ambiguës. Là où Whitehouse a mené son travail de terrain, les gens avaient adopté une nouvelle religion mélanésienne, avec spécialistes, doctrine cohérente, mémorisation de commandements et cérémonies codifiées. Beaucoup d'adeptes s'en éloignèrent alors pour rejoindre un groupe dissident qui pratiquait des rituels spectaculaires, à l'imagerie puissante. Cela semble suggérer que les religions et

1. McCauley & Lawson, 2002 ; Whitehouse, 2000, 2004.

les cultes informels déclenchent des réponses cognitives de types différents. Les religions apportent cohérence et explication, les cultes des expériences inoubliables[1].

Mais ce contraste ne vaut peut-être que lorsqu'il existe une concurrence entre activités religieuses institutionnelles et informelles. Souvent, les gens qui consultent des chamans et des devins ne recherchent ni n'obtiennent des révélations imagées. Ce qui les intéresse, ce sont des solutions à des problèmes concrets, comme la maladie, l'infertilité, les accidents, les mauvaises récoltes et les bêtes malades. Autrement dit, le principal bénéfice procuré par des spécialistes religieux est peut-être d'apporter une réponse à des cas particuliers de malheur.

Dans toutes les sociétés humaines, on rencontre le besoin d'expliquer les détails particuliers d'un malheur, à l'opposé de lois générales décrivant comment se produisent les situations heureuses et malheureuses. Le grand anthropologue E. E. Evans-Pritchard avait illustré cette question dans son ethnographie des Zande, en partant du cas d'une hutte dont le toit s'était effondré sur des gens qui se trouvaient à l'intérieur. La plupart des Zande savaient qu'un principe général expliquait l'écroulement de la hutte : les termites rongent le bois et, à un certain moment, le toit cède. Mais ils voulaient aussi savoir pourquoi cette structure-ci s'était effondrée à ce moment-là, sur ces gens-là en particulier[2]. C'est à ces questions qu'est censé répondre un devin, et son explication convoquera en général la sorcellerie et décrira l'accident comme conséquence d'un sort jeté par certaines personnes qui ont fait ce qu'il fallait pour obtenir le résultat recherché.

C'est peut-être une des raisons pour lesquelles les religions ont beaucoup de mal à éradiquer leurs concurrents informels.

1. Whitehouse, 1995.
2. Evans-Pritchard, 1937, p. 69 *sqq.*

Selon les doctrines des prêtres, des agents surhumains globaux, des dieux dont la juridiction s'étend à l'État-cité, au royaume ou à l'empire, affectent tout le monde de la même manière. Les dieux sont décrits par des principes doctrinaux génériques. Les dieux égyptiens et sumériens exigent des temples, des offrandes et des cérémonies. Selon les doctrines, les dieux répondent aux actions des humains en protégeant la ville ou l'empire s'ils sont contents, et en provoquant des crues et d'autres fléaux s'ils ne le sont pas.

Or, cela concerne la société dans son ensemble, non des individus particuliers. Les cérémonies organisées par les prêtres officiels visent à assurer la survie de l'État-cité ou la victoire de l'empire sur ses ennemis, mais cela ne compense en rien le désastre d'une mauvaise récolte pour un cultivateur particulier. En revanche, les agents surhumains locaux avec lesquels les chamans et les médiums disent interagir sont justement impliqués dans des interactions sociales avec des personnes en particulier. Ces âmes, ces esprits, ces ancêtres sont décrits comme des individus qui, en quelque sorte, entretiennent des relations de voisinage avec les humains. Les ancêtres sont censés suivre de près ce qui advient à leur lignage. Les âmes et les esprits des cérémonies chamaniques sont censés avoir volé l'âme d'une certaine personne.

Naturellement, cette opposition entre prêtres « officiels » et chamans est quelque peu simplificatrice. Dans de nombreux cas, les prêtres finissent par organiser des cérémonies pour des situations particulières et les fonctions des uns et des autres se chevauchent plus que ne le suggère ce modèle. Mais la divergence est réelle et explique peut-être pourquoi il existe toujours une forte demande pour des services autres que ceux offerts par les religions établies[1].

1. Gellner, 1992.

Même lorsqu'elles semblent gagner, les religions finissent par perdre. Un grand obstacle à la compréhension du comportement religieux est la croyance, malheureusement répandue même chez certains chercheurs en sciences sociales, que les adeptes d'une religion croient réellement en sa doctrine. Or, une découverte importante de l'étude cognitive des croyances religieuses est ce que le psychologue Justin Barrett a appelé le « théologiquement correct ». Les gens affirment croire en certains principes doctrinaux officiellement approuvés, par exemple que leur dieu est omniprésent et omniscient. Mais des expériences rigoureuses montrent que, à côté de cette affirmation explicite, ils se conduisent intuitivement comme si leur dieu avait une perception limitée des choses, ce qui est bien évidemment raisonnable puisqu'ils interprètent leur dieu selon les règles de leur propre psychologie spontanée. Ainsi, la croyance explicite est bien là mais ne sert à rien. C'est une croyance tacite, plus intuitive, qui guide les attentes des gens. Ce phénomène a été observé dans des traditions religieuses très différentes, du christianisme à l'hindouisme en passant par le bouddhisme[1]. Le « théologiquement correct » illustre un principe qui est vrai en général des processus cognitifs humains, bien qu'il soit souvent ignoré dans les discussions au sujet de la religion : les gens ne croient pas ce qu'ils pensent croire.

On inculquera donc aux gens que la Trinité est l'union de trois personnes en une, ou que les dieux vivent dans un monde imaginaire. Et les gens iront même jusqu'à affirmer qu'ils tiennent ces énoncés pour vrais. Mais l'idée d'un être sensible qui est un individu et possède des fonctions mentales ordinaires en même temps que des caractéristiques physiques contre-intuitives est bien plus attractive pour les esprits

1. Barrett, 1998, 2001 ; Barrett & Keil, 1996 ; Barrett, Richert & Driesenga, 2001 ; Slone, 2004.

humains, car cela s'accorde bien avec ce que nous disent nos systèmes d'inférence intuitifs, tout en étant associé à des violations flagrantes de nos attentes. Par conséquent, la plupart des chrétiens ignorent allègrement l'unité de la Trinité et la plupart des bouddhistes pensent que les démons sont réels et qu'on doit les apaiser. On peut donc dire que les religions perdent également la guerre doctrinale, puisque la plupart des gens, la plupart du temps, ont des croyances théologiquement incorrectes.

L'invention de l'âme, de la spiritualité et du salut

Ce que nous prenons en général pour des caractéristiques nécessaires de la religion, comme l'existence d'une doctrine et de spécialistes, relève de développements récents qui ne sont apparus qu'avec l'émergence de sociétés étatiques, pratiquant la division du travail à grande échelle. D'autres aspects, dont bien des gens estiment qu'ils occupent une place encore plus centrale, sont en fait des inventions bien plus récentes – par exemple l'idée selon laquelle l'activité religieuse répond à des besoins spirituels, comme le soin de l'âme, laquelle, d'une certaine manière, demande à être sauvée. Or, nous savons où ces idées ont pris naissance, à quelle époque, avant qu'elles se diffusent dans de nombreuses religions.

Les notions d'âme et de salut sont la marque de ce que le philosophe Karl Jaspers a appelé l'« âge axial », une période comprise entre 600 av. J.-C. et 100 apr. J.-C. qui a vu surgir des doctrines religieuses assez semblables en Chine, en Inde et sur le pourtour méditerranéen[1]. Ces mouvements insistaient sur une idée de justice cosmique, à savoir que le monde est

1. Jaspers, 1953.

globalement équitable. Ils décrivaient les dieux comme étant eux-mêmes soucieux de la moralité des humains et ces idées s'accompagnaient de toutes sortes de techniques et de disciplines individuelles comme la modération, l'autodiscipline, le refus de la cupidité et de l'ambition avec leurs excès. En dépit de différences manifestes, cela est vrai du bouddhisme, du jaïnisme, de diverses formes d'hindouisme réformé en Inde du Nord, du taoïsme et du confucianisme en Chine, et de l'orphisme, du judaïsme du Second Temple, du christianisme et du stoïcisme sur le pourtour méditerranéen[1].

L'attention à soi est peut-être l'aspect le plus intrigant de ces courants, qui, quoique ancrés dans des cultures très différentes, semblent prôner des attitudes très semblables, notamment la modération dans la consommation, le refus des excès sexuels et la quête d'une « bonne vie » caractérisée par la maîtrise de soi et le respect d'autrui. Les *Méditations* de l'empereur Marc Aurèle, inspirées par les écrits des stoïciens, sont un bon exemple de cette sagesse particulière, que l'on retrouve dans les *Analectes* de Confucius, dans de nombreux textes bouddhiques et d'autres écrits de cette période. Ces formes de sagesse nous sont très familières et il est donc indispensable de souligner à quel point elles entraient en conflit avec les valeurs aristocratiques dominantes dans ces sociétés. De ce point de vue, les héros de l'*Iliade*, par exemple, sont typiques des classes aristocratiques de la plupart des sociétés antiques, avec leur quête de richesses, de pouvoir et de gloire, souvent par les moyens les plus brutaux. À l'opposé de cet ethos de la possession, les nouveaux mouvements insistaient sur la retenue et le refus de la réussite sociale.

Le thème le plus important, qui encore aujourd'hui continue d'imprégner notre compréhension de l'activité religieuse, est

1. Arnason, Eisenstadt & Wittrock, 2005.

l'idée de l'âme en tant que composante de la personne pouvant être améliorée, purifiée, mais surtout « sauvée ». Ces doctrines se concentraient sur les différentes manières dont on pouvait éviter la corruption et la perdition de l'âme. La voie à suivre était de s'imposer des limites et de mener une vie honnête conformément aux normes sociales établies (cf. le confucianisme), de considérer la douleur et la souffrance comme transitoires (cf. le stoïcisme) ou de renoncer entièrement au monde matériel[1] (cf. le bouddhisme). Ces mouvements donnèrent naissance à des communautés d'ascètes et de moines vivant à l'écart de la société et s'occupant de leur âme. Dans la plupart des cas, il allait de soi que l'on faisait cela pour les autres, ceux, moins chanceux, qui étaient obligés d'habiter le monde matériel.

Dans nos sociétés modernes, bien des gens verraient dans cette conception de l'âme en tant que composante de la personne, en quête de grâce ou de rédemption, le noyau dur de la religion. Même des gens par ailleurs indifférents aux doctrines religieuses considèrent que la notion d'âme est essentielle pour toute vie « spirituelle[2] ». L'importance de l'ère axiale est donc grande, car les mouvements apparus à ce moment ont exercé une influence considérable sur les religions qui les ont suivis. De fait, toutes les « religions » contemporaines descendent de ces mouvements.

Mais comment expliquer l'émergence de ces doctrines dans trois endroits distants les uns des autres, à peu près au même moment ? On ne peut s'empêcher de remarquer que ces innovations religieuses sont apparues dans les sociétés les plus prospères de l'époque, et au sein des classes privilégiées de ces sociétés. Gautama était un prince ; le bouddhisme indien, puis

1. Eskildsen, 1998 ; Finn, 2009 ; Gombrich, 2006 ; Slingerland 2007 ; Stark, 2003.

2. Musolino, 2015.

chinois, s'est propagé surtout parmi l'aristocratie et le stoïcisme était également un mouvement aristocratique[1]. Au cours du premier millénaire avant notre ère, il y eut une augmentation remarquable de la prospérité dans la vallée du Gange, en Inde, dans les vallées du fleuve Jaune et du Yangzi en Chine, ainsi que dans l'est du bassin méditerranéen. Ces sociétés sont devenues bien plus prospères que d'autres sociétés antiques, comme l'Égypte ancienne ou la Mésoamérique, ainsi que le suggèrent différents indices de développement économique que mesurent les historiens quantitatifs – par exemple, la taille des maisons, les quantités de céréales produites, les types d'élevage, la taille des entrepôts de grains, la taille des villages et des villes, la proportion d'artisans par rapport aux fermiers, la production de biens de luxe et même la pollution[2].

Mais en quoi la prospérité et la vie aisée des nobles et des marchands favoriseraient-elles l'émergence de telles idéologies ? Les réponses restent spéculatives et leur valeur réside pour l'essentiel dans leur parcimonie et leur congruence avec des données scientifiquement établies de manière indépendante. Une explication possible serait une forme de snobisme, par lequel les gens signaleraient leur grande fortune et leur statut en renonçant ostensiblement à leur richesse et à leur position sociale (en partie), montrant par là qu'ils peuvent se permettre de telles pertes. Ce phénomène est attesté chez nombre d'espèces, dont les humains, et les dispositifs cognitifs nécessaires pour ce type de signal sont donc disponibles[3].

Un autre facteur est peut-être le fait qu'une grande richesse crée une situation où il devient moins important pour certaines personnes d'acquérir plus de nourriture, d'obtenir plus de puis-

1. Gombrich, 2009 ; Stark, 2003.
2. Baumard & P. Boyer, 2013 ; Morris, 2006, 2013.
3. Grafen, 1990 ; Zahavi & Zahavi, 1997.

sance ou d'atteindre un rang social plus élevé. Une fois satisfaits la plupart des besoins, un investissement supplémentaire dans de telles activités ne leur procurera pas une plus grande satisfaction. Les individus ayant atteint une certaine aisance pourront alors se consacrer à des doctrines prescrivant la modération et la maîtrise de soi et en retirer les bienfaits que procure la mise en pratique de ces préconisations. Dans de telles situations, les gens se disposeraient spontanément à la patience et à l'investissement à long terme. Les idéologies de la modération et de la préservation de l'âme leur paraîtraient intuitivement appropriées et donc séduisantes. Mais cette explication demeure hypothétique, car les données sont fragmentaires.

Pourquoi ces mouvements se sont-ils diffusés au point de donner naissance aux religions les plus répandues des temps modernes ? Pour les croyants, évidemment, ce sont la vérité et la valeur spirituelle des doctrines qui expliquent leur diffusion – mais cela ne constitue pas une réponse historique. Une autre interprétation naïve serait qu'avec le recul, ces mouvements possédaient des ingrédients qui ont contribué à leur réussite culturelle, autrement dit qu'ils ont convergé vers un ensemble de croyances particulièrement attrayantes et que de plus en plus de gens les ont adoptées. Mais cela est faux, et ce, pour deux raisons : d'une part, les religions fondées sur ces doctrines n'étaient pas, en général, adoptées mais imposées et, d'autre part, elles se sont beaucoup modifiées au cours de leur progression, ce qui n'a fait que les rendre très semblables à d'autres religions archaïques.

L'idée que les gens choisissent leur religion correspond à une situation très récente, sans équivalent historique. Au cours de l'histoire, dans la plupart des sociétés, les gens ne pouvaient pas choisir leur religion, puisque l'État, le roi ou la caste des prêtres prenait cette décision pour eux. La populace continuait à consulter des devins, des guérisseurs et autres chamans, mais ces officiants n'avaient pas le pouvoir politique nécessaire pour renverser des religions établies.

D'autre part, lorsque les mouvements intellectuels moralisants de l'ère axiale sont devenus des religions largement répandues, leur contenu a changé. Ainsi, le bouddhisme a d'abord diffusé dans les classes supérieures de l'Inde, de la Chine et du Japon puis a donné lieu à un mélange typique : un idéal ascétique assuré par des moines, conjointement à un financement des temples et des monastères par les riches, doublé d'une dévotion populaire bien plus pragmatique, qui, en général, restait fidèle aux divinités anthropomorphiques, aux amulettes et aux offrandes. La chrétienté des premiers temps exerçait son attrait à la fois sur l'aristocratie, grâce à son parfum de stoïcisme, et sur les exclus, à cause de son message eschatologique. Mais le facteur le plus important pour sa diffusion fut bien évidemment son adoption par les empereurs romains et l'influence politique considérable d'une Église très organisée. Les conflits entre ces groupes, l'aristocratie, les classes populaires et la hiérarchie ecclésiastique, se sont de nouveau manifestés durant la Réforme[1].

L'expérience insaisissable en tant qu'intuition

Pour comprendre les formes modernes de l'activité religieuse, nous devons également prendre en compte une autre invention récente : le rapport entre croyances religieuses et expérience personnelle. Dans de nombreux mouvements modernes, les participants considèrent comme évident que l'activité religieuse doit aboutir à une expérience d'un type particulier, entièrement différente de l'activité consciente ordinaire. Pour eux,

1. E. Bloch, 1985 [1921] ; Scribner, 1990.

ces expériences ont une signification si importante qu'elles sont essentielles à une bonne compréhension de la doctrine religieuse. Bien avant ces développements récents, les spécialistes de l'étude des religions, surtout en Occident, ont longtemps défendu l'idée que l'expérience religieuse était d'un type très particulier[1]. William James, le père de la psychologie moderne, pensait aussi que ces expériences exceptionnelles joueraient un rôle fondamental dans l'explication de l'émergence et du développement des doctrines et des cultes[2]. Le problème, c'est peu dire, était plutôt de parvenir à comprendre en quoi consistaient ces expériences et comment elles étaient liées aux concepts religieux.

Comme l'explique la spécialiste de la religion Ann Taves, les études comparatives et la psychologie cognitive convergent pour suggérer qu'il n'y a pas d'expérience *sui generis* spécifiquement religieuse. Toutes sortes d'événements mentaux « spéciaux », que l'on retrouve également dans de nombreux contextes non religieux, peuvent être des points d'ancrage potentiels pour les croyances au sujet des agents surhumains[3]. Comment cela se produit-il ? Rares sont les spécialistes de la religion qui ont exploré les processus précis qui nous permettent d'associer les croyances en des agents surhumains à des événements qui, en quelque façon, se distinguent du flux ordinaire de l'activité psychique.

Les recherches poussées menées par l'anthropologue Tanya Luhrmann sur un groupe de chrétiens évangéliques américains en sont un exemple remarquable[4]. Ces évangéliques pratiquent une version particulière du christianisme le plus répandu, selon

1. Eliade, 1959 ; Otto, 1920.
2. James, 1902.
3. Taves, 2009.
4. Luhrmann, 2012.

laquelle Dieu peut leur parler. Vus du dehors, ces évangéliques donnent l'impression d'être des gens bardés de certitudes : ils savent que Dieu existe, ils savent à quoi il ressemble, ils communiquent avec lui. Mais Tanya Luhrman montre qu'à l'intérieur du groupe, c'est presque l'inverse. L'intuition claire de la présence d'un agent, du fait que cet agent est Dieu et que Dieu leur parle, est un événement rare, particulièrement difficile à cerner. Même chez les croyants les plus chevronnés, ces îlots d'expérience sont entourés d'océans de doute et d'incompréhension. Les croyances chrétiennes sont bien sûr défendues avec ferveur, mais les éléments cruciaux, la présence d'un agent surhumain et la communication avec lui, sont décrits comme un but à atteindre plutôt que comme un point de départ. Beaucoup d'évangéliques admettent volontiers qu'ils n'ont pas (ou pas encore) atteint ce stade – qui leur demandera un peu plus d'efforts.

Ce travail cognitif prend des formes variées, qui constituent la plupart des pratiques religieuses de la communauté. Les gens essaient d'éduquer leur attention. Dans la vie de tous les jours, nous avons souvent des pensées intrusives, transitoires, flottantes et sans conséquence, dont l'origine est obscure et sans importance. Pour les évangéliques, c'est ici que la communication suprahumaine a parfois lieu, si l'on apprend à accepter ces pensées insaisissables et à méditer sur elles au lieu de les rejeter. Il faut aussi éduquer son imagination sensorielle – en particulier l'imagination auditive, bien évidemment. Il faut rechercher les endroits et les situations où les perceptions du monde extérieur ne chassent pas les images produites par soi-même. L'acceptation de la présence de Dieu exige une surveillance attentive mais aussi une évaluation consciente de l'expérience émotionnelle. Et, surtout, les membres du groupe doivent apprendre à prier. Ce que la plupart des gens extérieurs estimeraient être l'activité la plus élémentaire – s'adresser à un agent dont on pense qu'il vous écoute – est en fait le plus difficile, parce que la présence de l'agent est, justement, très incertaine.

La pratique peut aider – un peu, parfois. Beaucoup de membres du groupe étudié par Luhrmann ont vécu ce qu'ils appellent la « percée », lorsque des pensées informes ou des images semblent s'organiser en une présence et un message clair de l'agent imaginé. Des variables personnelles jouent un rôle dans le processus, comme le démontrent les données de Luhrmann, mais le facteur primordial est une pratique intense : on atteint l'intuition de la présence de Dieu grâce à un effort considérable[1].

Pourquoi est-ce si difficile ? Les évangéliques étudiés par Luhrmann s'efforcent d'atteindre un état mental particulier qui leur permettra littéralement d'entendre l'agent supra-humain. Mais les évangéliques se compliquent aussi grandement la vie et la croyance en rejetant les techniques et les astuces faciles que les gens utilisent un peu partout dans le monde depuis des millénaires pour induire des états de conscience altérés. Ils ne veulent pas ouvrir leur esprit à la divinité en ingérant des drogues, en jeûnant, en méditant, en hyperventilant ou en répétant hypnotiquement des mantras. Raison pour laquelle, bien évidemment, l'expérience recherchée s'avère si rare, équivoque et insaisissable.

Ces gens décrivent de manière assez lucide et simple cet événement, qui ne se produit qu'exceptionnellement. La plupart des gens qui recherchent une expérience religieuse ou qui s'y intéressent ont des idées bien moins claires sur la nature des événements mentaux concernés. Mais ces expériences incomplètes sont toujours censées valider une doctrine spécifique ou fournir des révélations qui ne peuvent être atteintes

1. Luhrmann, 2012, pp. 132-156.

par d'autres moyens[1]. Les gens qui apprécient l'expérience religieuse opposent souvent cette forme directe d'activité aux doctrines indûment intellectualisées des religions que nous connaissons. Par exemple, dans les contextes occidentaux modernes, les gens supposent souvent qu'une insistance sur des expériences spéciales, privées, est typique des doctrines et des disciplines « orientales », sans que ce terme soit défini de manière précise. (Ironiquement, certaines traditions qui accordent une grande importance à l'expérience privée, par exemple certaines formes modernes de bouddhisme, ont été influencées sur ce point précis par la philosophie occidentale de la religion[2].)

L'association entre activité religieuse et expériences spéciales est très ancienne, tout comme l'usage de ce que j'ai appelé plus haut des « astuces », ces substances et pratiques qui produisent des états de conscience altérés. Dans le contexte des cultes traditionnels, sans organisations religieuses, ces épisodes spéciaux pourraient être vus comme le moyen de recevoir directement des messages des esprits ou des ancêtres ou de les affronter, comme le font beaucoup de chamans. Tout cela fait partie de ce que Whitehouse a appelé des rituels « imagés », lesquels font un usage intense d'expériences significatives, exceptionnelles, l'idée étant que ces épisodes recèlent des informations religieuses capitales. Mais, comme le montre Whitehouse dans sa description des cultes mélanésiens, il est difficile de faire l'exégèse de tels épisodes, qui demeurent des souvenirs exceptionnels d'expériences exceptionnelles, sans rapport clair avec des contenus précis[3].

1. Davis, 1989.
2. P. Boyer, 2001, pp. 307-309 ; Sharf, 1998, 2000.
3. Whitehouse, 1992.

La « religion » est-elle adaptative ?

Bien évidemment, aucun spécialiste des sciences sociales ne pense que des doctrines ou des notions religieuses spécifiques sont le résultat direct de la sélection naturelle. Mais certains ont spéculé que le fait de disposer d'une forme ou une autre de ce que nous avons l'habitude d'appeler une « religion » pourrait avoir des effets positifs sur le succès reproductif, de sorte que la propension à adopter des concepts ou des normes religieuses a pu finir par faire partie de nos dispositions façonnées par la sélection naturelle. Bien sûr, le sens que cela peut avoir du point de vue de l'évolution dépend fortement de ce que nous pensons être une religion et de ses effets supposés en matière de succès reproductif.

Voici à quoi pourrait ressembler un argument en faveur des effets adaptatifs de certaines notions religieuses. Des anthropologues évolutionnistes pensent que des aspects du comportement religieux pourraient être des signaux d'engagement vis-à-vis d'un groupe. L'argument est que les activités religieuses paraissent coûteuses si l'on considère, par exemple, le temps passé à prier ou à pratiquer des rituels ainsi que les dépenses de ressources pour des rituels, des sacrifices et, plus généralement, les fastes religieux, la construction de temples et l'entretien des prêtres. Tout cela consomme du temps et de l'énergie qui ne seront pas consacrés à d'autres activités utiles à la survie et apportant des avantages reproductifs[1]. À cause de ce coût, justement, la participation à de telles activités pourrait signaler l'engagement vis-à-vis du groupe. Ici, les anthropologues s'inspirent des modèles de signalisation développés en biologie de l'évolution. Nous savons que des signaux peuvent être honnêtes et com-

1. Irons, 2001.

muniquer une propriété réelle de l'organisme, ou malhonnêtes, et chercher à tromper leurs destinataires. Par exemple, les bois de grande taille d'un cerf communiquent honnêtement que l'animal est fort ; à l'inverse, les poils dressés d'un chat visent à faire illusion quant à sa taille. Pour revenir à la communication humaine, l'engagement vis-à-vis d'un groupe pourrait bien sûr être communiqué par la parole, mais les mots ne coûtent pas grand-chose. En revanche, des activités coûteuses, qui consomment du temps, comme les rituels collectifs, pourraient être des signaux plus honnêtes, justement à cause de leur coût. Les gens qui se consacrent à des pratiques onéreuses, par exemple en subissant de durs rituels d'initiation, en offrant une partie de leur fortune à des monastères ou en finançant de dispendieuses cérémonies, signaleraient qu'ils sont disposés à encourir des dépenses pour le bien de leur groupe[1].

Le fait que les activités religieuses sont souvent moins coûteuses qu'il n'y paraît gêne cette interprétation. Par exemple, on pourrait penser que les sacrifices sont ruineux et, en effet, c'est ainsi que les décrivent souvent les participants. Partout dans le monde, les gens proclament qu'ils offriront leurs meilleures bêtes aux ancêtres. Mais tout cela est métaphorique – les animaux en question, une fois sacrifiés, sont consommés par les participants. En outre, ces animaux auraient connu le même sort, ancêtres ou pas, parce qu'ils sont destinés à être mangés. Autrement dit, le comportement religieux apparemment coûteux doit être évalué en tenant compte des autres possibilités. Si vous n'aviez pas sacrifié ce taureau aux ancêtres (c'est-à-dire, en réalité, si vous ne l'aviez pas mangé en compagnie de vos proches et de vos parents après avoir demandé la bénédiction des ancêtres), qu'en auriez-vous fait ? La meilleure alternative aurait sans doute été de le manger en vous passant de la bénédiction des ancêtres,

1. Alcorta & Sosis, 2005 ; Bulbulia, 2004 ; Irons, 2001.

la suivante de le manger plus tard et la pire de le manger tout seul, en dehors de toute cérémonie, c'est-à-dire de jeter la plus grande partie de la viande. Donc, ce que l'on appelle un « sacrifice » (et que l'on décrit ainsi dans beaucoup d'endroits où l'on sacrifie des bêtes) est, en fait, dans de nombreux cas, une décision économique moins coûteuse qu'il n'y paraît, surtout si l'on tient compte des bénéfices que l'on en tire pour sa propre réputation et l'estime que cela vous vaut auprès des autres participants. La même logique s'applique à de nombreux autres exemples d'activités religieuses en apparence onéreuses. Les gens qui financent ou organisent de grandes cérémonies créent des dettes et des relations sociales utiles, raison pour laquelle cette forme de générosité est universelle chez les humains : ceux qui ont assez sont enclins à des démonstrations publiques de ce type, que les dieux soient concernés ou non.

Certes, il arrive que les activités religieuses soient coûteuses. Par exemple, les gens passent beaucoup de temps à étudier des doctrines absconses ou offrent leurs ressources ou leurs biens à des organisations religieuses. Mais cela n'est pas pertinent pour notre question sur les dispositions religieuses au cours de l'évolution humaine, car on ne rencontre ces comportements que dans le contexte de religions, c'est-à-dire après l'émergence d'organisations religieuses avec des prêtres et des doctrines – un événement qui ne se produit que dans des sociétés de grande taille et donc bien trop récent (à l'échelle de l'évolution) pour avoir modifié notre constitution mentale. Il n'existe pour ainsi dire pas d'activités coûteuses de ce type dans le genre de sociétés au sein desquelles s'est déroulée notre évolution et aucune donnée anthropologique ou archéologique n'atteste leur existence.

Mais il pourrait exister un autre lien entre croyances religieuses et évolution. Les concepts religieux ont pu contribuer au succès reproductif des gens en incitant des individus à coopérer généreusement avec autrui au lieu de l'exploiter. Dans beaucoup d'endroits, les ancêtres et les dieux sont décrits comme des agents puissants qui souhaitent que les gens respectent certaines normes sociales. Ils punissent ceux qui ne respectent pas ces normes, comme les individus qui exploitent les autres au lieu de servir la communauté. Les gens qui pensent ainsi pourraient avoir envie d'être plus généreux que d'autres et cela contribuerait à leur succès reproductif en leur permettant de profiter des bienfaits de la coopération et de l'action collective. Selon ce raisonnement, c'est ainsi que les humains auraient fini par trouver irrésistible l'idée d'agents supra-humains qui nous surveillent[1].

En effet, un aspect récurrent de nombreuses traditions religieuses est que les gens interprètent les dieux et les esprits comme étant des agents avec un « accès total », c'est-à-dire une connaissance intégrale de ce que fait chacun, y compris à l'égard des autres[2]. De telles croyances auraient-elles un avantage évolutif ? Il pourrait sembler plausible que les échanges sociaux seraient plus profitables si les gens pensaient que des agents auxquels ils ne peuvent se soustraire surveillent leurs actions. S'ils étaient convaincus que le châtiment infligé par les ancêtres serait bien plus coûteux que ce que leur rapporterait leur filouterie, cela pourrait limiter leur propension à tricher. De la même manière, si les autres pensent que vous vous sentez surveillé par des ancêtres moralisateurs, ils vous feront confiance et vous pourrez profiter des bienfaits de la coopération.

Mais parler ne coûte pas cher. On peut toujours prétendre que l'on croit que les ancêtres nous surveillent tout en trichant sans retenue, ce qui améliorera notre situation, du moins à court terme. La seule protection contre ce type d'hypocrisie est que

1. Bering, 2006 ; Norenzayan & Shariff, 2008 ; Shariff & Norenzayan, 2011.
2. P. Boyer, 2000a.

les signes de croyance soient difficiles à simuler, car coûteux. L'achat d'une bague de fiançailles chère est un signal d'engagement romantique plus crédible que le fait de chanter une simple sérénade. Un signal coûteux de croyance aux ancêtres ne vaudrait-il pas mieux que des mots ?

Mais cela nous ramène au problème précédent : les comportements religieux dans les petites sociétés ne sont pas vraiment onéreux. Les gens qui prennent part aux cérémonies en l'honneur des ancêtres ne semblent encourir d'importantes dépenses qu'à cause des sacrifices, lesquels, comme nous venons de le voir, sont moins coûteux qu'il n'y paraît. Les gens qui consultent des chamans rémunèrent effectivement ces spécialistes, mais cela ne dit rien de leurs penchants coopératifs. Les jeunes hommes qui subissent des rituels d'initiation le font parce que c'est le seul moyen d'être considéré comme un adulte à part entière et souvent ce processus ne fait référence ni aux ancêtres ni aux dieux. Ainsi, rien dans les données anthropologiques ne nous permet de penser que, dans les sociétés de petite taille, les gens pourraient déduire des croyances en une religion particulière leur loyauté réciproque, pas plus qu'ils ne pourraient le faire de leur nature coopérative à partir de leur participation aux cérémonies.

Ce que nous savons des activités religieuses dans les petites sociétés laisse penser qu'elles participent très peu, voire pas du tout, d'une coopération mutuellement bénéfique. Les anthropologues qui défendaient l'idée d'un tel rapport avaient raison de souligner que la coopération se heurte à des obstacles, que la tricherie est souvent plus bénéfique à court terme que la coopération, qu'il existe un avantage à choisir des partenaires au tempérament honnête. Mais, comme je l'expliquerai en détail au chapitre V, les humains ont réussi à surmonter ces obstacles par des moyens qui n'exigent en rien que l'on évalue la croyance d'autrui aux esprits ou aux ancêtres.

Les périls du fonctionnalisme

L'idée que la religion est là pour une raison, qu'elle a une fonction, est familière. On songe, par exemple, à la boutade : « Si Dieu n'existait pas, il faudrait l'inventer » (pour maintenir la populace sous contrôle), sentiment exprimé en des termes analogues par bien des penseurs. En anthropologie, le terme « fonctionnalisme » désigne diverses théories fondées sur l'hypothèse que les institutions sociales existent parce qu'elles favorisent la cohésion de la société. Ainsi, les cultes des ancêtres seraient des pratiques ayant renforcé l'autorité des anciens et donc favorisé l'ordre social dans les sociétés lignagères[1]. Une des raisons pour lesquelles les anthropologues ont abandonné ce type d'explication, par exemple en ce qui concerne la religion, est que ces hypothèses sont irréfutables. Une autre raison est qu'elles ne parvenaient pas à expliquer le contenu réel des normes. Toutes sortes de cultes, très différents de ceux que nous connaissons, pourraient contribuer à renforcer l'ordre social, mais dans ce cas, pourquoi n'observe-t-on que ces formes particulières[2] ?

Le problème s'aggrave si l'on réfléchit aux avantages évolutifs de quelque chose d'aussi vague que la « religion ». Le terme est un fourre-tout qui désigne des histoires surnaturelles, des cultes des ancêtres, l'interaction avec les esprits ainsi que l'expérience spirituelle et la dévotion à des divinités moralisatrices. Mais ces phénomènes ont surgi en des endroits différents, à des moments différents, tantôt ensemble et tantôt séparément, de sorte que la question « Quelle est la signification de la religion ? » n'a pas vraiment de sens.

Pour illustrer en quoi cette question ne saurait être une question scientifique légitime, parlons du sport. Le sport a-t-il une

1. Stocking, 1984.
2. McCauley & Lawson, 1984.

fonction adaptative ? La question a-t-elle seulement un sens ? C'est seulement en élargissant la catégorie au point de la vider de toute substance que l'on pourrait dire que toutes les sociétés humaines pratiquent une forme de sport. Il est vrai que dans toutes les sociétés humaines les gens aiment jouer. Par endroits et par moments, les gens jouent et se livrent en même temps à une forme d'exercice intense. Parfois le jeu prend la forme de compétitions entre individus ou entre petites équipes. Parfois cela a lieu devant des spectateurs. Où commence et où finit le sport dans ces comportements ? Aucune réponse n'est vraiment satisfaisante et la question ne mérite pas vraiment qu'on s'y attarde car, dans ces situations, tout est affaire de terminologie, pas d'une véritable compréhension de ce que font les gens. Cela ne veut pas dire que l'évolution est sans pertinence pour la compréhension des activités sportives humaines, bien au contraire. Comme d'autres mammifères, et même plus qu'aucun autre, nous aimons jouer. C'est sans doute parce que le jeu nous aide à développer nos muscles et notre coordination. Les humains aiment aussi les démonstrations d'astuce et d'adresse, sans doute parce que cela met en valeur leurs capacités et leur intelligence. Pour finir, les humains participent volontiers à des compétitions entre coalitions, en formant des équipes qui s'opposent à d'autres équipes, comme je l'ai décrit au chapitre I. Ces capacités se comprennent mieux dans le contexte de l'évolution humaine.

Le même argument vaut certainement aussi pour les capacités et les préférences impliquées dans les différentes formes d'activité religieuse. Toutes sont des caractéristiques évoluées de notre esprit. Nous utilisons constamment notre capacité à représenter des situations contrefactuelles ou surnaturelles pour comprendre notre environnement. Notre facilité à imaginer des agents inexistants ou des individus absents est certainement liée à l'intelligence sociale dont nous a dotés l'évolution. L'attrait qu'exercent sur nous certains comportements ritualisés est peut-être lié à la manière dont nous évaluons les menaces potentielles présentes dans notre environnement. Nous comprendrons tout cela de mieux en mieux à mesure que progressera notre connaissance de l'évolution de la cognition humaine.

Mais pour cela nous devrons éviter d'utiliser des termes incohérents comme « religion ». Comme je l'ai dit au début de ce chapitre, les anthropologues sont partis de l'hypothèse que toutes les sociétés humaines avaient une religion, ce par quoi ils entendaient un ensemble de choses, dont l'engagement personnel, la croyance en des doctrines métaphysiques, un système de cérémonies, une communauté de gens partageant les mêmes croyances et une doctrine explicite, cohérente, avec des spécialistes. La raison en était que les anthropologues venaient de sociétés où un tel groupement existait et son existence allait donc de soi. Mais dans la plupart des autres sociétés, et surtout dans les groupes humains comme ceux au sein desquels s'est déroulée notre évolution, on ne trouve rien de comparable. Comme l'a fait remarquer l'anthropologue Maurice Bloch, le fait que des religions occupent une place centrale dans les institutions de beaucoup de sociétés de très grande taille ne veut pas dire qu'elles soient spéciales d'un point de vue cognitif ou évolutif[1].

La triple voie

Quel est l'avenir des religions ? Pourront-elles survivre à la science ? Ou saperont-elles notre société ? Il devrait déjà être clair que de telles questions baignent dans la confusion la plus totale car elles englobent un ensemble de processus cognitifs et sociaux sous le terme « religion » ou invoquent des idées

1. Bloch, 2008.

abstraites, comme l'opposition entre science, raison et religion, ou entre religion et société civile, ou toute autre opposition de ce type entre des abstractions. Nous disposons aujourd'hui de meilleurs outils et d'une connaissance plus précise des motivations et des processus cognitifs en jeu. Bien évidemment, cela ne veut pas dire que nous sommes capables de prédire l'évolution de l'activité religieuse, mais plusieurs voies semblent possibles.

La première est la voie de l'indifférence. Il s'agit d'une situation dans laquelle la plupart des gens n'ont pas un grand intérêt pour les doctrines et les enseignements des religions. Naturellement, en tant qu'êtres humains, les gens sont attirés par les produits de l'imagination surnaturelle. Ces idées sont en général traitées comme des fictions, mais elles peuvent parfois conduire à des « illusions populaires extraordinaires », comme celles que nous avons évoquées au chapitre précédent, par exemple la croyance en des complots ou en des visiteurs extraterrestres[1]. Mais cela n'implique pas une adhésion à des doctrines religieuses systématisées et encore moins une appartenance à un groupe religieux. Cette indifférence n'est pas de l'hostilité. Dans cette situation, les gens n'ont pas vraiment de raison de s'en prendre aux religions, pour autant que les organisations religieuses ne se mêlent pas de leurs affaires.

Une telle indifférence peut paraître étrange à des gens pour qui l'existence et l'importance des religions sont des caractéristiques incontournables des sociétés humaines. Or, loin d'être une bizarrerie de nos sociétés modernes, la voie de l'indifférence ressemble fort à l'attitude qui prévaut dans les groupes comme ceux au sein desquels s'est déroulée notre évolution. Les religions sont apparues en même temps que les grands royaumes, l'écriture, l'alphabétisation et les organisations étatiques. Avant, les gens pratiquaient des cultes et des cérémonies pragmatiques,

1. Saler, Ziegler & Moore, 1997.

dont le but était de répondre à des situations particulières, surtout de malheur. Ils avaient peu besoin et peu d'intérêt pour la foi, les dieux cosmiques, les explications surnaturelles de l'origine du mal et les considérations sur le sens de l'existence. La majeure partie de l'évolution humaine s'est déroulée au sein de petits groupes de chasseurs-cueilleurs qui ne s'intéressaient pas vraiment aux questions religieuses et n'avaient d'intérêt que pour les résultats pratiques de certaines activités religieuses.

Les sociologues et les anthropologues considèrent parfois que l'indifférence vis-à-vis des doctrines religieuses et de leurs prescriptions est typique des sociétés européennes prospères, mais c'est faux. Pour prendre un exemple, les Chinois, en règle générale, ont peu d'intérêt pour les religions au sens occidental du terme et leur préfèrent une orientation plus pratique et éthique, dominante depuis des siècles. Les États-Unis sont peut-être en train de s'engager aussi sur la voie de l'indifférence. Pendant longtemps, les spécialistes des sciences sociales ne cessaient de s'étonner de l'« exception américaine » : une société moderne animée par un sentiment religieux puissant, loin de l'indifférence généralisée qui prédomine en Europe. Mais le contraste, exagéré au départ, semble être en train de se dissiper rapidement, de plus en plus d'Américains se décrivant comme n'ayant pas d'appartenance religieuse. Chose intéressante, ces gens ne se disent pas « athées », ce qui aux États-Unis désigne une attitude antireligieuse agressive[1]. La religion ne les intéresse pas, tout simplement, et ils rejoignent en cela des générations d'Européens et de Chinois qui considèrent les différentes religions de la même manière, à savoir comme une activité qui ne les concerne pas.

Une deuxième possibilité est la voie de la spiritualité. Le terme est certes vague, et tant mieux, car les croyances que

1. Kosmin, 2011 ; McCaffree, 2017.

les gens décrivent comme « spirituelles » sont notoirement brumeuses. Les mouvements spirituels ne s'intéressent pas à une affirmation particulière sur le monde mais à l'exploration de techniques et disciplines personnelles. Cette orientation spirituelle est manifeste dans la fascination occidentale pour le bouddhisme, surtout une version très abstraite, centrée sur l'expérience et la rumination mystiques, plutôt que sur le folklore et les pratiques que l'on rencontre dans les pays bouddhistes. L'orientation spirituelle prend d'autres formes, comme la quête d'une dimension sacrée de la nature, le wiccanisme, le néopaganisme et le pot-pourri de croyances et de cérémonies New Age inspirées des croyances tribales, du chamanisme et de traditions mystiques européennes[1].

En général, les gens engagés dans de telles entreprises spirituelles ne s'intéressent pas vraiment aux services proposés par les religions institutionnelles. En fait, beaucoup de gens qui s'éloignent des religions traditionnelles se décrivent comme étant « spirituels[2] ». Ils considèrent souvent que le bagage doctrinal de la plupart des religions est encombrant. Dans les sociétés modernes, les gens savent que les énoncés factuels des religions sont problématiques – le monde existe depuis plus de six mille ans – et que leurs prescriptions sont arbitraires – quel mal y a-t-il à manger de la viande le vendredi ? C'est la raison pour laquelle les mouvements dits « spirituels » se débarrassent de tous les énoncés factuels des traditions religieuses et les remplacent par des énoncés vagues sur, par exemple, l'énergie spirituelle et les niveaux de conscience, qui ne risquent pas d'entrer en conflit avec la connaissance moderne. Quant aux enseignements moraux des religions traditionnelles, ils sont remplacés par une insistance sur le développement personnel, le bien-être,

1. Hanegraaff, 1998 ; Pike, 2012.
2. Putnam, 2010.

le soin de l'âme ou du moi. En cela, ces modes spirituelles sont peut-être les authentiques héritières des mouvements de l'ère axiale. Comme eux, elles fleurissent dans des milieux aisés où les besoins fondamentaux sont satisfaits. Cette orientation spirituelle pousse les gens à rechercher quelque chose que les religions établies ne proposent pas, sans s'opposer clairement à elles. Ces activités spirituelles sont parfois le fait de groupes à la marge des organisations religieuses établies.

La troisième voie est la voie coalitionnelle. L'affiliation à une religion doctrinale particulière devient une identité culturelle ou ethnique et suscite les pensées et les motivations typiques de la psychologie des coalitions, dont une distinction nette entre membres et non-membres, une mise en avant des objectifs collectifs du groupe, l'idée que ce qui favorise les non-membres se fait au détriment des membres, une surveillance attentive de l'engagement des autres, des efforts visant à décourager la défection en la rendant très coûteuse, et ainsi de suite. Les thèmes religieux représentent autant de sujets pratiques pour des projets moraux fondés sur la condamnation d'une catégorie de gens, ceux, par exemple, qui mangent des aliments interdits ou ont des pratiques « impures ». Les rapports entre groupes peuvent prendre la forme de croisades morales, centrées sur les dangers que représentent les autres groupes ou leurs activités.

Il est tentant d'interpréter la violence religieuse en invoquant l'idéologie et l'extrémisme, de penser que la violence existe parce que des individus défendent des croyances radicales, par exemple des doctrines religieuses incitant à la violence, ou parce que les institutions religieuses ne tolèrent aucune discussion de leurs enseignements et forment des esprits robotisés prêts à s'en prendre aux non-membres. Mais notre compréhension de la psychologie des coalitions humaines suggère que c'est l'inverse qui se produit : les gens recherchent force et cohésion dans les coalitions, et les thèmes religieux qui favorisent le recrutement moral sont sélectionnés intuitivement en cas de besoin. Le point de vue habituel selon lequel l'adhésion extrême à des conceptions religieuses serait la cause des comportements extrêmes est manifestement problématique lorsque la doctrine n'offre aucun moyen de justifier les comportements, l'exemple le plus frappant étant celui de la violence des bouddhistes à l'encontre de non-bouddhistes en Thaïlande, au Myanmar et surtout au Sri Lanka. Dans ce dernier pays, au cours du XXe siècle, les institutions bouddhistes ont progressivement adopté une rhétorique nationaliste et ethnocentrique, d'abord par opposition à la domination coloniale[1]. Les émeutes se sont multipliées, moines et laïcs réclamant que l'on impose des restrictions aux musulmans et à d'autres groupes religieux minoritaires, au point d'exiger la démolition des mosquées[2]. Cela est particulièrement surprenant si l'on considère que la plupart des enseignements bouddhistes exhortent à la compassion et à la non-violence. Mais cela ne les empêche pas d'être exploités pour tenter de justifier idéologiquement la violence en tant que moyen de défense d'une identité religieuse pure[3].

La dynamique des coalitions explique le choix des thèmes de croisade et aussi une concurrence conduisant à l'extrémisme. Dans des situations d'affrontement coalitionnel intense, les gens surveillent l'engagement des autres en faveur de la cause, mais cherchent aussi à démontrer leur propre engagement aux yeux des autres membres. Certains individus versent dans la surenchère parce qu'un conflit très coûteux et spectaculaire est un signal convaincant d'engagement, ce qui ne fait que rendre la signalisation de plus en plus coûteuse pour les autres membres de la coalition.

1. Gombrich & Obeyesekere, 1988.
2. Stewart, 2014.
3. Tambiah, 1992.

La voie de la coalition est aussi la plus importante en matière de conséquences politiques. Un bon exemple est la transformation des relations entre les communautés musulmanes européennes et les populations locales telle qu'elle a été décrite par l'anthropologue John Bowen[1]. Pendant un certain temps, les autorités et les groupes musulmans en Grande-Bretagne et en France ont essayé, et globalement réussi, à créer des institutions pour représenter les intérêts des musulmans dans le processus politique[2]. En même temps, les rapports entre les groupes se sont tendus. Nombre de musulmans, avec ou sans le soutien de leurs représentants officiels, ont défendu l'idée d'une présence plus visible de leurs valeurs dans l'espace public. Cela a été perçu comme une intrusion choquante par les populations d'origine, tant en Grande-Bretagne qu'en France, deux pays où l'indifférence religieuse est massive. Dans ces deux pays, l'islam est perçu aujourd'hui comme intrinsèquement coalitionnel, raison pour laquelle la phraséologie de la « menace » et de la « contagion » est de plus en plus répandue[3]. Au cours de ce processus d'ethnicisation, lors duquel des catégories d'individus sont considérées comme des groupes ayant des objectifs propres et un comportement collectif, la situation est perçue comme un jeu à somme nulle.

Ces trois voies ne constituent pas une description exhaustive de la manière dont les représentations religieuses peuvent être traitées par des esprits humains. Et on ne doit pas considérer non plus que ces trois voies représentent des avenirs alternatifs et mutuellement exclusifs. Elles peuvent coexister, y compris au sein d'une même communauté. Leurs différences résident dans les processus cognitifs individuels grâce auxquels

1. Bowen, 2007, 2010.
2. Bowen, 2010 ; Laurence & Vaïsse, 2006.
3. Bowen, 2012.

les représentations religieuses sont perçues comme une fiction peut-être intéressante (indifférence), comme une manière de cultiver son être (spiritualité) ou comme le fondement d'une solidarité de groupe et d'une hostilité entre groupes (coalitions). On ne peut pas, sur des critères exclusivement cognitifs, prédire la prévalence relative de ces trois voies. On peut seulement être assuré de certaines affirmations probabilistes très générales, par exemple qu'une plus grande sécurité favorise l'indifférence religieuse, qu'une certaine prospérité est nécessaire pour que l'on s'intéresse à la spiritualité et que le recrutement coalitionnel est l'une des formes les plus puissantes d'interaction sociale.

IV

La famille naturelle existe-t-elle ?

Du sexe à la parenté en passant par la domination

La famille nucléaire est-elle l'unité sociale « naturelle », fondamentale ? Au lieu de tenter de répondre à cette question fort mal posée, demandez-vous si les maris doivent vivre avec leurs épouses. Ou bien si les enfants font partie de la même famille que leur père. Dans certains endroits, la réponse à ces deux questions est : « Non, bien évidemment. » Ce fait surprenant montre à quel point les normes culturelles peuvent être variées. Mais les anthropologues nous expliquent aussi que toutes les sociétés humaines se ressemblent à certains égards. Par exemple, on trouve dans tous les groupes humains connus un certain degré de domination masculine et, partout dans le monde, les pères biologiques ont un lien spécial avec leurs enfants. Il semblerait donc, après tout, que toutes les familles humaines possèdent des caractéristiques communes.

Ces données variées alimentent des débats interminables sur la famille, d'aucuns soutenant que certaines normes particulières de la vie de famille sont « naturelles » et s'imposent donc à tous, tandis que d'autres considèrent que toute référence à la nature humaine est une tentative sournoise pour légitimer des normes très particulières. Mais ces débats sont confus et embrouillent tout avec leur invocation de notions « naturelles » et « culturelles ». La meilleure façon pour ne pas s'embourber dans ce marécage de controverses est de considérer la manière dont la sélection naturelle a produit des préférences et des capacités spécifiques dans la lignée humaine. En partant des gènes et du sexe, les anthropologues peuvent poser d'importantes questions qui jusqu'ici étaient mystérieuses et insolubles :

- Quelles formes prend la famille dans les sociétés humaines ? Existe-t-il des sociétés sans famille ?
- Le mariage existe-t-il sous une forme ou une autre dans tous les groupes humains ? Pourquoi de telles institutions existent-elles ?
- Pourquoi existe-t-il une domination de genre ? Est-elle universelle ? Est-elle toujours masculine ? Pourquoi a-t-elle pour résultat des formes d'oppression terribles à certains moments et en certains endroits ?

Les autres ont-ils des « familles » ?

Chez les Senufo d'Afrique de l'Ouest, les époux ne vivent pas ensemble. Les hommes rendent visite à leur femme et à leurs enfants le soir venu. Ils leur apportent à manger et restent un peu en leur compagnie avant de s'en retourner dans leur famille auprès de leurs frères, de leurs sœurs et de leurs autres parents. On dit que la société senufo est « matrilocale », c'est-à-dire que les gens sont censés vivre dans le groupe de leur mère. C'est aussi une société matrilinéaire, ce qui veut dire que les enfants appartiennent au groupe de leur mère, mais non à celui de leur père. Cette organisation n'est pas la plus courante, mais elle n'est pas rare non plus. Prenons le cas des habitants de l'archipel des Trobriand, étudiés par un des pères de l'anthropologie moderne, Bronislaw Malinowski. Les Trobriandais reconnaissent la filiation du côté de la mère. Les enfants passent du temps chez leur père pendant leur enfance, mais rejoignent ensuite le groupe de leur oncle, leur lignage maternel, d'abord à l'occasion de cérémonies de lignage, puis en tant que membres adultes à part entière[1]. (Précisons qu'une société matrilinéaire n'est pas un matriarcat. Le fait que la lignée passe par les mères ne leur donne pas le pouvoir. Dans les sociétés matrilinéaires comme dans d'autres sociétés lignagères, l'autorité politique ultime est une prérogative des hommes adultes. D'un point de vue politique, il serait plus approprié de dire que les enfants deviennent membres du groupe du frère de leur mère.)

Ces cas mettent en évidence un problème simple. Nous utilisons habituellement le terme « famille », surtout dans les sociétés occidentales modernes, pour parler de petites unités de résidence, formées typiquement d'un couple et de leurs enfants, ce que l'on appelle souvent une « famille nucléaire ». On parle aussi parfois de « familles élargies », qui comprennent les grands-parents et les cousins. Mais, dans le cas des Trobriandais et des Senufo, où est la famille ? De toute évidence, nous ne pouvons pas appliquer la notion occidentale de famille nucléaire à ces sociétés. Il serait curieux de dire que le père, la mère et leurs enfants constituent un groupe, une famille. Ils n'ont pas de biens communs exclusifs et ils ne vivent pas sous le même toit. Ils ne constituent pas une unité sociale aux yeux des autres. La mère appartient à un clan particulier, celui de ses oncles maternels, de sa mère et de sa grand-mère maternelle, de ses tantes maternelles et de leurs enfants. La même chose vaut pour le père, qui appartient au même groupe que

1. Malinowski, 1929.

sa mère, les frères de sa mère, et ainsi de suite. Il n'existe pas de groupe incluant à la fois le mari et l'épouse. Il n'y a tout simplement pas de « famille », qu'elle soit nucléaire ou élargie. Plus généralement, il est impossible de comparer les « familles » dans différentes cultures, parce que souvent le terme n'a aucune utilité. On aurait du mal à dire où commence et où s'arrête la « famille ». C'est la raison pour laquelle les anthropologues ont sagement choisi d'abandonner le terme[1].

En fait, en insistant sur la famille, on passe peut-être à côté d'une caractéristique bien plus importante et intéressante des sociétés humaines, à savoir le rôle fondamental de la parenté en tant que principe organisateur. Cela apparaît clairement dans le fait que la plupart des sociétés tribales sont constituées de clans ou lignées qui prétendent descendre d'un ancêtre commun. Le type le plus fréquent est le système dit « patrilinéaire », dans lequel les enfants font partie du groupe du père et des frères du père, tandis que leur mère et ses parents appartiennent à un autre groupe. Ces systèmes patrilinéaires s'accompagnent souvent d'une résidence patrilocale et représentent la forme la plus courante d'organisation sociale. Il existe d'autres systèmes, plus complexes, comme les systèmes bilatéraux, où chaque individu appartient à deux groupes, correspondant aux deux lignées parentales, et d'autres variations dans les systèmes de filiation. Tous ces gens n'ont pas de « famille » – mais la parenté organise bien leur existence. Depuis les chasseurs-cueilleurs jusqu'aux empires en passant par les petites sociétés d'horticulteurs, les humains ont vécu dans un monde social organisé autour des liens de parenté. Les positions généalogiques des personnes déterminaient avec qui elles vivaient, avec qui elles partageaient ou échangeaient des ressources, qui avait du pouvoir sur qui, qui pouvait épouser qui et, bien sûr, comment

1. Fox, 1967, p. 40.

on héritait des possessions. L'omniprésence de la parenté est difficile à imaginer pour nous qui vivons dans des sociétés de masse modernes, dans lesquelles les relations intergénérationnelles s'essoufflent rapidement.

Traditionnellement, la recherche anthropologique sur les questions de parenté était fondée sur une séparation axiomatique entre, d'un côté, les aspects « sociaux » de la famille et des processus d'alliance et, de l'autre, ce que l'on appelait les aspects « biologiques » de la parenté[1]. Ce point de vue où les faits concernant l'évolution humaine sont relégués à l'extérieur des cultures humaines est très bizarre – et si nous le prenions au pied de la lettre, nous ne pourrions pas comprendre comment le mariage et la filiation fonctionnent[2]. En voici quelques exemples.

Dans les sociétés matrilinéaires, il existe souvent une tension entre le lignage, d'une part, et le mariage et la filiation paternelle de l'autre. Autrement dit, l'homme a une autorité politique sur les enfants de sa sœur et considère que les fils de cette dernière appartiennent à son lignage. Mais il peut vouloir aider et soutenir sa femme et ses enfants même s'ils appartiennent à un autre groupe social. L'anthropologue Meyer Fortes a décrit ces tensions dues à des forces contraires chez les Ashanti du Ghana et remarqué que les gens étaient « très préoccupés par ce problème et en discut[ai]ent tout le temps[3] ». Comme l'autorité est détenue par les hommes, ils gèrent les intérêts d'un groupe dont leurs enfants ne feront jamais partie en tenant compte des intérêts de leurs neveux et nièces. Une telle tension est fréquente dans les sociétés matrilinéaires et particulièrement forte dans celles qui sont matrilocales. Un effet

1. Needham, 1971.
2. Jones, 2003.
3. Fortes, 1950, p. 261 *sqq.*

courant de ce problème est qu'en général les mariages sont moins stables dans les groupes matrilinéaires si on les compare aux groupes patrilinéaires.

Cela illustre un point très général, à savoir que de nombreux systèmes de parenté et de mariage ne sont pas des systèmes harmonieux de normes et de concepts dans lesquels chaque partie doit être comprise en fonction des autres parties. Au contraire, l'organisation de la parenté représente souvent un compromis instable entre des normes et des motivations divergentes.

Un autre exemple d'un tel équilibre instable est celui des groupes polyandriques, ces rares communautés où une femme peut avoir plusieurs maris. Dans les hautes vallées du Tibet et aux îles Marquises, par exemple, cette pratique était associée à une culture intensive de très petits lopins de terre dans un environnement hostile. Les fils d'une famille exploitaient conjointement le lopin hérité, qui demeurait une unité économique viable. Le mariage polyandrique offrait donc une solution au problème de la partition de l'héritage – résolu en d'autres lieux en excluant de la propriété tous les enfants sauf un. D'un point de vue économique, il est raisonnable que les frères restent ensemble là où l'expansion des terres n'est pas possible et où la demande en main-d'œuvre masculine est forte[1]. La polyandrie, lorsqu'elle existe, n'est pas une conséquence du pouvoir accru de certaines femmes qui auraient la possibilité d'avoir plusieurs maris. Il s'agit plutôt d'une situation où le choix des hommes est si limité qu'ils sont prêts à partager leur épouse. Pendant longtemps, les anthropologues n'ont su que faire de la polyandrie, qui semblait aller à l'encontre de l'impératif évolutif d'avoir une descendance nombreuse. Comme plusieurs hommes se partagent le potentiel reproductif d'une femme, l'institution aurait dû avoir pour conséquence un déclin

1. Goody, 1990.

démographique. Mais, en fait, ce n'était pas le cas, à cause du nombre important d'enfants illégitimes[1]. Or, même si la polyandrie est compatible avec une croissance démographique, elle s'accompagne de son lot de problèmes. Elle relègue à un rang subalterne les nombreuses femmes qui ne parviennent pas à trouver un groupe de maris. Elle crée aussi des conflits de paternité. En général, la norme est que tous les enfants sont considérés comme les descendants communs d'un groupe de pères. Mais la réalité est plus complexe, car les gens savent en général qui est le père de qui. Chez les Nyanja, par exemple, on trouve normal que les pères soient proches de leurs enfants et que frères et sœurs soient plus proches que demi-frères et demi-sœurs[2]. Cela montre une fois de plus qu'un système de parenté peut être riche en tensions et en contradictions. En fait, dans les sociétés polyandres, personne ne semble vraiment aimer l'institution. Lorsque les Tibétains trouvent du travail dans les vallées et quittent leurs plateaux isolés, ils abandonnent aussitôt la pratique[3].

Ces exemples démentent les vieilles idées anthropologiques selon lesquelles, dans chaque société, il existe un ensemble cohérent de valeurs ou normes culturelles qui font sens conjointement et fournissent aux gens des représentations de leurs rôles généalogiques (mère, frère, sœur et ainsi de suite) ainsi que de leurs liens. Depuis longtemps, les anthropologues et les historiens pensent qu'il n'y a pas de « famille naturelle ». Mais ce mythe a souvent été remplacé par un autre, selon lequel chaque groupe ou société humaine a un modèle cohérent de système de parenté ou de famille, ce qui est tout aussi faux. Dans tous les groupes humains, les pratiques familiales et de

1. G. Childs, 2003 ; Goldstein, 1981.
2. Levine & Silk, 1997.
3. Goldstein, 1978 · E. A. Smith, 1998.

parenté locale sont un compromis entre des préférences, celles des individus et celles entre les individus. Pour prendre un exemple, un système matrilocal produit toujours des tensions, parce que l'évolution humaine incite à valoriser l'investissement dans sa propre descendance plutôt que dans celle d'une sœur (les enfants sont, en fait, deux fois plus proches du père). Un système patrilocal est aussi un compromis, dans la mesure où une femme mariée doit établir des relations de coopération avec des non-parents, ceux de son mari, et renoncer au soutien de son propre groupe.

Mais ces exemples montrent aussi que le programme « ségrégationniste » traditionnel, selon lequel les concepts et les motivations des gens sont une conséquence de leur « culture », que la « culture » en question ne peut pas être liée à leur « biologie », ne tient tout simplement pas debout. En fait, même si les anthropologues ont souvent proclamé une telle séparation, par exemple, dans des manuels et des théories de la culture, en pratique l'injonction ségrégationniste était plus souvent transgressée que respectée. Dans leurs descriptions de la manière dont la parenté fonctionne sur le terrain, les anthropologues invoquaient régulièrement des attentes de sens commun, par exemple le fait qu'un père préférera contribuer au bien-être de ses enfants qu'à ceux d'un autre, ou qu'un mari préférera garder sa femme pour lui plutôt que de la partager, même avec ses propres frères.

Mais cette pratique pose un problème. Les sentiments et les préférences qui nous paraissent évidents devraient, au contraire, être perçus comme n'allant pas du tout de soi. Pourquoi un père préférerait-il sa propre descendance à celle de sa sœur ? Pourquoi les hommes n'auraient-ils pas envie de partager une épouse ? Comme je l'ai déjà dit à plusieurs reprises, le grand avantage de la perspective évolutionniste est que ces faits familiers peuvent paraître étranges, quand ils ne demandent pas à être expliqués. Et ces faits quant à la parenté ne peuvent être expliqués que si l'on considère la manière dont la parenté humaine a été façonnée par la sélection naturelle.

Les boucles de l'évolution humaine

Au cours des deux derniers millions d'années, la lignée humaine a connu des changements qui expliquent comment nous envisageons la reproduction, la parentalité et les groupes sociaux. C'est une histoire complexe, parce que plusieurs processus se sont déroulés en même temps, se renforçant ou s'annulant mutuellement.

Pour démêler ces nombreux liens causaux, commençons par considérer l'émergence de la chasse. Le développement progressif de la chasse a eu un impact considérable sur l'évolution humaine car il a permis une meilleure alimentation, plus riche en calories, mais aussi un accès à des graisses et des protéines, composants alimentaires dont les plantes sont moins riches. Ce régime a facilité l'évolution d'un cerveau de plus grande taille aux capacités cognitives plus complexes, la taille de l'encéphale humain ayant doublé de *Homo habilis* à *Homo sapiens*, l'homme moderne. L'alimentation a joué un rôle décisif car le cerveau est l'organe le plus gourmand en énergie. Mais quels facteurs ont conduit à l'émergence de ce cerveau plus complexe ? On en dénombre beaucoup, parmi lesquels la gestion des relations sociales. Le fait d'avoir un cerveau plus complexe a permis aux premiers humains de gérer les relations sociales et la coopération entre de très nombreux individus, ce qui a rendu possible une meilleure coopération[1]. D'autre part, des cerveaux plus grands permettaient de mieux chasser, surtout

1. Byrne & Whiten, 1988 ; Dunbar, 1993, 2003.

de grands animaux comme les cerfs, les mammouths et les grands félins, les chasseurs devenant capables d'acquérir et de stocker de grandes quantités d'information sur le comportement des proies et de mettre au point des stratégies coopératives qui compensaient leur moindre force. La chasse leur a permis d'obtenir des aliments favorisant la croissance du cerveau et donc de mieux chasser. C'est la première boucle de rétroaction (ou *feedback*) de ce processus évolutif.

Mais un cerveau plus grand demande une plus grande tête. Et la sélection naturelle s'est alors heurtée à une barrière physique. Étant donné la forme du bassin humain, qui nous permet de marcher sur deux jambes, la tête du nouveau-né ne peut excéder une certaine taille. Il existe plusieurs solutions à un tel problème. Celle qui s'est imposée, c'est que les premiers humains ont commencé à donner naissance à des bébés prématurés. Ils venaient au monde alors que leur « cuisson » n'était pas finie, pour ainsi dire, à cause de ce problème de la taille du crâne humain à la naissance.

Cela a grandement augmenté ce que l'on appelle l'« altricialité » du lignage humain, c'est-à-dire le fait que les petits d'humains sont sans défense à la naissance et passent par un long processus de développement avant de parvenir à maturité. La progéniture altricielle exigeait un investissement parental intensif, en particulier s'agissant de l'allaitement, de sorte que pendant une bonne partie de leur vie adulte, les femmes ou bien étaient enceintes ou bien allaitaient, ce qui restreignait leur participation à la chasse. Même sevrés, les enfants exigeaient soins et protection, ce qui limitait encore plus la capacité des femmes à se procurer des ressources. La disponibilité d'une alimentation plus riche, sous la forme de viande, aurait compensé ce désavantage.

Une autre boucle de rétroaction est apparue avec l'invention de la cuisine. La cuisson brise les parois des cellules végétales et atténue leur toxicité, et elle prédigère la viande crue.

L'ensemble de ces facteurs a sans doute contribué à accélérer l'évolution du cerveau, parce que l'alimentation était de meilleure qualité mais aussi parce que cela réduisait le besoin d'une digestion intensive[1]. Comme l'a suggéré l'anthropologue Leslie Aiello, cerveau et digestion se sont trouvés liés au cours de l'évolution humaine. Le cerveau est un organe coûteux – il accapare environ 20 % de notre consommation en énergie alors qu'il ne représente que 2 % de notre poids. Les premiers humains ont pu investir davantage dans cet organe très coûteux parce qu'ils avaient moins besoin des tissus tout aussi coûteux du système digestif. Comparé aux intestins des autres grands singes, le nôtre est moins développé[2].

L'altricialité a augmenté le coût de la reproduction pour les femmes. Une partie de cette augmentation a été compensée grâce à l'aide des autres, sous la forme de coopération dans l'élevage des enfants. Comme l'a souligné l'anthropologue Sarah Hrdy, le soin des enfants est devenu en partie l'affaire du groupe, et de nombreux individus, génétiquement apparentés ou non, se sont partagé les tâches de surveillance et de protection[3]. Un événement évolutif dont on ne peut négliger l'importance fut l'apparition de la ménopause. À la différence des autres primates, les femelles humaines vivent longtemps après la fin de leur fertilité, caractéristique qui intrigue depuis longtemps les biologistes de l'évolution. L'allongement de la durée de vie et l'apparition de la ménopause ont conduit à l'émergence des grands-mères, des individus capables d'investir plus de temps et d'énergie dans l'élevage de leurs petits-enfants, au lieu de continuer à enfanter. Les faits évolutifs quant à l'apparition de la ménopause ne sont pas parfaitement clairs mais

1. Wrangham *et al.*, 1999.
2. Aiello & Wheeler, 1995.
3. Hrdy, 2009.

cette nouveauté physiologique a probablement conduit à une nouvelle boucle de rétroaction adaptative. Les bébés exigeaient plus de protection et d'investissement, que les mères pouvaient leur procurer grâce à l'aide supplémentaire qu'elles recevaient, ce qui permettait de donner naissance à d'autres bébés sans défense et de les élever.

L'invention du couple

Un changement évolutif crucial fut l'émergence du couple, l'alliance étroite entre un homme et une femme engagés ensemble dans la reproduction et l'investissement parental. Dans toutes les sociétés humaines on trouve de telles relations stables entre un homme et une femme, accompagnées de certaines attentes d'exclusivité sexuelle (qu'elles se réalisent ou non), d'investissements communs dans la progéniture et d'une importante coopération inconditionnelle accompagnée d'un partage de ressources[1]. Bien que tout cela nous soit familier, ou peut-être justement parce que cela nous est familier, on ne doit pas perdre de vue le fait que ces comportements sont étranges. Il est vrai que les pigeons connaissent aussi le bonheur conjugal – en fait, de nombreuses espèces d'oiseaux forment des couples – mais ils sont très éloignés de nous d'un point de vue taxonomique. Chez les grands singes, nos plus proches parents, les femelles se débrouillent seules et s'occupent des petits et cela reste vrai dans des systèmes reproductifs très différents – qu'il s'agisse des harems des gorilles ou des bandes de chimpanzés.

Les couples humains sont exceptionnels à d'autres égards. Premièrement, les liens reposent souvent sur de forts sentiments

1. Hrdy, 1981, p. 146 *sqq.* ; Van Schaik & Van Hooff, 1983.

d'engagement et d'affection entre les partenaires, ainsi que sur une impression intuitive de solidarité. Les anthropologues ont observé des formes d'attachement romantique et même de passion dans les sociétés les plus diverses – il ne s'agit certainement pas d'une invention occidentale[1]. L'association entre romance et mariage varie beaucoup selon les lieux, et bien sûr selon les mariages. Mais le sentiment d'une destinée commune, d'une solidarité entre partenaires, est remarquable et unique dans la lignée des primates.

Deuxièmement, les effets du couple ne se limitent pas aux deux principaux partenaires. L'union, par exemple de Victoria et Albert, crée des liens sociaux entre les parents de Victoria et d'Albert, ainsi qu'entre les parents d'Albert et de Victoria. Autrement dit, l'évolution humaine ne s'est pas contentée d'inventer le couple, elle a aussi inventé la belle-famille. De fait, dans de nombreux groupes humains, les parents et les familles sont directement impliqués dans la sélection du partenaire approprié en vue d'une union stable – c'est le cas dans de nombreux groupes de chasseurs-cueilleurs, dans toutes les sociétés agraires et dans de nombreuses sociétés modernes[2]. Un anthropologue chimpanzé trouverait cela très étrange. Chez d'autres espèces, la belle-famille n'existe pas du tout.

Troisièmement, les pères sont très attentifs à leur progéniture et s'impliquent dans leur bien-être et leur protection[3]. Les pères protègent leurs enfants et leur procurent des ressources, dans de nombreuses cultures ils jouent avec eux et se préoccupent de leur bien-être durant de longues années. La naissance d'un enfant modifie profondément les motivations du père, et ce

1. Campbell & Ellis, 2005 ; Fletcher *et al.*, 2015 ; Jankowiak & Fischer, 1992.

2. Abbott, 2011 ; Walker *et al.*, 2011.

3. Geary, 2005 ; Marlowe, 2000.

changement se reflète dans des processus neurophysiologiques et hormonaux – la paternité réorganise le cerveau de l'homme[1].

Ces caractéristiques des couples se comprennent bien dans le contexte des boucles de rétroaction causale que nous avons décrites plus haut. Les bébés sans défense exigent un investissement parental colossal et font que les mères sont moins capables qu'avant de participer à la recherche de nourriture. Dans une telle situation, les femmes pouvant s'assurer un approvisionnement régulier de la part d'un mâle se seraient trouvées dans une meilleure situation que les autres.

On a souvent décrit l'apparition des couples chez les humains comme un simple échange de bons procédés : les femmes offrent du sexe (en principe exclusif) aux hommes et ceux-ci les approvisionnent, en particulier en aliments « coûteux », ceux que les femmes ont plus de mal à se procurer, surtout la viande à haut contenu énergétique provenant de la chasse[2]. Ce modèle dit « viande contre sexe » a été très critiqué. Les anthropologues ont fait remarquer que, dans les sociétés de chasseurs-cueilleurs actuelles, la chasse n'apporte pas une contribution fondamentale au régime alimentaire des gens. Par ailleurs, dans de nombreuses sociétés de chasseurs-cueilleurs, des normes égalitaires strictes imposent de partager le butin avec tous, de sorte qu'une femme ne peut s'attendre à du favoritisme de la part de son partenaire. Ce dont un enfant a besoin, c'est d'un approvisionnement régulier, et la contribution d'un chasseur est plutôt de l'ordre du repas occasionnel. Quant au gros gibier, sa chasse est peut-être davantage motivée par le prestige que par un souci de bon approvisionnement[3].

1. Fletcher *et al.*, 2015 ; Geary, 2005 ; Gordon *et al.*, 2010.
2. Washburn & Lancaster, 1968.
3. Hawkes & Bliege Bird, 2002 ; Hrdy, 2009, p. 146 *sqq.*

Ces critiques sont peut-être excessives. Les maigres retours de la chasse correspondent surtout à la situation des chasseurs-cueilleurs modernes, c'est-à-dire des communautés reléguées dans des milieux peu productifs par la pression de l'agriculture. Quant aux normes de partage, leur existence n'interdit pas le favoritisme. Dans de nombreux groupes de chasseurs-cueilleurs, les gens diront qu'il faut partager avec les autres membres du groupe, tout en étant assez sélectifs dans la répartition. Pour finir, il est probable que la viande fut une ressource essentielle dans les environnements ancestraux. Bien que la viande ne représente qu'une faible partie des calories nécessaires, elle fournit des lipides et des protéines, ainsi que de nombreux nutriments indispensables au développement[1].

Il existait donc une raison économique manifeste à la division ancestrale du travail, dans laquelle la contribution des individus des deux sexes optimisait ce qui était comparativement avantageux pour eux. Les femmes, bien sûr, peuvent chasser (et elles le font parfois), mais en général les hommes sont des chasseurs plus performants. Les hommes peuvent pratiquer la cueillette et participer à la préparation des repas (et ils le font souvent), mais ils ne sont pas plus performants que les femmes pour cette tâche. Étant donné ces faits, le raisonnement économique prédirait que chaque partie aurait avantage à une certaine division du travail[2]. Bien évidemment, il n'y a pas de délibération consciente. Mais les couples qui se partageraient le travail d'une manière plus efficace produiraient davantage et auraient un plus grand succès reproductif.

La formule « viande contre sexe » est donc une description restrictive et trompeuse de cette division du travail pour deux raisons : il ne s'agit pas que de viande et il ne s'agit pas que

1. Gurven & Hill, 2009.
2. Chapais, 2009 ; Gurven, 2004 ; Gurven & Hill, 2009.

de sexe. Un service crucial que fournissent les hommes dans les couples consiste à protéger la femme et les enfants contre les autres hommes[1]. Le succès reproductif d'une femme est toujours menacé par le viol, l'enlèvement et surtout l'infanticide – les données comparatives montrent que, dans de nombreuses espèces, ces dangers représentent une véritable menace pour les femmes[2]. Ces risques existent dans tous les groupes humains en raison de la compétition entre les hommes pour l'accès aux femmes, en particulier dans le contexte de la guerre tribale, qui implique souvent l'enlèvement de femmes du groupe ennemi (et peut même être une motivation importante). Dans les contextes modernes, les hommes sont une source non négligeable de danger pour les femmes et la protection est une composante importante de l'apport de l'homme dans le couple.

En échange de ces ressources et de cette protection, une femme pourrait fournir… Eh bien, c'est ici que la formule « viande (ou autre chose) contre sexe » se révèle trompeuse, parce que le sexe n'est certainement pas le seul bien fourni dans cet échange de bons procédés, et cela demande à être expliqué. La participation des hommes dans le couple n'a pu évoluer que dans la mesure où elle permettait un plus grand succès reproductif. Tout investissement dans les enfants, de la protection à la surveillance en passant par les apports alimentaires, améliore le succès reproductif parce que cela augmente les chances de survie de la descendance. Et c'est précisément la raison de cet investissement paternel. Mais on se heurte ici à un écueil crucial, qui concerne l'incertitude de paternité. Les hommes ne peuvent être certains que leur progéniture supposée est effectivement la leur. Un homme qui protège et nourrit les enfants d'un autre homme agit à l'encontre de la transmission

1. Hrdy, 2009, p. 151 *sqq.* ; Mesnick, 1997.
2. Hrdy, 1977.

de son propre matériel génétique. On pourrait penser que les gènes, quels qu'ils soient, qui produisent ce comportement seraient éliminés par la sélection naturelle. Inversement, tout gène qui pousserait les hommes à faire preuve de discernement dans leur investissement en protégeant et en aidant les enfants qui sont effectivement leurs descendants aurait un avantage sélectif. Chez de nombreuses espèces, on trouve effectivement chez les mâles des preuves de ces dispositions et de ces capacités à évaluer la certitude de paternité ou à améliorer sa probabilité. Dans ces espèces, le fait que les mâles s'occupent de la progéniture dépend en effet de cette certitude[1]. Les humains ne font pas exception à cet égard[2]. Former un couple stable avec une femme modifie donc la motivation des hommes, qui recherchent certes des faveurs sexuelles mais veulent aussi s'assurer que leurs partenaires n'iront pas voir ailleurs, ce qui, comme nous allons le voir, explique peut-être certains aspects de la domination d'un sexe sur l'autre.

Le modèle standard du désir

Les femmes, comme les femelles de nombreuses espèces de grenouilles, ont tendance à préférer les barytons aux ténors[3]. Les hommes, mais aussi les poissons gobies mâles, ont un faible pour les partenaires qui ont une belle peau[4]. Cependant, même chez les humains, l'attractivité ne se limite pas à l'apparence ou aux sons, mais repose sur des calculs complexes dont, bien évidemment, nous n'avons pas conscience (et c'est tant mieux)

1. Arnold & Owens, 2002.
2. K. G. Anderson, Kaplan & Lancaster, 1999 ; K. G. Anderson *et al.*, 1999.
3. Feinberg *et al.*, 2005 ; Licht, 1976 ; Puts, 2005 ; Ryan & Guerra, 2014.
4. Amundsen & Forsgren, 2001 ; Fink, Grammer & Matts, 2006.

tandis que nous poursuivons l'obscur objet de notre désir. Les boucles de rétroaction évolutives qui ont conduit aux bébés sans défense, aux pères dévoués et aux couples stables expliquent en grande partie cela.

Comme l'a fait remarquer l'anthropologue Don Symons, l'un des pionniers dans ce domaine, en matière de préférences sexuelles, les faits ne prennent pleinement leur sens que dans le contexte de l'évolution. À partir d'un modèle assez précis des conditions ancestrales, des attentes des femmes quant aux hommes et vice versa, de la division sociale du travail, des besoins en énergie découlant de l'élevage de bébés viables ainsi que des conditions écologiques du Pléistocène, les psychologues évolutionnistes peuvent formuler des hypothèses sur les préférences sexuelles qui, au cours de notre évolution, auraient optimisé notre succès reproductif. Il devient alors possible de tester ces modèles et de mettre parfois au jour des caractéristiques jusqu'ici inconnues des stratégies reproductives humaines tout en expliquant celles qui sont connues[1]. Les anthropologues et les psychologues ont collecté une masse de données sur les préférences sexuelles et la manière dont leur interaction influe sur le choix d'un partenaire, dont le nombre est si grand qu'il faudrait des volumes pour leur faire justice (d'ailleurs, il existe plusieurs ouvrages consacrés précisément à cela[2]).

Depuis plus de trois décennies, les psychologues et les anthropologues ont mené un très grand nombre d'études en partant de ces hypothèses évolutives, dans un grand nombre de cultures et d'environnements, sur des sujets aux plumages et aux teintes variés. Ce corpus a permis d'établir comment les considérations de succès reproductif expliquent de nombreuses caractéristiques

1. Symons, 1979, 1992.
2. Buss, 2000, 2003 ; Low, 2000 ; Seabright, 2012.

des préférences humaines en matière de partenaires et en a prédit d'autres plutôt surprenantes. Le choix d'un partenaire est une affaire délicate, qui repose sur un vaste ensemble d'algorithmes complexes.

Pourquoi ces processus sont-ils compliqués ? La première raison est que le choix d'un partenaire opère à la marge. Du point de vue du succès reproductif, il ne suffit pas d'attirer un bon partenaire, il faut que ce soit le meilleur partenaire possible. Par conséquent, les critères d'attractivité concerneront de petites différences entre individus, créant ainsi un niveau de base de traits recherchés, une attention particulière étant portée aux écarts par rapport à ce niveau de base. Par exemple, ce qui rend une voix masculine attirante pour de nombreuses femmes, ce n'est pas simplement qu'elle soit grave : elle doit être plus grave que la moyenne. Cela veut dire qu'il existe un système mental capable d'estimer cette moyenne. De la même manière, les hommes préféreront certes une partenaire à la peau douce, mais il faut qu'elle paraisse plus douce que la moyenne, cette moyenne tenant bien évidemment compte des conditions locales. Les critères d'attractivité physique que l'on retrouve dans toutes les sociétés, comme une peau douce pour les femmes et une mâchoire carrée pour les hommes, ou un visage symétrique pour les membres des deux sexes, se trouvent être de très bons indices de qualités génétiques inobservables mais cruciales. Et ce qui compte pour les individus, ce sont les déviations par rapport à la moyenne selon ces trois dimensions[1].

La deuxième raison pour laquelle l'attractivité sexuelle est une affaire compliquée, c'est que les critères reproductifs varient souvent de manière indépendante les uns par rapport aux autres. Puisque les femmes, comme conséquence de l'évolution, recherchent des hommes qui leur fourniront nourriture et

1. Langlois *et al.*, 2000 ; Rhodes *et al.*, 1998.

protection, il est prévisible qu'elles trouveront attractives diverses caractéristiques. Le statut social, par exemple, est un critère d'attractivité masculine aux yeux des femmes mais ne contribue pas à l'attractivité des femmes aux yeux des hommes[1]. Puisqu'il est attendu d'un homme qu'il subvienne aux besoins de sa progéniture, l'ingéniosité (qui rend plus probable le fait qu'un homme saura se procurer des ressources) et la générosité (ces ressources, il les partagera) sont des attributs masculins importants. En matière de protection, la masse musculaire (les chances de sortir victorieux d'un combat) mais aussi une certaine agressivité (une disposition à utiliser ce potentiel) ainsi qu'une sélectivité dans l'agression devraient aussi être attirantes pour les femmes. Les études empiriques montrent que ces deux ensembles de critères sont effectivement utilisés par les femmes pour évaluer la valeur de partenaires potentiels[2]. Mais ces deux dimensions (et il y en a bien d'autres) peuvent ne pas être fortement corrélées, de sorte que les calculs comprendront une pondération relative des facteurs, ce qui complique encore plus la machinerie requise.

Une troisième raison de cette complexité est que le choix d'un partenaire met en jeu deux types de préférences, qui ont à voir avec la sélection naturelle et la sélection sexuelle. Du point de vue de la sélection naturelle, on devrait préférer des partenaires susceptibles de fournir une descendance de bonne qualité, en bonne santé, et cela explique la plupart des préférences que j'ai mentionnées jusqu'ici. Mais il faut aussi tenir compte de la sélection sexuelle, dont l'origine se trouve dans le fait que la reproduction n'a pas le même coût pour les deux sexes. Chez la plupart des mammifères, la reproduction

1. Badahdah & Tiemann, 2005 ; Chang *et al.*, 2011 ; Kamble *et al.*, 2014 ; Li *et al.*, 2002.
2. Buss & Shackelford, 2008 ; Li *et al.*, 2002.

est bien plus coûteuse pour les femelles que pour les mâles. Pour avoir une chance de se reproduire une fois, les femmes payent le coût de la gestation et le coût de l'élevage du bébé, lesquels réorientent une grande partie de l'apport énergétique vers la progéniture. Et comme la gestation et le soin des enfants demandent du temps, cela impose de réduire les activités reproductrices pour un moment au moins. Pour les mâles, le coût est bien moindre, et consiste dans la recherche d'une partenaire, ce qui peut comporter un certain degré de concurrence violente avec d'autres mâles, l'énergie requise pour produire du sperme et, bien évidemment, l'effort de l'acte sexuel lui-même. Du fait de cette asymétrie, les mammifères femelles devraient se montrer plus exigeantes que les mâles, car pour elles, le coût de l'erreur est bien plus important. C'est effectivement ce que l'on constate, y compris chez les humains, raison pour laquelle, comme l'a dit l'anthropologue David Buss, un autre pionnier dans ce domaine, le sexe est universellement perçu comme quelque chose que les hommes recherchent et que les femmes leur accordent[1].

Ce choix des femelles conduit à la sélection sexuelle et à l'évolution des caractéristiques mâles, dont la fonction adaptative est de correspondre aux exigences des femelles afin que le mâle ait plus de chances d'être choisi. Nous connaissons tous la queue extravagante du paon et les plumes aux couleurs vives de beaucoup d'autres oiseaux mâles – autant de caractéristiques qui ont été sélectionnées parce que les femelles les ont préférées aux petites parures et aux plumages discrets[2]. Ces exemples illustrent le fait étonnant que la sélection sexuelle peut aller dans le sens inverse de la sélection naturelle. Les femelles peuvent désirer trop de ce qu'elles estiment être bon. La queue du paon

1. Buss, 2003, p. 75 *sqq.*
2. Cronin, 1991.

est lourde et encombrante et un plumage voyant n'est pas le meilleur camouflage, de sorte que des individus très attirants peuvent ne pas profiter pleinement de leur attractivité car ils finissent épuisés par l'effort ou dévorés par les prédateurs. En conséquence, les mâles peuvent développer des comportements allant à l'encontre de la sélection naturelle, par exemple en prenant trop de risques. Chez l'homme, nombre de comportements masculins confirment cette prédiction, par exemple des démonstrations de courage ou de résistance à la douleur qui ne procurent aucun bénéfice direct. Pour prendre un exemple, le saut à l'élastique a été inspiré par une pratique mélanésienne au cours de laquelle des hommes se lancent depuis des poteaux d'une vingtaine de mètres, leurs chevilles étant solidement attachées par des lianes qui, si tout se passe comme prévu, les empêchent de s'écraser au sol. La sélection sexuelle prédit que les hommes se livreront à de telles démonstrations et que les femmes seront sensibles aux qualités ainsi mises en valeur, ce qui semble être confirmé par les données. Mais la bravade n'est pas le seul trait sélectionné sexuellement. La sélection sexuelle est aussi influencée par la préférence des femelles pour des mâles capables de les protéger, qui sont décidés à le faire mais aussi qui élèveront et défendront leur progéniture, raison pour laquelle les mâles, en plus de leur domination et de leur force, cherchent aussi à donner des preuves d'un tel engagement[1].

Une source additionnelle de complexité est que différentes stratégies reproductives peuvent coexister chez un même individu. Nous sommes depuis longtemps une espèce vivant en couples essentiellement monogames, avec des exceptions que les biologistes ont baptisées « accouplements en dehors des paires » – autrement dit, des liaisons. Ces deux aspects, en raison de nos écologies et de notre division du travail,

1. Daly & Wilson, 2001.

représentent deux approches différentes du succès reproductif et correspondent à deux ensembles distincts de préférences. Le couple durable est ce que j'ai appelé plus haut une « union stable », un arrangement coopératif qui combine solidarité économique, approvisionnement par les mâles, exclusivité sexuelle et investissement parental commun. Toutes les caractéristiques rendant possible et viable cet arrangement seront préférées. C'est la raison pour laquelle les femmes, partout dans le monde, sont attirées par des hommes disposant de ressources et prêts à investir dans leur progéniture, à condition qu'ils donnent certains signaux d'engagement. C'est aussi la raison pour laquelle les hommes comme les femmes sont particulièrement attentifs à la personnalité des partenaires potentiels. La plupart des hommes savent intuitivement qu'il vaut mieux ne pas passer pour un pingre ou un lâche, car cela compromet leur valeur en tant que partenaires potentiels. Les femmes savent intuitivement qu'une réputation de légèreté sexuelle les rend moins attractives aux yeux des hommes qui recherchent une partenaire à long terme.

Mais les humains pratiquent aussi des appariements à court terme, ce qui est très différent, dans la mesure où les partenaires doivent se concentrer sur ce qu'ils peuvent obtenir ici et maintenant. Dans ce contexte, les femmes devraient préférer des partenaires dont le physique et le statut sont représentatifs de « bons gènes », à cause de la sélection naturelle (avoir une descendance en bonne santé) et de la sélection sexuelle (avoir des fils attirants comme leurs pères, ayant donc une probabilité supérieure à la moyenne d'être choisis par une femme). C'est aussi dans ce contexte que les préférences des mâles devraient pencher encore plus vers les signes de fertilité – la texture d'une peau jeune, la silhouette en sablier des femmes nubiles. Chez les hommes et les femmes, ce sont précisément les changements de préférences que l'on observe lorsque des individus considèrent un appariement à court terme[1].

Pour finir, les préférences sexuelles et les critères d'attractivité diffèrent selon le lieu et la période, parce que les systèmes produits par l'évolution sont des systèmes d'apprentissage sensibles aux modifications de l'environnement qui rendent possible l'acquisition d'informations sur ces changements. Par exemple, dans beaucoup d'endroits, les hommes semblent avoir une préférence pour des femmes dont le teint est légèrement plus pâle que la moyenne – mais cette teinte ne peut évidemment pas être la même en Islande et au Congo. L'accumulation de graisse corporelle est un indice de bonne santé et est donc attirante dans les environnements difficiles, moins dans les environnements d'abondance. De la même manière, les indices de domination qui peuvent contribuer à l'attractivité des mâles dépendent des conditions sociales et politiques locales. Dans certaines sociétés, les capacités oratoires jouent le même rôle que l'humour, la possession de nombreux cochons ou de qualités de chef de guerre dans d'autres endroits. On ne doit pas inférer du fait que les préférences sexuelles changent d'un endroit à l'autre qu'elles sont le fruit du hasard. En fait, ces variations résultent de choix qui, en moyenne, auraient accru le succès reproductif dans les environnements où s'est déroulée notre évolution[2]. L'étude scientifique des préférences sexuelles et du comportement montre que les humains font attention à des centaines de caractéristiques distinctes. Nul besoin d'en avoir conscience, et c'est tant mieux, car cette complexité nous submergerait. Nos intuitions ne portent aucune trace des calculs extrêmement

1. Buss & Schmitt, 1993 ; Kaplan & Gangestad, 2005.

2. Buss, 1989 ; Langlois *et al.*, 2000 ; Schmitt, 2003 ; Sprecher, Sullivan & Hatfield, 1994.

complexes qui les ont produites. Tout ce dont nous avons conscience, la plupart du temps, c'est qu'un visage est très séduisant ou une personnalité irrésistible.

Tout cela suggère que la manière dont le bon sens considère la psychologie sexuelle, et que l'on retrouve souvent dans les sciences sociales, est très erronée si l'on pense que le sexe est une affaire d'instincts brutaux ou de pulsions simples et directes. Bien au contraire, c'est une affaire de calculs subtils. Les chercheurs en sciences sociales pensaient de manière excessivement réductrice que les questions d'attractivité et de préférence étaient une question de « sexe » et non de « genre » (l'un étant vraisemblablement plus « biologique » que l'autre). Du point de vue de la psychologie évolutive, une telle division entre sexe et genre est surtout simpliste, voire réductionniste. Beaucoup de systèmes mentaux différents sont à l'œuvre dans les préférences sexuelles, l'identité et le comportement. Ils s'intéressent chacun à un type particulier d'information et sont dotés de leurs propres règles. Les cognitivistes ont à peine commencé à caractériser leur interaction : ce que j'ai décrit ici ne représente qu'une petite partie des calculs subtils et complexes qui se trouvent derrière le comportement sexuel[1].

Pourquoi le succès reproductif n'intéresse pas les humains

La quête du succès reproductif explique bien des aspects de notre psychologie sexuelle, de nos critères d'attractivité et de nos motivations. Mais les explications faisant appel au succès reproductif semblent souvent abstraites ou contre-intuitives, car aucun être humain (ni aucun autre organisme) ne se dit qu'il

1. Buss & Schmitt, 1993 ; Miller & Todd, 1998.

cherche à maximiser son succès reproductif en tant que tel – pour dire les choses crûment, tout le monde se moque de son propre succès reproductif.

Il n'y a pas de compteur du succès reproductif dans notre esprit, c'est-à-dire de mécanisme qui calculerait les effets de nos comportements sur notre capacité à produire une descendance viable et ajusterait nos préférences en conséquence. L'idée qu'un tel mécanisme existe est une erreur très courante dans l'approche évolutive du comportement – et en particulier du comportement sexuel[1]. En fait, une remarque de bon sens permet de voir en quoi cela n'est pas très plausible. Si notre comportement était guidé par un compteur qui mesurerait notre succès reproductif, nous serions, par exemple, dégoûtés par la contraception, et l'homosexualité n'existerait pas.

La principale raison pour laquelle un tel mécanisme n'existe pas dans nos esprits est que le succès reproductif est invisible pour l'organisme. Le succès reproductif se mesure, en gros, par la fréquence relative de nos gènes dans le pool génétique ultérieur. Mais cela n'est pas quelque chose qu'un organisme puisse détecter. Même s'il existait quelque chose de moins précis mais de plus facile permettant de le mesurer – par exemple, combien de descendants ont été produits – cela ne serait pas d'un grand secours. Pour évaluer l'impact de leurs actions, les humains devraient attendre que leurs enfants produisent eux-mêmes une descendance viable. Mais il serait un peu tard pour ajuster leur propre comportement.

Ainsi, au lieu de mesurer cette quantité insaisissable qu'est le succès reproductif, les humains, comme tous les autres organismes, font appel à des substituts, c'est-à-dire à des indices observables qui, en moyenne, ont été associés de manière fiable à un succès reproductif plus élevé dans les environnements où

1. Symons, 1992.

s'est déroulée notre évolution. À la différence du succès reproductif lui-même, ces substituts sont des caractéristiques réelles, observables, du monde. Par exemple, une mâchoire carrée est (dans une certaine mesure) un indicateur observable d'une concentration relativement élevée de testostérone, associée (dans une certaine mesure) à une volonté d'obtenir un certain statut social, de défendre sa partenaire et soi-même – quelque chose de souhaitable dans l'environnement ancestral et dans de nombreux environnements modernes. C'est la raison pour laquelle les femmes ont tendance à préférer les visages masculins ayant ces caractéristiques[1]. On remarquera que l'association entre substituts et succès reproductif n'a pas à être sûre à 100 %. Il suffit d'une bonne probabilité, de sorte que les individus qui sont les plus enclins à apprécier ces caractéristiques seraient, en moyenne, plus susceptibles de transmettre leurs gènes, parmi lesquels ceux qui influent sur cette préférence particulière.

Une bonne illustration de la manière dont ces substituts sont exploités par les systèmes mentaux est l'évitement de l'inceste. Dans toutes les sociétés humaines, les individus trouvent repoussante l'idée d'avoir des rapports sexuels avec des parents proches et de nombreuses normes explicites décrivent les horreurs qui en découleraient. Dans les années 1920, l'anthropologue Eduard Westermarck avait suggéré que ces normes étaient un moyen inventé par les humains pour éviter les conséquences dommageables des rapports sexuels entre individus étroitement apparentés. De fait, la consanguinité a des effets négatifs sur le succès reproductif, surtout à cause du risque d'accumulation des gènes récessifs délétères, et parce qu'elle diminue le principal effet de la reproduction sexuée (et la raison probable de son évolution chez les organismes vivants), qui est de mélanger les génotypes pour offrir une

1. Fink & Penton-Voak, 2002 ; Perrett *et al.*, 1999.

cible mouvante aux innombrables pathogènes dont l'évolution est bien plus rapide que celle des organismes complexes[1]. La plupart des espèces parviennent à éviter la consanguinité ou bien grâce à la dispersion – on s'éloigne des parents proches bien avant d'atteindre la maturité sexuelle – ou bien en étant capables d'identifier les parents proches par leur odeur ou d'autres caractéristiques perceptives. Les humains n'ont pas de telles perceptions immédiates de la parenté et ils ne s'éloignent pas beaucoup de leur lieu d'origine. Et les hommes ne jettent pas non plus leur semence au vent, contrairement aux arbres. Mais les humains sont capables de traiter bien plus d'informations sur leurs congénères que d'autres animaux – et cela a conduit à une solution. Dans une série d'études, la psychologue Debra Lieberman et ses collègues ont démontré que des systèmes spécialisés d'apprentissage sont sensibles aux informations de corésidence, surtout au cours de l'enfance, et à l'interaction de sa propre mère avec la personne que l'on envisage comme un partenaire potentiel. (Il peut y avoir d'autres indices, comme la ressemblance physique, voire une similarité du système immunitaire.) Cela sert à calculer un indice de parenté qui mesure le degré de proximité et influe à son tour sur l'attraction sexuelle (ou plutôt sur son absence) et sur la disposition à une coopération inconditionnelle[2]. Cela permet de comprendre l'observation anthropologique selon laquelle des individus non apparentés mais élevés ensemble ne ressentent pas, en général, une attirance les uns pour les autres. Leurs systèmes d'inférence de parentèle sont trompés par ces conditions exceptionnelles et considèrent que l'épouse ou l'époux potentiel est un membre de la fratrie. C'est la raison pour laquelle les mariages traditionnels taïwanais, par

1. Goodenough & Heitman, 2014 ; Tooby, 1982.
2. D. Lieberman, Tooby & Cosmides, 2007 ; Westermarck, 1921.

exemple, dans lesquels les époux étaient élevés sous le même toit, étaient moins féconds et plus souvent voués à l'échec que les autres unions[1]. Autrement dit, le comportement à l'égard des parents est influencé par un mécanisme d'apprentissage qui exploite des informations très spécifiques dans l'environnement pour réguler notre motivation sexuelle et nos dispositions altruistes.

Toute mesure effective de notre succès reproductif ne peut avoir lieu que bien après notre décès. Tout ce qui pénètre dans nos esprits, c'est de l'information sur l'environnement – ce qui comprend d'autres personnes – pouvant servir d'indice de succès reproductif. Chaque indice de ce type, par exemple les capacités intellectuelles apparentes, la forme du corps, la teinte de la peau ou la personnalité engageante d'un partenaire potentiel, déclenche l'opération d'un système mental spécialisé, d'une manière qui a été sélectionnée à cause de ses effets sur le succès reproductif.

Comment les environnements nous parlent : les histoires de vie

Une grande part de notre psychologie sexuelle consiste en des systèmes d'apprentissage qui modifient nos préférences en fonction d'informations spécifiques tirées de l'environnement. Cela explique peut-être aussi des différences de style de vie, non seulement entre groupes mais également entre individus selon les environnements auxquels ils sont confrontés. L'étude de ces effets fait partie de ce que l'on appelle la « théorie des histoires de vie », un domaine de la biologie qui s'intéresse aux compromis que nous faisons au cours de la vie.

1. Wolf, 1995.

À chaque moment, les organismes doivent répartir l'énergie disponible, qui est limitée, parmi des fonctions aussi diverses que la recherche de nourriture, la croissance et la réparation des tissus, le système immunitaire, la reproduction et l'investissement parental. Les modèles d'histoires de vie évaluent la manière dont cela se fait, le but étant d'optimiser le succès reproductif[1].

L'allocation de ressources au fil du temps est très différente selon les animaux. Les papillons passent la plus grande partie de leur vie sous la forme de chenilles voraces dont toute l'énergie est consacrée à la croissance avant de devenir des papillons qui investissent surtout dans la reproduction. Même au sein d'une classe comme celle des mammifères, il existe de grandes différences entre les stratégies « rapides », typiques d'organismes qui se reproduisent vite, ont une descendance nombreuse en laquelle ils investissent peu, et les espèces dont les stratégies sont « lentes », avec des vies plus longues, une descendance moins nombreuse et plus protégée. Typiquement, les stratégies d'histoire de vie humaines penchent du côté de la lenteur. Les humains ont besoin d'être éduqués sur la durée : leur période juvénile est bien plus longue que celle d'espèces comparables, ils vivent longtemps et leur investissement énergétique est à long terme[2].

Ces dernières années, les biologistes ont montré que les individus eux-mêmes font des choix différents selon leurs budgets énergétiques et qu'il existe des associations systématiques entre l'adoption de certaines stratégies et des indices environnementaux particuliers[3]. Certaines personnes semblent adopter des stratégies plus rapides que la moyenne.

1. Kaplan & Gangestad, 2005 ; Roff, 2007 ; Stearns, 1992.
2. Griskevicius *et al.*, 2011 ; Hawkes, 2006 ; Kaplan & Gangestad, 2005.
3. Hill & Kaplan, 1999 ; Kaplan *et al.*, 2000.

Leurs premiers rapports sexuels se produisent tôt, elles ont plus rapidement des enfants, qui sont plutôt nombreux, et elles semblent disposées à prendre plus des risques que la moyenne. D'autres retardent l'activité sexuelle et la procréation, investissent dans leur avenir et semblent moins disposées à prendre des risques. Ces différences se manifestent dans leur développement physiologique, par exemple l'âge des premières règles, et dans des traits comportementaux comme l'impulsivité. Il s'agit bien évidemment d'un continuum, les stratégies de vie de la plupart des gens se situant quelque part entre des styles de vie lents et rapides. Et ce n'est pas une affaire de choix conscients, bien évidemment – les jeunes femmes ne choisissent pas quand elles auront leurs premières règles. Le psychologue Dan Nettle a observé de grandes différences dans les histoires de vie au sein d'une même ville d'Angleterre, corrélées avec le statut social et influant sur le comportement des gens, notamment leur degré de confiance et leurs décisions futures[1].

Bien que les stratégies d'histoire de vie soient en partie héréditaires, les individus modifient aussi leurs comportements selon les environnements, qui peuvent varier en difficulté comme en prédictibilité[2]. L'environnement, au cours de l'enfance, est particulièrement important, s'agissant de calibrer des stratégies de vie individuelles. Les environnements difficiles et imprévisibles orientent les individus vers des stratégies plus rapides, avec une maturation et une activité sexuelle précoces, des grossesses précoces pour les femmes, et chez les hommes une conduite plus agressive pouvant conduire à des comportements antisociaux, voire criminels. À l'inverse, des environnements stables et sûrs semblent pousser les gens vers le côté lent du spectre, avec un

1. Nettle, 2010 ; Nettle, Colléony & Cockerill, 2011 ; Nettle *et al.*, 2007.
2. Ellis *et al.*, 2009.

investissement plus important dans l'avenir, comme l'éducation des enfants et un âge de reproduction plus tardif[1].

Bien évidemment, la réalité de la reproduction et des histoires de vie est bien plus complexe que cela peut laisser le penser. Il peut notamment être simpliste de considérer les environnements en fonction du seul biais de la difficulté – des événements, qu'il s'agisse de la famine ou d'abus et mauvais traitements, ont un impact très différent sur nos systèmes[2]. Dans des situations de guerre et de famine, les femmes cessent d'ovuler et n'ont plus de règles, un exemple historique célèbre étant la terrible famine de 1944-1945 aux Pays-Bas[3]. De manière moins tragique, une activité physique intense comme l'entraînement sportif peut avoir le même effet[4]. Dans les deux situations, une déficience en tissus gras signale à l'organisme de la femme qu'un investissement dans la reproduction risque de ne pas améliorer le succès reproductif, car il n'y a pas assez d'énergie disponible pour la gestation et l'allaitement. L'organisme adopte alors une stratégie alternative centrée sur la survie, la priorité étant donnée à la fonction immunitaire, à l'entretien des tissus et de la masse musculaire afin de faire face à l'adversité. Une telle association entre un indice spécifique (l'absence de père, par exemple) et son inférence sur l'environnement (un investissement parental peu probable) est un exemple typique des processus par lesquels les environnements « parlent » à des systèmes cognitifs conçus pour faire attention à des informations très spécifiques, importantes du point de vue du succès reproductif.

1. Belsky, Steinberg & Draper, 1991 ; Del Giudice, 2009b ; Rosenblum & Paully, 1984 ; Stearns, Allal & Mace, 2008.
2. Del Giudice, Gangestad & Kaplan, 2016 ; Ellis *et al.*, 2009.
3. Elias *et al.*, 2016 ; Le Roy Ladurie, 1975.
4. De Souza & Toombs, 2010.

Les mystères du mariage

Jusqu'ici, je n'ai envisagé que la manière dont notre psychologie sexuelle, façonnée par l'évolution, explique nos préférences, nos dispositions et nos réactions dans des situations précises. Mais un autre aspect de la sexualité et de la parentalité joue un rôle central dans les sociétés humaines : les humains, en général, obéissent à des normes de convenance, de retenue sexuelle et de soin des enfants. Pourquoi en est-il ainsi ?

Il n'y a pas meilleur sujet pour commencer à s'interroger sur cette question que le mariage. Partout dans le monde, les gens font la distinction entre des rencontres sexuelles occasionnelles ou informelles (qui peuvent être approuvées, tolérées, critiquées, interdites, criminalisées, etc.) et des unions plus stables, officialisées[1]. Le début d'une union formelle est marqué en général par un événement public. Dans le cadre de ces cérémonies, on partage une même idée de ce que chaque parti doit attendre de l'autre et de la manière dont on doit se comporter envers un tiers. Un être étranger à notre espèce pourrait trouver certains aspects du mariage humain très mystérieux.

Un mariage est un tout. Pourquoi les unions associent-elles la sexualité, les enfants, la solidarité économique et la vie en commun ? Autrement dit, pourquoi partager sa nourriture avec la personne avec qui l'on couche ? Pourquoi élever ensemble les enfants que l'on a, sans faire de même (en général) pour les enfants d'autres personnes ?

Un mariage est une affaire de oui ou de non. L'union qui associe sexe, coopération et enfants est en général une question de oui ou non, et non de degré. C'est intéressant, car beaucoup d'autres rapports sociaux sont définis de manière bien moins

1. Chapais, 2009, p. 161.

rigide. On peut les placer le long d'un continuum – on est plus ou moins amis, plus ou moins camarades, etc. –, mais le mariage, vous en êtes ou vous n'en êtes pas. Même les gens qui critiquent les normes traditionnelles finissent souvent par inventer des notions semblables à ces relations stables et coopératives, surtout s'ils ont des enfants.

Un mariage s'inscrit dans la durée. Les mariages n'ont pas, en général, de terme précis, hormis la mort des partenaires. Cela ne veut pas dire que toutes les unions durent pour la vie. Mais en général l'union est considérée comme étant de durée indéterminée, destinée à exister tant que personne ne fera rien pour y mettre fin. Il existe quelques exemples historiques de mariages contractuels, dont le terme était fixé à l'avance, mais ce sont des curiosités dont la rareté souligne à quel point l'engagement à durée illimitée est répandu et évident. Ce n'est pas le seul cas où des humains établissent des relations sans terme défini (on pense à l'amitié), mais ici comme dans d'autres domaines, cette caractéristique demande à être expliquée.

Les mariages impliquent des fêtes de mariage. Partout dans le monde, les gens organisent des événements spéciaux, souvent des cérémonies ritualisées, pour marquer le début d'une union. Il est vrai que chez certains groupes de chasseurs-cueilleurs, les gens se contentent de commencer à vivre ensemble et sont progressivement reconnus comme formant une unité. Mais dans la plupart des sociétés humaines, il existe des événements spéciaux, et ce ne sont pas des affaires discrètes. Les mariages sont des occasions très bruyantes et visibles – la norme étant que la célébration soit aussi tapageuse et spectaculaire que possible. Pourquoi tant de mal, pourquoi tant d'efforts ?

Les sciences sociales traditionnelles fournissent une masse considérable de données sur les pratiques du mariage, que nous pouvons utiliser pour tenter de comprendre ce phénomène humain si particulier. Mais cette tradition ne nous fournit pas d'explications en bonne et due forme. Par exemple, on a dit que le mariage est un rite de passage, qui marque une transition entre des étapes de la vie, dans le cas présent entre ce que l'on pourrait appeler un statut de « mineur social », toujours placé sous la responsabilité de certains aînés ou du groupe, et un statut de membre à part entière. Mais cela n'est qu'une description du phénomène. Pour prendre un autre exemple, beaucoup d'anthropologues ont prétendu que si les mariages sont tapageurs et spectaculaires, c'est parce que le fait que deux personnes s'unissent de manière stable est une affaire « sociale », qui concerne tout le monde donc, pas seulement les deux individus et leurs familles. C'est certainement vrai, mais cela soulève une autre question : pourquoi l'union de deux personnes devrait-elle intéresser qui que ce soit d'autre que les personnes en question ?

Même les chercheurs les plus subtils considèrent que ces aspects du mariage vont de soi. Par exemple, Gary Becker et d'autres économistes après lui ont mis au point un modèle du mariage, où les coûts et les bénéfices pour chacune des parties étaient décrits de manière précise et permettaient de faire des prédictions quant aux pratiques sociales existantes. Le modèle fournit une description particulièrement claire des conditions dans lesquelles des gens (dans une société moderne occidentale) se marieront, étant donné leur type de partenaire préféré, le nombre optimal d'enfants selon leur situation, et ainsi de suite[1]. Mais ce modèle sophistiqué présuppose ce qu'il s'agit pour nous d'expliquer, à savoir que les gens veulent effectivement avoir des enfants et les élever, qu'ils préfèrent partager les ressources avec leurs partenaires sexuels plutôt qu'avec des étrangers et ainsi de suite... autrement dit toutes les caractéristiques que j'ai décrites plus haut comme les mystères du mariage.

1. Becker, 1973, 1974.

Certains aspects du mariage perdent de leur mystère dès lors qu'on les place dans le contexte des boucles de rétroaction qui ont donné la chasse, la cuisine, les bébés sans défense et la division sexuelle du travail. L'association du sexe, de la solidarité économique et de l'éducation des enfants est une conséquence de l'évolution de couples très coopératifs où l'exclusivité sexuelle et l'approvisionnement parental sont (en principe) garantis et améliorent le succès reproductif de chacun. L'existence de tels couples paraît évidente, puisqu'elle correspond à ce schéma de couples coopératifs. De la même manière, l'arrière-plan évolutif explique pourquoi ces unions ne sont pas à durée limitée. Dans les conditions de notre évolution, l'investissement parental exigeait une coopération intense entre le père et la mère. Mais cette coopération ne pouvait être limitée dans le temps parce que le succès reproductif de la descendance ne se décide pas à un âge précis.

Mais ces explications elles-mêmes soulèvent une autre question. Si les humains forment des couples coopératifs stables à cause de leurs dispositions façonnées par l'évolution, pourquoi des normes et des fêtes spectaculaires ? À quoi sert tout cela si, de toute façon, notre nature nous pousse à former des unions stables ?

Une réponse plausible est que ces normes et ces interactions ont des effets avantageux pour de nombreux participants, surtout en permettant aux gens de coordonner leurs comportements grâce à ce qui est communiqué. Considérez les conséquences du fait de savoir qu'à présent Victoria et Albert sont mariés. Premièrement, le mariage dit aux tiers que les individus concernés ne font plus partie du groupe des partenaires potentiels. Autrement dit, quiconque avait des vues sur Albert ou Victoria sait à présent qu'il est temps d'aller chercher ailleurs. Deuxièmement, le mariage communique aux tiers que les individus concernés ont l'un sur l'autre des droits qui ne sont pas accessibles aux autres. Par exemple, Albert peut compter sur les ressources et l'aide de Victoria, et vice versa, toute femme ou tout homme étant en droit d'attendre cela de la part de sa belle-famille, mais pas d'autres personnes. Le mariage réorganise ces attentes pour tous les tiers. Troisièmement, le mariage communique à chaque partenaire que l'autre (du moins en apparence) s'engage à remplir ses obligations conformément aux normes locales. Quatrièmement, il communique aussi aux tiers qu'un tel engagement a été pris.

Cela expliquerait pourquoi les gens, partout dans le monde, estiment que le début d'un mariage doit être marqué par une cérémonie publique, souvent la plus tapageuse et spectaculaire possible. Les cérémonies fastueuses ont des effets communicatifs évidents, car elles proclament l'identité des partenaires et la nature de leur contrat aux yeux de tous les observateurs. C'est capital, parce que la formation de couples chez les humains exige effectivement un engagement. Chacune des parties d'un mariage pourrait chercher à fuir son obligation de fournir les biens et les services attendus. Du point de vue de la femme, la reproduction est irréversible et impose de s'investir dans sa progéniture, mais ce n'est pas le cas pour l'homme, qui pourrait déserter après avoir conçu l'enfant. À l'inverse, du point de vue de l'homme, l'acceptation d'une promesse d'exclusivité sexuelle est bien sûr un pari sur un avenir inconnu. Les bénéfices potentiels d'un mariage qui marche ne peuvent pas, dans la plupart des cas, être obtenus sans sacrifices, puisque les préférences des époux ne sont pas identiques. Le mariage réclame des signaux d'engagement honnêtes, difficiles à simuler. Dans de nombreuses sociétés, ceux-ci se manifestent dans les coûts du mariage, par exemple l'obligation faite aux épouses de quitter leurs groupes de parenté et à l'époux de fournir des biens à l'épouse, de montrer qu'il a les moyens de subvenir aux besoins d'une famille, et ainsi de suite[1].

Le fait de rendre cela public renforce l'engagement parce qu'il rend la défection plus coûteuse en matière de réputation. Victoria ne peut pas délaisser Albert et Albert ne peut pas négliger Victoria sans se dédire, ce qui démontrerait qu'ils ne sont pas des partenaires fiables et sont de mauvais coopérateurs aux yeux d'autrui. Ce serait un lourd prix à payer – et on le paie parfois, mais il demeure très coûteux et rend donc la défection moins probable. Cet effet d'engagement des cérémonies explique peut-être aussi pourquoi, souvent, il est naturel d'impliquer des personnes extérieures dans ce processus. Dans les rites très simplifiés de nos sociétés occidentales, les témoins, garçons et filles d'honneur remplissent cette fonction. Dans la plupart des autres sociétés, tout au long de notre histoire, une foule de parents est impliquée. Plus il y a de témoins, plus l'effet d'engagement est amplifié.

Pour finir, ces effets de coordination entre partenaires mais aussi entre les partenaires et des tiers, expliquent pourquoi il existe une catégorie spécifique du mariage, une distinction binaire entre marié et non-marié, par opposition à un continuum de relations possibles, du sexe occasionnel au plein engagement dans un couple coopératif stable. Si une étiquette spéciale et une distinction binaire existent, c'est parce que la coordination des comportements exige que des individus sachent qu'ils sont en train de se coordonner et l'engagement exige qu'il soit clair qu'ils se sont engagés. Bien évidemment, les gens concernés ne considèrent pas explicitement les institutions du mariage dans ces termes, tirés de la théorie des jeux. Les gens n'évaluent pas explicitement leurs institutions, ils ne les planifient ni ne les réforment délibérément. En fait,

1. Becker, 1981 ; E. A. Posner, 2000.

ils trouvent simplement que certaines normes vont de soi et sont légitimes[1].

Genre et domination (I) : l'ordre politique

Pourquoi les hommes sont-ils aux commandes ? Dans la plupart des sociétés humaines, durant la plupart des périodes connues, on trouve une asymétrie de pouvoir plus ou moins marquée entre les femmes et les hommes. Cela se manifeste de différentes manières. Les hommes ont plus d'influence que les femmes en ce qui concerne les affaires collectives. Et, dans de nombreuses sociétés, les hommes contrôlent le comportement des femmes bien plus que les femmes ne peuvent contrôler le leur. Pour finir, dans certaines sociétés, l'oppression des femmes prend un tour extrême, avec des restrictions imposées à leur liberté de mouvement, à la maîtrise de leur propre vie, restrictions qui sont parfois mises en œuvre avec la plus grande cruauté.

Quelle est la cause de la domination de genre ? Ce ne sont pas les réponses qui manquent. Ce qui nous intéresse ici, ce n'est pas de passer en revue toutes les propositions, mais d'examiner la possible contribution d'une conception naturaliste du comportement et des capacités humaines, en tenant compte de ce que l'on sait de l'évolution humaine et des différences entre les sexes.

Les hommes ont plus de pouvoir, c'est-à-dire qu'ils ont plus d'influence, par exemple, parce qu'ils dirigent le conseil de village ou décident du moment où il convient d'effectuer le sacrifice annuel du lignage aux ancêtres. On peut objecter, et beaucoup d'auteurs ne s'en sont pas privés, qu'il ne s'agit pas ici

1. P. Boyer & Petersen, 2012.

du pouvoir en général mais d'un pouvoir officiel, explicitement affirmé. Il existe une autre sphère d'influence, ni officielle ni publique, qui a pourtant un impact aussi grand sur la vie du groupe. Cette forme de pouvoir repose sur des liens privés, des influences discrètes, des réseaux de coopération – et elle est souvent assumée par les femmes aussi efficacement que par les hommes. Pour prendre un exemple, dans de nombreuses sociétés lignagères, les femmes âgées négocient les mariages et se servent de cela pour établir ou renforcer des alliances avec d'autres femmes.

Mais il n'en demeure pas moins que, dans la plupart des sociétés, y compris nos sociétés modernes, les hommes se chargent davantage de prendre les décisions officielles que les femmes[1]. Nous ne pouvons expliquer cela en invoquant des normes autoritaires, des valeurs patriarcales ou des normes culturelles, car de telles affirmations ne font que laisser sans réponse la question de départ : pourquoi les gens adoptent-ils ces normes ou modèles particuliers ? Il est plus intéressant de se demander quel type de psychologie rend la domination possible.

Les hommes exercent les responsabilités mais, bien que la domination politique des mâles soit un phénomène très général, il existe une grande variabilité historique et culturelle dans ses manifestations. Deux grands facteurs contribuent à cette variabilité : l'économie et les rapports entre groupes, mais ces corrélations sont loin d'être simples. On se doit évidemment de commencer par les chasseurs-cueilleurs, dans la mesure où leur économie constitue le contexte dans lequel s'est déroulée l'évolution humaine. Or, même dans ces groupes, on trouve une grande diversité de situations. Des chasseurs-cueilleurs comme les !Kung de l'Afrique australe, qui vivent dans un environne-

1. Hannagan, 2008 ; Liesen, 2008 ; Rubin, 2002, p. 114.

ment assez pauvre, disposent de peu d'excédents et ne semblent pas avoir de hiérarchies politiques claires. Les femmes, comme les hommes, ont leur mot à dire à propos des affaires collectives[1]. Ce tableau de relations apaisées entre genres est souvent considéré comme ressemblant le plus à nos conditions de vie ancestrales. Mais il y a des exceptions. Là où les ressources sont plus abondantes, comme dans le Nord-Ouest Pacifique, les systèmes politiques des chasseurs-cueilleurs étaient plus complexes, les hommes occupant la plupart des fonctions politiques. Les ressources qui rendaient de tels groupes relativement prospères étaient produites par le travail des hommes – la pêche et le commerce – et les hommes se chargeaient des relations avec les autres groupes. Chez les Inuits, où les hommes fournissaient presque toutes les ressources et où les groupes menaient des raids les uns contre les autres, les femmes avaient très peu d'influence. En général, donc, l'influence politique des femmes semble dépendre de l'écologie et de la guerre, cette dernière demeurant un risque omniprésent. Car même les paisibles !Kung doivent leur tranquillité relative à la domination étatique moderne. Avant l'avènement de celle-ci, ils subissaient des raids de la part de tribus voisines, et ils y répondaient[2].

L'influence politique des femmes, aussi variable qu'elle ait été dans les groupes de chasseurs-cueilleurs, s'est vue dramatiquement limitée dans les sociétés agraires, où la subsistance dépendait souvent du travail – pénible – fourni par les hommes. En fait, le statut des femmes semble être le plus bas là où l'agriculture repose sur la charrue, dont l'opération demande la force d'un torse masculin[3]. Une distinction nette entre le travail des hommes et celui des femmes est typique des sociétés agraires,

1. R. B. Lee, 1979.
2. Gat, 2006, p. 18 *sqq.* ; LeBlanc & Register, 2003.
3. Alesina, 2013.

dans lesquelles les hommes assurent la plus grande partie de la subsistance et s'occupent des champs, des animaux et des rapports avec les autres groupes, tandis que les femmes gèrent la sphère domestique[1].

De tous ces changements historiques, il se dégage une prédiction simple sur les sociétés humaines : s'il existe un déséquilibre entre les sexes dans la sphère politique, il sera favorable aux hommes. Dans la mesure où l'on constate cela dans les environnements économiques et écologiques les plus variés, cette différence doit être antérieure à des développements historiques, comme l'apparition de l'agriculture ou des grandes cités.

Un facteur important est certainement la nette division du travail qui a émergé au cours de notre évolution. La reproduction et le soin des enfants nécessitaient des couples stables dans lesquels l'homme apportait des compléments indispensables au produit de la cueillette, mais aussi une protection contre d'autres hommes et des groupes rivaux. Comme je l'ai dit dans un chapitre précédent, lorsque nous décrivons les conditions ancestrales, nous devons éviter les extrêmes opposés des points de vue de Hobbes (la guerre de tous contre tous) et de Rousseau (la coopération pacifique entre bons sauvages). De manière plus nuancée, les données suggèrent une coopération intense à l'intérieur des groupes et des conflits potentiels entre groupes, pouvant aller jusqu'à la guerre. Dans ce cas, il s'ensuit que les décisions des hommes étaient les plus importantes pour les groupes – bandes ou tribus – en tant que groupes plutôt qu'en tant qu'ensembles d'individus. Autrement dit, le déséquilibre politique observé serait favorisé par des différences psychologiques qui elles-mêmes renvoient au fait que la politique, pendant la majeure partie de notre histoire évolutive, était souvent réduite à une question simple : faire la guerre à

1. Smuts, 1995.

des groupes voisins ou être attaqué par eux, et évaluer s'ils pouvaient être apaisés, surtout par des échanges.

La réalité et l'importance de la guerre primitive pendant notre évolution suggèrent que certains aspects de la psychologie masculine sont adaptés au conflit entre groupes. Plusieurs sortes de données viennent étayer cette prédiction. Les différences d'agressivité des hommes et des femmes, ainsi que la force des membres supérieurs requise pour le combat, suggèrent une sélection pour la violence entre groupes ainsi qu'une concurrence entre hommes pour l'accès aux femmes. Et certaines différences sexuelles suggèrent que les esprits masculins ont été façonnés par la rivalité entre groupes. Par exemple, lors d'expériences où les gens peuvent contribuer à un pot commun (ce que l'on appelle des « jeux de biens publics »), les hommes contribuent davantage dans un contexte de compétition entre groupes que lorsqu'il s'agit de compétition entre individus – alors que ce n'est pas le cas pour les femmes[1]. Les esprits des hommes et des femmes n'interprètent pas la coopération de la même manière et recrutent des circuits cérébraux différents pour la gérer[2]. En général, les femmes ont tendance à analyser les relations sociales comme des rapports interpersonnels, tandis que les hommes les considèrent plus facilement comme des rapports entre groupes. Les hommes et les femmes peuvent même avoir des souvenirs distincts des mêmes événements, respectivement du point de vue du groupe et d'un point de vue individuel[3]. Ces divergences apparaissent tôt au cours de l'enfance. Dans un même environnement scolaire, les garçons et les filles créent des réseaux de types différents, avec des liens moins nombreux mais plus forts entre filles, et des liens plus nombreux mais

1. Van Vugt, Cremer & Janssen, 2007.
2. Baker *et al.*, 2016.
3. Baumeister & Sommer, 1997 ; Gabriel & Gardner, 1999.

un recrutement moins stable chez les garçons[1]. De telles particularités persistent chez les adultes dans des environnements professionnels, les femmes et les hommes créant des réseaux de types divers[2]. Ces marqueurs sexuels dans les capacités et les motivations sembleraient donc confirmer qu'un élément crucial de l'évolution humaine a été le rôle des hommes en tant que guerriers et, par extension, de responsables de la gestion des rapports entre groupes[3].

Si l'on pousse les choses un peu plus loin – et cela reste spéculatif – nos conditions ancestrales expliquent peut-être aussi la distinction entre la politique pratiquée par les hommes, visible, officielle et souvent ritualisée, et l'influence informelle des femmes dans beaucoup de sociétés. Les hommes comme les femmes ont besoin d'alliances stables avec des amis et des appuis, mais dans notre passé évolutif, ils en ont eu besoin de manières différentes et pour des buts différents. Les femmes avaient besoin de recruter des alliés pour participer à la recherche de nourriture et aider au soin des enfants. Ces activités ne demandent pas des effectifs importants, mais l'engagement doit être suffisamment fort pour garantir une coopération à long terme. À l'inverse, les actions collectives des hommes comprenaient la chasse et la guerre, deux activités qui demandent des groupes plus importants – bien plus que deux ou trois individus. La chasse et tout particulièrement la guerre, surtout la guerre « tribale », exigent une excellente coordination entre participants. Tout le monde doit comprendre ce que chacun doit faire et être capable de vérifier que chacun s'acquitte bien de sa tâche. En définitive, il s'agit de deux activités dangereuses, pour lesquelles la défection est très coûteuse, dans la mesure où la survie peut

1. Geary, 1998, 2003.
2. Seabright, 2012, p. 127 *sqq.*
3. Van Vugt, Cremer & Janssen, 2007.

reposer sur la prise de risques par autrui. Cela veut dire que l'engagement des autres doit être évalué et surveillé de près.

Plusieurs manières de coopérer peuvent exiger des flux d'information de différents types. Pour les réseaux amicaux de petite taille, il faut un accès à des individus en tant que tels et aussi une certaine discrétion. Toute l'information n'a pas à être diffusée largement et dans de nombreux cas, elle ne doit pas l'être du tout. En revanche, les grandes coalitions nécessaires pour chasser ou défendre le groupe exigent souvent des annonces publiques, explicites, afin que tous les participants puissent coordonner leurs comportements. Le fait que la publicité sert à garantir l'engagement est tout aussi important. Quand les gens jurent allégeance à une cause devant de nombreux partenaires potentiels, si jamais ils font défection leur réputation pourra en pâtir. Parader avec le reste des troupes peut servir de signal d'engagement, un signal coûteux de loyauté envers les autres combattants avant même que le moindre combat n'ait lieu.

Mais cela ne veut pas dire que les mondes sociaux des hommes et des femmes soient différents au point d'être mutuellement exclusifs. Même dans des économies de petite taille, lorsque les gens défrichent la terre ou coopèrent pour débiter une grande proie, ils le font au sein de grands groupes où la participation des hommes et des femmes peut être identique. Dans de nombreuses situations – en fait dans la plupart des situations, s'agissant de nos sociétés modernes –, les hommes et les femmes ont besoin d'un réseau d'appuis incluant des personnes des deux sexes. La différence demeure néanmoins, car la pression évolutive en faveur d'une coopération de taille modeste reposant sur des liens bilatéraux s'exerçait plus fortement sur les femmes, tandis que la pression en faveur d'une coopération plus ample, multilatérale et à l'échelle du groupe, s'exerçait davantage sur les hommes. Mais nous ne savons pas encore, par manque d'études systématiques, dans quelle mesure ces différences ont pour effet que les deux sexes participent à des degrés différents, et souvent de manière différente, à la politique du groupe.

Genre et domination (II) : l'oppression domestique

L'oppression domestique, ce sont les limites imposées à la liberté de mouvement des femmes, à leur manière de s'habiller ou au choix de leurs partenaires sexuels, ainsi que les nombreux autres obstacles à leur autonomie. Ici aussi, il semble que les explications traditionnelles, par exemple le fait de décrire cette forme d'oppression comme une conséquence de stéréotypes ou même de la haine des femmes, ne mènent pas loin. Ces descriptions ne sont pas des explications.

Les restrictions imposées à l'autonomie des femmes prennent de nombreuses formes, les exemples les plus connus étant le port du purdah ou du hijab, ces voiles littéraux et métaphoriques derrière lesquels les femmes doivent se dissimuler, se confiner, cacher leurs cheveux, leur peau, leurs yeux ou leurs corps. On trouve des contraintes de ce type dans de nombreuses sociétés agraires, mais elles sont poussées à l'extrême au Proche-Orient et dans le monde islamique – comme l'interdiction de conduire, l'obligation d'être accompagnée par un homme dans l'espace public ou l'interdiction d'avoir un emploi, d'obtenir des papiers d'identité ou de sortir de son quartier sans l'autorisation d'un parent mâle[1]. Un point de fixation important est l'habillement des femmes, avec des normes officielles ou informelles dictant quelle surface de peau peut être visible, ou l'interdiction de montrer ses yeux ou ses cheveux par « décence ».

1. Human Rights Watch, 2008.

Le but de ces contraintes est de restreindre au minimum le contact d'une femme avec des hommes autres que ses proches parents mâles et son époux. L'idée qu'un tel accès puisse aboutir à des rapports sexuels revient souvent dans les discours sur les femmes dans les sociétés où de telles contraintes sont la norme. On ne peut expliquer ces mesures oppressives comme reflétant la volonté des hommes d'exercer le pouvoir, par instinct de domination. Cela est peu plausible, car il faudrait alors expliquer pourquoi ces restrictions, par une coïncidence extraordinaire, limitent invariablement l'autonomie sexuelle des femmes, alors qu'elles sont très variables dans bien d'autres domaines. Dans tous les endroits où l'on impose des limites à l'autonomie personnelle des femmes, on restreint aussi leurs choix sexuels. C'est simple, il n'y a pas d'exception.

Il peut être utile de replacer cela dans le contexte des comportements de surveillance des partenaires produits par l'évolution. Chez de très nombreuses espèces, les mâles dépensent de grandes quantités de temps et d'énergie pour s'assurer que leur partenaire femelle ait un accès limité à d'autres mâles, par exemple en la suivant et en menaçant les mâles concurrents. Les babouins mâles peuvent aller jusqu'à ne pas se nourrir si cela leur permet de surveiller des femelles. De même, les fauvettes mâles dépensent beaucoup d'énergie à surveiller leurs partenaires au lieu de chercher de la nourriture[1].

Deux facteurs déterminent l'intensité de cette surveillance. Le premier, bien évidemment, est la concurrence intrasexuelle. La surveillance des femelles par les mâles est plus étroite chez des espèces où il existe une grande asymétrie des capacités reproductives, c'est-à-dire lorsque quelques mâles puissants monopolisent l'accès aux femelles. Les mandrills mâles, par

1. Alberts, Altmann & Wilson, 1996 ; Komdeur, 2001.

exemple, se distinguent clairement des femelles : ils sont plus grands et arborent des couleurs sur la face, ce qui est le signe d'une compétition intrasexuelle intense. Un mâle dominant peut être impliqué dans plus de deux tiers des accouplements de la bande, mais le prix à payer est une surveillance des femelles à chaque instant[1]. L'autre facteur pertinent est l'investissement parental. Dans la mesure où un mâle investit dans la protection et l'éducation de la progéniture, l'infidélité est une menace majeure pour son succès reproductif. C'est ce que l'on observe chez de nombreuses espèces d'oiseaux dont les mâles consacrent beaucoup de temps et d'énergie à la surveillance des femelles.

Le même principe vaut pour les humains. Des indices indirects, comme les différences de taille et de force entre hommes et femmes, suggèrent que les hommes ont dû faire face à un degré modéré mais réel de concurrence sexuelle. Fait plus déterminant, l'investissement paternel intense, à long terme, est une caractéristique humaine. Cela aurait eu pour conséquence un haut niveau de surveillance des partenaires puisque la certitude de paternité est encore plus cruciale pour le succès reproductif des mâles. C'est en effet ce que l'on observe. David Buss et d'autres psychologues évolutionnistes ont étudié les nombreuses techniques de surveillance utilisées par les hommes, comme la dissimulation aux amis et connaissances de l'existence d'une partenaire, la monopolisation de son temps et le dénigrement des concurrents potentiels, ainsi que les menaces et les agressions contre ces derniers[2]. Les considérations de succès reproductif nous incitent à penser que les hommes surveilleront d'autant plus les femmes qu'elles seront en âge de procréer ou seront perçues comme étant très

1. Setchell, Charpentier & Wickings, 2005.
2. Buss & Shackelford, 1997.

attractives – autant de prédictions confirmées par l'expérience et l'observation[1].

Une autre prédiction de l'interprétation de la surveillance des partenaires pour des motifs de succès reproductif est que celle-ci peut malheureusement conduire à des violences contre la partenaire elle-même. Évidemment, de nombreux facteurs peuvent conduire à la violence. Les études soigneuses de Margo Wilson, Martin Daly et d'autres montrent clairement comment ces motivations suscitent ces comportements. La violence est dissuasive. Autrement dit, elle n'est pas une conséquence du fait que, en général, les hommes sont plus violents que les femmes, ni qu'ils ont besoin d'exercer leur pouvoir dans la sphère domestique – les statistiques criminelles montrent que la violence envers une partenaire est d'autant plus probable que la victime est jeune ou attractive, lorsque l'existence de beaux-enfants constitue un indice que la partenaire pourrait quitter l'homme et lorsque l'homme lui-même est un partenaire de faible valeur, ce qui rend la désertion plus probable[2]. Autrement dit, la violence se produit davantage lorsque le besoin perçu de surveillance de la partenaire est plus grand. Wilson et Daly ont baptisé « possessivité mâle » cet ensemble de motivations produites par l'évolution qui fait de l'accès à une femme une forme de propriété exclusive et déclenche un ensemble de comportements destinés à dissuader la défection[3].

La surveillance des partenaires dépend d'un système d'apprentissage qui détecte certains indices spécifiques dans l'environnement, par exemple la présence d'autres hommes ou l'intérêt de la partenaire pour ceux-ci, et les combine avec

1. Gangestad *et al.*, 2014 ; Goetz & Romero, 2011 ; Haselton & Gangestad, 2006.

2. Goetz & Romero, 2011 ; Miner, Shackelford & Starratt, 2009 ; M. Wilson & Daly, 1992, 1998.

3. M. Wilson & Daly, 1992, 1998.

de l'information sur sa propre valeur en tant que partenaire, la valeur de sa partenaire, l'état du groupe des partenaires potentiels, etc., et module le comportement, qui peut aller d'une confiance détendue à une surveillance anxieuse, voire de la violence. C'est la raison pour laquelle cette surveillance des partenaires peut prendre des formes très diverses, non seulement d'un individu à l'autre, mais aussi dans les interactions entre individus, en fonction de l'écologie sociale. Par exemple, là où existent de grandes inégalités économiques, on peut s'attendre à ce que des hommes de moindre rang social aient plus à craindre et soient donc particulièrement motivés pour limiter la liberté de leur partenaire, comme nous l'avons remarqué plus haut. Ou bien considérez les différences entre la chasse-cueillette et l'agriculture. Beaucoup de chasseurs-cueilleurs vivent dans de petits groupes et sont presque tout le temps en contact les uns avec les autres, ce qui facilite la surveillance des partenaires – sans que cela soit infaillible, bien sûr. Mais dans une société agraire, l'environnement social est très différent. Les hommes et les femmes travaillent loin les uns des autres et les hommes travaillent souvent seuls – ce qui interdit de savoir ce que font les autres hommes. Les environnements urbains sont un autre type d'écologie sociale, où de nombreux individus inconnus sont potentiellement en rapport les uns avec les autres. Nous devrions donc nous attendre à ce que les restrictions de l'autonomie des femmes qui résultent de la surveillance des partenaires varient aussi selon ces écologies sociales. Malheureusement, il n'existe pas encore d'études systématiques de ces différences ni de leur interaction avec des variables individuelles, de sorte que cette explication de l'oppression domestique reste spéculative.

L'oppression socialisée est-elle une forme d'action collective ?

Il reste une question importante à résoudre. Prenez l'histoire suivante. Près de Jérusalem, il y a quelques années, une jeune fille de la communauté ultra-orthodoxe de Beit Shemesh a été victime d'une agression. Étant elle-même orthodoxe, la jeune fille portait une tenue que la plupart des gens, en Israël comme ailleurs, auraient estimée fort pudique. Apparemment, elle ne l'était pas assez pour un groupe de jeunes hommes furieux, qui l'ont encerclée, lui ont craché dessus et l'ont agonie d'injures, la traitant, entre autres, de prostituée. La principale raison de leur colère vertueuse était que ses bras étaient visibles. Elle avait huit ans[1].

La presse s'est emparée de l'affaire, surtout parce que cela se passait en Israël, pays essentiellement laïc où l'extrémisme des fondamentalistes est un problème récurrent et une source d'irritation pour de nombreux citoyens. Des milliers de gens outrés manifestèrent dans plusieurs villes pour dénoncer cet accès de folie puritaine. De tels incidents sont courants dans beaucoup d'autres pays, mais en général, ils ne sont pas rapportés et restent impunis. Au Proche-Orient, des hommes s'en prennent régulièrement à des femmes dont la tenue n'est pas, selon eux, suffisamment « modeste ». Des femmes sont harcelées ou agressées pour avoir transgressé des règles dictant ce qu'elles peuvent porter, dire ou faire[2]. Dans de nombreux pays du Proche-Orient, le public approuve ces restrictions imposées à l'autonomie des femmes, avec le soutien des institutions, même si celles-ci ne vont jamais jusqu'à approuver les agressions[3]. Pourtant, ce harcèlement et ces attaques sont une réalité,

1. Sokol, 2011.
2. Afkhami, 1995 ; Freedom House, 2014 ; Ghanim, 2009.
3. Pew Research Center, 2013.

quelles que soient les protestations informelles et la résistance plus organisée de certaines organisations féminines.

Il y a eu beaucoup de débats chez les anthropologues, sur la dynamique des droits des femmes dans le monde musulman, qui disputent la description simpliste des valeurs locales comme exclusivement répressives et des femmes comme de simples victimes passives[1]. Je ne compte pas les passer en revue ici, puisque je m'intéresse à un phénomène bien plus limité – le fait que les hommes, dans l'espace public, s'arrogent le droit de contrôler le comportement des femmes et menacent celles qui n'obtempèrent pas. Ce phénomène ne se cantonne certainement pas à cette région du monde. Il semble contredire notre explication des contraintes imposées aux femmes comme étant une forme de surveillance des partenaires.

Revenons à l'incident de Beit Shemesh et demandons-nous pourquoi ces hommes se sont donné tant de mal. Pourquoi de parfaits inconnus chercheraient-ils à contrôler le comportement des femmes ? Pour comprendre en quoi cela est étrange, considérez-en les effets sur le succès reproductif. Même lorsque les mâles d'une espèce surveillent leur(s) partenaire(s), ils ne surveillent pas les partenaires des autres mâles. Un homme qui s'efforce de limiter les opportunités des femmes protège un autre homme contre la tromperie et donc améliore le succès reproductif de ce mâle non apparenté. Il est peu probable que la sélection naturelle soit à l'origine de telles dispositions, raison pour laquelle ce comportement est intrigant. Mais les problèmes ne s'arrêtent pas là. Autre question : pourquoi ce comportement est-il public et spectaculaire ? Les hommes qui se livrent à ces activités de contrôle exigent que les femmes se comportent d'une certaine manière – ils veulent leur faire

1. El-Solh & Mabro, 1994 ; Mernissi, 1987 ; Peters, 1978 ; Pew Research Center, 2013.

honte de mal se conduire et sont heureux de le montrer publiquement. Pour ajouter au mystère, les récits de tels incidents suggèrent une colère intense contre les femmes qui aboutit trop souvent à des violences. Pourquoi ?

Peut-être pouvons-nous l'expliquer en des termes quasi économiques. S'agissant du succès reproductif des hommes, la certitude de paternité est un objectif crucial. Dans de nombreuses situations, elle est très difficile à établir. En théorie, la seule situation qui la garantirait serait l'enfermement de la partenaire, sous une surveillance constante. Et l'on sait qu'au cours de l'histoire, les hommes puissants qui pouvaient se le permettre enfermaient leurs épouses dans des harems étroitement surveillés[1]. Mais pour cela, il faut disposer de ressources exceptionnelles. Dans les sociétés agraires, la plupart des époux ne peuvent supporter ces coûts en temps, en énergie et en personnel. Dans les villages, les femmes doivent travailler aux champs ou dans des jardins, et celles des villes doivent se rendre au marché pour se procurer de la nourriture. Quant aux hommes, ils sont souvent pris par des activités économiques qui les tiennent loin de leurs partenaires. Manifestement, un époux ne peut assurer seul la surveillance souhaitée.

Mais un homme pourrait compter sur d'autres hommes pour le faire, à condition de leur rendre le même service. Si une telle coopération est possible, elle offrira les bienfaits de la surveillance pour un coût bien moindre. Chaque homme participe donc à la surveillance générale des femmes et fait appliquer toutes les règles mesquines qui les confinent dans des lieux spécifiques, les obligent à s'habiller d'une certaine manière et ainsi de suite. Dans la plupart des situations, cela ne représente pas un investissement très coûteux, car il est partagé par tous les hommes adultes de la communauté locale, et parce que les

1. Betzig, 1986.

victimes du système ont peur, à juste titre, d'être punies pour des transgressions et éviteront en général de tester la tolérance des hommes. Comme l'investissement n'est pas vraiment coûteux, on peut prédire que les hommes y participeront dans la mesure où il leur offrira un bénéfice potentiel. Le bénéfice, ici, c'est l'assurance que la partenaire présente ou future de l'homme sera également surveillée. Autrement dit, un mari n'a pas besoin de surveiller sa femme tout le temps et dans tous les espaces publics parce qu'il peut être assuré que, partout et tout le temps, d'autres hommes le feront à sa place. La plupart des maris profitent du système car il réduit le coût de la surveillance. Et la plupart des hommes y contribuent en acceptant de surveiller le comportement des femmes qui ne sont pas leurs partenaires.

Si cette explication est exacte, le pacte tacite consiste en une socialisation de l'oppression, qui devient une forme d'action collective. Chacun y contribue et tous en profitent. Bien évidemment, cette interprétation de la surveillance en tant qu'action collective n'impose pas que quiconque ait conscience d'un pacte ou des conditions d'un tel pacte. Comme dans d'autres formes d'action collective, qu'il s'agisse de chasser en bande ou de faire la guerre, les gens ne passent pas en revue dans leur tête tous les calculs en se servant de la théorie des jeux pour estimer les coûts et les bénéfices. Ils n'ont pas à le faire, car des systèmes mentaux le font très bien, à leur insu. La seule chose dont on a besoin d'être conscient, ce sont les motivations, comme lorsqu'on aide les autres à chasser, qu'on accepte de prendre des risques ou, dans le cas qui nous intéresse ici, que l'on surveille les femmes en faisant honte aux récalcitrantes.

Mais nous savons aussi que l'action collective court toujours le risque du resquillage. Par exemple, il peut être avantageux pour tous les travailleurs de faire grève pour obtenir de meilleurs salaires. Mais du point de vue d'un travailleur individuel, il est encore plus avantageux de ne pas faire grève et de bénéficier des avantages collectifs en cas de victoire. L'action collective échoue donc lorsque certaines conditions précises ne sont pas remplies. Et il serait raisonnable de s'attendre à ce que le parasitisme soit motivé lorsque l'action collective correspond à l'organisation de l'oppression des femmes. Dès qu'un homme croisera une femme qui, étant donné les normes locales, semblera signaler sa disponibilité sexuelle, par exemple par l'acte radical consistant à laisser voir une boucle de cheveux ou exhiber un bras, il pourra être tenté de tirer avantage de (ce qu'il pense être) ses dispositions, au lieu de faire respecter la norme au bénéfice de quelqu'un d'autre. Si cela se produit, aucun homme n'aura de raisons de participer à l'action collective – puisqu'il aidera des individus qui ne l'aideront pas en retour – et celle-ci ne tardera pas à s'effondrer. Il faut donc des conditions très spéciales pour que l'équilibre de la surveillance coopérative des partenaires soit durable. Il semblerait que ces conditions soient remplies dans certaines sociétés.

Pour commencer, remarquez que les contraintes décrites ici concernent le comportement public des femmes. Elles doivent porter des vêtements convenables et ne pas adresser la parole à des inconnus dans l'espace public, où leur comportement peut être observé par des inconnus. Puisque l'espace public est le seul endroit où un homme peut rencontrer une femme à laquelle il n'est pas apparenté, il est difficile pour un homme d'avoir le type de comportement opportuniste décrit plus haut. S'il se laissait tenter, il devrait enfreindre les normes de la surveillance masculine au su de tous – autrement dit trahir l'action collective de telle manière qu'il ne pourrait nier de façon plausible. Et comme tout cela se déroule en public, lorsqu'un homme rabroue une femme, il améliore sa réputation. Cela est bien évidemment crucial dans une action collective – chaque participant cherche à persuader les autres qu'il fait sien l'objectif commun, faute de quoi on pourrait l'accuser d'être un tricheur. En s'en prenant publiquement à une fillette aux bras nus, les hommes se signalent mutuellement qu'ils ont vraiment à cœur la défense de leur objectif commun.

Un autre facteur qui contribue à l'oppression socialisée est le fait que, dans certains endroits, les normes de convenance sont claires et connues de tous. Tout le monde sait exactement quel bout de peau peut être vu, quelles couleurs sont autorisées, et ainsi de suite, même si, bien évidemment, les femmes testent constamment les limites de cette oppression mesquine. Comme ces normes sont claires, il est facile pour n'importe qui de déterminer si une femme les transgresse, auquel cas il faudra agir. Cela rend aussi beaucoup plus facile pour chaque homme de savoir si un autre homme s'est soustrait à l'action collective en tolérant une transgression particulière.

Pour finir, dans certains pays, les hommes qui participent à l'oppression collective supposent à juste titre que les institutions étatiques, comme la police et le système juridique, seront de leur côté et ne prendront pas la défense des femmes, même en cas de harcèlement et de violences[1]. En termes économiques, cela abaisse encore plus le coût de l'action collective et accroît donc la probabilité que les gens y participent.

Ce modèle reste en grande partie spéculatif, car les données expérimentales sur la psychologie de l'oppression dans ces contextes sont rares. Mais l'interprétation fondée sur l'action collective permet de comprendre d'autres caractéristiques intrigantes de la surveillance collective. Pour commencer, cela explique pourquoi tant d'hommes contribuent à l'amélioration du succès reproductif d'autres hommes, non apparentés. Lorsqu'on dit que les hommes surveillent les femmes parce qu'ils veulent imposer des modèles patriarcaux de chasteté et de

1. Al-Ghanim, 2009 ; Freedom House, 2014 ; Khan, 2006.

modestie, on ne fait que postuler ce que l'on cherche à expliquer, à savoir qu'un homme peut vouloir imposer ces modèles aux femmes au bénéfice d'autres hommes. Et le modèle de l'action collective explique pourquoi les hommes qui y participent font cela publiquement en stigmatisant les femmes, au lieu, plus simplement, de les faire changer de comportement. Pourquoi tant de tapage ? Cela se comprend si le but est d'afficher sa participation à l'action collective. Les démonstrations bruyantes et publiques sont surtout destinées aux autres hommes, ce sont des preuves d'engagement.

De la même manière, le modèle de l'action collective peut aider à expliquer la colère de certains participants. Il faut, encore une fois, garder en tête que les calculs qui débouchent sur des émotions spécifiques, sans être conscients, n'en sont pas moins des calculs de coûts et de bénéfices. La colère est en général déclenchée par l'intuition que d'autres nous exploitent – autrement dit, qu'ils n'accordent pas à notre bien-être ce qui nous semble être sa juste importance. Autrement dit, la colère n'est pas une explosion d'énergie irrationnelle mal dirigée, bien au contraire. Elle se produit lorsque nous (ou plutôt nos systèmes mentaux) détectons un abus mais estimons aussi qu'il peut être corrigé par une menace de représailles[1]. C'est peut-être la raison pour laquelle certains hommes sont furieux lorsque des femmes osent défier les règles et signalent ainsi que cela est possible. Pour un homme qui participe à la surveillance collective des femmes, la présence d'une forte tête dans l'espace public est la preuve que le système ne marche pas, que son propre investissement ne lui garantira pas la certitude de la paternité. Autrement dit, il se sentira exploité et cela explique peut-être la colère suscitée par cette désobéissance.

1. Sell, 2011 ; Sell, Tooby & Cosmides, 2009.

Pour finir sur une note un peu moins pessimiste, ce modèle d'oppression collective expliquerait pourquoi la surveillance systématique et le harcèlement des femmes sont plutôt rares. Dans la plupart des sociétés, on ne trouve pas la surveillance impitoyable que nous venons de décrire. C'est sans doute parce que les conditions d'une action collective efficace ne sont pas remplies. Certes, beaucoup d'hommes, en tant que maris, tireraient bénéfice de telles pratiques, sous la forme d'une certitude de paternité accrue. Mais ce bénéfice serait encore plus grand si ces normes étaient imposées par d'autres tandis qu'eux-mêmes profiteraient de transgressions. Heureusement, conjointement à la résistance des femmes, cet obstacle habituel à l'action collective – la possibilité du resquillage – contribue à limiter l'extension des pratiques d'oppression socialisée.

V

Les sociétés peuvent-elles être justes ?

Comment des esprits coopératifs créent l'équité et le commerce, et le conflit apparent entre les deux

Dans nos sociétés actuelles, c'est le problème essentiel de la politique : comment les systèmes sociaux et économiques modernes peuvent-ils être justes ? Et pourquoi y a-t-il de l'inégalité ? Quelle part de cette inégalité est-elle moralement justifiable ? Une des premières formulations de cette préoccupation moderne fut le *Discours sur l'origine et le fondement de l'inégalité parmi les hommes*, de Jean-Jacques Rousseau, pour qui l'existence même de la propriété privée crée les conditions de l'inégalité[1].

Nos interrogations modernes sur la justice et la société, comme celles de Rousseau, plongent leurs racines dans notre compréhension de l'économie. La question « Qu'est-ce qu'une société juste ? » est interprétée comme une question sur qui produit quels biens, qui y a accès, dans quelles conditions ou dans quelle mesure, et comment les règles qui déterminent nos

1. Rousseau, 1984 [1755].

interactions avec autrui sont capables de donner naissance à des différences sociales justes ou injustes.

La sélection naturelle explique bien des aspects de ce que nous entendons par « justice sociale ». Premièrement, elle explique pourquoi un sentiment de justice existe, pourquoi il se manifeste de la même manière dans différents esprits humains, et pourquoi il suscite des émotions si puissantes. Deuxièmement, la sélection naturelle nous dit aussi pourquoi les humains coopèrent, échangent et commercent, et quelles capacités rendent possible la création de systèmes interactifs gigantesques tels que nos économies modernes. Je sais que ces deux affirmations peuvent sembler contre-intuitives – c'est peu dire. Les normes morales ne sont-elles pas quelque chose qui nous est donné par la société, parce que nous grandissons dans un certain environnement culturel ? Ne sont-elles pas très différentes d'un endroit à l'autre ? Quant au commerce intensif et aux marchés, ils sont de toute évidence des inventions très récentes à l'échelle de l'évolution. Comment la sélection naturelle pourrait-elle expliquer leur fonctionnement ? Mais les données suggèrent que la psychologie humaine nous fournit, en fait, une manière de comprendre aussi bien notre souci de justice que l'émergence de sociétés de très grande taille et de marchés de masse.

L'énigme de la coopération

Les humains sont incroyablement coopératifs. Parce que nous sommes si coopératifs, et parce que la coopération fait partie de notre nature telle qu'elle a été façonnée par l'évolution, nous avons souvent du mal à nous en rendre compte. L'anthropologue Sarah Hrdy fait un parallèle avec la manière dont les passagers montent et descendent d'un avion, les uns après les autres, ce qui est parfaitement efficace. Cela nous paraît banal mais la plupart des primates en seraient totalement incapables[1].

La coopération, c'est bien plus qu'éviter de se marcher sur les pieds. Partout dans le monde, les humains vivent dans des groupes et entreprennent des actions collectives dont tous bénéficieront, et ce, depuis bien longtemps. Aussi loin que l'on remonte dans l'histoire de l'humanité, on trouve des indices attestant de l'existence de la chasse en groupe et de la défense collective, et il y a fort à parier que les premiers humains, tout comme les humains modernes, pratiquaient bien d'autres activités collectives de ce type, comme construire des abris, partager des connaissances, s'occuper des anciens et des blessés, ou élever et protéger les enfants. Il est vrai que d'autres organismes aident leurs congénères et peuvent même créer des organisations collectives gigantesques, comme les fourmilières. Mais cela concerne des individus apparentés, car les fourmis ou les termites d'une colonie sont toutes sœurs. La caractéristique unique de la coopération humaine est qu'elle recrute très facilement des individus qui ne sont pas apparentés et peuvent même être, dans de grands groupes, de parfaits inconnus.

À première vue, la coopération est une énigme, si l'on considère que les individus cherchent à optimiser leur propre succès reproductif[2]. De fait, des philosophes et d'autres penseurs avaient identifié le problème bien avant l'invention de la notion de succès reproductif. Dans la plupart des contextes, les gens profitent en général de la coopération. En se joignant à un groupe et en opérant comme une équipe coordonnée, on devient capable de chasser des cerfs, des éléphants et des baleines, plutôt que des lièvres et des souris. On peut obtenir

1. Hrdy, 2009.
2. Boyd & Richerson, 2006.

plus d'un gros gibier que d'une petite proie. Tous les participants en profitent. Mais, du point de vue d'un individu, il vaudrait mieux laisser les autres faire le travail (ou la plus grande partie du travail) et prendre sa part du résultat. Comme l'a fait remarquer Rousseau, pourquoi ne pas abandonner le cerf chassé collectivement dès que l'on croise un lapin, bien plus facile à attraper ? Et c'est en effet une tentation à laquelle certains ont du mal à résister. Mais dans ce cas, pourquoi tout le monde ne fait-il pas pareil ? Cela aurait pour conséquence le délitement de l'entreprise coopérative. La notion de succès reproductif permet de reformuler cette énigme de manière plus précise. Un génome qui vous pousse à faire défection au bon moment devrait avoir plus de succès, semble-t-il, que des génomes sincèrement coopératifs.

Pourquoi les humains (et certaines espèces très éloignées, comme les insectes sociaux) sont-ils donc si doués pour quelque chose qui échappe entièrement au reste du règne animal ? Notre réflexe est d'attribuer cela à l'influence civilisatrice et modératrice de la « société » mais ce n'est pas une réponse satisfaisante. Nous avons peut-être l'impression que la société impose des normes aux individus, mais c'est la manière la moins intéressante d'essayer de répondre à cette question. Comment la société y parvient-elle ? La société est un agrégat de gens, et si certains d'entre eux imposent des normes aux autres, ce doit être pour une raison. Or, c'est précisément ce que l'on cherche à expliquer.

Pendant longtemps, les meilleures illustrations de notre penchant pour la coopération et notre sens de l'équité furent celles des moralistes et des romanciers et, d'une manière plus systématisée, celles des pionniers des sciences sociales comme Adam Smith, pour qui la coopération s'ancrait dans l'empathie, la capacité des êtres humains à ressentir ce qu'éprouvent d'autres êtres humains[1]. Les évolutionnistes modernes diraient que Smith était sur la bonne voie. Mais jusqu'à récemment, il n'existait pas de manière claire de montrer comment la coopération a émergé chez les humains, ni même comment elle pourrait évoluer chez toute autre espèce. Nous pouvions certes décrire les préférences coopératives humaines, mais nous ne pouvions expliquer leur provenance.

Tout a changé au XXe siècle, lorsque les économistes et les biologistes ont réussi à formuler la question de manière précise en faisant appel à des modèles économiques et à la théorie des jeux[2]. La compétition et la coopération purent être étudiées non pas en invoquant des instincts agressifs ou pacifiques, mais en tant que stratégies, autrement dit en tant que choix pouvant avoir un effet positif ou négatif sur le succès reproductif des individus, et donc augmenter ou réduire la fréquence, dans les populations, des gènes produisant ces comportements. Au même moment, des économistes ont mis au point de nouvelles approches expérimentales permettant d'étudier les transactions au lieu de se fier simplement aux principes de la théorie économique. Les interactions contrôlées expérimentalement – marchés, enchères, distribution des bénéfices – permettaient d'éviter les nombreux facteurs de confusion de l'économie réelle, et donc d'éclairer la manière dont les êtres humains réagissent lors de différents types d'interaction et quelles sont leurs motivations[3]. Pour finir, les anthropologues et les psychologues évolutionnistes, se joignant au mouvement, se sont penchés sur les conditions sociales et les dispositions psychologiques qui rendent la coopération possible et ont démontré que la coopération a émergé non pas parce

1. A. Smith, 1767.
2. Hamilton, 1963 ; Maynard Smith, 1964, 1982 ; E. O. Wilson, 1975.
3. Plott, 1974 ; V. L. Smith, 1976.

que nous sommes parvenus à dompter nos préférences spontanées mais, au contraire, parce qu'elle est le résultat direct de notre héritage évolutif[1].

L'altruisme est-il irrationnel ?

Les humains sont-ils généreux de façon irrationnelle ? Cela semblait être la principale conclusion de la première vague de recherches sur la coopération. Dans le cadre de jeux économiques, en particulier, le comportement des gens contrevenait au principe d'optimisation de l'utilité espérée, qui correspond à l'intérêt personnel prudent établi par la théorie économique classique. Dans le jeu du dictateur, par exemple, les expérimentateurs donnent au sujet, le Dictateur ou Proposant, de l'argent et lui laissent la possibilité de tout garder ou d'en donner une part à un autre participant, appelé le Receveur, qu'il ne rencontre jamais et dont il peut ne rien savoir. Les sommes sont réparties selon les indications du Proposant. Dans le jeu de l'ultimatum, le Receveur peut accepter l'allocation offerte par le Proposant, auquel cas ils reçoivent tous deux ce que le Proposant a indiqué, ou bien il peut la refuser, auquel cas personne ne reçoit rien.

Lors de ces expériences, la plupart des gens se montrent bien plus généreux que ne le prédit la théorie économique. Par exemple, lors du jeu du dictateur, alors que les participants pourraient tout simplement ne rien donner au partenaire inconnu et garder tout pour eux-mêmes, ils lui offrent souvent la moitié, voire plus. C'est aussi ce qui se produit lors du jeu de l'ultimatum, où le Proposant, qui devrait donner le moins d'argent possible pour maximiser son gain, offre souvent la

1. Boyd & Richerson, 1990, 2002, 2006.

moitié de l'argent à l'autre joueur. Théoriquement, les receveurs devraient accepter toute offre, aussi minime soit-elle, car la plus petite somme est préférable à rien. Or, ils refusent souvent des offres qu'ils jugent trop faibles. De toute évidence, les gens n'appliquent pas les principes de prise de décisions auxquels on s'attendrait de la part d'agents économiques rationnels[1]. Ce ne sont pas des résultats isolés : ils ont été reproduits des centaines de fois lors de différents types de jeux. Lors de jeux de biens publics, par exemple, où les gens doivent choisir entre participer à un pot commun ou accumuler leurs gains, les participants évitent souvent la stratégie égoïste, tentante (et gagnante[2]). Et ces résultats ne sont pas non plus propres aux populations occidentales. Lorsque l'anthropologue Joseph Henrich et ses collègues ont réalisé ces mêmes expériences dans une douzaine de sociétés différentes, des chasseurs-cueilleurs aux sociétés industrielles modernes en passant par des sociétés agraires, ils ont constaté que les participants ne se conformaient presque jamais aux recommandations et aux prédictions de la théorie économique[3]. Presque toujours, ils préféraient donner plus que nécessaire. Les gens justifient en général leur générosité lors de jeux économiques en invoquant l'équité. Ils disent, par exemple, qu'« il ne serait pas juste » de garder tout l'argent, ou qu'ils refusent les sommes dérisoires qui leur sont proposées dans le jeu de l'ultimatum, « parce que ce n'est pas juste ».

Dès les premières expériences de ce type, ce comportement dit pro-social a confirmé la nature étrange de la coopération humaine, qui semble aller à l'encontre de la logique de

1. Camerer, 2003 ; Fehr *et al.*, 2006 ; Gueth & Van Damme, 1998 ; Levitt & List, 2007.

2. Fehr *et al.*, 2006 ; Kurzban *et al.*, 2001.

3. Henrich *et al.*, 2001.

la sélection naturelle. Prenons des comportements souvent observés, comme l'action collective et son équivalent expérimental dans les jeux de biens publics. Comme d'autres caractéristiques, les dispositions en faveur de la coopération varient selon les individus, et peuvent aller de l'égoïsme à des comportements pro-sociaux extrêmes. Si des organismes légèrement plus égoïstes se sortent mieux de leurs interactions avec autrui, leur succès reproductif devrait s'en trouver accru ; autrement dit, ils devraient être plus susceptibles de transmettre leurs gènes à leur descendance, y compris les gènes responsables de leurs stratégies un peu plus égoïstes que la moyenne. Les comportements égoïstes devraient donc rapidement se répandre et la coopération disparaître. Mais la coopération existe, et elle doit donc être due à quelque chose d'autre.

La coopération par la punition ?

Les données expérimentales semblaient suggérer que les gens sont mus par le désir d'une répartition généreuse des ressources plutôt que par le fait d'en tirer le plus d'avantages possible. Inspirés par ces résultats, les anthropologues évolutionnistes Rob Boyd et Pete Richerson ont proposé une interprétation sophistiquée des origines de la coopération. L'hypothèse principale était que les gens qui coopèrent, que ce soit dans le cadre une expérience ou dans la vie, appliquent des normes sociales, parmi lesquelles une aversion pour l'inégalité et une préférence pour le comportement pro-social chez soi et chez autrui. Le problème devient alors de comprendre pour quelle raison de telles normes sont transmises. Selon Boyd et Richerson, les normes pro-sociales ont pu se stabiliser dans les groupes humains grâce au recours à la punition. En effet, certaines données expérimentales semblent montrer que les gens punissent les participants qui ne sont pas suffisamment coopératifs. Par exemple, de nombreux sujets préfèrent dépenser une partie de l'argent qu'on leur alloue pour faire baisser le revenu d'autres joueurs lorsqu'ils n'ont pas convenablement contribué au jeu lors des tours précédents[1]. C'est ce que l'on appelle parfois la « punition altruiste » pour souligner le fait que les gens dépensent leur argent pour faire respecter une norme dont d'autres bénéficieront[2]. Des modèles mathématiques montrent que le recours à la punition permet d'assurer la transmission et la stabilité de toutes sortes de comportements. La punition aurait ainsi stabilisé l'existence d'une coopération intense à l'intérieur des groupes humains[3].

Selon Boyd et Richerson, suivis par les anthropologues qui ont développé leurs idées, ce scénario suppose que certains groupes ont élaboré des normes de coopération en faisant appel à la punition. Parce que la coopération produit de meilleurs résultats, en moyenne, que la défection égoïste, ces groupes auraient mieux assuré le bien-être de leurs membres. Comparativement, des groupes appliquant des normes coopératives moins fortes ou un moindre degré de punition auraient moins bien réussi. Et beaucoup de gens auraient pu migrer des groupes à faible réciprocité vers les groupes à forte réciprocité, contribuant ainsi à la disparition progressive des premiers. Notez que cela ne veut pas dire que les gens pratiquant peu la réciprocité ont péri, mais seulement que les groupes aux normes moins coopératives ont disparu en perdant leurs membres, ce qui serait un exemple de sélection de groupe culturelle et non génétique.

---

1. Fehr & Gächter, 2002.
2. Boyd *et al.*, 2003 ; Fowler, Johnson & Smirnov, 2005 ; Quervain *et al.*, 2004.
3. Boyd & Richerson, 1992, 2006.

C'est ainsi que l'humanité serait progressivement devenue un ensemble de populations de plus en plus coopératives[1].

Reste à savoir si les choses sont vraiment arrivées de la sorte. Bien sûr, personne ne sait ce qui s'est passé exactement au cours de la lente émergence des groupes très coopératifs, processus qui a sans doute démarré bien avant l'apparition des humains modernes[2]. En revanche, nous disposons de données sur les dispositions psychologiques des humains modernes et sur leurs comportements dans des cultures très différentes. Les données anthropologiques et les résultats expérimentaux laissent penser que les modèles de coopération développés à partir des premières études sur les jeux économiques étaient peut-être un peu trompeurs.

Commençons par la psychologie. Lors du jeu du dictateur, un expérimentateur donne de l'argent à des participants, lesquels peuvent à leur tour en donner à quelqu'un d'autre. Telle est la règle du jeu. Mais les participants appliquent-ils vraiment cette règle ? Certes, ils ont lu les instructions et peuvent les réciter si on le leur demande. Ils « savent » donc qu'ils peuvent garder tout l'argent, donner tout l'argent, ou faire n'importe quoi d'autre entre ces deux cas extrêmes. Mais la plupart des psychologues diraient que cela ne montre pas que le comportement des participants obéit à ces règles. De fait, en modifiant le jeu du dictateur, on peut voir ce qui se passe dans l'esprit des participants. Dans certaines versions du jeu, au lieu de recevoir « gratuitement » de l'argent, les participants doivent le « gagner » en effectuant certaines tâches, par exemple construire un jouet en Lego ou résoudre des anagrammes. Or les gens qui « gagnent » ainsi de l'argent ont tendance à se montrer bien moins généreux que dans la version habituelle

1. Boyd & Richerson, 1992, 2006 ; Turchin, 2007, p. 130.
2. Dubreuil, 2010.

du jeu : ils veulent garder leurs gains. Lors des jeux d'ultimatum également, ceux qui ont dû travailler pour leur argent sont bien moins enclins à le partager[1]. Intuitivement, cela est compréhensible. Les joueurs, qui ont dû fournir un effort, ont le sentiment que l'argent est plus « à eux » que s'il s'était agi du don immotivé d'un parfait inconnu. Il est « naturel » pour eux de vouloir garder l'argent et pour nous de nous contenter de la moindre somme, aussi minime qu'elle soit[2]. Si nous revenons à la version standard du jeu du dictateur, même si l'on vous dit que l'argent vous appartient, le système intuitif qui s'occupe de la possession vous dit donc qu'en fait ce n'est pas le cas. Même si l'expérimentateur vous affirme que vos intuitions ordinaires ne s'appliquent pas, vos systèmes mentaux ne pourront s'empêcher de les appliquer, tout comme la mention « Les événements et personnes décrits ici sont fictifs » n'empêche pas vos systèmes émotionnels de prendre au sérieux les personnages de films et de romans.

Un autre problème est que la punition apparemment altruiste – dépenser de l'argent pour punir ceux qui ne coopèrent pas – est en réalité moins altruiste qu'il n'y paraît. Lorsque vous punissez autrui, même des gens qui ne vous ont rien fait, on pourrait penser que vous cherchez à préserver une norme commune d'équité pour le bénéfice de tous. Mais, intuitivement, vous cherchez peut-être aussi à vous montrer sous un jour favorable, celui d'un bon coopérateur, respectueux des normes – vous soignez votre réputation –, tout en envoyant un signal à quiconque serait tenté d'abuser de vous. Les expériences montrent que ces deux motivations sont bien à l'œuvre. Lors de jeux de biens publics, les expérimentateurs peuvent manipuler le niveau d'anonymat, ce qui, si le

1. Levitt & List, 2007 ; List, 2007.
2. Declerck, Kiyonari & Boone, 2009 ; Van Dijk & Wilke, 1997.

modèle de la punition est exact, ne devrait rien changer au résultat, dans la mesure où les gens cherchent avant tout à punir le non-respect des normes. Or, cette modification a un effet clair : les gens sont bien moins punitifs lorsque personne ne peut le remarquer[1]. Et lorsque les gens jouent à des jeux économiques, ils supposent spontanément que le comportement d'un individu vis-à-vis des autres participants prédit son comportement à leur égard. Lorsque l'expérimentateur fait disparaître cette supposition en modifiant le jeu, les gens cessent de punir autrui – ce qui suggère qu'ils le faisaient surtout à des fins de dissuasion[2]. Ainsi, la punition d'un tiers, lorsqu'elle existe, est motivée par de multiples facteurs, dont le souhait de faire respecter des normes coopératives ne fait sans doute pas partie. En fait, même lorsque les joueurs ne savent pas si leur attitude punitive profite au groupe, ils punissent ceux qui font défection, quoi qu'il arrive[3].

D'un point de vue anthropologique, la théorie de la punition semble tout aussi difficile à soutenir. Le modèle implique que l'on punisse un individu qui ne coopère pas, même si l'on n'a pas grand-chose à perdre – on appelle cela la « punition de tiers ». Mais il s'avère que l'on rencontre très peu de punitions de tiers lors d'interactions sociales réelles, du moins dans les sociétés de petite taille. La plupart du temps, les gens punissent ceux qui violent les normes, mais ils le font surtout lorsqu'eux-mêmes ont pâti de la transgression. En fait, les anthropologues rapportent que dans la plupart des sociétés de petite taille, la punition active est rare. Les gens se contentent en général de déplorer le caractère déplorable des profiteurs et préfèrent interagir avec des coopérateurs. À titre d'illustration,

1. Kurzban, Descioli & O'Brien, 2007.
2. Krasnow *et al.*, 2016.
3. Burton-Chellew & West, 2013.

une étude de l'action collective chez les Tsimanes de Bolivie a montré que souvent les gens ne respectent pas leurs obligations communautaires, par exemple la participation à la réparation des puits et des ponts, sans qu'ils en subissent vraiment les conséquences[1]. Cela est assez typique des sociétés de petite taille : les gens punissent effectivement les offenses, recrutent pour ce faire, si nécessaire, leurs parents et leurs amis, mais se donnent rarement la peine de punir des violations de tiers, car le bénéfice à en espérer est moindre que le coût potentiel. En général, si les gens ne sont pas directement affectés, ils ignorent les transgresseurs[2].

Certes, la punition de tiers transgresseurs est fréquente dans les sociétés modernes. Mais au lieu de vous occuper vous-même des voleurs et des agresseurs, vous faites confiance à la police et à la justice pour infliger des punitions appropriées. Ce sont ces institutions qui se chargent de punir les tiers. Ce n'est pas un processus pertinent du point de vue de l'évolution humaine, dans la mesure où ces institutions existent depuis peu et ne sont apparues que lorsque la taille des communautés en a réduit le coût. Il est moins onéreux de payer des impôts que de recruter soi-même sa propre police.

Si donc l'altruisme assuré par la punition n'est pas une bonne explication, pourquoi la coopération humaine existe-t-elle ? Et pourquoi se manifeste-t-elle par des comportements généraux du type que l'on observe dans les jeux économiques ? Peut-être faut-il se tourner vers des espèces très éloignées de nous pour tenter de comprendre la manière dont des interactions mutuellement avantageuses peuvent évoluer.

1. Gurven & Winking, 2008.
2. Baumard & Lienard, 2011 ; Price, 2005 ; Wiessner, 2005.

La sagesse des poissons

Dans certains récifs coralliens, on observe une coopération apparemment stable entre des « clients », de grands poissons qui doivent se débarrasser des parasites sur leur peau, et des nettoyeurs, membres d'espèces bien plus petites, comme les labroides. Les nettoyeurs grignotent les parasites sur les écailles de leurs « clients » de grande taille, dans un échange « nourriture contre hygiène ». Chez certaines espèces, il existe de véritables stations de nettoyage, des sortes de spas où les clients rendent visite de temps à autre aux nettoyeurs, qui se tiennent à leur disposition. On pourrait croire qu'il s'agit d'un simple échange de services : les gros poissons ont besoin de se débarrasser de leurs parasites et les nettoyeurs ont besoin de manger. Mais cela donne également lieu à des conflits d'intérêts. Les nettoyeurs se nourrissent certes des parasites mais préfèrent le mucus de leurs clients et ceux-ci préfèrent qu'on ne s'attaque pas à cette couche protectrice. Leur interaction est riche en occasions de profiter de la situation plutôt que de coopérer[1].

Si l'on envisage cette interaction comme un dilemme du prisonnier, elle devrait rapidement échouer car la non-coopération peut s'avérer risquée à court terme. Les petits nettoyeurs devraient manger autant que possible le mucus d'un client avant de disparaître. Mais ce n'est pas ce que l'on observe. L'échange coopératif domine et a été stabilisé par la sélection naturelle. Comment cela est-il possible ? Le biologiste Redouan Bshary et ses collègues ont montré que différents facteurs sont en jeu. Premièrement, il y a une concurrence chez les nettoyeurs et chez les clients. Chaque client peut choisir parmi plusieurs nettoyeurs et ceux-ci peuvent choisir parmi divers clients. Si un

1. Bshary, 2002 ; Bshary & Grutter, 2005.

partenaire ne coopère pas, il s'en trouvera donc toujours un autre pour prendre sa place. Deuxièmement, les clients peuvent punir les nettoyeurs qui se conduisent mal en les chassant ou en les évitant. Et des études montrent que, lorsqu'ils sont ainsi punis, les nettoyeurs apprennent la leçon et modifient leur comportement[1].

Ces organismes apparemment simples ont ainsi trouvé une manière de participer à des interactions mutuellement bénéfiques. Bien évidemment, personne ne pense que les poissons calculent explicitement toutes ces possibilités. Ils n'en ont pas besoin car la sélection naturelle les a dotés des bonnes préférences et des bonnes réactions dans des situations de coopération et de tricherie. Les génotypes qui conduisaient à des stratégies malhonnêtes diffusaient moins dans le pool de gènes que ceux favorisant des interactions mutuellement bénéfiques. La caractéristique centrale qui le permet, c'est la possibilité de choisir ses partenaires en préférant les coopérateurs aux tricheurs[2].

Étant donné l'avantage que représente ce type d'interaction, on pourrait croire qu'il s'agit de l'exemple à suivre pour les humains... et de fait, nous nous conduisons déjà de la sorte, ce qui explique peut-être que l'évolution a fait de nous des coopérateurs experts. La coopération entre humains, à la différence du cas des poissons, est une forme de mutualisme *intra*spécifique, des individus coopérant avec d'autres membres de leur propre espèce. Mais il se peut – et c'est ce que semblent indiquer les données – que, si nous avons abouti à une coopération entre individus non apparentés, c'est parce que nous avons été confrontés aux mêmes types de contraintes que celles qui ont donné les relations nettoyeur-client, à savoir un choix possible

1. Adam, 2010 ; Bshary, 2002 ; Bshary & Grutter, 2005.
2. Ferriere *et al.*, 2002.

entre différents partenaires, une connaissance des interactions passées avec chaque individu, et des punitions graduelles en cas de défections occasionnelles. Le choix des partenaires aurait créé un marché pour les coopérateurs, dans lequel les individus se distinguent par leurs offres et les ajustent aux préférences des partenaires potentiels, ce qui aboutit à un résultat avantageux pour tous[1].

Cela est très différent des modèles classiques, fondés en particulier sur le dilemme du prisonnier ou sur des jeux du dictateur réitérés, lors desquels on affronte un partenaire unique à chaque tour et où le seul problème est d'éviter que le partenaire ne triche. Dans ces situations, chacun s'en sort mieux si tout le monde coopère, mais celui qui s'en sort le mieux est le tricheur face au coopérateur. Dans le cadre de tels jeux, l'équilibre consiste bien sûr à faire défection et comme les deux partenaires peuvent tenir le même raisonnement, ils s'attendent à ce que les autres trichent et trichent donc eux-mêmes. Mais l'interaction sociale humaine ne ressemble en rien à de tels dilemmes[2]. L'évolution des humains s'est déroulée dans des groupes où ils pouvaient coopérer avec d'autres individus et tirer parti de leur coopération. L'évolution des humains les a aussi dotés d'un intérêt intense pour les affaires d'autrui, de sorte que les informations sur votre propre comportement avec différents individus ne se limitent pas en général aux parties concernées. Il peut donc être très avantageux d'avoir la réputation de privilégier par son comportement l'honnêteté et le profit mutuel[3].

1. André & Baumard, 2011.
2. Binmore, 2005, pp. 63-66.
3. Krasnow *et al.*, 2012 ; Milinski *et al.*, 2002 ; Noë & Hammerstein, 1994 ; Noë, Van Schaik & Van Hooff, 1991 ; Piazza & Bering, 2008.

Coopérer en vue d'obtenir des avantages mutuels

Le fait de pouvoir choisir parmi différents partenaires explique certaines caractéristiques de la coopération humaine qui sinon resteraient mystérieuses. Par exemple, l'anonymat pose problème aux humains. Dans les études transculturelles de Joseph Henrich et ses collègues, il s'est avéré très difficile de persuader les participants que les jeux étaient véritablement anonymes[1]. Lors de jeux du dictateur classiques, on annonce aux participants que les receveurs ne connaîtront pas leur identité. C'est indispensable si l'on souhaite que les participants se conduisent d'une manière optimale de leur point de vue sans se soucier de possibles représailles ou de leur réputation. Mais, si les gens recrutés pour ces études déclarent savoir que la procédure est parfaitement anonyme, il n'est pas évident que tous les systèmes mentaux impliqués acceptent cette supposition[2].

Dans les environnements sociaux au sein desquels s'est déroulée notre évolution, les individus interagissaient constamment les uns avec les autres. C'est la raison pour laquelle, même lorsqu'on leur donne des instructions stipulant explicitement le contraire, les participants de ces jeux économiques font spontanément l'hypothèse que les interactions se répéteront – et cela influe sur leur comportement, bien évidemment, puisqu'ils préféreront coopérer avec des individus qui auront l'occasion de leur rendre la pareille[3]. C'est peut-être pour cela que les gens préfèrent donner un peu de leur argent lors d'un jeu du dictateur ou de l'ultimatum. Pour prendre une situation moins artificielle, les gens laisseront un pourboire dans un restaurant

1. Henrich *et al.*, 2001.
2. Bshary & Bergmüller, 2008 ; Hagen & Hammerstein, 2006 ; D. Karp *et al.*, 1993 ; Kiyonari, Tanida & Yamagishi, 2000.
3. Hagen & Hammerstein, 2006 ; Krasnow *et al.*, 2013.

où ils ne retourneront pas. Les comportements généreux de ce type sont difficiles à expliquer si seuls des intérêts personnels limités sont en jeu ; mais dans le contexte évolutif de groupes de petite taille, ils ont pu constituer un premier pas vers la mise en place d'arrangements mutuellement bénéfiques. Dans de tels environnements, on peut perdre non seulement en choisissant les mauvais partenaires (non coopératifs) – c'est le coût auquel les modèles traditionnels s'intéressaient principalement – mais aussi en n'interagissant pas avec les bonnes personnes, ce qui peut vous faire manquer des occasions de coopération à long terme[1].

S'il existe un certain choix parmi les partenaires potentiels, il n'y a sans doute pas grand-chose à gagner en punissant des tiers qui violent les normes locales de coopération. Lorsqu'on est confronté à des non-coopérateurs, la solution la plus simple est souvent de cesser d'interagir avec eux et de rechercher des partenaires mieux disposés[2]. Cela est certes une forme de punition – le tricheur n'est pas très affecté à court terme mais c'est également assez peu coûteux pour celui qui punit. Notez que cette stratégie est purement individuelle. Si vous privez cette personne de votre coopération, ce n'est pas pour aider le groupe et vous ne renforcez pas les normes. Et vous ne le faites pas non plus, comme on l'entend parfois dire, « pour une question de principe ». Vous faites cela essentiellement dans votre propre intérêt[3].

La possibilité de choisir son partenaire explique aussi certains aspects plus subtils de la punition des tricheurs. Les poissons pratiquant le mutualisme ont le choix entre divers degrés de punition. Confrontés à des nettoyeurs qui aiment un peu trop

1. Delton *et al.*, 2011.
2. Barclay, 2016.
3. Putnam, 2002.

le mucus, les clients peuvent refuser leurs services, voire les chasser et même s'en prendre à eux. Une punition graduée permet au client de ne pas se faire exploiter et sert de leçon à l'exploiteur potentiel. D'un point de vue formel, cela rend aussi plus probable une interaction mutuellement bénéfique. Lorsqu'un coopérateur passé tente de profiter de la situation et est puni en conséquence, il apprend, pour ainsi dire, qu'il ne faut pas pousser le bouchon trop loin. On peut même prédire que, toutes choses égales par ailleurs, il vaudra mieux interagir avec un tel partenaire qu'avec un inconnu. C'est effectivement ce qui se passe lors de jeux économiques, lorsque les participants peuvent interagir avec des partenaires multiples, récompenser la coopération, punir la défection et obtenir de l'information sur les interactions passées. Les gens préfèrent un partenaire qui a déjà été puni à un nouveau partenaire à propos de qui ils ne disposent d'aucune information[1].

Mais les humains ne se contentent pas de coopérer, c'est-à-dire de prendre part à des actions collectives, ou de tirer parti de ces arrangements mutuellement bénéfiques. Ils veulent aussi que l'allocation des ressources soit équitable et prennent très mal le fait que certains tentent d'obtenir plus que leur « juste » part. Considérons un problème simple : partager le fruit de la chasse, creuser un puits, ou tenir un stand de limonade. Intuitivement, il semble évident que les bénéfices de telles entreprises doivent être partagés équitablement entre tous ceux qui y ont participé. Les recettes de la vente de limonade devront être partagées entre les investisseurs et le puits devra être accessible à tous ceux qui auront donné un coup de main pour le creuser. Si les contributions sont inégales, il paraît aussi juste qu'évident que la part de chaque participant devra être proportionnelle à l'effort fourni. Ceux qui ont harponné la baleine, activité bien

1. Krasnow *et al.*, 2012.

plus dangereuse et capitale que le fait de tenir la barre de l'embarcation, devront avoir droit à une part plus importante de la viande. Et c'est effectivement ainsi que la chasse en groupe et toutes sortes d'autres actions collectives sont organisées dans la plupart des sociétés humaines. Les expériences démontrent que même des enfants de trois ans savent intuitivement que la récompense doit être proportionnelle à la contribution de chacun, que l'on se trouve dans une ville du Japon ou dans un campement de nomades Turkana, au Kenya[1]. Bien sûr, il arrive que les gens obtiennent plus que leur dû – mais cela est mal vu partout dans le monde et les gens préfèrent éviter les individus qui se conduisent de la sorte ou leur battre froid.

Cette intuition quant à la proportionnalité de la répartition est peut-être une conséquence de la possibilité de choisir ses partenaires. Supposons que vous participiez avec un partenaire à une opération au cours de laquelle chacun fournira le même effort, par exemple préparer la limonade qui sera vendue dans la rue. Comment partager les bénéfices de cette opération ? La plupart des humains considèrent intuitivement que l'argent doit être divisé en parts égales. Mais pourquoi ne pas proposer une répartition injuste qui vous favorisera ? Vous pourriez proposer un partage abusif, par exemple 80 % pour vous, 20 % pour l'autre. Si votre collaborateur a le choix parmi un ensemble de partenaires potentiels, beaucoup offriront des conditions plus favorables que 20 % des recettes. Il est donc peu probable que vous trouviez quelqu'un qui sera prêt à accepter des conditions aussi injustes, puisqu'il disposera d'autres options. Si c'est votre partenaire qui a les dents trop longues et insiste sur un partage qui vous est défavorable, vous pourriez vous adresser à d'autres partenaires potentiels jusqu'à obtenir la meilleure offre que

1. Baumard, Mascaro & Chevallier, 2012 ; Chevallier *et al.*, 2015 ; Lienard *et al.*, 2013.

vous puissiez espérer, c'est-à-dire un partage 50/50. Autrement dit, l'existence de cette compétition entre coopérateurs aboutit mécaniquement à la proportionnalité des efforts et des gains.

Cette caractéristique des modèles de choix des partenaires s'accorde bien avec les intuitions humaines sur ce qu'est une répartition « juste » et peut être démontrée mathématiquement dans le cadre de ce que l'on appelle des « marchés de partenaires[1] ». Elle correspond aussi à ce que l'on observe dans la réalité. Dans les sociétés de chasseurs-cueilleurs, il existe une corrélation directe entre donner et recevoir – vos actions reviendront vous hanter, tel est le point essentiel[2]. Ainsi, la différence majeure entre le choix forcé, caractéristique des jeux comme le dictateur, et les modèles de marché est que les seconds, à la différence des premiers, n'expliquent pas seulement l'existence de la coopération, mais aussi son intensité.

Tout cela conduit à suggérer un scénario minimal pour expliquer la stabilisation de dispositions coopératives au cours de l'évolution. Les humains ont ceci de particulier que leur bien-être dépend en grande partie d'autres humains, en raison de la solidarité entre parents et de l'action collective (chasse, partage de l'élevage des enfants, protection et ainsi de suite). L'action collective peut émerger et devenir très avantageuse si, premièrement, les individus ont des capacités cognitives leur permettant de suivre différents individus en tenant le compte des dernières interactions avec eux et, deuxièmement, si les individus disposent d'informations sur les interactions entre tiers. À la différence des poissons, les humains peuvent partager des informations grâce à la communication, de sorte que le comportement passé des gens sera connu de presque tous ceux qui pourraient avoir à interagir avec eux. C'est cela que les

1. André & Baumard, 2011 ; Baumard, André & Sperber, 2013.
2. Gurven, 2004.

biologistes appellent la « réputation » : il s'agit ni plus ni moins d'une circulation d'informations sociales qui existe dans tous les groupes humains[1]. Troisièmement, les individus doivent être capables de punir de manière graduée ceux qui ne coopèrent pas, ce qui peut aller de l'évitement aux représailles directes en passant par la diffusion d'informations sur leur comportement. Toutes ces capacités étant caractéristiques des êtres humains, il n'a pas fallu qu'elles effectuent un bond en avant, qui aurait pu être produit par une mutation importante, pour qu'émerge la coopération. Ces capacités ont été progressivement affinées par la sélection naturelle, car il ne s'agit pas de stratégies « tout ou rien ». L'existence d'une coopération limitée au sein d'une population peut donc faciliter la propagation de génotypes rendant possible l'émergence de capacités coopératives plus sophistiquées[2].

Partage et échange

Armés de ces capacités favorisant une coopération mutuellement bénéfique, nos ancêtres se sont lancés dans toutes sortes d'actions collectives, comme la chasse en bande, la défense du groupe ou la mise en commun du soin des enfants. Mais ils ont aussi entrepris deux types d'activité que l'on ne trouve que chez les humains : le partage et certaines formes d'échange avec des inconnus.

Le partage est l'aspect le plus frappant de la coopération chez les chasseurs-cueilleurs, dans laquelle des individus distribuent des ressources à l'ensemble du groupe. On trouve ce type de

1. Sperber & Baumard, 2012.

2. Baumard, André & Sperber, 2013 ; Baumard & Sheskin, 2015 ; Delton & Robertson, 2012, p. 52 ; Krasnow *et al.*, 2016 ; Tomasello, 2009, p. 52 *sqq.*

partage, en particulier s'agissant de nourriture, dans tous les groupes humains et il semble être une partie essentielle de l'interaction sociale dans les groupes de chasseurs-cueilleurs comme ceux au sein desquels les humains ont évolué. La question du pourquoi de ce partage et de la manière dont il est apparu chez les humains est devenue importante pour les anthropologues évolutifs et les psychologues. Le partage de la nourriture prive l'individu de certaines ressources, ce qui est mystérieux si l'on estime que les individus cherchent toujours à maximiser leur propre bien-être. Et le partage ne se limite pas aux parents proches et aux dépendants. Cela veut-il dire que nos conditions ancestrales de vie ont fait de nous des altruistes inconditionnels ? Les premières descriptions anthropologiques des chasseurs-cueilleurs les décrivaient comme animés par une morale généreuse de partage sans discrimination. Si la propriété privée n'existait pratiquement pas chez les chasseurs-cueilleurs, c'est que tout le monde partageait avec tout le monde le produit de son activité.

Mais les choses sont moins simples qu'il n'y paraît. Premièrement, dans les sociétés de chasseurs-cueilleurs, toutes les ressources ne sont pas partagées de la même manière. Les gens partagent les produits de la cueillette (baies, tubercules, racines, feuilles et ainsi de suite) surtout avec leurs parents proches. Le gibier, en revanche, en particulier le gros gibier, est en général partagé avec le groupe. Tout le monde reçoit quelque chose, mais les chasseurs ont droit à une part plus importante et, parmi les chasseurs, ceux qui ont tué l'animal reçoivent souvent une part encore plus grande[1]. La manière différente dont sont traités les plantes et le gibier est une forme d'assurance. Le résultat de la cueillette – racines, tubercules, noix et baies – varie peu

1. Bliege Bird & Bird, 1997 ; Gurven, 2004 ; Jaeggi & Van Schaik, 2011 ; Kaplan & Gurven, 2005.

et chaque individu peut donc espérer recevoir autant que les autres, aujourd'hui comme demain. En revanche, le produit de la chasse est très variable, les expéditions réussies étant rares et espacées dans le temps. Il est donc raisonnable que les gens partagent la totalité du gibier, ce qui garantit qu'ils recevront une part des ressources lorsqu'eux-mêmes auront moins de chance. Ce partage se comprend aussi en raison de la valeur marginale des unités de nourriture, qui décroît fortement pour le gros gibier, car chaque unité est trop grande pour un seul individu et ses parents proches. Si vous ne partagez pas vos prises importantes, celles-ci pourriront et vous passerez pour un égoïste. Le partage est donc une manière de générer des obligations et du prestige à moindre coût[1]. Et, surtout, le partage dépend souvent d'une certaine réciprocité, passée ou à venir. Même lorsqu'il existe une norme officielle de partage inconditionnel, les plus généreux finissent par recevoir plus[2].

Le partage communautaire n'est donc pas fondé sur une simple envie de favoriser les autres. Le système intuitif qui guide nos préférences de distribution prend en considération comme donnée l'information décrivant (a) les ressources fournies, (b) l'identité et le comportement des individus impliqués dans l'obtention des ressources et (c) l'identité des gens qui revendiquent une part des ressources. Le même système fournit des intuitions sur la répartition souhaitable et ajuste la part de chacun selon sa contribution, la nature de la ressource (gibier ou plantes, par exemple) et la relation avec les contributeurs.

Outre le partage, il y a bien sûr l'échange. Dans tous les groupes humains, même chez les chasseurs-cueilleurs, les gens pratiquent l'échange de services, de biens et de faveurs. Les biens peuvent être des outils, des vêtements, des ornements, des

1. Gurven, 2004.
2. Gurven, 2004 ; Gurven *et al.*, 2000.

jouets, des plantes médicinales et bien d'autres choses encore. Ces biens et services peuvent être échangés au sein du groupe. Mais les groupes préhistoriques pratiquaient aussi des échanges à longue distance, en particulier de biens précieux comme l'obsidienne en Europe, en Afrique et dans les Andes, ainsi que des matériaux et des substances ne pouvant être obtenus localement, tout particulièrement le sel. Les Européens préhistoriques transportaient des biens tout le long du Danube et d'autres grands fleuves. Des coquillages provenant de l'océan Indien parvenaient jusqu'en Chine et en Afrique occidentale, où ils servaient de monnaie d'échange, et l'on retrouvait l'obsidienne mexicaine jusqu'au Mississippi[1]. L'archéologue Colin Renfrew a énuméré les nombreuses manières dont une production simple, locale, pouvait atteindre des marchés de masse – par exemple, les échanges locaux avec des parents et des membres du groupe, la redistribution au sein d'un groupe, les marchés locaux, la centralisation par des chefs, le négoce grâce à des intermédiaires, des émissaires, des avant-postes coloniaux, et ainsi de suite[2]. Différents types de biens pouvaient circuler le long de ces « chaînes de biens » et de nombreux exemples attestent qu'un bien particulier pouvait emprunter plusieurs de ces voies[3].

Il y a donc eu des échanges depuis fort longtemps, mais jusqu'à peu, ceux-ci ne concernaient qu'une petite portion de la production. Les humains cueillaient des plantes et chassaient du gibier, puis ils se sont mis à cultiver de petits lopins de terre et à domestiquer des plantes et des animaux, mais durant la majeure partie de la préhistoire, ils consommaient la plupart de ce qu'ils produisaient. Pourquoi l'échange, une activité

1. Dillian & White, 2010.
2. Renfrew, 1969.
3. Earle, 2002

à laquelle les humains se livrent facilement, occupait-il une place relativement modeste dans l'économie ? Une partie de la réponse est qu'il n'y avait pas assez de biens à échanger. Les chasseurs-cueilleurs ne produisaient généralement pas de gros excédents de nourriture et, dans la plupart des cas, cet excédent ne pouvait être conservé. Même s'il avait pu l'être, les faibles densités de la population préhistorique auraient nécessité de parcourir de longues distances pour faire des affaires, obstacle supplémentaire à un commerce efficace.

La psychologie de l'échange

Aussi limités qu'ils aient été, comparés au commerce moderne, les échanges préhistoriques démontrent que les humains avaient développé des capacités psychologiques spécifiques rendant possible l'échange de biens et de services, une forme d'interaction très rare dans la nature.

Cette aptitude semble être une caractéristique humaine unique. Pour nous, l'échange est transparent et rationnel. Quoi de plus évident, en effet, qu'offrir ce dont on n'a pas vraiment besoin pour obtenir ce que l'on désire mais ne possède pas ? Néanmoins, le fait que quelque chose soit transparent et évident ne veut pas dire qu'il est simple. Tout ce que cela veut dire, c'est que les systèmes qui les prennent en charge sont bien adaptés et opèrent à l'insu de notre inspection consciente. Si l'on regarde donc sous le capot de l'échange, que trouve-t-on ? Premièrement, bien évidemment, des agents qui échangent des biens et des services doivent être capables de comparer les « utilités » des biens et en inférer si cela vaut la peine d'en céder un pour obtenir l'autre. C'est à la fois totalement évident pour les esprits humains, dès un très jeune âge, et presque totalement incompréhensible pour la plupart des autres animaux. Nous saisissons immédiatement que l'échange permet de résoudre ce que les économistes appellent une « situation de besoins convergents » – j'ai besoin de pain alors que j'ai trop de saucisses, et pour vous c'est l'inverse. Pour nos esprits, il suffit même de décrire cette situation pour que la solution s'impose naturellement. Et nous apprécions intuitivement que la transaction améliorera la situation de chacune des parties. Mais il faut pour cela des adaptations cognitives spécifiques, raison pour laquelle cela reste très rare dans la nature. Certes, il existe de nombreux cas de réciprocité dans le règne animal. L'épouillage chez les primates en est un exemple familier. Dans le même ordre d'idées, les chauves-souris vampires régurgitent du sang dans la bouche de leurs compagnons qui n'ont pas réussi à trouver une proie et qui leur rendront la pareille à un autre moment. Mais il s'agit d'échanges différés d'un bien ou d'un service unique. Cela ne concerne jamais, ou seulement très rarement, des biens de types différents, comme un épouillage en échange de nourriture. Il existe aussi des cas de quasi-échanges, comme des présents pour obtenir du sexe, mais en général cela est limité à un seul type de bien ou de service.

À l'inverse, pour que l'échange généralisé soit possible, il faut être capable de considérer une grande variété de biens comme pouvant faire l'objet d'un échange, mais surtout d'évaluer un bien par rapport à un autre en comparant leurs utilités. Les études neuro-économiques ont mis en évidence l'existence de systèmes neuronaux impliqués dans l'évaluation et la prise de décisions, dans la manière dont des individus comparent l'utilité attendue de divers choix et préfèrent, par exemple, un type de bien à un autre, ou une certaine quantité ici et maintenant à une quantité plus importante par la suite. Ces travaux montrent qu'un câblage et des processus neuronaux identiques existent chez des primates proches des humains[1]. En fait, on peut apprendre à certains animaux à échanger et même à utiliser une imitation de monnaie. Mais de tels comportements ne font pas partie du répertoire de ces espèces, alors qu'ils sont omniprésents chez les humains[2].

Il faut ensuite posséder un ensemble de capacités permettant de se représenter la possession d'une manière souple et sophistiquée qui rende l'échange possible. Bien évidemment, il n'y a pas d'échange possible sans une compréhension de qui possède les biens échangés. Nos représentations de la possession sont souvent très intuitives (nous avons tous l'impression de savoir ce que posséder quelque chose veut dire) mais cela reste difficile à formuler de manière précise. Partout dans le monde, les êtres humains affirment avec assurance que certains individus possèdent certaines choses. Toutes les langues sont capables d'exprimer ce rapport particulier entre des agents et des choses. Et toutes les sociétés humaines distinguent propriété et possession. Je conduis peut-être cette voiture mais cela ne fait pas de moi son propriétaire, surtout si je l'ai prise par la force à quelqu'un d'autre[3]. Dans tous les groupes humains, les gens font une telle distinction. Pour finir, des motivations et des émotions puissantes sont partout associées aux représentations de la propriété. Le vol de biens appartenant à autrui suscite de la colère et un désir de punir le responsable. La possession de biens de valeur est une source de fierté, de satisfaction et de jalousie.

Chez les humains, les intuitions de propriété apparaissent très tôt et s'accompagnent de l'idée que le premier possesseur

1. M. K. Chen, Lakshminarayanan & Santos, 2006 ; Glimcher, 2009 ; Padoa-Schioppa & Assad, 2006 ; Santos & Platt, 2014.
2. M. K. Chen, Lakshminarayanan & Santos, 2006 ; Santos & Platt, 2014.
3. Brown, 1991 ; Heine, 1997.

est le propriétaire : comme disent les juristes, en l'absence de titres, possession vaut preuve. Et même les très jeunes enfants savent qu'il existe une distinction cruciale entre le fait de détenir quelque chose et celui d'en être le propriétaire légitime. Certaines personnes peuvent détenir un objet et s'en servir sans en être les propriétaires, et des propriétaires peuvent ne pas être en possession de leurs biens. Cela ne constitue pas une difficulté conceptuelle particulière pour des jeunes enfants. Ce qui rend la propriété spéciale à leurs yeux et à ceux des adultes, c'est l'historique du rapport entre une personne et l'objet. Par exemple, les jeunes enfants comprennent intuitivement que la personne qui extrait certaines ressources de l'environnement en est le propriétaire. Ils supposent aussi que la transformation de quelque chose, par exemple d'un tas d'argile en une sculpture, fait de vous, plutôt que de son possesseur original, le propriétaire du résultat[1]. Les gens ont aussi des croyances explicites sur la propriété. Mais les données expérimentales montrent que ces croyances sont souvent vagues, confuses et parfois incohérentes. Les gens, par exemple, diront qu'on ne peut pas littéralement posséder des personnes avant qu'on ne mentionne l'existence de l'esclavage, ou que les idées n'ont pas de propriétaire, avant qu'on ne mentionne les chansons ou les films[2]. Le fait que nos conceptions explicites soient souvent incohérentes suggère que les jugements sur la propriété sont en fait régis par un système intuitif spécifique. Dans ce cas comme dans d'autres, le raisonnement vient après les intuitions, comme tentative d'explication ou de justification[3].

Pour finir, nos capacités d'échange social incluent des systèmes spécialisés dans la détection du resquillage et de la

1. Friedman, 2010 ; Friedman & Neary, 2008.
2. Noles & Keil, 2011.
3. P. Boyer, 2015.

tricherie lorsque des individus tentent de profiter d'une transaction sans en payer le prix. L'anthropologue Leda Cosmides, une pionnière des modèles évolutifs de la cognition, explique que l'évolution a doté les humains d'un système d'inférence spécifique sensible à des informations du type « bénéfice perçu, coût non payé » et que celui-ci déclenche le mécanisme approprié de détection des menaces. De fait, des expériences ont démontré que la détection du resquillage était automatique et très spécifique[1]. Par exemple, les gens ont du mal à dire quelle information précise confirmerait ou infirmerait la bonne application d'une règle. Supposons que la règle soit : « Si le dossier est vert, il contient des demandes de subvention approuvées » ; et demandons-nous si la présence d'une demande de subvention approuvée dans un dossier rouge infirme la règle. La plupart du temps, les gens répondront à tort que les dossiers rouges ne contiennent que des demandes non approuvées. Mais supposons à présent que la règle soit formulée en termes de coûts et de bénéfices, par exemple : « Si un client boit de l'alcool, alors il a plus de dix-huit ans. » Dans ce cas, les gens ne commettent pas la même erreur. Les psychologues ont mis en évidence cet effet aussi bien chez des étudiants américains que chez les Shiwar, des chasseurs-cueilleurs amazoniens[2]. Notre psychologie du resquillage ne se limite pas à la combinaison « bénéfices obtenus, coût non payé ». Si tel était le cas, les gens chercheraient à punir ceux qui ne peuvent contribuer, par exemple parce qu'ils sont trop jeunes, trop vieux, ou temporairement incapables. À l'inverse, nous nous efforcerions de punir ceux qui ont recueilli des bénéfices accidentellement, sans le savoir. Or, les données expérimentales montrent que des systèmes

1. Cosmides, 1989 ; Cosmides & Tooby, 1992, 2005.
2. Sugiyama, 1996.

inconscients font le tri entre ces cas et réservent la réponse émotionnelle, ainsi que la réaction d'évitement, aux individus qui, délibérément, prennent plus que ce à quoi ils ont droit et évitent d'en payer le prix[1].

Un modèle : l'échange social en contexte

Ces trois systèmes cognitifs – équivalence des utilités, propriété, détection des resquilleurs – font partie de ce que l'on pourrait appeler le « modèle de l'échange », une description abstraite de ce qui constitue une transaction pour nos systèmes mentaux. Les transactions réelles peuvent ne pas obéir à ce modèle. En fait, dans le monde moderne, de nombreuses transactions violent ces attentes. Néanmoins, les données expérimentales suggèrent que ce schéma fait effectivement partie de nos attentes spontanées quant à l'échange et sont une composante très ancienne de notre équipement mental.

Pour commencer, les humains s'attendent spontanément à ce que l'échange se fasse entre des agents identifiés, puisque le choix des partenaires en dépend. Nous devons noter l'identité des coopérateurs et celle des resquilleurs, et nous devons aussi tenir un registre des transactions passées avec chaque individu, faute de quoi nous ne pouvons évaluer ce que nous sommes en droit d'attendre de sa part et lui de la nôtre. Et l'identification des individus est bien évidemment nécessaire si l'on veut recevoir ou diffuser des informations sur qui coopère avec qui et comment, car le choix d'un partenaire dépend de sa réputation. Pour finir, les humains s'attendent à ce que les transactions soient volontaires et préfèrent qu'elles le soient. Cela est apparent dans leur aversion pour les abus, des situations dans

1. Delton *et al.*, 2012.

lesquelles des individus ou des groupes puissants imposent des conditions intuitivement injustes à des partenaires plus faibles[1].

Ce modèle intuitif de l'échange suppose également que les individus qui se sont rencontrés par le passé se rencontreront de nouveau et que les interactions mutuellement bénéfiques se produisent dans le cadre de transactions répétées. Dans des situations qui rendent possible le choix des partenaires mais où les échanges ont lieu essentiellement entre groupes proches de petite taille, il est avantageux de commercer avec les mêmes individus. Cela permet l'échange de faveurs, qui représentent une sorte d'assurance contre les abus. La personne qui, en général, échange des flèches contre du miel n'essayera pas d'augmenter ses prix quand vous serez à court de flèches, parce qu'elle tiendra à vous en tant que partenaire futur, et cela fonctionne dans les deux sens. Ce type d'échanges répétés, accompagnés de faveurs occasionnelles, implique que les transactions n'ont pas de terme précis, pas de limite claire au-delà de laquelle il n'y a rien de plus à espérer. C'est sans doute la raison pour laquelle le troc pur, où les partenaires échangent quelque chose sans s'attendre à des interactions ultérieures, ne jouait qu'un rôle limité dans l'économie des petites sociétés. Dans ce contexte, le troc a surtout lieu à la périphérie de l'échange, typiquement avec des inconnus plutôt qu'avec des membres de la bande ou de la tribu[2].

Comme résultat de ces préférences façonnées par l'évolution, notre modèle spontané d'échange social combine des informations économiques à proprement parler, sur la nature des biens, leur quantité, leur valeur et leur prix, et toutes sortes d'informations sur l'identité et la réputation des individus. Comme l'ont fait remarquer de nombreux anthropologues, dans les sociétés

1. Guzman & Munger, 2014.
2. Hann & Hart, 2011 ; Humphrey & Hugh-Jones, 1992.

de petite taille et, par voie de conséquence, durant la majeure partie de l'évolution humaine, l'activité économique n'était pas indépendante des autres aspects de l'interaction sociale. Les transactions concernaient non seulement les biens des personnes, ce qu'elles avaient gagné ou perdu, mais aussi leur réputation, leur statut social, la nature de leurs rapports avec leurs partenaires d'échange, la fiabilité d'autrui, la cohésion des groupes dont on faisait partie et ainsi de suite. La séparation claire entre échange économique et d'autres aspects de l'interaction sociale est un produit récent des conditions de marché[1].

Les humains ont donc développé non seulement une capacité pour l'échange mais aussi pour l'échange répété avec des partenaires connus, bienveillants, mais que l'on surveille néanmoins de près[2]. Autrefois, les anthropologues étaient partagés quant à la meilleure manière de comprendre les processus économiques dans des sociétés sans marchés de masse. Certains estimaient qu'il fallait faire appel aux outils habituels de la théorie économique tandis que d'autres insistaient sur des facteurs comme ceux que nous venons d'évoquer : l'importance de la réciprocité, de l'investissement social et de la confiance réitérée, bref, de ce que l'on pourrait appeler l'« échange intégré », c'est-à-dire des transactions lors desquelles des facteurs sociaux de ce type sont aussi importants que l'utilité directe dans la prise de décisions[3]. Ces anthropologues avaient raison d'insister sur le fait que, dans une société de petite taille, l'échange se limite rarement à l'échange seul, pour ainsi dire. Mais ils se trompaient en supposant que ces facteurs supplémentaires, ces considérations de bonne volonté et de réputation que les gens incluent spontanément dans leur évaluation d'une transaction,

1. Hann & Hart, 2011.
2. McCabe & Smith, 2001.
3. Polanyi, 2001 [1957].

n'étaient qu'une affaire de normes arbitraires, de « culture » pour ainsi dire. Car cela ne suffit pas. Si les gens sont capables d'apprendre des normes locales, c'est parce que les principes sous-jacents de choix des partenaires, de réputation et d'équité, font partie de systèmes d'apprentissage dont nous a dotés l'évolution. Ils constituent une psychologie de l'échange spécifique aux êtres humains, dont est doté tout esprit humain normalement constitué, l'échange étant rendu possible et modulé par toute une variété d'émotions et de motivations morales, dont la gratitude, la bienveillance, l'envie, le dépit et l'indignation suscités par les abus.

La psychologie des biens communs

Notre psychologie sociale de l'échange nous permet aussi de prendre part à des formes complexes de coopération qui vont bien au-delà du partage communautaire ou de l'échange direct. Pour prendre un exemple, de nombreuses ressources font partie ce que l'on appelle des « biens communs », des biens dits « rivaux » (plus on les utilise, moins il y en a pour les autres) et non exclusifs (il est difficile d'empêcher les gens de les utiliser). L'eau d'une rivière est un exemple de commun. Tous les agriculteurs peuvent l'utiliser pour irriguer leurs champs mais si l'un en abuse, tous les autres en pâtiront. Il est difficile de transformer l'eau en un bien privé ou d'en interdire sélectivement l'accès. Quiconque se trouve à proximité de la rivière peut y plonger un seau et se servir. Un autre exemple est celui des terrains de chasse. Si certains chassent trop, il y aura moins de gibier disponible pour les autres. Dans ce cas aussi, il est difficile d'interdire la chasse à des gens – n'importe qui peut arriver avec un fusil et se servir – à moins d'embaucher des gardes-chasses, ce qui a un coût. Le terme économique dérive des « communs » des villages anglais, un commun (*common*) étant un champ communal où tout le monde pouvait faire paître ses bêtes. Cela a ouvert la possibilité d'une surexploitation du bien commun, car certains pouvaient chercher à profiter de cette ressource gratuite et donc, à long terme, en priver tout le monde. En fait, la notion est devenue familière grâce au fameux article du biologiste Garrett Harding intitulé « La tragédie des communs », dans lequel il défend l'idée que la surexploitation des pâturages (pour des motifs égoïstes) était inévitable dès que l'on mettait des ressources en commun[1]. Avec le temps, les biens communs seraient surexploités pour un bénéfice personnel à court terme, ce qui conduirait à une perte pour tous. L'argument a fait grand bruit en théorie économique et a suscité toutes sortes de modélisations formelles de la probabilité du surpâturage et de la vitesse à laquelle il se produirait[2]. Le terme a aussi fait son entrée dans les débats politiques, qui envisagent dès lors que seuls la privatisation ou le contrôle étatique peuvent empêcher la tragédie de la surexploitation et de l'épuisement.

Mais, à partir des années 1980, il est devenu clair que la tragédie pronostiquée ne se produisait pas, ou du moins pas de manière aussi inévitable que le prédisaient les modèles. En fait, dans bien des cas, les gens sont capables de gérer les biens communs pendant des décennies, voire des siècles, avec peu ou pas de surexploitation. Comment font-ils ? L'économiste Elinor Ostrom et ses collègues ont étudié les systèmes d'irrigation et les pêcheries en essayant de tirer des leçons générales des nombreux succès et des échecs occasionnels de la gestion des biens communs[3]. Dans ce domaine, l'histoire économique nous

1. Tomasello, 2009.
2. Levitt & List, 2007.
3. Ostrom, 1990, 2005.

fournit une sorte d'expérience naturelle, car, depuis des siècles, les gens, dans des endroits très différents, ont essayé toutes sortes d'arrangements institutionnels, dont seulement certains semblaient conduire à des systèmes stables. Quelles sont donc les règles qui fonctionnent sur le long terme ?

Pour commencer, celles-ci doivent définir de manière claire qui sont les usagers légitimes de la ressource, ceux que les économistes appellent les « appropriateurs ». Cela n'est pas toujours facile. Les pêcheurs d'un bout de côte isolé sont peut-être les usagers les plus naturels des réserves locales de poissons, mais que dire des grands bateaux de pêche opérant en haute mer ? Les usagers naturels d'un bassin hydrographique sont peut-être les agriculteurs dont la subsistance dépend de l'irrigation de leurs champs, mais cela peut changer avec le passage à une économie industrielle qui a un besoin en eau non produite localement. Et les biens communs fonctionnent également lorsque les appropriateurs locaux fixent eux-mêmes les règles. Mais l'élément le plus important du succès est le contrôle de la manière dont les gens utilisent la ressource. Il faut notamment que l'utilisation de biens communs soit surveillée, sinon par les usagers eux-mêmes, du moins par des officiels qui doivent leur rendre directement des comptes[1].

Les biens communs sont importants parce qu'ils montrent comment notre psychologie de l'échange améliore la production bien au-delà des limites des sociétés de petite taille dans lesquelles elle est apparue. La psychologie de la propriété fournit des critères intuitifs pour limiter l'utilisation d'un commun à certains agents. La communication et la mémoire nous permettent d'obtenir des informations sur le comportement des autres utilisateurs. La détection des tricheurs fournit les motivations pour dissuader et punir lorsqu'il le faut ceux qui

1. Munger, 2010 ; Ostrom, 2005.

surexploitent les ressources. L'idée ici est que l'interaction des mêmes agents au cours de nombreux cycles contrebalance la tentation d'une utilisation excessive, égoïste, des ressources. Des punitions graduées aident les utilisateurs à maintenir un niveau de coopération raisonnable sans mesures coûteuses. La psychologie de l'échange à petite échelle peut donc faciliter la gestion de l'eau d'une rivière ou des réserves de poisson dans un estuaire. Mais que se passe-t-il lorsque l'échange passe à une autre échelle et concerne une nation ou le monde dans son ensemble ?

La complexité à partir de la coopération

Le domaine le plus important de la coopération humaine est en général invisible ou n'est tout simplement pas perçu comme une forme de coopération. Je veux parler des transactions sur les marchés. Chaque individu effectue des milliers d'échanges chaque année. En soi, cela n'est pas invisible – ce qui l'est davantage, c'est que le commerce est une forme de coopération. Nous admettons tous que le commerce est la manière la plus pacifique et la plus efficace d'obtenir des biens auprès d'autrui – après tout, ce que vous ne pouvez échanger, il faudra le mendier, l'emprunter ou le voler. Les échanges sur des marchés sont coopératifs parce que les transactions sont mutuellement avantageuses, assertion que l'on trouve dès les premières pages de tous les manuels d'introduction à l'économie – les transactions ont lieu lorsque les boulangers préfèrent l'argent à leur pain (sinon, ils garderaient le pain) et les clients préfèrent le pain à leur argent (sinon ils garderaient l'argent). L'échange profite aux deux parties dans la mesure où chacune obtient plus qu'elle n'avait au départ.

L'interaction coopérative qu'est le commerce a une tendance naturelle à s'étendre, impliquant de plus en plus d'individus dans des réseaux de coopération dont le résultat est d'accroître leur prospérité. L'un des moteurs de cette expansion est la division du travail. On attribue en général à Adam Smith la première formulation claire de son importance dans la création de richesses. Son exemple bien connu du nombre de personnes nécessaires pour fabriquer une épingle demeure la démonstration classique des avantages de la division du travail. En se spécialisant pour un type d'opération, chaque agent fait plus et mieux que s'il devait passer d'une tâche à une autre. Cet effet avait été reconnu bien avant qu'Adam Smith n'en propose une explication systématique. Au IVe siècle av. J.-C., l'historien Xénophon avait déjà observé que « dans les petites villes les mêmes artisans fabriquent des banquettes, des portes, des charrues et des tables, et ils n'en fabriquent donc bien aucune », alors que dans les grandes villes on trouve des spécialistes de chaussures pour hommes ou pour femmes et la fabrication des chaussures est elle-même divisée entre ceux qui découpent le cuir et ceux qui le cousent[1].

Xénophon avait observé que la qualité des produits était meilleure et Smith ajouta qu'ils coûtaient moins cher. Mais cette division du travail possède une autre qualité dynamique : elle introduit des avantages comparatifs, comme l'a fait remarquer David Ricardo quelques décennies après Smith. Par exemple, bien que Sid, auteur à succès, sache mieux réparer les ordinateurs que Doris, sa voisine technicienne en informatique, il peut néanmoins être avantageux pour Sid de demander à Doris de s'occuper de sa maintenance informatique. S'il s'en occupe lui-même, il y passera des heures au lieu d'écrire, alors que cela lui rapporte bien plus que ce que lui coûte le travail de

1. A. Smith, 1776 ; Xénophon, 1960, 8.2.5.

Doris. Pour utiliser le terme approprié, ses coûts d'opportunité (le prix que l'on paye en faisant quelque chose parce que l'on n'a pas fait ce qu'il eût été préférable de faire) seront supérieurs à ce que lui coûtera Doris. La division du travail favorise donc une plus grande spécialisation, un cercle vertueux qui élargit l'échange et crée davantage de valeur[1].

Bien évidemment, cela n'est possible que dans des contextes de relatives paix et sécurité. Durant la plus grande partie de l'histoire humaine, la plupart des gens n'ont pu commercer, mis à part les échanges locaux, à cause des nombreuses restrictions qui rendaient prohibitifs les coûts de transaction, c'est-à-dire tous les coûts que l'on encourait dans le cadre d'échanges. Il n'existait pas de tiers impartiaux pour faire appliquer les contrats. La seule garantie que les gens respecteraient leur partie d'un contrat était ou bien que l'échange ait lieu *hic et nunc*, sous la forme de troc, ou bien d'échanger avec des parents, ou bien d'être suffisamment menaçant pour dissuader son partenaire de faire défection. Les coûts de l'information étaient élevés eux aussi. En dehors d'un petit cercle de partenaires que l'on connaissait personnellement, on ne savait pas grand-chose des partenaires et des produits potentiels. Dans ces conditions, la plupart des échanges avaient lieu au sein de réseaux de partage et de réciprocité fondés sur la parenté, parce que nous disposons d'informations fiables sur nos parents et que nous pouvons, dans une certaine mesure, faire pression sur eux[2].

Par la suite, avec le développement des sociétés agraires, il a tout de même été difficile de commercer à cause des abus des despotes et des seigneurs de la guerre. Si le roi a le droit de confisquer vos biens parce que ça lui chante, ou d'imposer des taxes selon son bon vouloir sur la production et la circulation

1. Ricardo, 1817.
2. R. A. Posner, 1980, 2001.

de biens, cela restreint les transactions. Et lorsque les seigneurs de la guerre menacent la sécurité de la population, le commerce devient rare. C'est ce qui s'est passé en Europe occidentale après la disparition des institutions impériales romaines qui garantissaient la *Pax romana* – jusque-là, les gens pouvaient voyager dans une sûreté relative à travers l'Empire. Très vite, après chaque conquête d'une province romaine par des barbares, le commerce s'est mis à péricliter car il devenait risqué de voyager. Cela a marqué la fin de la période cosmopolite de l'Empire tardif, au cours de laquelle les habitants de la péninsule italienne consommaient de grandes quantités de blé africain, de vin espagnol et d'huile grecque, sans oublier les outils et autres objets provenant des endroits les plus reculés[1]. De la même manière, aujourd'hui, en Afrique, le commerce et l'industrie sont souvent compliqués par l'insécurité généralisée, qui limite le stockage et le transport de biens[2]. Outre la sécurité des biens et des personnes, pour prospérer, le commerce exige que les droits de propriété soient relativement bien assurés et qu'il existe un moyen de garantir et de faire appliquer les contrats, ce qui nécessite des institutions judiciaires efficaces et intègres. Cela n'exige pas nécessairement un État très fort. Les commerçants du Moyen Âge et les premiers commerçants de la Renaissance, par exemple, disposaient de leurs propres associations pour faciliter les échanges entre partenaires de confiance tout en excluant ceux qui ne l'étaient pas[3].

L'expansion du commerce a créé de nouveaux défis pour les esprits humains. Les dispositions sont apparues dans le contexte de groupes de petite taille, où l'on dispose d'informations

1. Hitchner, 2005 ; Hopkins, 1980 ; Scheidel & Friesen, 2009 ; Ward-Perkins, 2005.
2. Fafchamps, 2016.
3. Greif, 1993.

précises sur la contribution des individus à la production. Dans un groupe de chasseurs-cueilleurs, on sait qui a tué l'antilope et qui y a participé, c'est-à-dire les individus qui peuvent prétendre à une part plus importante du gibier. Mais dans les sociétés de masse, on dispose en général de très peu d'informations sur qui a fait quoi parce que les processus de production sont bien trop complexes pour que cela soit possible. Pour reprendre un exemple célèbre, même la fabrication d'un banal crayon implique la coopération de centaines de spécialistes, dont aucun n'est motivé par son désir de fournir un crayon à l'utilisateur final[1]. Ce que les esprits humains, avec leur psychologie de l'échange social, ont du mal à apprécier, ce n'est pas le nombre d'agents impliqués mais l'existence quasi miraculeuse d'une coordination grâce à laquelle des individus qui ne se connaissent pas et ne sont pas particulièrement altruistes parviennent (en gros) à produire ce qui est nécessaire, lorsque cela est nécessaire, et en quantité suffisante, qu'il s'agisse de crayons, de pianos, d'ordinateurs ou de saucisses. Cette coordination massive n'a pas d'égal dans nos autres interactions sociales – raison pour laquelle nos systèmes cognitifs ont tant de mal à la comprendre.

Comprenons-nous l'économie ?

Le commerce s'est généralisé au point qu'il implique à présent des milliards d'individus dans des échanges impersonnels, la plupart des biens étant produits à l'extérieur de la sphère locale. Notre bien-être, ainsi que la position sociale relative des uns et des autres, dépendent de l'agrégation d'un nombre colossal de transactions individuelles, dont la plupart sont des échanges impersonnels qui n'ont pas vocation à se répéter. C'est

1. Read *et al.*, 2009.

une situation pour laquelle nous ne disposons pas des capacités intuitives appropriées, puisque ces conditions ne sont apparues que très récemment dans l'histoire de notre espèce. Comment les êtres humains font-ils donc pour évaluer l'équité, la désirabilité, ou même l'efficacité de ce qui se déroule à l'échelle de masse des marchés modernes ? Comment les humains ont-ils fait pour développer un nouveau type de savoir leur permettant de comprendre ce qui se passe lorsque des milliers, des millions ou des milliards d'individus agissent de manière concertée, mus par la quête individuelle du profit ?

La réponse la plus simple est qu'ils n'ont pas eu besoin de le faire. Les humains commercent à longue distance depuis des millénaires et le commerce global existe depuis des siècles, et il n'a pas radicalement altéré notre psychologie de l'échange, raison pour laquelle le comportement des gens lors de jeux économiques en laboratoire correspond si souvent à ce qui serait optimal pour un petit groupe de partenaires familiers. C'est aussi la raison pour laquelle les psychologues évolutionnistes contribuent à la compréhension de bien des aspects de la consommation dans nos sociétés modernes qui, sinon, resteraient mystérieux[1]. Les marchés sont tout autour de nous, ils parviennent à coordonner de manière efficace le comportement de millions d'agents indépendants, mais la plupart du temps, nous pensons l'économie en partant de notre modèle de l'échange social façonné par l'évolution.

Par exemple, la plupart des gens ont des croyances au sujet des loyers, des salaires, du chômage, de l'immigration, ainsi que des modèles mentaux des interactions entre des processus économiques comme l'inflation et le chômage. La prospérité des autres pays est-elle une bonne ou une mauvaise chose pour nous ? Les programmes sociaux sont-ils indispensables ou

1. Saad, 2012.

inutiles ? Le salaire minimum est-il une bonne ou une mauvaise chose pour les pauvres ? Le contrôle des prix les fait-il augmenter ou baisser ? Et ainsi de suite. Je parle ici du point de vue des non-experts, qui est différent de ce que les spécialistes peuvent penser des réalités économiques. On pourrait appeler cela des « croyances économiques spontanées ».

Ces points de vue sur l'économie sont d'une très grande importance politique. Dans les démocraties modernes, les gens s'identifient à des partis politiques et adhèrent à leurs programmes en partant d'une vision globale de l'économie. Ils évaluent des propositions politiques sur la base de leurs possibles effets économiques. Le contrôle des loyers permet-il de les maintenir à un niveau raisonnable ? Les impôts contribuent-ils à réduire les inégalités ? La pollution continuera-t-elle de s'aggraver si nous ne régulons pas nos émissions de carbone ? Il est donc important de se pencher sérieusement sur ces croyances économiques spontanées si l'on veut comprendre les théories implicites de la production et de l'échange sur lesquelles elles sont fondées.

De manière surprenante, les études systématiques de cette économie naïve sont rares. Mais nous en savons assez pour affirmer que les opinions des gens sur les processus économiques ne sont pas arbitraires, qu'elles ne résultent pas seulement de l'influence des médias ou de la propagande politique et, surtout, qu'elles vont souvent à l'encontre de la compréhension qu'ont les économistes professionnels des sociétés de consommation. En effet, lorsqu'elles se sont intéressées aux croyances économiques spontanées, les études professionnelles ont souvent été motivées par le fait que bon nombre de personnes semblent adopter des points de vue considérés comme faux ou erronés par les économistes[1]. D'où la question : en quoi les gens se trompent-ils en matière d'économie ?

1. Caplan, 2006 ; KFF, 1996 ; Wood, 2002 ; Worstall, 2014.

L'une des croyances qui reviennent le plus souvent est l'idée que la création de valeur est un jeu à somme nulle, autrement dit que les gains de certains représentent une perte des autres. Si des individus obtiennent donc plus d'argent ou de richesses, c'est au détriment d'autres individus. Le gâteau à partager a une certaine taille ; on peut le découper de différentes manières, mais on ne peut pas l'agrandir. Cette idée revient très souvent dans les débats politiques. Mais les économistes savent que, bien que les jeux à somme nulle soient une bonne description de certaines interactions (la guerre ou la répartition de bonbons entre des enfants, par exemple), l'économie dans sa totalité est un jeu à somme positive. Sinon, il n'y aurait jamais eu d'augmentation générale de la prospérité, surtout pas à l'échelle spectaculaire observée au cours des derniers siècles. Si tout le monde est devenu plus prospère, c'est bien que le gâteau a dû s'agrandir. Une autre croyance est que la richesse des nations est aussi un jeu à somme nulle. Beaucoup d'Américains estiment que si la Chine devient plus riche, cela sera mauvais pour les États-Unis. Ici, la réponse des économistes est que l'enrichissement des Chinois leur permettra d'acheter plus de produits américains. Il est donc dans l'intérêt de tous que tout le monde s'enrichisse, surtout vos clients.

Une autre idée courante est que les prix dépendent exclusivement des rapports de force entre les parties d'une négociation. C'est une autre idée extrêmement répandue qui revient constamment dans les discussions sur la question des prix. L'idée est que les prix favorisent toujours le partenaire « le plus fort » ou « le plus grand » et que l'autre en pâtit. Par exemple, lorsqu'on nous dit que telle ou telle entreprise « contrôle » une très grande part d'un marché, beaucoup en concluent que l'entreprise en question peut imposer au consommateur les produits ou les prix qu'elle désire. Les économistes ne manquent pas de faire remarquer que des entreprises apparemment très

« puissantes » vivent en fait sous la menace constante des choix des consommateurs. C'est la raison pour laquelle les géants d'hier, ces Léviathans industriels qui étaient censés « dominer » complètement un marché particulier et imposer leur volonté à tous, ont très souvent disparu corps et biens, sans laisser de traces. Mais ce pouvoir des consommateurs résulte d'une accumulation de multiples décisions, qui reste invisible pour les clients individuels.

Ces croyances sont-elles toutes fausses ? C'est sans doute ce que pensent la plupart des économistes. Mais, même en admettant que ces croyances reflètent une grave incompréhension de la manière dont fonctionne une économie complexe, et en supposant que la théorie économique fournit une explication valable – ce qui, en fait, n'est pas toujours certain –, cela n'explique pas pourquoi de telles croyances sont si répandues, ni pourquoi elles jouent un rôle si important dans les choix politiques. Après tout, les gens peuvent se tromper de bien des manières et leurs visions de l'économie devraient être aléatoires, ce qui n'est pas le cas[1].

Une explication évidente serait que les gens tirent leurs vues sur l'économie des médias ou de la propagande des acteurs politiques. C'est en partie vrai, certes, puisque les gens justifient souvent leurs opinions économiques en citant des sources extérieures, et ceux qui ont les opinions économiques les plus sophistiquées sont aussi ceux qui tirent leurs informations des médias ou des partis politiques. Mais cela ne peut être qu'un début d'explication. Même si la majeure partie de l'information des gens sur l'économie provient de telles sources, il reste à expliquer pourquoi ces informations leur paraissent si séduisantes, pourquoi elles sont mémorisées et réactivées encore et encore, à la différence d'autres qui sont rejetées ou oubliées.

1. Caplan, 2001, 2008.

Une autre interprétation courante est que les croyances des gens coïncident avec leurs intérêts. C'est en partie vrai, mais clairement insuffisant. Certes, les adversaires les plus fervents de la mondialisation se recrutent, de manière compréhensible, parmi les personnes dont les emplois ou les entreprises sont menacés par la concurrence étrangère. Mais comme l'a démontré l'économiste Bryan Caplan, les explications faisant appel à l'égoïsme des motivations sont d'un intérêt limité. Sur de nombreuses questions, les points de vue des gens résultent de biais particuliers : ils estiment, par exemple, que les politiques devraient « créer » des emplois ou que la création de valeur est un jeu à somme nulle, idées dont on ne voit pas en quoi elles correspondraient à leurs propres intérêts[1].

D'où viennent alors ces croyances ? Pour les expliquer, il faut commencer par se rappeler qu'elles ne constituent pas une théorie de l'économie : les croyances économiques des gens sont des croyances réflexives, des élaborations conscientes ou des commentaires élaborés à partir de nos intuitions. Cela veut dire que ces croyances sont activées lorsqu'elles sont pertinentes mais ne s'accompagnent pas nécessairement de descriptions claires de ce qui peut les rendre vraies ou fausses. Elles ne sont donc pertinentes que dans certains contextes et ne seront pas mobilisées dans des contextes où elles ne donnent pas lieu à des inférences supplémentaires. On peut, par exemple, penser que « la richesse est un jeu à somme nulle » dans des contextes où l'on considère des contrastes extrêmes en matière de revenus. Mais cette représentation ne sera pas activée lorsqu'on pensera à son boucher ou à son boulanger. Lorsque notre esprit considère des croyances réflexives, il ne cherche pas à tester systématiquement des hypothèses – nous avons vu cela dans d'autres domaines au

1. Caplan, 2008.

cours des chapitres précédents. On en revient donc à notre question : à quoi tient le pouvoir de séduction de ces visions particulières de l'économie ?

Les marchés divergent de notre modèle de l'échange social

L'économiste Paul Rubin a inventé le terme « emporiophobie » pour désigner la peur des marchés ou la méfiance à leur égard[1]. Il existe de nombreuses manifestations de cette méfiance intuitive dans les sociétés modernes. Par exemple, beaucoup considèrent que les marchés sont la cause probable des inégalités ou d'une certaine inefficacité de l'économie. Une autre manifestation de l'emporiophobie pourrait être l'opposition pour des raisons morales aux marchés dans le cas, par exemple, des greffes d'organe ou de l'adoption. Cette emporiophobie figure très souvent dans les discours politiques. Comment l'expliquer ? Notre modèle de l'échange social offre une explication plausible quoique spéculative.

Dans un marché moderne, on dit que les transactions sont « impersonnelles ». Les gens n'ont pas besoin de savoir grand-chose sur leurs partenaires, hormis leur position (acheteur ou vendeur), les biens qu'ils vendent ou achètent et leur prix. Les seules attentes qui régissent les décisions sont le prix et l'utilité. Vous n'avez pas besoin de savoir quelle est la fibre morale du boulanger ou du boucher quand vous décidez de fréquenter leurs boutiques. Chose importante, ces échanges n'ont pas nécessairement à se reproduire. Une fois le pain ou le rosbif achetés, une fois réglé le prix convenu, rien ne vous oblige à interagir de nouveau avec ces fournisseurs.

1. Rubin, 2013.

Dans un marché, ces caractéristiques constituent des avantages économiques, mais nos systèmes d'inférence intuitifs ne voient pas les choses du même œil. Comme j'ai déjà eu l'occasion de le dire, notre modèle d'échange social exige que l'on recherche l'information pertinente au sujet des personnes, au-delà de leur offre et de la valeur des biens échangés. Plus spécifiquement, ce modèle d'échange social intègre une forte préférence pour des interactions avec des partenaires connus, car cela permet à chaque partie d'offrir et d'obtenir des informations sur les interactions passées. Il est également important de retenir que nous avons une forte préférence pour des interactions avec des partenaires privilégiés parce que cela représente une certaine assurance contre les abus. Dans la mesure où aucun des partenaires n'aurait à gagner de la rupture de la série de transactions, il est attendu qu'aucun ne cherchera à profiter de l'autre, par exemple en gonflant les prix.

Étant donné ces préférences, les caractéristiques singulières, remarquables, des marchés de masse peuvent être interprétées par nos systèmes mentaux comme autant de menaces. De même qu'une forme qui glisse dans l'herbe indique la présence potentielle d'un serpent, des interactions non répétées avec des partenaires inconnus peuvent signaler un risque d'abus. C'est la raison pour laquelle, au cours de la préhistoire, la majeure partie des échanges ont sans doute suivi des chaînes de transmission entre individus se connaissant. C'est aussi la raison pour laquelle, même dans les conditions modernes, beaucoup de gens essayent de rétablir des schémas d'interaction qui suivent au plus près le modèle de l'échange social. La plupart des gens préfèrent des prestataires habituels à des inconnus. Les chefs d'entreprise préfèrent échanger de manière répétée avec des partenaires (fournisseurs, clients) connus. Et, dans certains pays, une norme culturelle établie s'applique à de telles relations. C'est le cas, par exemple, en Chine, avec le *guanxi*, un échange informel de faveurs souvent considéré comme le cadre dans lequel doivent se dérouler les transactions sur un marché. On peut penser, cyniquement, qu'il s'agit tout simplement d'une incitation à la corruption mais dans des environnements plus traditionnels, cela correspond souvent à un besoin d'échanges répétés avec des partenaires préférentiels à propos desquels on dispose d'un grand nombre d'informations[1]. Dans d'autres cultures, il n'existe pas forcément de normes explicites de ce type, mais les attentes tacites sont globalement les mêmes.

L'activation de nos attentes intuitives par notre modèle de l'échange social peut aussi expliquer un autre thème récurrent des croyances économiques spontanées : une méfiance générale doublée d'une condamnation morale du profit en tant que motivation. C'est aussi un autre thème récurrent du discours politique qui considère que les marchés concurrentiels sont fondés sur l'appât du gain. Le résultat est que beaucoup de gens pensent, par exemple, que les organisations à but non lucratif sont plus efficaces que les organisations commerciales lorsqu'il s'agit de procurer aux gens ce dont ils ont besoin. Selon certaines études, à prix égal, les gens préfèrent acheter des biens à des firmes dont les marges sont moins importantes plutôt qu'à d'autres plus performantes. La fameuse remarque d'Adam Smith, selon laquelle le soin qu'apporte le boulanger ou le boucher à son propre intérêt est la meilleure garantie de la qualité de son service, est tombée dans l'oreille d'un sourd.

Peut-être cette idée que l'intérêt personnel représente une menace pour l'intérêt général plonge-t-elle ses racines dans nos préférences quant à l'échange social et aux conditions dans lesquelles elles ont évolué. Une caractéristique de la cognition humaine est notre capacité sophistiquée à « lire les pensées », à entretenir des représentations des intentions d'autrui. Ce système

1. Kipnis, 1997 ; Yan, 1996.

joue un rôle crucial dans la coordination et la coopération[1]. La détection des tricheurs, par exemple, repose sur une recherche automatique d'informations quant à leurs intentions. Dans le contexte d'interactions économiques à petite échelle, à cause du coût élevé de l'information, la détection des intentions d'autrui est la principale manière dont nous évaluons les bénéfices potentiels de transactions à venir. Les gens qui cherchent à vous berner n'ont pas vos intérêts à cœur. Vous aurez tendance à rejeter leurs propositions, aussi tentantes qu'elles puissent paraître, parce que vous soupçonnerez qu'on cherche à profiter de vous sur le long terme. Les beaux présents perdent leur éclat lorsque les donneurs s'avèrent peu aimables, comme aurait dit Ophélie. À l'inverse, les gens vraiment bienveillants ne vous proposeront peut-être pas une transaction intéressante aujourd'hui parce que la prochaine fois ils auront bien mieux à vous offrir, ce qu'ils feront s'ils le peuvent[2].

Ainsi, avant l'émergence des marchés de masse, il était très utile d'inférer les résultats possibles d'un échange à partir des intentions des partenaires. Car les termes de l'échange seront bien plus favorables dans la durée si votre partenaire vous donne le sentiment d'être mû avant tout par un désir d'interactions durables et mutuellement avantageuses. À l'inverse, si la seule information disponible est que votre partenaire essaye de maximiser ses propres gains, cela signalerait une interaction à éviter. Et les gens qui auraient tenté de profiter de vous seraient aussi considérés, en dehors de la sphère économique, comme des partenaires peu recommandables pour la chasse, la guerre ou d'autres actions collectives. Dans de telles conditions, la stratégie moderne, axée sur le marché, consistant à considérer ce qu'offrent les gens sans jamais se demander pourquoi ils

1. Tomasello, 2008, 2009.
2. Delton *et al.*, 2011 ; Krasnow *et al.*, 2013.

le font, serait désastreuse. Dans les conditions ancestrales, il aurait été sensé de croire, du moins tacitement, en une forme de contagion morale, à travers laquelle des intentions répréhensibles (comme le désir de maximiser ses gains au détriment de ceux des autres) contaminent les transactions – d'où l'idée que l'intérêt personnel généralisé ne peut produire que des résultats indésirables.

D'où viennent nos conceptions de la justice ?

Dans les démocraties modernes, presque tout le monde est d'accord pour dire que la justice doit être le principe fondateur de la société, mais il existe des différences importantes dans la manière dont les gens interprètent cette exigence. À première vue, ces conceptions de la justice reflètent une adhésion à des idéologies explicites ou à des systèmes de valeurs : les gens qui insistent sur les droits et les règles préfèrent l'égalité des chances à l'égalité des résultats ; ceux qui valorisent l'effort ont une vision méritocratique de la société ; et ceux qui préfèrent l'égalité en tant que telle seraient favorables à la redistribution des richesses. Mais lorsque l'on tente d'expliquer pourquoi des croyances ou préférences sont si répandues, on ne peut se satisfaire d'une description fondée sur des divergences idéologiques. Ces « idéologies » elles-mêmes sont des ensembles de croyances populaires dans certains groupes. Si l'on souhaite affirmer que les gens sont « égalitaristes » parce qu'ils subissent l'influence d'une idéologie égalitaire, il faut expliquer ce que cela veut dire, ce qui revient à expliquer pourquoi l'égalitarisme séduit certains esprits dans certaines circonstances.

Il existe peut-être une autre approche. Notre psychologie semble inclure un ensemble de systèmes d'inférence intuitifs dédiés à l'échange. Ces systèmes jouent peut-être un rôle important dans la formulation de nos théories explicites de la justice et expliquent notre adhésion à diverses conceptions de ce qu'est une société juste. Comme j'ai déjà eu l'occasion de le dire, notre psychologie de l'échange comporte une variété de systèmes s'occupant de différentes tâches, dont la production d'intuitions sur qui possède quoi, quelle allocation de biens est la plus juste, quels partenaires sont fiables et ainsi de suite. Mais il se peut que, dans le contexte de nos sociétés de marché de masse, les gens s'efforcent d'élargir la portée de ces intuitions pour tenter de comprendre la société, et que cela donne forme à leurs notions de ce qui est juste. Deux processus distincts semblent utiliser notre psychologie intuitive de l'échange pour formuler une conception de la justice sociale.

Un premier processus généralise nos intuitions sur la propriété et l'échange équitable aux innombrables transactions d'une économie moderne. Les humains ont des intuitions précises sur ce qui constitue un échange légitime et juste. Nous trouvons légitime, par exemple, que les gens puissent profiter du fruit de leur travail. Même les enfants pensent que quelqu'un qui a fabriqué un serpent avec de la pâte à modeler a le droit de garder cet objet, y compris s'il n'est pas le propriétaire original de la pâte à modeler. Nous trouvons aussi juste que les gens vendent leurs biens au prix que les acheteurs acceptent de payer. Et nous estimons, intuitivement, que les transactions doivent être volontaires. Ce n'est pas parce que le boulanger n'a rien vendu aujourd'hui que vous êtes obligé de lui acheter quelque chose[1]. En généralisant ces intuitions, nous décririons une société de masse, avec son économie complexe, comme un agrégat d'interactions de ce type, les critères intuitifs de justice et de propriété déterminant si elles sont justes ou non. Les gens ont droit aux biens qu'ils possèdent ou tirent de leur

1. Guzman & Munger, 2014.

milieu naturel et ils ont droit à ce qu'ils obtiennent par un échange volontaire avec d'autres agents libres.

En termes savants, ce type d'intuition sous-tend une conception de la justice inspirée en partie par John Locke, dont la version moderne est représentée, par exemple, par le philosophe Robert Nozick[1]. Cette conception de la justice ne dit rien de la répartition des revenus ou des richesses qui pourrait résulter de l'agrégation d'une myriade de transactions justes. L'allocation résultante pourrait être très égalitaire ou très inégalitaire. Certaines différences considérables, par exemple les écarts de revenus entre une vedette de cinéma et une infirmière, seront justes dans la mesure où personne n'aura agi sous la contrainte (dans notre exemple, personne ne vous force à acheter des billets pour voir les films de la vedette en question). Il est certes vrai que les vedettes de cinéma ont tiré parti de toutes sortes d'institutions sociales préexistantes, comme les cinémas, les cours d'art dramatique et ainsi de suite. Mais ces avantages étaient aussi à la portée de bien d'autres personnes qui n'ont pas captivé le cœur des foules, et la différence de rémunération ne saurait être considérée comme un résultat social injuste.

La deuxième voie pour formuler des critères explicites de justice sociale part de nos intuitions sur l'action collective et la redistribution, et les projette sur la toile bien plus vaste de la société de masse. Selon ce point de vue, l'économie et la société dans leur ensemble ne sont qu'une gigantesque action collective à laquelle chacun contribue à sa façon et dont chacun doit pouvoir bénéficier, comme lors du forage d'un puits ou l'abattage d'arbres pour dégager une clairière dans laquelle construire un village. Naturellement, la complexité des économies de masse est telle que cette action collective globale repose sur une myriade de contrats et de transactions distinctes, mais

1. Nozick, 1974.

tout cela contribue, on le présume, à l'intérêt général. Selon ce point de vue, l'économie dans son ensemble produit une certaine quantité de richesses et le principal problème de la politique est de partager cette abondance entre les individus.

Nos capacités pour l'action collective produisent des intuitions sur les répartitions. Comme j'ai déjà eu l'occasion de l'expliquer, nous admettons intuitivement que les gens doivent être récompensés en fonction de leur contribution. En principe, cela pourrait justifier toutes sortes de répartitions, très égalitaires ou très inégalitaires. Des intuitions supplémentaires modulent cette approche méritocratique. Pour commencer, les humains ne croient pas en général que la contribution d'un individu puisse être des centaines ou des milliers de fois plus importante que celle des autres. On voit mal, par exemple, en quoi la contribution sociale de sportifs très bien payés serait plusieurs milliers de fois plus importante que celle de gens modestes. Et nous préférons intuitivement un partage plus égalitaire lorsque nous sommes capables d'évaluer le rapport entre effort et résultat. C'est le cas de la chasse dans les petites sociétés. Nos intuitions ont évolué dans le contexte de groupes de petite taille, où il aurait été imprudent de ne pas partager du tout. Le partage de ressources imprévisibles est intuitivement perçu comme une forme d'assurance et nous ne pouvons pas nous aliéner totalement ceux dont la contribution à un moment donné n'a pas été très importante.

Appliquées à l'insondable complexité des marchés de masse, ces attentes et préférences intuitives font que les gens s'intéressent au caractère juste ou injuste de la répartition qui en résulte. Cela suggère aussi que des distributions très inégales ne semblent pas justes et, surtout, qu'il peut être justifié moralement de les corriger. Cette perspective, fondée sur nos intuitions à propos de l'action collective, semble justifier des politiques comme la taxation progressive ou la limitation des revenus.

La formulation la plus cohérente et explicite de ce point de vue est celle du philosophe John Rawls dans son ouvrage *A Theory of Justice*[1]. Pour Rawls, un ordre social est juste s'il garantit des libertés essentielles (par exemple, la possession de biens personnels, la possibilité de transactions) mais aussi l'égalité des chances. Le « principe de différence » de Rawls stipule qu'à mesure que la richesse augmente, elle doit être répartie de manière à accroître les ressources des moins favorisés (bien qu'elle puisse aussi bénéficier à des individus mieux lotis).

Ces deux visions sous-tendent les principales théories de la justice, qui sont centrées ou bien sur les processus (si les transactions sont justes, la répartition le sera aussi) ou bien sur les résultats (si la répartition est juste, les mesures qui la favorisent le seront aussi[2]). L'élaboration théorique de ces principes est très sophistiquée d'un point de vue technique[3] mais nous ne nous y attarderons pas davantage car notre but n'est pas de défendre telle conception ou telle autre mais de comprendre pourquoi les humains les trouvent si naturelles et séduisantes. Dans les deux cas, une conception abstraite de la justice devient cognitivement saillante parce que certaines des informations qu'elle contient semblent coïncider avec le produit de certains de nos systèmes intuitifs.

Les gens ne se contentent pas de réfléchir à ces questions – ils ont le sentiment qu'il faut agir, ils sont indignés par des situations, ils essayent de convaincre les autres de la validité de leur point de vue. L'activation de nos systèmes intuitifs donne un sens à ces émotions et à ces motivations. Les systèmes cognitifs qui veillent à l'équité des échanges s'occupent de la propriété, ou surveillent la répartition des biens obtenus par

1. Rawls, 1971.
2. Sowell, 2007, pp. 187-222.
3. Roemer, 1996 ; Sen, 2009.

l'action collective, sont justement conçus pour déclencher des émotions et produire des comportements – sinon, ils n'auraient pas été avantageux pour nous du point de vue de l'évolution. Les intuitions de propriété nous incitent à défendre ce que nous tirons de l'environnement et nous poussent à aider les autres à défendre ce qu'ils en ont eux-mêmes tiré. Notre système de détection des tricheurs suscite en nous un désir intense de limiter leurs agissements, de réduire leurs gains et de rendre publics leurs méfaits. Lorsque de tels systèmes sont activés par la description de phénomènes sociaux à grande échelle, ils produisent les mêmes émotions et motivations, mais appliquées cette fois à l'ensemble de la société.

La prospérité et le paradoxe de la justice

Durant la majeure partie des périodes préhistorique et historique, les gens ont eu un niveau de vie qui correspond plus ou moins à celui des plus pauvres parmi les pauvres d'aujourd'hui, soit l'équivalent de deux ou trois dollars par jour. Puis, avec la révolution industrielle, la prospérité a augmenté à un rythme de plus en plus soutenu, conduisant dans la plupart des sociétés humaines à une croissance de la richesse en « crosse de hockey ». Comme l'a dit le biologiste et écrivain Matt Ridley, nous avons du mal à apprécier combien notre condition a changé lorsqu'on songe à celles qu'ont connues, ou plutôt subies, la plupart de nos congénères jusque très récemment. Les gens vivent plus longtemps, un grand nombre des maladies qui les auraient tués il y a quelques décennies à peine peuvent être soignées, leur alimentation s'est grandement améliorée, l'eau qu'ils boivent est plus propre, ils vivent dans des abris bien chauffés, communiquent avec des millions d'individus et bénéficient des connaissances accumulées depuis des siècles, le tout à un coût bien moindre qu'avant[1]. Le changement le plus fondamental de l'économie mondiale au cours des cinquante dernières années a été la réduction drastique de la pauvreté, partout dans le monde. Au moment où j'écris ces lignes, on estime que « seulement » un milliard de personnes vivent encore avec deux dollars par jour, ou à peine plus. Les guillemets sont là pour indiquer qu'il est encore honteux que tant de gens vivent dans un tel dénuement, mais la diminution de la pauvreté est une nouveauté sans précédent – et totalement inespérée dans l'histoire humaine. Aucun changement d'une telle ampleur ne s'était produit jusqu'ici[2].

Cela fait des décennies que les historiens de l'économie s'interrogent sur les conditions particulières qui ont conduit à la révolution industrielle au XVIIIe siècle, sur les facteurs spécifiques qui avaient préalablement fait de l'Angleterre, des Pays-Bas et du nord de l'Italie des centres d'échanges commerciaux, et pour quelle raison l'Angleterre est devenue un tel centre d'innovation technologique. Les économistes ne sont certes pas d'accord sur la réponse à des questions comme « Pourquoi là-bas ? » et « Pourquoi à ce moment-là ? », mais ils sont globalement d'accord sur la manière dont la prospérité s'est répandue dans le monde. En gros, la réponse est que la prospérité augmente, d'abord lentement puis de plus en plus vite, là où les gens sont libres de pratiquer des échanges pacifiques et volontaires. Le commerce et les innovations qu'il rend possibles représentent le seul moyen de sortir de la pauvreté[3].

Cela aboutit à un paradoxe. Pour avoir un tel effet, le commerce a dû connaître une certaine expansion, englobant des

1. G. Clark, 2008 ; McCloskey, 2006 ; Ridley, 2010.
2. Ferreira *et al.*, 2015 ; Landes, 1998 ; Morris, 2013.
3. Acemoglu, Johnson & Robinson, 2002 ; Acemoglu & Robinson, 2012 ; Lal, 2010 ; McCloskey, 2006 ; Mokyr, 1992 ; Ridley, 2010.

millions plutôt que des milliers d'individus, qui se sont trouvés pris dans des réseaux d'interaction qu'aucun esprit humain ne peut connaître dans le détail. Tout ce que nous pouvons observer, ce sont des effets émergents. Or, les outils cognitifs dont nous disposons pour donner un sens à ces effets cumulatifs ont été conçus pour expliquer des interactions à petite échelle. La coordination complexe des économies de marché, dans lesquelles des millions d'individus coopèrent sans plan préétabli, reste hors d'atteinte pour nos cerveaux. Le résultat est qu'une bonne part de ce qui est produit est considérée, du moins par une partie de notre système cognitif, comme quelque chose qui nous est donné, qui fait en quelque sorte partie du paysage. Nos systèmes cognitifs se représentent bien l'existence de ces biens et de ces services mais pas la raison pour laquelle ils sont là. *A fortiori*, nous ne nous représentons pas, du moins pas de manière intuitive, le fait que d'autres biens ou services auraient pu émerger ou que ceux que nous connaissons auraient pu ne jamais exister.

Si une grande partie de la production est simplement là – pour être plus précis, si certains de nos systèmes cognitifs la prennent comme allant de soi –, alors cela activera inévitablement les systèmes intuitifs s'occupant du partage. Cela tient au fait que les biens et services disponibles seront perçus comme une aubaine, quelque chose qui est là mais dont l'origine n'est tout simplement pas représentée. Si vous et vos compagnons trouvez un billet de banque sur un sentier de randonnée, cela pourra activer des interrogations et des intuitions sur son partage (par exemple : tous les randonneurs ont-ils droit à une part ? celui qui l'a vu en premier a-t-il droit à une part plus importante ?) mais ces questions sont totalement indépendantes de la question de son origine (Qui l'a laissé là ? Pourquoi ?). Je ne veux surtout pas suggérer que les gens conçoivent la production industrielle et commerciale comme une aubaine. Mais il se peut que certains systèmes mentaux traitent l'information sur la production sans comprendre pour autant son origine.

Si cela est vrai, nos conceptions de la justice pourraient donc aboutir à un paradoxe. Grâce à nos dispositions mentales, nous avons créé un monde économique d'une incroyable complexité qui nous a fait accéder à la prospérité. Le monde créé consiste en d'innombrables produits et services dont l'existence ne peut être expliquée par nos systèmes intuitifs. Ils sont là, mais aucun système intuitif ne représente les conditions de leur apparition. Ils sont donc traités par certains de nos systèmes mentaux comme une aubaine. Cela active à son tour nos préférences et nos intuitions au sujet du partage qui rendent certaines conceptions de la justice, en particulier la répartition de la richesse disponible, à la fois intuitives et séduisantes, c'est-à-dire faciles à traiter et particulièrement convaincantes. Mais l'idée même de la redistribution des richesses viole certaines attentes intuitives quant à l'effort et à la récompense – ceux qui contribuent davantage doivent recevoir davantage – et à la propriété – ceux qui produisent ont le droit à ce qu'ils ont produit. La redistribution impose des limites à ces attentes. La contribution de certaines personnes peut être bien plus importante que celle d'autres personnes mais elles recevront à peine un peu plus que les autres. Certains devront abandonner une partie de ce qu'ils ont produit, sous la forme d'une taxation progressive. Et les politiques intuitivement préférées à cause d'un système intuitif donné (celui concernant le partage) entreront en conflit avec les préférences d'un autre système intuitif (qui concerne la propriété).

Il existe bien évidemment de nombreuses manières sophistiquées pour dépasser ces conflits entre les ensembles de préférences intuitives. Mais c'est précisément le problème – elles sont sophistiquées et demandent l'effort de chercheurs pour être comprises, parce que notre équipement mental ne fournit pas de solution prête à l'emploi à cette contradiction. Les humains semblent produire le commerce à cause de l'équité, et les résultats du commerce sont des productions si impersonnelles que l'impératif d'équité semble entrer en conflit avec les exigences du commerce.

VI

L'esprit humain peut-il comprendre la société ?

Coordination, sociologie naïve et politique naturelle

L'évolution a adapté les humains à la vie en société, mais sont-ils capables pour autant de comprendre comment fonctionnent leurs sociétés ? La question peut paraître paradoxale. Après tout, la description classique de l'homme n'est-elle pas que c'est un animal politique ? Partout dans le monde, des gens accordent une grande importance aux processus politiques, l'action politique est une incitation puissante à l'action, et les débats politiques sont passionnés. Les programmes des partis, leurs querelles, leurs scandales, leurs disputes, sans parler des révolutions et des réformes, sont tous porteurs d'idées générales sur la manière dont une société fonctionne ou devrait fonctionner, sur comment s'y prendre pour créer des institutions et les préserver, sur les rapports qu'entretiennent les groupes et classes, et ainsi de suite. De telles idées ne sont pas l'apanage de spécialistes : elles sont constamment au centre des débats et servent de justifications aux opinions des citoyens dans les sociétés de masse. Mais de telles notions sont-elles justes pour autant ?

En faisant preuve d'optimisme, on pourrait penser que nos théories politiques communes doivent être à peu près justes, puisque nous vivons en société. Mais cet argument n'est pas vraiment convaincant. On peut être un acteur efficace de l'économie de marché mais avoir des idées fausses sur la manière dont cette économie fonctionne. Dans le même esprit, notre psychologie a vraisemblablement été façonnée par l'évolution de manière à rendre possible la vie en société, même dans des sociétés de très grande taille comme celles dans lesquelles nous vivons aujourd'hui, mais cela ne nous aide pas forcément à comprendre comment les sociétés humaines tiennent debout.

Dans toutes les sociétés humaines, les gens ont des idées sur les groupes sociaux, leur formation, la nature du pouvoir politique, la raison pour laquelle certains ont un rang plus élevé que d'autres et ainsi de suite. L'anthropologue Lawrence Hirschfeld a inventé l'expression « sociologie spontanée » pour décrire cette compréhension de sens commun des catégories et des groupes sociaux[1]. Je lui emprunterai cette expression et l'élargirai pour englober toutes les idées qu'ont les gens sur le fonctionnement de la société, sur sa nature et sur les rapports entre ses composantes. La question qui m'intéresse ici est donc : d'où vient la sociologie spontanée des gens ? Est-elle exacte ? La question n'est pas purement académique. Les sociétés de grande taille font appel à la démocratie délibérative pour prendre collectivement des décisions. Idéalement, pour délibérer, il faut pouvoir comparer rationnellement des politiques en ayant une compréhension précise des phénomènes en jeu. La question est de savoir si l'esprit humain est capable d'une telle compréhension.

1. Hirschfeld, 1994, 2013.

Délibérer de manière transparente : la république de Te

Pour illustrer cette question, je propose de prendre pour point de départ le cas d'une petite société qui pratique une sorte d'idéal du débat politique. La communauté de Te, au Népal occidental, dans la région du Mustang, est organisée comme une petite république. Le terme n'est sans doute pas tout à fait approprié. Certes, Te jouit d'une certaine autonomie, mais le village fait aussi partie d'une fédération de cinq communautés, elle-même faisant partie de l'ancien royaume de Baragaon, qui depuis des siècles est intégré dans le Népal. L'autorité de ce dernier se manifeste par la collecte de taxes – et c'est à peu près tout. Les citoyens de Te gèrent eux-mêmes la plupart des affaires de leur collectivité. Comme c'est le cas pour la majorité des habitants des hauts plateaux de l'Himalaya, leur subsistance dépend de l'élevage de bovins et de la culture de l'orge. Les villages font partie de vastes réseaux commerciaux qui s'étendent le long des vallées. Te elle-même est un assemblage compact d'une centaine de maisons, certaines construites les unes sur les autres en laissant libres de petits lopins qui servent de pâturages et de champs, irrigués par un système complexe de canaux et d'aqueducs[1].

Les citoyens de Te prennent collectivement les décisions et réécrivent périodiquement leur Constitution, un document qui fixe la liste des charges publiques, la durée des mandats et les obligations des mandataires, ainsi que leur mode de désignation. Cette Constitution énumère également les règles qui régissent l'action collective, qu'il s'agisse de l'entretien des canaux d'irrigation, des aqueducs et des pâturages communs,

1. Ramble, 2008.

de la tenue périodique de cérémonies et de sacrifices, des amendes pour ceux qui laissent divaguer leur bétail, ainsi que d'autres questions d'intérêt général. Tous les douze ans, une assemblée des hommes de chaque maison modifie les règles et peut en introduire de nouvelles. La participation est obligatoire, sous peine de lourdes amendes. Après deux semaines de débats constitutionnels, à l'issue desquels chaque proposition est soumise au vote, on parvient à un ensemble de règles autour desquelles existe un consensus, qui est couché sur le papier par un moine bouddhiste. Ce document sert de point de référence en cas de dispute.

Il existe à Te plusieurs charges publiques qui sont toutes, bien évidemment, des occupations à temps partiel. Trois chefs sont chargés de la prise de décisions au quotidien et de la représentation de la communauté dans ses relations avec l'extérieur. Quatre « gendarmes » veillent au respect des règles, par exemple celles qui régissent l'utilisation du pâturage commun. Ces responsables sont tirés au sort une fois par an. Ils prêtent serment et travaillent sous l'étroite supervision des autres citoyens.

À Te, on ne pourrait se dispenser de faire de la politique, car on ne peut survivre dans les conditions très difficiles de l'Himalaya sans avoir recours à des actions collectives fréquentes. Il existe un pâturage commun et son utilisation doit être régulée. Les petits lopins de terre doivent être irrigués et il faut donc constamment entretenir et réparer aqueducs et canaux. Te doit payer des impôts à ses suzerains, autrefois la fédération de Baragaon, aujourd'hui le Népal. Tout cela exige une coopération communale concertée, qui doit être soigneusement contrôlée. C'est la raison pour laquelle la Constitution s'étend longuement sur les amendes encourues si, par exemple, l'on prend du bois appartenant à la communauté sans en payer le prix. Et lorsque la situation devient difficile, on ne peut se défiler en s'arrangeant pour ne pas être présent. La Constitution stipule que les « exilés fiscaux » n'ont pas le droit de revenir à Te ni même de commercer avec ses citoyens[1].

À Te, la politique est transparente. Les règles de la Constitution sont parfaitement claires pour tous. Elle énonce par exemple que « les gendarmes se rendront sur les champs deux fois par jour » (pour empêcher des tricheurs de profiter des biens communs), que « les gendarmes ne peuvent s'absenter du village plus d'un jour sous peine d'une amende de cent roupies » et que « les gens ne porteront pas le deuil [échappant par là au travail en commun] plus de quarante-neuf jours[2] ». Il n'y a ni ambiguïté ni incertitude ; ces règles et la manière dont elles affectent le bien-être de chaque individu sont claires, tout comme les moyens de contrainte, ainsi que les raisons pour lesquelles quelqu'un pourrait soutenir ou rejeter telle ou telle proposition. Le processus aussi est transparent, puisque les citoyens eux-mêmes participent à la prise de décisions. Pour finir, les décisions sont prises après délibérations. Chaque participant peut défendre des règles qui l'avantageraient, et chacun doit négocier avec tous les autres pour parvenir à un consensus. Tout cela constitue un idéal délibératif, une manière très naturelle pour nous de penser le processus politique. Aussi éloigné que cela puisse paraître de nos sociétés de masse, la vie à Te est une bonne illustration de ce que nous attendons intuitivement de la politique.

La complexité sociale et les origines de la politique

Dans nos sociétés de masse, la politique est moins transparente. Pour comprendre comment nos esprits envisagent cette prise de décisions à grande échelle, nous devons revenir en

1. *Ibid.*, p. 284.
2. *Ibid.*, pp. 261-310.

arrière et nous demander comment, pour commencer, les sociétés peuvent s'agrandir. Comme nous avons déjà eu l'occasion de le dire, l'évolution humaine s'est déroulée au sein de petits groupes de chasseurs-cueilleurs. Mais les humains ont aussi réussi à créer de grands systèmes politiques en suivant un processus qui a conduit de ces petites bandes à des tribus plus grandes, puis à des chefferies, des États-cités, des royaumes et des empires[1]. Pour les anthropologues, il est fondamental d'expliquer ce qui a rendu possible un tel changement d'échelle. Comment est-on passé des tribus à de grandes chefferies, et comment des institutions étatiques impersonnelles ont-elles pu émerger d'une forme personnelle d'autorité tribale ?

La majeure partie de notre évolution a eu lieu dans de petites bandes de chasseurs-cueilleurs nomades, composées de vingt à quarante individus se déplaçant en groupe pour optimiser l'exploitation des terrains de chasse et des plantes saisonnières. Ces bandes faisaient certainement partie de tribus plus vastes partageant la même langue, avec des réunions occasionnelles et des échanges matrimoniaux. En extrapolant à partir de ce que nous savons des chasseurs-cueilleurs actuels et en nous aidant de l'archéologie, il semblerait que, lorsque les ressources étaient limitées, ces sociétés restaient petites et égalitaires. En revanche, dès que le milieu permettait une certaine accumulation de richesses, les chasseurs-cueilleurs inventaient des rangs sociaux et des hiérarchies. Pour prendre un exemple, les sociétés indigènes du Nord-Ouest américain avaient des hiérarchies sociales et des systèmes politiques complexes[2]. L'émergence de l'agriculture, accompagnée du développement de groupes sédentaires et d'une densité de population bien plus élevée, a radicalement changé la donne. Beaucoup de

1. Fried, 1967 ; Maryanski & Turner, 1992 ; Service, 1965.
2. Kelly, 1995.

groupes se sont spécialisés dans l'horticulture, l'exploitation à petite échelle de quelques cultures de base, combinée à une chasse et une cueillette plus intenses. L'agriculture et le pastoralisme ont abouti aux sociétés agraires classiques, dont les excédents ont permis l'émergence d'une classe d'aristocrates et de la royauté.

Les premiers anthropologues « évolutionnistes » pensaient que ces tendances étaient uniformes et irréversibles. Mais le passage des groupes de chasseurs-cueilleurs nomades à des centres agricoles peuplés s'est déroulé par à-coups, avec des retours en arrière lorsque les conditions écologiques rendaient l'agriculture non viable. Toutes les grandes chefferies ne sont pas devenues des États, et certains États-cités se sont dissous dans les sociétés tribales environnantes. La formation d'États et les rapports entre royaumes émergents et tribus environnantes ont suivi des voies très différentes selon le lieu[1].

L'émergence de grandes sociétés soulève la question cruciale des dispositions et des préférences mentales impliquées. Quel type de psychologie faut-il pour bâtir et maintenir de grands systèmes politiques ? Quel équipement mental le permet ? Les humains devaient posséder ce qui était requis pour créer des systèmes politiques complexes et résoudre les nombreux problèmes de coordination et de coopération qui résultaient de l'inclusion d'un grand nombre de gens dans un système politique unique.

On doit bien sûr envisager la possibilité que les populations qui ont adopté l'agriculture, l'élevage et l'habitat urbain étaient génétiquement différentes des populations de chasseurs-cueilleurs. Le progrès des connaissances sur l'ADN ancien semble montrer que des différences sont bien apparues entre populations. Il existe des preuves convaincantes d'une évolution

1. Trigger, 2003.

rapide et de grande ampleur, par sélection naturelle, au cours de l'Holocène, accompagnée d'une différenciation rapide entre populations. Mais ces variantes sont la conséquence et non la cause de la transition vers le mode de vie néolithique. Les humains devaient faire face à des pathogènes plus fréquents et leurs systèmes immunitaires s'y sont adaptés. Il en va de même pour l'exposition aux bactéries et aux virus transmis par les cochons, les vaches, les chiens et les autres animaux domestiques[1]. Un nouveau régime alimentaire, radicalement différent, fondé sur la culture de quelques plantes à contenu calorique élevé comme le mil et l'orge, a créé une pression de sélection, dont on voit aussi l'effet dans la tolérance au lactose dans certaines parties de l'Europe du Nord et de l'Afrique occidentale[2].

Donc, selon toute vraisemblance, l'équipement évolutif qui a rendu possible la création de sociétés de grande taille était présent bien avant le Néolithique. Mais de quel équipement s'agit-il ? Il consiste certainement en des capacités et des dispositions qui ont permis aux groupes humains de s'agrandir. Le cliché selon lequel nos cerveaux n'ont pas évolué depuis l'âge de pierre est globalement juste, car il a fallu longtemps à nos dispositions mentales pour émerger grâce à une combinaison de variations et de pressions de sélection. Mais ce sont bien ces dispositions mentales qui ont permis l'avènement de sociétés complexes et de leurs institutions[3].

1. Barreiro & Quintana-Murci, 2010 ; Deschamps *et al.*, 2016 ; Pickrell *et al.*, 2009.

2. Leonardi *et al.*, 2012.

3. Seabright, 2010.

Comment changer d'échelle (I) : l'action collective

Assembler une communauté de grande taille, ce n'est pas seulement faire comme avant, mais en étant plus nombreux. La raison en est qu'avec un grand groupe se posent de nouveaux problèmes. Pour commencer, il faut se coordonner avec des étrangers, à l'inverse de ce qui se passe dans de petits groupes où la plupart des activités quotidiennes concernent des partenaires qui se connaissent et dont beaucoup sont parents. Il doit donc être possible pour les humains de se joindre à d'autres humains pour atteindre un but commun dont tous bénéficieront, sans se limiter aux impératifs de coopération avec ceux qui partagent les mêmes gènes. Et on doit pouvoir agir de telle sorte que ces individus fassent ce qui doit être fait au moment où cela doit être fait. Toute société complexe est une merveille de coordination, car des milliers, voire des millions d'individus, adaptent leur comportement à ce que font les autres, comme dans un orchestre gigantesque. Autrement dit, il faudrait aux humains des capacités pour l'action collective et la combinaison productive des contributions des uns et des autres.

Au chapitre I, j'ai décrit la psychologie des coalitions, l'ensemble de capacités et de motivations grâce auxquelles les humains parviennent sans difficulté à bâtir et maintenir de grandes alliances cohérentes, produisant les intuitions appropriées sur les rivalités entre des groupes hautement solidaires. Or, la capacité à créer des coalitions n'est qu'une des nombreuses conséquences des dispositions et des motivations humaines pour l'action collective. Les coalitions sont simplement une forme d'action collective appliquée à la rivalité entre des alliances, mais les humains créent de l'action collective de bien d'autres manières et dans bien d'autres contextes.

De telles interactions complexes existaient sans doute chez *Homo erectus*, et remontent au moins à cinq cent mille ans[1]. Ces premiers humains chassaient en bandes et se partageaient le soin des enfants. Ce sont là deux types d'action collective dont les bienfaits doivent être calculés à l'avance et qui exigent de ce fait un pari sur les bonnes dispositions de tous les participants. Ces humains pouvaient poursuivre des animaux jusqu'à leur épuisement, organiser des battues et les pousser vers des précipices – autant d'opérations qui exigent une coordination entre individus[2]. Dans ce type d'entreprise, la vérification de la participation des autres n'est pas trop difficile et on peut punir les resquilleurs en les excluant de toute coopération. Dans certains contextes modernes, les gens bâtissent et entretiennent des institutions qui amplifient la portée de l'action collective, au point d'impliquer des millions d'individus dans des projets communs. Les gens payent des impôts et font leur service militaire, mais ils fondent aussi des grandes entreprises et rejoignent des associations et des partis politiques. Il est donc crucial de comprendre comment et pourquoi les humains parviennent à créer et à perpétuer l'action collective.

Les sciences sociales classiques n'ont pas réussi à expliquer comment cela était possible. Rousseau a fameusement décrit les premiers hommes comme menant une vie libre et insouciante jusqu'au moment où le développement de l'agriculture et de l'industrie a tout gâché en rendant des individus dépendants d'autres[3]. Il n'aurait pas pu être plus loin de la vérité. En fait, Rousseau aurait bien fait de s'inspirer, s'il en avait eu connaissance, de la pensée d'un sociologue plus ancien et mieux informé, le Tunisien Ibn Khaldoun, qui a insisté sur

1. Anton, Potts & Aiello, 2014 ; Dubreuil, 2010.
2. Kübler *et al.*, 2015.
3. Rousseau, 1984 [1755].

la nécessité de la *'assabiya*, ou solidarité de groupe, lors des étapes les plus anciennes de l'évolution sociale[1]. Les données archéologiques montrent que l'interdépendance et la coopération sont la marque de l'existence humaine depuis les temps les plus reculés de la préhistoire. C'est une caractéristique de notre espèce. Mais comment la sélection naturelle a-t-elle produit nos dispositions pour l'action collective, et comment celles-ci interviennent-elles dans les interactions sociales réelles ?

Longtemps, cela a été une question qui intéressait surtout la théorie économique, et la réponse était à la fois paradoxale et frustrante : la plupart des modèles économiques semblaient indiquer que l'action collective est quelque chose de très peu probable. De fait, si les gens se contentaient de maximiser leur utilité, ils ne devraient pas rechercher la coopération par l'action collective. Il existe bien sûr de nombreuses variantes de cette idée, souvent subtiles, mais je ne les explorerai pas toutes ici parce que le raisonnement de base est relativement simple. Le grand problème que doit résoudre l'action collective est celui du resquillage. Si nous, le peuple, nous mettons d'accord pour renverser le dictateur, nous y parviendrons sans payer un prix trop élevé (même la police du dictateur finira par se joindre à nous !) et nous y trouverons tous notre compte. Mais vous, en tant qu'individu, en bénéficierez encore plus si vous laissez les autres faire tout le travail. La meilleure stratégie est d'arriver le plus tard possible lors du Grand Soir[2]. Naturellement, les théoriciens de l'économie savent pertinemment que l'action collective existe pourtant, et même qu'elle est une constante des sociétés humaines. Mais leurs modèles suggèrent tout de même qu'il s'agit de quelque chose d'irrationnel, d'un écart

1. Ibn Khaldoun, 1958.
2. Chong, 1991, p. 32 *sqq.* ; Hardin, 1982 ; Medina, 2007 ; Olson, 1965, pp. 32-34.

s'expliquant par des facteurs extérieurs, comme une confiance excessive (« La police se joindra à nous pour renverser le tyran ! ») ou une croyance exagérée dans la fiabilité des autres (« Tous ceux qui ont promis de se joindre à la cause seront là ! »), ou peut-être en invoquant des bienfaits intermédiaires qui pourraient découler de leur participation (le fait de faire partie des révolutionnaires peut rapporter du prestige et des avantages matériels).

Mais une théorie qui décrit de cette manière ce que les humains font spontanément a quelque chose d'étrange. Partout dans le monde, les humains entreprennent des actions collectives dans des domaines très différents et cela semble indiquer que les modèles économiques classiques étaient peut-être fondés sur des hypothèses erronées. De fait, en général, les modèles formels de l'action collective supposent que les participants ne s'intéressent qu'au but, pas à la manière d'y parvenir. Ils s'intéressent à leur propre gain – comment ils profiteront de l'action collective – mais se montrent indifférents à la manière dont d'autres en profiteront aussi[1]. Or, dans l'action collective telle qu'elle est pratiquée par la plupart des êtres humains dans la plupart des sociétés connues, c'est exactement le contraire qui se produit. Les chasseurs, les pères qui prennent part au soin des enfants ou les gens qui participent aux institutions modernes, sont très soucieux de la manière dont le but commun est atteint, veulent savoir qui y participe et si on peut lui faire confiance. Ils font très attention à la répartition des bénéfices de l'action collective. Pour emprunter la terminologie formelle de la théorie des jeux, l'action collective humaine n'est pas un dilemme du prisonnier élargi, où chaque participant sait que les autres auraient intérêt à faire défection, qu'il coopère ou non, de sorte que le seul choix pour tout le monde serait

1. Medina, 2007, p. 24.

la stratégie de la défection. En fait, elle se rapproche plus de ce que l'économiste Thomas Schelling appelle un « jeu de bascule », où les gains dépendent du nombre de participants et où l'information sur les préférences des autres est cruciale[1].

En théorie, l'action collective est effectivement difficile, pour plusieurs raisons. Premièrement, dans la plupart des cas, elle exige que l'on diffère l'obtention de la récompense. Les gains potentiels sont tous à venir, alors que le danger et l'effort sont tout à fait actuels. Cela vaut pour la construction d'une grange, le commerce à longue distance, ou l'achat d'actions d'une entreprise. Mais cela n'empêche pas les humains de prendre part à de telles opérations, peut-être parce que le fait d'imaginer les gains possibles les aide à combattre leur tendance naturelle à accorder moins d'importance au futur[2]. Deuxièmement, les économistes ont eu raison d'insister sur le risque de défection : si celle-ci devient générale, l'effort collectif sera remis en cause. Mais dans les sociétés humaines réelles, la communication entre agents minimise ce risque, car elle permet de faire payer des coûts importants en matière de réputation à ceux qui se défilent lorsque les choses deviennent difficiles. Comme je l'ai expliqué dans un chapitre précédent, la possibilité de choisir ses partenaires et l'existence d'une bonne communication réduisent le risque de défection, car cela rend de telles stratégies perdantes à long terme, surtout dans les sociétés de petite taille où l'on est appelé à se rencontrer de nouveau, raison pour laquelle il est impossible de s'aliéner tout le monde, tout le temps. Pour résumer, les problèmes théoriques de l'action collective sont réels, mais la sélection naturelle semble avoir trouvé des parades.

---

1. Chong, 1991, p. 103 ; Hardin, 1995, p. 50 *sqq.* ; Medina, 2007, p. 51 *sqq.* ; Schelling, 1978, p. 101.

2. P. Boyer, 2008.

Comment changer d'échelle (II) : les hiérarchies

L'action collective serait inefficace et ne pourrait changer d'échelle sans la colle organisationnelle qu'est notre capacité à créer des hiérarchies. La plupart des interactions humaines requièrent non seulement que différents individus fassent différentes choses mais aussi que certains soient responsables de la prise de décisions et que celle-ci ne soit pas répartie de manière indifférenciée à l'intérieur du groupe. Cela est manifestement vrai dans les sociétés de très grande taille. Nous avons tous une expérience de la hiérarchie et savons que des organisations comme les écoles, les entreprises, les armées et les partis politiques comportent différents rangs ayant une autorité différente. Mais il existe aussi des hiérarchies à plus petite échelle. Lorsqu'un village entier répond présent pour construire une grange, organiser une fête, réparer une digue ou organiser une cérémonie religieuse, il y a toujours un certain degré de division du travail entre décideurs et exécuteurs.

Quelle est l'origine de ces hiérarchies ? Il existe des hiérarchies de dominance chez de nombreuses espèces, en particulier chez la plupart des primates proches des humains. Par exemple, on trouve dans les groupes de chimpanzés des mâles et des femelles dominants. Chez de nombreuses espèces, les hiérarchies sont rendues visibles par l'accès aux ressources, surtout en matière de reproduction. Les mâles dominants ont un accès privilégié aux femelles chez les espèces où il existe une forte compétition intrasexuelle. L'accès aux autres ressources peut aussi dépendre du rang, comme dans les hiérarchies entre les femelles chez certains primates. Ce sont là des hiérarchies de dominance, dont l'effet principal est une allocation ou une distribution spécifique des ressources disponibles. Il serait donc tentant de supposer que les humains ont simplement conservé d'anciennes dispositions pour des différences hiérarchiques, avec des conséquences en matière de reproduction et, dans les systèmes politiques humains, un contrôle pratique des actions d'autres individus. Selon ce point de vue, la domination politique dans les groupes humains ne serait qu'une variante des hiérarchies de dominance de nos ancêtres communs avec nos cousins primates les plus proches[1].

Mais la comparaison est peut-être trompeuse. Premièrement, comme l'a fait remarquer l'économiste Paul Rubin, les hiérarchies humaines ne sont pas seulement pertinentes en ce qui concerne la répartition de biens. Il existe aussi (et surtout) des hiérarchies de production, c'est-à-dire des manières d'orchestrer les contributions d'individus à une tâche donnée. Les humains en établissent spontanément dès que l'action d'un ou plusieurs individus est requise. Et chaque individu peut faire partie de multiples hiérarchies de production[2].

Leur point de départ est le fait que différents agents peuvent ne pas disposer des mêmes informations ou avoir les mêmes compétences. Cela peut aboutir à une division entre décideurs et exécutants, même dans le cadre purement formel de la théorie des jeux. Si un joueur est un peu plus rapide pour prendre des décisions, il peut être dans l'intérêt de son adversaire de profiter de ses compétences en le suivant plutôt que de prendre la tête des opérations, c'est-à-dire en « sous-traitant » la prise de décisions à l'individu le plus compétent[3]. De telles dyades sont fréquentes dans les interactions humaines et elles peuvent bien évidemment s'élargir pour inclure plusieurs subalternes et un seul chef. Le psychologue évolutionniste Mark van Vugt considère que ces processus de coordination peuvent avoir fourni

1. Somit & Peterson, 1997.
2. Rubin, 2002.
3. Van Vugt, 2006.

le contexte dans lequel ont émergé les positions de chef et de subalterne dans les esprits humains. Plus précisément, l'esprit humain serait capable de détecter des situations qui exigent une coordination en vue d'une action complexe. Il serait aussi capable de mesurer les coûts et les bénéfices des stratégies de chef et de subalterne, étant donné une interaction particulière, d'ajuster son comportement en conséquence et de signaler aux autres le rôle qu'il compte jouer dans l'interaction. Certaines données semblent montrer que, même confrontés à une tâche entièrement nouvelle avec des partenaires inconnus, les humains sont capables d'identifier rapidement une organisation hiérarchique, les membres d'une équipe tombant d'accord sur la hiérarchie la plus efficace[1].

Volonté de puissance contre anarchisme humain

Les hiérarchies ne concernent pas que la production – souvent elles figent, en quelque sorte, un système dans lequel certains individus ont le pouvoir, c'est-à-dire occupent la position de chef dans des hiérarchies qui recouvrent des domaines d'activité multiples. Pourquoi existe-t-il des inégalités de pouvoir dans (presque) toutes les sociétés humaines ? Ici aussi, l'intérêt de la question d'un point de vue évolutif est qu'elle nous force à considérer ces phénomènes très familiers comme autant de bizarreries qui demandent à être expliquées.

Pour commencer, pourquoi des individus veulent-ils avoir du pouvoir ? La réponse est moins simple qu'il n'y paraît. Les systèmes politiques reposent sur la disponibilité d'individus prêts à payer un certain prix, parfois considérable, pour occuper une position dominante dans une hiérarchie. Quelle que soit

1. King, Johnson & Van Vugt, 2009 ; Van Vugt, 2006.

la charge, on trouve toujours quelqu'un prêt à l'assumer. Une explication simpliste consisterait à dire que le pouvoir s'accompagne souvent d'avantages – les seigneurs de la guerre et les autocrates viennent aussitôt à l'esprit. Cependant, les exemples historiques prouvent que l'approvisionnement en candidats est tout aussi abondant lorsque les avantages de la charge sont bien plus limités. Cela suggère que beaucoup d'êtres humains ont un appétit intrinsèque pour le pouvoir, ce que bien des philosophes classiques n'ont pas manqué de faire remarquer, une « soif de pouvoir » brute, pour reprendre les termes de Nietzsche[1]. Mais, si tel est le cas, pourquoi ?

Les psychologues évolutifs ont remarqué depuis longtemps que, dans la plupart des sociétés, le pouvoir politique a des conséquences importantes sur les perspectives reproductives – des hommes mais aussi, dans une certaine mesure, des femmes. Leur position hiérarchique offre aux femmes un vaste réseau d'alliées sur lesquelles elles pourront compter en cas de besoin. Pour les hommes, les avantages reproductifs d'un haut rang sont plus directs. Les hommes de haut rang ont un meilleur accès aux femmes les plus désirables et ils disposent de ressources leur permettant d'élever une descendance plus nombreuse et en meilleure santé[2]. Puisque beaucoup de petites sociétés au cours de la préhistoire ont pratiqué différentes formes de rivalité ou de guerre, avoir les qualités d'un chef de guerre était une preuve supplémentaire de la capacité à recruter l'appui d'autrui et à protéger ses proches. Cette corrélation entre pouvoir et succès reproductif est si claire et si présente au cours d'évolutions historiques et économiques qu'elle a certainement contribué à façonner nos dispositions. L'on sait que les indices de rang et d'influence font partie des traits les plus recherchés

1. Nietzsche, 1882, § 13 ; 1980 [1901].
2. Betzig, 1986 ; Macfarlan *et al.*, 2014.

chez les mâles[1]. Cela pourrait expliquer pourquoi la recherche du pouvoir politique n'est pas exclusivement opportuniste – elle n'est pas fonction des avantages réels ou attendus, bien qu'ils soient également des motivations importantes.

Selon ce point de vue évolutionniste, le pouvoir est l'un des nombreux indicateurs de succès reproductif qui guident notre comportement – autrement dit, des objectifs observables qui, au fil de notre histoire évolutive, se sont accompagnés, en moyenne, d'un plus grand succès reproductif. Beaucoup d'entre nous, dans de nombreuses situations, ne résistent pas à l'envie d'obtenir des positions de dominance, lorsque cela est possible, parce que cela nous paraît intrinsèquement désirable (c'est l'explication dite « proximale »), mais aussi parce que la dominance relative a abouti, en moyenne, dans les environnements ancestraux, à un plus grand succès reproductif (c'est l'explication dite « distale »).

Mais les préférences humaines constituent aussi un frein à cette soif de pouvoir. Comme l'a fait remarquer l'anthropologue Christopher Boehm, dans les petites sociétés, le pouvoir est très peu concentré. S'il y a des chefs, ceux-ci tirent en général leur légitimité de leur expérience et de leur compétence. Les gens sont toujours prompts à dégonfler les prétentions des chefs qui cherchent trop à étendre leur influence ou à intimider leurs pairs[2]. Les anthropologues ont remarqué l'existence de cette pulsion visant les despotes en puissance dans de nombreuses petites sociétés. En fait, très souvent, il n'y a pas que des bons côtés à être chef, car on est censé régler les conflits, contribuer aux cérémonies, aider les autres, faute de quoi on peut se voir démis, voire chassé[3].

1. Buss, 1989 ; Kamble *et al.*, 2014 ; Rubin, 2002, p. 114 *sqq.*
2. Boehm, 1999.
3. Clastres, 1989.

Ici, un facteur crucial est le fait que les humains ont évolué dans le contexte de groupes de chasseurs-cueilleurs nomades, dans lesquels les gens pouvaient, du moins en principe, manifester leurs opinions en fuyant, ce qui leur conférait un avantage non négligeable dans la négociation avec des chefs autocratiques. C'est peut-être la raison pour laquelle on observe une tendance à résister à la domination politique excessive dans toutes les sociétés humaines, ce que l'anthropologue Christopher Boehm appelle la « motivation égalitaire ».

Le terme « égalitaire » peut être trompeur, car cela ne veut pas dire que les gens souhaitent que tous jouent un rôle équivalent dans la prise de décisions. Il s'agit avant tout de limiter une prise de décisions hiérarchique qui pourrait aboutir à des abus. Vous pouvez accepter qu'un individu dirige la chasse, mais cela ne lui donne pas forcément le droit de dire qui doit épouser qui. Les humains sont très sensibles aux risques d'abus car cette possibilité existe toujours lors de l'action collective. L'accumulation de pouvoir est une forme d'abus si le pouvoir politique améliore le succès reproductif d'un individu sans que cela s'accompagne d'avantages compensatoires pour les autres individus du groupe. Pour formuler les choses en des termes abstraits, au-delà d'un certain seuil, la concentration du succès reproductif entre les mains des preneurs de décisions, qui constitue une perte d'opportunités pour tous les autres, devient suffisamment grande pour que son coût soit supérieur ou égal à celui de la révolte ou de la défection.

Plutôt qu'égalitaire, le désir de limiter l'ambition des chefs tribaux pourrait donc, de manière plus appropriée, être « anarchiste ». Les données anthropologiques sur les sociétés de petite taille suggèrent une forme d'organisation politique qui est peut-être caractéristique de notre espèce : certains individus veulent effectivement du pouvoir mais d'autres surveillent sa concentration, qu'ils interprètent intuitivement comme une menace potentielle. Cet aspect de notre psychologie politique s'accorde bien avec nos préférences pour l'action collective en tant qu'association volontaire d'individus cherchant à atteindre des buts collectivement bénéfiques. Bien évidemment, cela ne veut pas dire que les humains sont des anarchistes au sens moderne du mot. Mais cette étiquette décrit assez correctement le fort penchant humain, documenté dans les cultures les plus variées, pour l'assistance mutuelle, l'association volontaire et l'autogestion des biens communs, en se passant de despotes dominateurs[1]. D'ailleurs, Pierre Kropotkine, l'un des théoriciens de l'anarchisme moderne, avait déjà remarqué le rapport entre ce qu'il appelait l'« aide mutuelle » chez « les sauvages et les barbares » et le penchant humain pour la limitation et le contrôle du pouvoir[2].

La sociologie spontanée

Lorsque les humains ont commencé à vivre dans des groupes de grande taille, bien plus grande que celle des petits groupes et des tribus de chasseurs-cueilleurs, ils ont aussi élaboré des descriptions explicites de leurs propres sociétés, ce que l'on peut appeler une « sociologie spontanée ». Les gens qui habitent un royaume ont des représentations mentales de ce qu'est un royaume, de ce que sont les droits et les devoirs d'un roi, de ce qui fait qu'un roi est spécial, et ainsi de suite. Cela vaut aussi, toutes choses égales par ailleurs, pour les habitants d'un État-cité, d'une grande nation ou d'un empire. Nous avons tous une certaine sociologie spontanée. Elle est fondée sur des suppositions tacites au sujet des groupes sociaux, du pouvoir, de la

1. Graeber, 2007, pp. 303 *passim.*
2. Kropotkin, 1902.

nature des normes sociales – suppositions que nous considérons rarement de manière consciente mais qui régissent néanmoins nos représentations des questions sociales et politiques.

Les manières de comprendre cette sociologie spontanée pourraient sembler, à première vue, aussi variées que les types de sociétés qu'elles prétendent décrire et expliquer. On ne trouve certes pas les mêmes conceptions de la société dans une bande de chasseurs-cueilleurs, une chefferie, un grand royaume et un État moderne, pour la simple raison que les gens cherchent à décrire et à expliquer des réalités différentes. Mais il existe des principes communs à ces sociologies spontanées, en général des suppositions qui sont la conséquence de la manière dont nos esprits se représentent les mécanismes sociaux. On les retrouve, sous des formes très semblables, dans les sociétés les plus diverses.

Principe I : les groupes sont des sortes d'agents

Une caractéristique importante de notre sociologie spontanée est que nous interprétons systématiquement les groupes humains comme étant des sortes d'agents. Nous parlons de villages, de classes sociales ou de nations, par exemple, comme s'il s'agissait d'individus qui souhaitent ceci, redoutent cela, prennent des décisions, ne comprennent pas ce qui se passe, récompensent les gens ou se vengent d'eux, sont hostiles envers d'autres groupes, et ainsi de suite. Même le fonctionnement d'un petit groupe comme un comité est souvent décrit de la sorte : le comité estime que, regrette que, et ainsi de suite. Les groupes sociaux sont représentés comme possédant des états psychologiques et des processus caractéristiques des esprits humains, qu'il s'agisse de la perception, de l'attention, de la mémoire ou du raisonnement, ainsi que des émotions typiques comme la convoitise, la gratitude, la haine ou l'amitié. Dans nos sociétés modernes, l'État et sa bureaucratie sont aussi représentés comme s'il s'agissait d'individus, que ce soit dans la presse ou dans les conversations, avec des phrases comme « Le gouvernement essaye de... », « Le Pentagone n'acceptera pas que... », et ainsi de suite. Cette métaphore est omniprésente dans notre compréhension des relations internationales, avec des formules du type « La Chine souhaite que... », « La Russie ne se laissera pas intimider par... » et « Le Royaume-Uni rechigne à faire cela[1] ». Il ne s'agit pas d'un phénomène exclusivement moderne. Dans de nombreuses sociétés tribales, les gens parlent d'ensembles d'individus comme formant des groupes distincts. Les sociétés lignagères, par exemple, possèdent des groupes de filiation qui sont souvent considérés comme autant d'individus et l'on entendra dire que tel lignage « veut ceci » ou « résiste à cela » et tout le monde trouvera naturelle cette façon de parler. De nos jours, dans beaucoup d'endroits, des groupes ethniques ou des classes sociales sont présentés de la sorte, et il semble aller de soi que chaque groupe a des buts ou des intentions propres.

On retrouve ce type de description du comportement social dans une autre caractéristique très courante de la sociologie naïve : la tendance à considérer de grands ensembles de personnes comme des individus génériques. Par exemple, un débat sur les salaires, sur les conséquences de la mise en place d'un salaire minimum, s'articule autour des actions des « salariés » et des « employeurs ». De la même manière, on dira que « les femmes » font ceci ou que « les hommes » souhaitent cela – encore une fois, un individu générique est présenté comme constituant une description simplifiée d'une population.

1. Herz, 2003 ; McDermott, 2004 ; Tetlock & Goldgeier, 2000.

Principe II : le pouvoir est une force

Un deuxième élément, tout aussi important, de notre sociologie spontanée est la manière dont nous interprétons le pouvoir politique. Dans la plupart des groupes humains, il existe des différences de pouvoir entre individus et catégories d'individus, et les gens utilisent des notions explicites pour décrire et, dans une certaine mesure, expliquer ces différences. Qu'est-ce qui est le propre d'un chef ? Pourquoi obéissons-nous à nos dirigeants ? Cela peut surprendre, mais nos notions spontanées quant au pouvoir politique ne font pas l'objet d'études systématiques en sciences politiques[1].

Souvent les gens interprètent le « pouvoir » comme étant une substance ou une qualité spéciale que posséderaient certaines personnes. Cela transparaît dans des expressions comme « Elle a du pouvoir », « Il a perdu de son pouvoir », « Son pouvoir s'est renforcé », et ainsi de suite. Il ne s'agit pas simplement d'une manière de parler des Occidentaux ou des Européens. On retrouve de telles métaphores dans nombre de sociétés tribales, chefferies et États naissants, où les personnes investies de l'autorité sont censées posséder une qualité spéciale, non physique, qui leur confère, justement, de l'autorité. Par exemple, dans l'ancien royaume du Bénin, en Afrique de l'Ouest, les gens disaient que le roi (ou le président, de nos jours) possédait de l'*acé*, une qualité non définie, source de l'autorité politique[2]. Pour prendre un autre exemple qui sera peut-être plus familier à mes lecteurs, en Polynésie les chefs avaient le pouvoir parce qu'ils possédaient du *mana*, une sorte de capacité que n'ont pas les gens ordinaires[3]. Les rois et les chefs

1. Goodin & Klingemann, 1996 ; Sears, Huddy & Jervis, 2003.
2. Sulikowski, 1993.
3. Bowden, 1979 ; Keesing, 1984.

hawaïens, par exemple, avaient du *mana* et en avaient plus que les autres, et cette qualité ou condition était ce qui faisait prospérer leur État. Cette qualité pouvait être mise en danger par la présence d'hommes ordinaires, impurs, raison pour laquelle ceux-ci devaient éviter le moindre contact avec les nobles, les rois et leurs possessions, lesquels étaient *kapu* (« séparés », origine de notre mot « tabou »). Seuls les prêtres et leurs assistants pouvaient se trouver en présence du roi[1]. Dans beaucoup de langues de la région, le terme *mana* est régulièrement utilisé pour parler d'outils qui font bien leur travail, de moteurs qui démarrent au quart de tour, de récoltes qui poussent et de gens qui peuvent influencer les autres[2]. Autrement dit, le pouvoir politique est interprété comme une force efficace émanant du roi (et, dans bien des endroits, provenant des dieux) grâce à laquelle les choses marchent. De fait, pour les Hawaïens, les parents des chefs et des rois étaient d'autant moins « sacrés » qu'ils étaient éloignés du centre du pouvoir, ce qui suggère que pour eux le pouvoir était analogue à une force physique dont l'impact diminue avec la distance[3].

Il n'y a pas qu'en Polynésie qu'on trouve des rois sacrés, bien entendu. De telles idées étaient ou sont encore courantes dans l'Amérique précolombienne, en Afrique et en Asie. Les rois étaient censés être essentiellement différents de leurs sujets, et faisaient l'objet de nombreux tabous et prescriptions à cause de cette différence. Par exemple, beaucoup de rois africains étaient autant évités que révérés. Leur pouvoir était censé être si fort que le moindre contact avec eux pouvait être dangereux. Dans de nombreux cas, le corps du roi était décrit comme étant analogue à la nation, une extension de son « corps politique »

1. Kirch, 2010, p. 38 *sqq.*
2. Keesing, 1984.
3. Valeri, 1985, p. 140 *sqq.*

à l'ensemble du royaume. Les rois Akwapim de Guinée, par exemple, n'avaient pas le droit de marcher sans assistance, car, en tombant, ils auraient pu causer la désintégration du royaume. Parce qu'ils représentaient la nation dans son ensemble, ils étaient destitués s'ils tombaient malades ou ne donnaient pas de descendance. De la même manière, dans de nombreux endroits d'Afrique, les gens estimaient que le roi devait être exécuté s'il tombait malade ou s'affaiblissait[1].

Le pouvoir est souvent décrit comme une substance attachée à une certaine personne et opérant de manière analogue à la force physique. En français, les gens « ont le pouvoir » et « exercent le pouvoir ». Nous disons de quelqu'un ayant du pouvoir » qu'il peut « pousser » les autres à agir d'une certaine manière (comme une force physique déplace les objets), nous disons que les gens qui n'obéissent pas à un dirigeant « lui résistent », qu'il n'a pas réussi à les faire « bouger », qu'ils ne se laisseront pas « bousculer », et ainsi de suite.

Principe III : les faits sociaux sont des choses

Un troisième thème important de cette sociologie spontanée est l'hypothèse implicite que les normes et les institutions sociales sont en quelque sorte extérieures à l'esprit des gens, qu'elles constituent une réalité sociale distincte, un ensemble de choses réelles, indépendamment de ce que les gens peuvent en penser. Cette description peut sembler un peu métaphysique, et bien évidemment la plupart des gens ne pensent pas explicitement leurs institutions de cette manière absconse. Mais ils interprètent bien les normes et leurs effets comme étant dotées d'une sorte de réalité « extérieure », sans vraiment l'expliquer.

1. Evans-Pritchard, 1962 ; Gilbert, 2008 ; Quigley, 2005.

Quelques exemples devraient nous permettre de clarifier ce point.

Dans les pays occidentaux, la question du mariage homosexuel a donné lieu à de vifs débats. Les normes familiales pouvaient-elles ou devaient-elles changer ? Pour les uns, les couples du même sexe saperaient les fondements de la famille traditionnelle ou n'offriraient pas un environnement approprié pour les enfants. Ainsi, la légalisation du mariage homosexuel serait une pente glissante ouvrant la voie à la polygamie, si ce n'est à des changements encore plus radicaux. Les partisans des unions du même sexe défendaient l'égalité des droits pour tous les couples, hétérosexuels ou homosexuels, conformément à une conception libérale traditionnelle selon laquelle tout comportement doit être autorisé tant qu'il ne porte pas atteinte à la liberté d'autres personnes. Mais les deux côtés partageaient certaines prémisses. Pour commencer, tous étaient d'accord pour dire que le terme « mariage » avait de l'importance. Fallait-il ou non appeler de telles unions des « mariages » ? Certains opposants, par exemple, étaient disposés à accorder aux couples du même sexe tous les droits et les devoirs des couples mariés à condition que de telles unions ne soient pas appelées des « mariages ». Les défenseurs de l'égalité ne pouvaient se satisfaire de telles mesures. Ils estimaient, comme les autres, que l'utilisation du terme « mariage » plutôt qu'« union civile » ou d'autres euphémismes légaux avait de l'importance. Un autre point d'accord tacite, moins évident mais tout aussi important, était qu'il existe quelque chose qui s'appelle le « mariage », quoi que l'on en pense. Cela transparaît clairement dans des affirmations comme « Le mariage est l'union d'un homme et d'une femme », qui semble vouloir dire que ce qui se passe en fait (les mariages hétérosexuels) définit ce qui doit se passer. Cela semble vouloir dire que, même si tout le monde était d'accord pour dire que deux hommes ou deux femmes peuvent se marier, cela ne changerait pas ce qu'est le mariage – nous ferions simplement fausse route en utilisant cette étiquette, de même que le fait d'appeler « sucre » du sel ne suffit pas à lui donner un goût sucré[1].

Parce que les normes et les institutions sont tacitement interprétées comme ayant une réalité extérieure, leur justification est souvent circulaire. Par exemple, les anthropologues demandent souvent à leurs informateurs pourquoi un rituel *x* s'accompagne de certaines actions, et on leur répond que ces actions sont nécessaires si l'on veut accomplir le rituel *x* et non un autre. Chez les Fang du Cameroun, les devins pratiquent parfois le *ngam* : le spécialiste se sert d'une tarentule pour révéler, par exemple, qui est un sorcier, qui est responsable de la maladie de quelqu'un, et ainsi de suite. Pour poser le diagnostic, le divin plante plusieurs petites branches – ou des piquants de hérisson s'il réussit à en trouver – et forme un cercle sur le sol. Il place ensuite une tarentule au centre du cercle et recouvre le tout d'une calebasse. Après un moment, on retire la calebasse et l'araignée s'enfuit. Les branches renversées par l'araignée, ainsi que leur direction, sont autant de signes que le devin pourra interpréter[2].

En tant qu'anthropologue, je me sentais tenu de demander aux participants pourquoi il fallait utiliser une araignée et non un autre animal, pourquoi il fallait une araignée de telle espèce (plutôt dangereuse), pourquoi il fallait réciter certaines formules rituelles avant de retirer la calebasse, et d'autres détails du même acabit. Comme beaucoup d'anthropologues avant moi, j'étais déçu lorsque mes informateurs, au lieu de me fournir une riche exégèse symbolique de leur rituel, me répondaient benoîtement que c'était comme ça, que le *ngam* imposait de

1. Jowett, 2014 ; Kettell, 2013 ; Zivi, 2014.
2. Mallart Guimerà, 2003.

procéder de la sorte, faute de quoi ce n'était pas un *ngam*. On était bien sûr libre de ne pas accomplir le *ngam*, mais si l'on voulait du *ngam*, ces actions particulières étaient indispensables. Cette façon de parler peut paraître circulaire, mais elle est raisonnable si on considère que l'institution du *ngam* est pensée comme étant extérieure à l'esprit des gens. C'est pourquoi mes interlocuteurs trouvaient ma question – « Pourquoi une araignée plutôt qu'une souris ? » – bizarre, car elle semblait entendre que les règles *ngam* étaient un choix des Fang qui se trouvaient là. Or, mes interlocuteurs ne voyaient pas les choses comme cela et interprétaient implicitement le *ngam* comme un fait objectif, découvert par les Fang – aussi objectif que le fait que le sel est soluble dans l'eau, quelles que soient nos opinions à ce sujet.

Souvent, cette description des faits sociaux comme faisant partie d'une réalité extérieure s'applique à l'ensemble des normes et des notions d'un groupe. Par exemple, comme conséquence de la colonisation et des changements culturels qu'elle a imposés, en Mélanésie les gens utilisent le mot créole *kastom* (de l'anglais *custom*, usage) pour décrire un large ensemble de valeurs et de pratiques traditionnelles englobant les idées religieuses à propos des ancêtres et de la manière dont ils surveillent l'existence humaine. Durant des décennies, le terme a avant tout servi de cri de ralliement à la résistance au pouvoir colonial, surtout aux missionnaires[1]. Si la tradition pouvait servir d'instrument politique contre les pouvoirs coloniaux, c'est parce qu'elle était « réifiée », comme disent les anthropologues, c'est-à-dire interprétée comme un fait extérieur et non comme une combinaison de concepts et de préférences présents dans les esprits de nombreux individus.

1. Jolly & Thomas, 1992 ; Keesing, 1993.

Les groupes ne sont pas des agents

La croyance que les groupes sont des agents semble être une conséquence directe du besoin de coordination en vue de l'action collective. Pour atteindre des objectifs spécifiques, les groupes humains communiquent intensément, ce qui exige une certaine description des objectifs communs et des manières de les atteindre. Cela veut dire à son tour que les motivations des membres du groupe seront communiquées plus facilement aux autres et permettront de recruter plus de membres si elles sont formulées comme s'il s'agissait de désirs et de croyances du groupe, c'est-à-dire si le groupe lui-même est décrit comme un individu[1]. Si la plupart d'entre nous sommes d'accord pour renverser le tyran, il est bien sûr plus simple de décrire cela comme un souhait commun du peuple plutôt que comme un enchaînement complexe de désirs individuels[2].

Cette croyance que les groupes sont des agents est facilement adoptée par les humains en raison de la place qu'occupe la psychologie intuitive dans notre vie mentale. Comme je l'ai déjà dit, un ensemble de systèmes spécialisés traite le comportement des autres, leurs gestes, leurs énoncés, mais aussi les expressions du visage, leur choix de mots et ainsi de suite – pour construire, sans effort conscient, une représentation de leurs croyances, de leurs intentions et de leurs états émotionnels, toutes choses qui ne sont pas observées mais déduites. Ces systèmes, comme d'autres systèmes d'inférence du même type, sont activés automatiquement lorsque des informations dans l'environnement correspondent à leurs critères d'activation, dans ce cas des informations sur le comportement des gens.

1. Pettit, 2003 ; Tuomela, 2013.
2. Gilbert, 1989 ; Sheehy, 2012.

Il n'est donc pas vraiment surprenant que les systèmes de psychologie intuitive soient la principale ressource dont dispose notre esprit lorsqu'il s'agit de décrire et de comprendre les groupes sociaux en produisant des pensées comme « Le lignage veut ceci » ou « Le village ne veut pas de cela ». De toute évidence, le principal indice qui amène à penser les groupes comme des personnes est qu'ils sont réellement constitués par des personnes. Le passage de l'explication du comportement d'un ou plusieurs individus à un ensemble d'individus, puis à des institutions composées d'individus, comme les entreprises, les lignages, les classes sociales ou les royaumes, se fait donc sans même y penser.

Toutefois, la croyance selon laquelle les groupes sont des agents produit aussi un ensemble d'inférences et de prédictions incohérentes. Si nous envisageons les nations ou d'autres groupes comme des individus, nous pourrons leur attribuer à tort de la mémoire, de la perception, des raisonnements ainsi que d'autres processus psychologiques. Or les groupes sociaux, les organisations et les institutions n'ont pas de souvenirs au sens propre du terme. Par exemple, beaucoup d'anciens combattants revenus au pays, au cours des siècles, ont été surpris et déçus de découvrir que la nation qui les avait envoyés au combat ne manifestait pas par la suite beaucoup de gratitude à leur égard. Et les citoyens de toute grande société moderne sont capables de citer de nombreux exemples d'actions incohérentes ou contradictoires de la part des gouvernements et des bureaucraties. Même dans les communautés de petite taille, le fait de considérer le lignage ou le village comme une personne peut conduire à attribuer à l'esprit de ce groupe des croyances et des objectifs incohérents.

Mais le problème est encore plus sérieux. Souvent, lorsque nous raisonnons au sujet des processus sociaux, nous interprétons les groupes comme étant constitués d'individus génériques, par exemple « les pauvres » ou « les employeurs ». Ces descriptions génériques semblent capturer, d'une manière simple, des caractéristiques qui sont globalement vraies de la plupart des membres d'une catégorie sociale donnée. Mais cela est très trompeur, car le destin des catégories sociales ou des groupes dépend souvent non pas de ces propriétés génériques, mais de la manière dont des préférences sont réparties au sein d'une catégorie donnée. Prenez, par exemple, les processus émergents qui résultent de nombreuses décisions individuelles sans rapport avec l'intention de produire un certain résultat global. La ségrégation ethnique quant au logement en est une illustration typique. Étant donné le modèle de ségrégation ethnique dans une ville donnée, il est tentant de tirer directement des conclusions à partir de l'attitude des individus. Si un quartier est ethniquement divers, on pourra penser que ses habitants sont tolérants envers d'autres groupes ethniques. En revanche, s'il s'agit d'une ville où différents groupes ethniques sont concentrés dans des endroits différents, on aura tendance à conclure que les habitants, ou peut-être les membres d'un groupe particulier, voient d'un bon œil la ségrégation. Or, en fait, les divergences entre les attitudes individuelles peuvent être minimes, comme l'a souligné l'économiste Thomas Schelling ainsi que de nombreux chercheurs en sciences sociales après lui[1]. Une préférence minime pour son propre groupe peut donner naissance à une forte ségrégation. Les propriétés émergentes du système nous informent peu sur les préférences individuelles.

Comme si cela ne suffisait pas, une description se fondant sur des agents génériques ne peut prendre en compte l'influence des individus les uns sur les autres, le point crucial étant que la fréquence des choix particuliers dans un groupe influe sur la répartition des préférences. C'est le phénomène en cascade

1. Schelling, 1971.

que j'ai décrit au chapitre I à propos de la signalisation ethnique. En choisissant de manifester votre ethnicité ou vos choix politiques, vous altérez la fréquence de ces signaux dans l'environnement et donc les coûts et les bénéfices de l'adoption de ces comportements par d'autres.

Les effets émergents de ce type se produisent dans les sociétés de très grande taille. Mais ils existent aussi dans des communautés plus petites, dès que l'interaction implique quelques dizaines de personnes. À titre d'illustration, prenons la dynamique des conflits de groupe et de la résolution des conflits dans les campagnes marocaines, telle qu'elle a été décrite par l'anthropologue Ernest Gellner. Au cœur de l'interaction entre les tribus et factions se trouvent des intermédiaires religieux, des « saints hommes » locaux réputés pour leur piété, leur sagesse et leur proximité avec Dieu, qualités désignées par le terme *baraka*, qui désigne, en gros, la « grâce ». Ces individus sont souvent crédités de miracles, au grand dam des oulémas orthodoxes, surtout urbains, qui voient d'un mauvais œil de telles superstitions. Souvent, ces saints hommes participent au règlement des conflits, car leur *baraka* est censée les placer au-dessus des disputes entre familles et tribus.

Ainsi, pour assurer la paix et l'ordre dans le voisinage, il vaut mieux disposer de quelques saints hommes dans les parages. En général, ils sont issus de familles spécifiques, censées appartenir au lignage du Prophète. Il devrait donc y avoir un approvisionnement constant en faiseurs de paix. Mais seuls quelques saints hommes sont authentiques. Comment sont-ils choisis ? Eh bien, à y regarder de près, on dirait qu'ils ne le sont pas.

Ce qui se passe, en fait, c'est que certains individus d'une des « bonnes » familles se conduisent d'une manière qui laisse penser qu'ils sont peut-être de saints hommes : ils semblent être particulièrement généreux, désintéressés et hospitaliers. Chose intéressante, lorsque des individus sont identifiés comme étant de saints hommes, ils reçoivent de nombreux cadeaux, car les gens, pour s'attirer leurs bonnes grâces, cherchent à se montrer charitables à leur égard. Bien entendu, comme les saints hommes disposent ainsi de ressources accrues, il est bien plus facile pour eux de faire preuve de générosité et d'hospitalité, ce qui ne fait que renforcer leur identification en tant que saints hommes authentiques. Le processus est circulaire, mais n'est pas forcément perçu comme tel par les intéressés, car personne ne peut tenir la comptabilité de tous les biens donnés et reçus. Tout le monde a donc le sentiment que, par un processus mystérieux, un saint homme a été choisi sans que personne n'ait participé au choix. Et les gens attribuent à une intervention divine l'approvisionnement en saints hommes ainsi que le processus de sélection lui-même, qui est clairement hors de portée d'un être humain[1].

Les descriptions des groupes en tant qu'individus génériques (« les travailleurs », « les propriétaires terriens », et ainsi de suite) sont trompeuses à un autre égard, plus subtil, car elles occultent l'un des phénomènes essentiels des dynamiques sociales de grande échelle, à savoir la répartition des préférences. Notre psychologie intuitive décrit les agents comme ayant des préférences précises. Par exemple, nous pensons que tout le monde a une opinion sur les aides sociales, qui se trouve quelque part entre l'un des deux extrêmes suivants : a) toute forme d'aide est inacceptable et b) l'aide est acceptable lorsqu'il s'agit de venir au secours de gens victimes de malheurs dont n'importe qui peut être victime. Pour simplifier la description, on parle souvent de ces opinions comme des points situés sur une droite allant de 0 à 1 (0 = opposition totale et 1 = acceptation inconditionnelle). Toutes les opinions se trouvent quelque part sur cette droite abstraite.

1. E. Gellner, 1969.

Cette description nous oblige à considérer des ensembles d'individus (« les ouvriers ») comme se trouvant quelque part sur cette droite. Mais les processus sociaux obéissent à un schéma très différent, car chaque individu se trouve en un point différent sur la droite. Si, par exemple, presque tout le monde se trouve au point 0,70 (plutôt en faveur des aides sociales), cela aura certaines conséquences. Mais les conséquences seront très différentes si la moitié de la population se trouve autour du point 0,99 (soutien inconditionnel) et l'autre moitié autour du point 0,41 (plutôt contre), alors que cette répartition produira la même moyenne de 0,70. Un autre problème est que les courbes des préférences pour des politiques particulières peuvent avoir une certaine valeur maximale – par exemple, si l'on trouve plus de gens autour du point 0,70 qu'ailleurs – mais les conséquences seront très différentes selon la forme exacte de la répartition. Si elle est très haute, pour ainsi dire, presque tout le monde sera d'accord avec une certaine préférence, et le choix d'une politique ne posera pas de problème. Mais si la courbe est très aplatie, cela voudra dire que les préférences de la plupart des individus se trouveront loin du pic représentant la position la plus populaire[1].

La description d'un groupe en termes d'individus génériques ne se contente pas d'ignorer ces aspects cruciaux de la dynamique sociale : elle nous empêche d'en tenir compte. La question ici n'est donc pas que les descriptions génériques de catégories ou de groupes sociaux, typiques de notre sociologie spontanée, sont trompeuses parce qu'elles simplifient la réalité. Tout le monde est d'accord sur ce point, y compris ceux qui emploient de telles étiquettes génériques pour des catégories sociales. À supposer qu'elles décrivent convenablement des propriétés communes des agents, notre sociologie spontanée

1. Munger, 2015.

laisse entièrement de côté le facteur déclenchant des dynamiques sociales : la répartition des préférences individuelles n'est pas uniforme.

Le pouvoir à partir de l'interaction

Les limitations de la sociologie spontanée sont aussi apparentes dans notre utilisation de la métaphore du pouvoir en tant que force. La notion de pouvoir décrit le fait que les préférences d'un individu peuvent, dans certaines circonstances, prévaloir sur les préférences d'un autre et influer sur son comportement. Disons, par exemple, que le président souhaite que les gens portent des chapeaux d'un certain type. Cela aura pour effet de leur faire porter ce type de chapeaux – ce qui s'est produit en Turquie après l'adoption de la célèbre loi sur les chapeaux de 1925. Pour marquer la rupture de la nation turque avec l'islam ottoman et l'adhésion à une idéologie laïque moderne, le gouvernement de Mustapha Kemal décréta que les hommes devaient abandonner le turban et le fez et adopter des coiffes occidentales. Au départ, la résistance fut vive, surtout dans les régions rurales et chez les traditionalistes religieux – mais le régime d'Atatürk était très autoritaire. Des centaines de personnes furent arrêtées pour avoir violé la loi, cinquante-sept furent exécutées, et le chapeau moderne s'imposa[1].

C'est ce type de processus que nous décrivons habituellement en termes de forces. Selon ce point de vue, les « forces » combinées du gouvernement de Kemal et d'une police efficace suffirent à « surmonter la résistance » des traditionalistes qui refusaient de se « laisser malmener » mais finirent par être

1. Nereid, 2011.

« écrasés ». Beaucoup d'esprits humains trouvent évidente l'idée que le pouvoir est une force.

Cela est probablement dû au fait que notre compréhension du pouvoir recrute des ressources cognitives évoluées à des fins entièrement différentes. Parmi les nombreux systèmes d'inférence qui composent l'esprit humain, certains décrivent les propriétés et le comportement des objets solides – ce que l'on appelle la « physique intuitive » dans la littérature psychologique[1]. Les études expérimentales montrent que les enfants, dès leur plus jeune âge, développent spontanément une compréhension des objets comme étant solides (ils entrent en collision, ils ne passent pas les uns à travers les autres), continus (un objet a une existence continue et non ponctuelle dans l'espace et le temps) et ayant besoin d'un support (sans support, les objets tombent[2]). Certains aspects de cette physique intuitive sont propres aux humains. Par exemple, alors que les suppositions des chimpanzés sur les objets sont fondées sur des généralisations perceptuelles, celles des bébés semblent fondées sur des hypothèses à propos d'entités invisibles, sous-jacentes, comme les forces et les centres de masse[3].

Pour ce qui est des rapports de pouvoir, nos métaphores conventionnelles paraissent recruter un sous-ensemble précis d'hypothèses physiques intuitives concernant ce que le linguiste Leonard Talmy a appelé les « dynamiques de force[4] ». Cette expression désigne la manière dont nos esprits représentent les forces, le mouvement et l'interaction entre des objets solides, d'une manière qui se reflète dans les langues naturelles. Ces dynamiques de force semblent s'appuyer sur une représentation

1. Kaiser, Jonides & Alexander, 1986.
2. Baillargeon, Kotovsky & Needham, 1995 ; Spelke, 1990.
3. Povinelli, 2003.
4. Talmy, 1988.

mentale abstraite des objets et de leurs interactions, par exemple un « agoniste » se déplace et produit un mouvement, une résistance ou le mouvement opposé d'un objet « antagoniste ». Ce type de dynamique est implicite dans les descriptions ordinaires d'événements physiques, comme « Le pavé a brisé la vitre » ou « Le ballon a poursuivi sa course en dépit du gazon ». Comme l'a fait remarquer Talmy, ces schémas simplifiés d'interactions possibles sont présents dans la manière dont nous exprimons le mouvement des objets mais aussi dans d'autres domaines de la pensée. Par exemple, nous employons la dynamique des forces pour exprimer l'influence sociale lorsque nous disons que les gens sont « poussés » par d'autres à agir, qu'ils le font parce qu'ils « cèdent à la pression », et ainsi de suite[1]. La dynamique des forces est aussi à l'œuvre lorsqu'on décrit des rapports de pouvoir par des termes spatiaux, sur le modèle de la manière dont un objet exerce un poids sur un autre, comme lorsque nous disons que certaines personnes ont du pouvoir « sur » d'autres, lesquelles sont « sous » leur influence[2]. Cela transparaît aussi dans l'idée quasi universelle que les individus importants et puissants sont « en haut » de l'espace politique, les sans-pouvoir se trouvant « en bas[3] ».

Mais ces termes physiques ne sont que des métaphores : la raison pour laquelle un Turc choisissait de se coiffer à l'occidentale et non à l'ottomane ne reposait pas sur des abstractions comme la « force » de l'autorité, mais sur son estimation des coûts et des bénéfices à attendre, et de ce que feraient les autres. Une fois la loi promulguée, l'homme turc a dû se dire qu'il se ferait repérer en portant le mauvais type de chapeau, que d'autres le dénonceraient, qu'il risquait de se retrouver en

1. Talmy, 1988, 2000.
2. Lakoff & Johnson, 1980, p. 15.
3. Brown, 1991.

prison et ainsi de suite. La combinaison de telles probabilités et le coût potentiel des actes sont suffisants pour faire hésiter – et obéir – le plus farouche des opposants. Il en va de même, évidemment, pour chaque individu concerné. Le policier lui aussi calcule les coûts et bénéfices de son comportement, et tient compte de ce que les autres lui feraient s'il n'appliquait pas la loi, par exemple la réaction probable de ses supérieurs. Et ces supérieurs eux-mêmes avaient vraisemblablement des intuitions similaires quant aux coûts et bénéfices associés à différentes voies d'action – et ainsi de suite pour tous les individus concernés, donnant lieu à de très longues et multiples chaînes pouvant inclure des milliers, voire des millions d'individus.

La dynamique de forces qui vient à l'esprit lorsque l'on pense aux rapports de pouvoir, le fait de « pousser », de « tirer », les notions de force et de résistance ne sont donc que des représentations maladroites d'interactions à grande échelle, lesquelles sont infiniment plus complexes et même trop complexes pour que nous puissions nous les représenter de manière consciente. Dans de nombreuses situations, cette compréhension métaphorique de la politique suffit. Mais dans certains cas importants, elle ne suffit pas. Pis, elle interdit de comprendre l'effondrement brutal de systèmes politiques qui jusque-là paraissaient inébranlables.

Cela est particulièrement vrai de systèmes ultra-répressifs comme les régimes communistes en Europe avant 1990, qui ont duré des décennies alors qu'ils étaient très impopulaires. L'économiste Timur Kuran a expliqué comment la communication et la coordination pouvaient nous aider à comprendre ce paradoxe. Les historiens ont montré que les régimes communistes n'ont pas toujours eu recours à la terreur comme dans les années 1920 et 1930. En fait, très souvent, les apparatchiks du parti s'efforçaient de faire participer la population à des manifestations de soutien, lors desquelles on applaudissait les dirigeants, on proclamait sa foi dans l'idéal communiste et on reprenait des slogans approbateurs à la moindre occasion, même dans des situations sans le moindre rapport avec la politique. Vaclav Havel a raconté que les épiceries tchèques arboraient des banderoles où l'on pouvait lire « Travailleurs de tous les pays, unissez-vous ! » au-dessus des carottes et des oignons[1]. Les gens savaient qu'ils devaient manifester leur adhésion et proclamer de temps à autre leur foi dans le socialisme pour tenir la police à distance. Tout le monde participait donc à ce que chacun savait être une farce. Mais ce mensonge généralisé avait une conséquence importante : il était très difficile de savoir quel était le niveau réel d'adhésion des gens[2]. Ce processus était poussé à l'extrême dans certains pays comme l'ex-RDA, où la surveillance de la population était telle que tout le monde ou presque avait, à un moment ou un autre, collaboré avec la Stasi. Pendant plus de quarante ans, la Stasi a utilisé la menace et le chantage pour recruter plus d'un million de « collaborateurs non officiels » qui fournissaient des informations sur les moindres faits et gestes de leurs concitoyens – qui avait dîné avec qui, qui avait mangé quoi, et ainsi de suite[3].

Les régimes autoritaires ont parfois recours à une violence spectaculaire, exemplaire, dirigée contre les dissidents, pour rappeler à tout le monde qu'il est très dangereux de résister. C'est la raison pour laquelle le régime du général Pinochet a recouru massivement à la torture au Chili et que la junte argentine du général Videla a fait disparaître des dizaines de milliers d'opposants. Or, le besoin de tels signaux est moindre si chaque individu est persuadé qu'autour de lui de

1. Havel, 1985, cité par Kuran, 1995.
2. Kuran, 1995, pp. 118–127.
3. Bruce, 2010, p. 81 *sqq.* ; D. Childs, 1996, p. 83 *sqq.*

très nombreuses personnes sont susceptibles de prendre la défense du régime.

Deux dynamiques distinctes sont donc en jeu dans l'affrontement entre un régime autoritaire et son peuple. Du côté du régime, les apparatchiks et autres sbires se coordonnent efficacement. Ils ont des objectifs communs et comprennent le rôle que jouent les autres dans la défense du régime. Dans les régimes communistes, par exemple, les fonctionnaires du parti savaient ce qu'ils devaient faire, pourquoi ils devaient s'en prendre aux dissidents et de quelles mesures ils disposaient pour cela. Du côté du peuple, à l'inverse, il était très difficile d'échanger des signaux de coordination. Les gens détestaient les autorités mais n'avaient pas une connaissance suffisante des préférences d'autrui, ni du moment ou de l'endroit où de telles préférences auraient pu s'exprimer. Dans une certaine mesure, c'est un phénomène habituel dans les très grandes sociétés, où la plupart des gens sont dans ce qu'on appelle une situation d'« ignorance pluraliste ». Autrement dit, ils en savent bien moins sur les préférences d'autrui que sur les leurs. Beaucoup d'études empiriques ont confirmé ce fait et montré que les gens tendent à surestimer l'adhésion des autres vis-à-vis de la norme à laquelle ils adhèrent[1]. Et ce phénomène se trouve amplifié dans des sociétés répressives, où la communication entre individus est difficile et souvent risquée. Un individu sait qu'il participe au défilé du 1er mai pour ne pas se faire harceler par les apparatchiks, mais tout ce qu'il sait des raisons des autres, c'est qu'ils y participent, pas leur degré de mécontentement.

Ces dynamiques de coordination sont aussi l'une des clés permettant de comprendre l'effondrement soudain de ces régimes en 1989. Le processus fut si soudain et si total qu'il stupéfia tout le monde, citoyens, bureaucrates du parti, observateurs étran-

1. Bicchieri, 2006, p. 183 *sqq*.

gers, historiens et chercheurs en sciences politiques[1]. Comment ces régimes si stables en apparence, disposant d'une police et d'une armée si puissantes et brutales, ont-ils pu disparaître en l'espace de quelques mois, voire quelques semaines ? Bien évidemment, les processus ayant abouti à ce résultat sont bien trop complexes pour être décrits en quelques lignes, mais certains traits généraux sont instructifs car ils montrent à quel point le pouvoir politique ne ressemble en rien, justement, à une force physique. Comme le soulignent la plupart des historiens, un facteur déterminant fut la mise en œuvre de la politique de perestroïka en Union soviétique, laquelle désorganisa la coordination entre apparatchiks. À cause des signaux confus émis par les autorités centrales, les exécutants ne disposaient plus d'informations claires sur ce que l'on attendait d'eux exactement, surtout s'agissant de la répression des dissidents et des mouvements de contestation. Cette même dislocation de la coordination qui existait jusque-là s'est produite entre l'Union soviétique et ses régimes satellites : les autorités soviétiques proclamaient vouloir défendre le socialisme dans les pays de l'Est tout en signalant qu'elles ne participeraient pas à la répression dans ces pays comme elles l'avaient fait jusque-là. À cause de cette absence apparente de coordination entre les autorités, les gens se sont enhardis et se sont dit qu'ils pouvaient exprimer leur opposition au régime. Parfois, les autorités ont tenté de répondre par une répression brutale, mais dans de nombreux autres cas, la réaction policière fut faible ou incohérente. Un des effets de ces manifestations fut de fournir aux gens des informations fiables sur le soutien dont bénéficiait réellement le régime. Chaque individu pouvait voir à présent qu'il n'était pas seul dans son opposition, et cela a déclenché une cascade, chaque manifestation rassemblant plus de gens que la précédente, un

1. Ash, 2014.

processus particulièrement visible en RDA. Autrement dit, la coordination fut sérieusement mise à mal parmi les autorités répressives, tout en devenant de plus en plus facile du côté du peuple. Ces deux mouvements eurent un effet boule de neige, de plus en plus d'apparatchiks estimant qu'il était temps de quitter le navire, tandis que de plus en plus de citoyens ordinaires se rendaient compte que le coût de la protestation était plus faible qu'il ne l'avait jamais été[1].

Notre psychologie spontanée ne dispose pas des outils permettant de représenter ces dynamiques, par exemple d'expliquer comment les régimes communistes ont pu, d'un côté, tenir durant des décennies, alors que la plupart des gens y étaient opposés, et, de l'autre, s'effondrer en quelques mois. Si le pouvoir politique était une sorte de force physique, il nous faudrait supposer que les dirigeants communistes ont eu cette force pendant longtemps puis ont subitement perdu leur *mana*. Mais cela, de toute évidence, n'est pas une explication. Le problème de la métaphore du pouvoir en tant que force est que, comme la métaphore des groupes en tant qu'individus, elle rend difficile la prise en considération du domaine où le pouvoir politique est effectivement créé, celui de l'agrégation complexe d'interactions individuelles.

Les normes sont dans la tête

La complexité des interactions est aussi la raison pour laquelle nous trouvons naturel et irrésistible d'envisager les normes sociales comme des choses se trouvant à l'extérieur des nombreux esprits qui en entretiennent des représentations. L'idée de l'objectivité des normes est profondément ancrée dans nos

1. Kuran, 1995, pp. 261-275.

manières d'envisager les rapports sociaux et se manifeste dès l'enfance. Il y a longtemps, le psychologue suisse Jean Piaget avait remarqué que les enfants se comportent comme des « réalistes moraux », c'est-à-dire qu'ils considèrent les normes morales et certaines conventions comme des faits objectifs. Selon ce point de vue, il est mal de frapper quelqu'un, même si personne ne l'a jamais dit[1]. Par la suite, les travaux du psychologue Elliot Turiel et d'autres ont montré qu'en fait, les idées morales des enfants sont plus sophistiquées car ils font une distinction entre, d'une part, les règles morales (on ne doit pas frapper quelqu'un sans raison), valides, qu'elles aient été formulées explicitement ou non, et, de l'autre, des conventions sociales (seules les femmes portent des jupes) qui sont des prescriptions explicites[2]. Les enfants comprennent aussi la force normative des conventions, raison pour laquelle les gens se sentent obligés de les respecter. Les enfants (et aussi les adultes) savent que les normes ne sont pas les mêmes selon les lieux et les périodes, mais ils semblent penser que les normes sont néanmoins des réalités sociales, indépendantes des idées des gens[3]. En fait, des recherches plus récentes qui ne s'intéressent pas au seul domaine de la morale ont montré que, dès leur plus jeune âge, les enfants ont des attentes précises en ce qui concerne le caractère normatif des conventions sociales. Par exemple, les enfants d'âge préscolaire considèrent que les règles d'un nouveau jeu ont une force normative et s'indignent si d'autres veulent y jouer avec des règles différentes. Ils considèrent que de tels changements sont interdits, même lorsque le nouveau jeu est présenté de manière descriptive (« On fait ceci, puis on fait cela ») plutôt que normative (« Il faut faire ceci, puis cela »).

1. Piaget, 1932.
2. Turiel, 1983.
3. Gabennesch, 1990.

Plus étonnant encore, les jeunes enfants passent spontanément d'un langage descriptif à un langage normatif lorsqu'il s'agit d'expliquer le jeu à des nouveaux venus. Et cela, bien qu'ils comprennent que les normes et les règles sont, dans une certaine mesure, arbitraires et peuvent varier d'une communauté à l'autre[1]. Ces recherches expérimentales suggèrent que, dès le plus jeune âge, nous sommes capables d'apprendre les normes spécifiques de notre communauté à partir d'attentes intuitives préalables en ce qui concerne les normes et la manière dont elles s'appliquent au comportement – et ces attentes semblent coïncider avec l'idée que les normes s'imposent à nous et sont objectives.

Bien sûr, les chercheurs en sciences sociales diraient que c'est une illusion. Les normes sociales sont des conventions qui facilitent la coordination[2]. Les représentations qu'ont les gens d'un comportement habituel (on serre la main de quelqu'un que l'on vous présente pour la première fois) deviennent une norme s'ils pensent que a) on doit serrer la main des gens que l'on nous présente et que b) les autres personnes s'attendent à ce que l'on respecte cette règle. Dès lors qu'un certain nombre d'individus dans un environnement social possèdent ces deux représentations, il y a potentiellement coordination[3]. Bien évidemment, cela est une description très sommaire des représentations potentielles qu'ont les gens. Dans la réalité, elles contiennent bien plus d'informations spécifiques quant à ce que l'on doit faire, à la manière dont les autres doivent réagir, et ainsi de suite[4].

L'écart entre la manière dont nous interprétons spontanément les normes comme des règles objectives qui ne se trouvent

---

1. Göckeritz, Schmidt & Tomasello, 2014 ; Rakoczy & Schmidt, 2013 ; Rakoczy, Warneken & Tomasello, 2008.

2. Lewis, 1969.

3. Bicchieri, 2006, pp. 11-28.

4. Horne, 2001.

pas dans la tête des gens, et la manière dont nos interactions produisent de la coordination, est la raison pour laquelle nous sommes souvent perplexes, dans nos raisonnements sociologiques spontanés, devant le pouvoir des normes et le fait qu'elles puissent changer subitement. Comme pour le pouvoir politique, notre sociologie spontanée rend mystérieuses les transformations soudaines du monde social.

Un bon exemple est l'histoire de la fin de la pratique des pieds bandés en Chine, dans les hautes classes sociales. Durant des siècles, cette pratique fut considérée comme normale et faisait partie des valeurs chinoises traditionnelles. Pourtant, elle disparut en l'espace de quelques années. Pendant des siècles, la plupart des aristocrates, mandarins et autres Chinois de haut rang auraient trouvé impensable de ne pas bander les pieds de leurs filles, pratique qui les rendait incapables de marcher et encore moins de travailler. Les gens savaient quelle souffrance cela occasionnait aux jeunes filles et les risques de santé que cela leur faisait courir. Mais la pratique était solidement ancrée. Elle était en accord avec d'autres représentations des règles de genre appropriées chez les classes supérieures. On considérait qu'elle faisait partie des multiples normes constitutives de la tradition chinoise[1]. Cela influait même sur les critères d'attractivité sexuelle : certains romans décrivent la passion érotique suscitée par la vision des pieds déformés[2]. Pourtant, après l'avènement de la République chinoise en 1912, la pratique disparut très rapidement. C'est un bel exemple d'une de ces « révolutions morales » qui se produisent en l'absence de bouleversements politiques et économiques, et résultent en fait de changements subtils dans les interactions entre les gens[3].

1. Gates, 2001.
2. Xiaoxiaosheng, 1993.
3. Appiah, 2011.

Comment expliquer ce contraste entre la solidité apparente d'une norme et sa fragilité soudaine ? La description des normes en tant que faits sociaux « extérieurs », indépendants des représentations des gens, ne fait que compliquer les choses. Pourquoi un tel fait social disparaîtrait-il subitement ? Une approche plus prometteuse consiste à tenir compte des motivations et des représentations individuelles, de la manière dont celles-ci se combinent au cours d'interactions dans une société de très grande taille. Mentalement, la norme est représentée comme combinant différentes informations : « Les pieds doivent être bandés » et « Tous les membres du groupe concerné sont, d'une manière ou d'une autre, d'accord avec cette règle ». En partant de ces informations, les gens peuvent inférer d'autres représentations, comme « Les membres du groupe ne seront pas d'accord si nous cessons d'appliquer la norme ». Tout le monde fait donc comme si le comportement en question était effectivement une norme, et cela suffit à en faire une norme.

Mais ce processus récursif de coordination est totalement opaque pour les gens qui appliquent la norme. La raison pour laquelle, durant des siècles, les pieds bandés furent une réalité incontournable dans la haute société chinoise était la manière particulière dont les gens se représentaient a) la règle et b) sa prévalence dans des milliers, sinon des millions d'esprits. Dans l'environnement social en question, on avait l'impression que tout le monde appliquait la norme. Remarquez que la représentation que les gens se font de « tout le monde » est le plus souvent très vague (on n'a même pas besoin d'estimer, même grossièrement, combien de gens respectent cette norme) et ne dit rien de l'adhésion des autres à la norme, comme j'ai déjà eu l'occasion de le signaler. Aussi vague qu'elle soit, cette représentation de « tout le monde » est très utile, dans la mesure où elle permet aux gens de prédire ce qui se passera s'ils se comportent d'une manière différente. S'ils cessent d'appliquer la norme, leurs voisins seront mécontents et pourront même les punir.

En général, la prédiction est exacte : lorsqu'une norme est admise, les gens prennent mal les transgressions. Mais elle est exacte pour la mauvaise raison. Les voisins vous désapprouveront et, dans bien des cas, manifesteront leur désapprobation, non parce qu'ils croient que la norme est nécessaire ou utile, mais parce que le coût de la non-punition d'un transgresseur peut être élevé et le bénéfice d'être perçu comme un défenseur des normes important. Or, ces coûts et ces bénéfices pour vos voisins sont déterminés par le fait qu'ils ont eux-mêmes des voisins... dont les coûts et bénéfices encourus en raison de leur respect ou de leur transgression de la norme sont créés par leurs propres voisins, et ainsi de suite. Il est impossible pour un esprit humain de se représenter de tels enchaînements causaux récursifs – on remarquera que même notre description simplifiée exige beaucoup de précisions et de nombreuses répétitions. Il faut beaucoup de calculs pour suivre explicitement les multiples facteurs qui produisent un comportement apparemment organisé : le comportement de *a* dépend de sa représentation de ce que *b*, *c*... *n* feront ou sont en train de faire, comportements qui eux-mêmes dépendent de la représentation du comportement des autres, et ainsi de suite. Mais, dans le cas présent, le processus réel, ce sont précisément ces interactions multiples.

Seuls des schémas d'interaction expliquent comment une norme peut, dans certains cas, disparaître très facilement alors qu'elle semblait solidement ancrée quelques années ou décennies plus tôt. Dans le cas des pieds bandés, il a suffi que quelques individus décident de lancer des actions collectives simples. Au cours du XIXe siècle, des auteurs chinois et des missionnaires étrangers avaient popularisé l'idée que le bandage des pieds était arbitraire et moins inévitable qu'on ne le pensait. Mais ces efforts furent suivis de peu d'effets. En fin de compte, au cours de la première décennie du XXe siècle, des familles modernistes lancèrent le mouvement contre les pieds bandés en créant des associations en faveur des « pieds sains », fondées sur un double pacte : les membres ne banderaient plus les pieds de leurs filles et interdiraient à leurs fils d'épouser des femmes aux pieds bandés. Le mouvement fit boule de neige et la pratique fut abandonnée en quelques années[1].

Dans la formulation abstraite de la théorie des jeux, ce type de pacte collectif représente une stratégie optimale. D'abord, beaucoup d'individus et de familles s'unissent et font le serment d'abandonner la pratique traditionnelle. Une fois que les réformateurs sont suffisamment nombreux, ils ne peuvent plus être persécutés ou ostracisés comme le seraient des rebelles isolés. Ce simple fait abaisse le coût de la participation pour des inconnus qui seraient d'accord sur le besoin d'un changement, mais craindraient de subir la réprobation sociale. Donc, le recrutement du mouvement s'amplifie. Ensuite, les familles rendent leur engagement public, ce qui rend difficile la défection de membres de l'association souhaitant revenir aux anciennes pratiques, laquelle pourrait nuire à leur réputation de fiabilité. Enfin, la promesse de choisir les fils et filles des membres de l'association en tant qu'épouses et époux (parfois de n'épouser que des membres de l'association) abaisse encore le coût de la participation. Cette dernière devient encore plus tentante pour des inconnus. Étant donné ces conditions, le recrutement de l'association augmente, ce qui abaisse encore plus le coût de la participation.

1. Appiah, 2011 ; Gates, 2001.

La sociologie spontanée en tant qu'outil de coordination

Les hypothèses de la sociologie spontanée (les groupes sont des individus, le pouvoir est une force, les faits sociaux sont des choses) ressemblent beaucoup à ce que les linguistes appellent des « métaphores conventionnelles », dont des exemples seraient « Le temps, c'est de l'argent » ou « Le débat est un combat ». Les gens disent qu'ils « perdent » ou « investissent » leur temps et les récits de querelles intellectuelles abondent en formules du type « sortir gagnant d'une discussion », « défendre un point de vue » et ainsi de suite. Ce sont des usages métaphoriques, car les gens ne croient pas qu'ils puissent littéralement « écraser » un adversaire intellectuel comme on écrase une gousse d'ail. Et on ose espérer qu'ils ne pensent pas qu'« attaquer quelqu'un » veut dire qu'on va le passer à tabac. Mais ces métaphores structurent la manière de penser le débat. Comme l'ont souligné les linguistes George Lakoff et Mark Johnson, ces usages métaphoriques sont omniprésents dans la cognition humaine[1].

Pourquoi avons-nous recours à des métaphores si inadéquates lorsque nous nous représentons le monde social ? Comme je l'ai déjà dit, un facteur crucial est qu'une description réaliste des interactions entre individus dépasse de loin nos capacités. L'agrégation de milliers de comportements individuels, dont beaucoup sont déclenchés par le comportement d'autres individus, est un système complexe qui va bien au-delà des capacités de représentation consciente des esprits humains[2]. Autrement dit, peut-être sommes-nous condamnés à utiliser la sociologie spontanée et ses suppositions trompeuses à cause du mystère de la coordination – le mystère de l'ordre apparent créé par

1. Lakoff, 1987 ; Lakoff & Johnson, 1980.
2. Feigenson, 2011.

l'agrégation d'une myriade d'interactions que nous ne pouvons détailler.

Mais ce n'est pas la seule raison. Effectivement, la manière dont nos réflexions sociologiques spontanées donnent un sens à notre environnement social constitue elle-même un très bon outil de coordination. Dans de nombreux cas, la coordination est facilitée par le fait que la plupart des esprits humains possèdent des versions très semblables de cette sociologie spontanée. Par exemple, l'idée que les groupes sont des individus, bien qu'elle soit très souvent fausse, a une utilité en tant que dispositif de coordination. Les gens disposent d'une description sommaire des groupes qui (en gros) explique le comportement des agents et guide leur propre comportement[1]. Dans ce sens, cette idée est une prophétie autoréalisatrice. Si la plupart des gens pensent que la description des groupes en tant qu'individus dotés d'intentions et de croyances est juste, le comportement des membres individuels tendra (en gros) à confirmer cette supposition. Il en va de même, bien sûr, de l'idée que les normes sont extérieures à l'esprit des gens. Si la plupart des Fang pensent qu'il y a une bonne manière de pratiquer le *ngam* et que ces règles sont, en quelque sorte, extérieures à notre esprit, il devient plus facile de tomber d'accord sur le fait que les performances passées sont un bon guide pour répéter l'opération[2]. De la même manière, les gens qui pensent que les différences de pouvoir ressemblent à des processus physiques finissent par se comporter d'une manière qui (en gros) correspond à ce que prédit la description métaphorique en termes de forces et de mouvements.

Ces effets sont bien connus des spécialistes en sciences sociales. Ils constituent également la raison pour laquelle, dans leur description de groupes, de nations ou d'institutions

1. Pettit, 2003.
2. Bicchieri, 2006.

particulières, ces spécialistes adoptent souvent l'idiome de la sociologie spontanée et décrivent les groupes comme étant des quasi-agents, ou les normes une forme de « culture » indépendante de l'esprit. Ces approximations collent à peu près aux données et sont des raccourcis pratiques pour des processus de coordination qui, sinon, seraient extrêmement difficiles à décrire. Mais cela ne fait pas de la sociologie spontanée de la bonne sociologie.

Des leçons pour la politique moderne ?

Comprendre les suppositions et les limites de notre sociologie spontanée n'a pas qu'un intérêt académique. Il est fondamental, pour qui cherche à comprendre la politique moderne, de savoir comment s'est opéré le passage des petites bandes de chasseurs-cueilleurs à nos sociétés industrielles de très grande taille. Une leçon de l'étude de la sociologie spontanée est que notre psychologie politique, comme notre fonctionnement cognitif dans son ensemble, est constituée pour l'essentiel de processus qui échappent à notre conscience. Autrement dit, si nous voulons comprendre pourquoi les gens sont séduits par des programmes ou des politiques particulières, ou pourquoi ils estiment que certains dirigeants méritent leur soutien, nous ne pouvons nous contenter de recenser leurs opinions et leurs raisonnements explicites et conscients[1]. Depuis peu, beaucoup de chercheurs en sciences politiques se sont intéressés à l'étude systématique des processus cognitifs qui sous-tendent nos choix politiques.

Dans nos sociétés de très grande taille, les gens peuvent opter entre différents programmes, c'est-à-dire des « menus »

1. M. D. Lieberman, Schreiber & Ochsner, 2003 ; Marcus, 2013 ; McDermott, 2011.

reflétant différents choix politiques. Ces menus sont à prendre comme constituant un tout. Dans de nombreuses démocraties modernes, les menus présentés tombent en général dans l'une de deux grandes catégories : des programmes « conservateurs » et des programmes « progressistes ». Souvent, les citoyens préfèrent un menu aux autres, même s'il n'est pas toujours évident de préciser pourquoi certaines politiques semblent aller main dans la main. Pourquoi un certain libéralisme en matière de mœurs s'accompagne-t-il souvent d'une préférence pour l'impôt progressif ? Pourquoi une attitude pro-entreprises est-elle souvent associée à un attachement à un certain conservatisme social ?

Ce qui semble assurer la cohésion idéologique de chaque menu, ce sont des valeurs très abstraites ou un classement hiérarchique de valeurs, comme lorsqu'on place la liberté au-dessus de l'égalité. L'économiste Thomas Sowell a suggéré que l'opposition occidentale moderne entre « conservatisme » et « progressisme » est associée à deux conceptions fondamentalement différentes de la société et de la nature humaine. Une de ces perspectives est une vision « restrictive » commune à Adam Smith, au libéralisme classique, au conservatisme à la Burke et à beaucoup de positions « libertaires » contemporaines. Pour les gens qui adoptent ce point de vue, la nature humaine est imparfaite et ne changera pas. Les politiques doivent être des solutions partielles, pragmatiques, à des problèmes précis, et non des plans grandioses d'amélioration de la société. À l'inverse, beaucoup de progressistes convergent spontanément vers une vision « non restrictive », selon laquelle l'humanité est perfectible et la souffrance humaine le résultat de conditions sociales imparfaites. Les politiques doivent être considérées comme des étapes dans la construction de cette société meilleure, dans laquelle les dispositions fondamentalement bienveillantes de la nature humaine pourront se déployer[1].

Mais de telles valeurs abstraites ne sont pas la seule chose opposant « conservatisme » et « progressisme ». Cette opposition correspond aussi à une différence morale. Le psychologue Jonathan Haidt a étudié les manières dont les gens appliquent des intuitions et des sentiments moraux à des domaines du comportement. Beaucoup de gens, surtout des intellectuels, interprètent sans hésiter la morale en partant de principes et d'intuitions sur le traitement que chacun est en droit d'attendre, lesquels tournent autour de sentiments de bienveillance et de justice. Pour ces personnes, il va de soi que c'est notre psychologie morale qui pousse les gens à rechercher des transactions équitables et explique le dégoût que nous inspire la violence gratuite. Mais les émotions et les sentiments moraux des gens concernent bien plus de choses que l'équité et la non-équité. Dans la plupart des sociétés, les gens accordent une grande importance à la loyauté envers son groupe et trouvent détestables la défection et la désertion. Certains considèrent que le fait de manger certains aliments un certain jour de la semaine est immoral. D'autres qu'il est moralement répréhensible d'ignorer la tradition et l'autorité, ou de s'y opposer. Cela laisse penser que notre attitude morale peut concerner d'autres domaines du comportement que la justice et l'injustice et plus particulièrement les valeurs que Haidt appelle la « loyauté », l'« autorité » et la « pureté »[2]. Or, une des découvertes remarquables de Haidt est que les progressistes et les conservateurs ne sont pas d'accord sur la portée de leurs intuitions morales. Dans l'esprit des progressistes, seules la justice et l'injustice sont clairement morales, mais pas les atteintes à l'autorité et à la tradition. Les

1. Sowell, 2007.
2. Haidt, 2013 ; Haidt & Joseph, 2004.

conservateurs, en revanche, semblent avoir un sens moral plus étendu, qui s'applique non seulement à la justice et à l'injustice mais aussi à de possibles manquements à la loyauté (par exemple, lorsque les gens ne sont pas patriotes), à l'autorité (lorsqu'on manque de respect aux générations précédentes) ou au caractère sacré de certaines choses (comme lorsqu'on brûle un drapeau). Cela pourrait expliquer pourquoi les débats entre progressistes et conservateurs sont souvent inextricables, chaque partie comprenant mal les motivations morales de l'autre[1].

Les différences entre ces visions de la société et de la politique semblent ne pas se limiter à la compréhension morale. Dans une série d'expériences n'ayant apparemment rien à voir avec les convictions politiques des conservateurs et des progressistes, ceux-ci ont eu des réactions très différentes. Les conservateurs réagissent plus fortement à des stimuli brutaux ou inattendus et se montrent plus sensibles à des menaces potentielles. Leur attention est mobilisée plus facilement par des termes négatifs. Les progressistes tournent plus souvent que les conservateurs leur regard vers ce que regarde quelqu'un d'autre alors que les conservateurs seront moins sensibles à de tels indices. Ces différences ne sont pas non plus une bizarrerie propre aux États-Unis car on obtient des résultats semblables dans des pays européens[2].

Peut-on expliquer ces résultats expérimentaux ? Peut-être cela n'est-il tout simplement pas possible étant donné l'état actuel de nos connaissances en psychologie politique – encore moins si l'on s'en tient à l'opposition entre conservateurs et progressistes. Car cette opposition est sans aucun doute ethnocentrique ou, si l'on préfère, moderno-centrique. La démocratie délibérative est une invention récente et sa pratique l'est encore plus dans

1. Haidt, 2013 ; Graham, Haidt & Nosek, 2009 ; Haidt & Graham, 2007.
2. Hibbing, Smith & Alford, 2013, p. 121 *sqq.* ; Oxley *et al.*, 2008.

la majeure partie du monde. C'est seulement dans certains pays, à certains moments, que les débats politiques prennent la forme d'une opposition entre progressisme et conservatisme. Souvent, la rivalité ethnique est une ligne de partage plus claire que les attitudes quant à la redistribution et à l'intervention de l'État dans l'économie. On risque donc d'avoir du mal à relier la génétique et la personnalité à des options politiques modernes, dans la mesure où les termes comparés existent sur des échelles temporelles si diverses. Quelles que soient les différences génétiques entre individus et les différences de personnalité qu'elles contribuent à créer, elles sont là depuis fort longtemps, au moins des dizaines de milliers d'années, si ce n'est plus. Elles sont apparues et ont été sélectionnées dans des groupes humains de petite taille qui avaient une organisation politique très particulière. Les explications sont peut-être à rechercher dans les suppositions plus anciennes de la sociologie spontanée et dans la manière dont elles s'appliquent dans des contextes modernes.

L'État en tant qu'individu moral

La manière dont l'État doit fournir, organiser ou réguler toutes sortes de prestations sociales est l'un des points d'achoppement entre des visions politiques concurrentes. Aux débuts de la république américaine, par exemple, les Pères fondateurs ont stipulé que le gouvernement fédéral devait assurer le service postal, mais sont restés muets sur l'assurance-chômage. De nos jours, beaucoup d'Américains trouveraient le choix inverse bien plus raisonnable. Il est vrai que la plupart des gens tomberont d'accord sur ce que doivent être les fonctions minimales de l'État, comme la défense nationale, la protection des citoyens contre le vol et les violences, et un système juridique fondé sur un droit garantissant l'exécution des contrats. Mais les États modernes ne se limitent pas à cela et le débat tourne autour de la question suivante : « Quelle est la part légitime ou souhaitable de cette intervention supplémentaire, et quelle part ne sert à rien ou porte atteinte au bien-être général ? » Bien évidemment, ce n'est pas ici que nous trancherons la question. Nous ferions mieux d'essayer de comprendre en quoi nos capacités et préférences produites par l'évolution donnent une forme particulière à ce débat et quelles sont les suppositions tacites que font les gens lorsqu'ils discutent des fonctions que l'État doit prendre en charge.

Pour commencer, bien des gens voient dans l'État une sorte d'assurance qui nous protège des aléas du marché. Pour se prémunir contre les graves conséquences d'une défaillance sur ce point, il paraît raisonnable d'investir dans un système d'assurance et c'est précisément ce que l'État semble fournir. C'est la raison pour laquelle, dans de nombreux pays, surtout en Europe occidentale, beaucoup de gens considèrent que les programmes d'aide sociale – des filets de sécurité destinés à aider ceux que le marché a lésés – sont indispensables dans toute société moderne digne de ce nom, tout autant que la sécurité nationale et la protection de la vie et des biens des personnes.

Mais cela n'explique pas pourquoi l'État lui-même est perçu comme une sorte d'amortisseur efficace de ces aléas. En effet, les communautés auto-organisées sont aussi capables de protéger leurs membres contre toutes sortes de risques, comme l'ont fait, par exemple, ces associations volontaires qui sont apparues aux XVIIIe et XIXe siècles dans les pays fraîchement industrialisés. Une conséquence de la révolution industrielle fut que beaucoup de gens, après avoir quitté leurs villages, durent trouver un moyen d'assurer le type de solidarité mutuelle qui jusque-là était l'apanage de la famille et des amis. Ils ont donc fondé des associations offrant des services comme l'accès aux soins et à l'éducation, ainsi que des assurances couvrant les situations d'invalidité et de chômage. Rien qu'en Angleterre, au début du XIXe siècle, il existait des centaines de telles « sociétés amicales[1] ». Il s'agissait pour l'essentiel d'associations comptant quelques centaines, voire quelques milliers d'individus, les responsabilités étant exercées de manière tournante par des volontaires. Beaucoup de sociétés amicales s'attachaient les services d'un médecin. Certaines d'entre elles organisaient des conférences et publiaient des revues pour favoriser l'éducation de leurs membres[2] – comme la célèbre société des *Oddfellows*, les gens *odd* (à part) étant tous ceux qui n'étaient pas déjà membres d'une société amicale. Les autorités n'aimaient pas trop ces associations spontanées car elles y voyaient des foyers potentiels d'enthousiasme révolutionnaire. Et, effectivement, l'une des raisons du développement de systèmes d'assurance et de services médicaux étatiques fut de faire barrage à ces associations « de base », potentiellement subversives[3]. Il se peut donc que la préférence moderne pour l'État-providence soit le reflet d'une situation politique dans laquelle les bureaucraties étatiques sont parvenues à s'assurer un monopole.

Si l'État est facilement perçu comme le fournisseur le plus probable de tels services, c'est que cela s'accorde bien avec les suppositions de notre sociologie naïve. Lorsque les gens se représentent le rôle de l'État dans les affaires publiques, ils le voient en général comme un individu, conformément à l'hypothèse la plus courante de notre sociologie spontanée, une entité possédant connaissances et intentions. Cette description est trompeuse, bien sûr, car il n'existe pas de lieu central où

1. Hechter, 1987, p. 115 *sqq.*
2. Gosden, 1961 ; Wilkinson, 1891.
3. Hechter, 1987.

se trouverait rassemblé tout le savoir de l'État, pas d'intention centrale ni de mémoire.

Ce qui existe, en revanche, ce sont de très nombreuses interactions entre des individus dont la complexité dépasse largement nos capacités cognitives (et même celles de la plupart des modèles scientifiques). L'esprit humain se trouve ainsi dans une situation où des processus insondables (la réalité complexe de la prise de décisions dans un État moderne) ont pour résultat effectif des actions (les fonctionnaires distribuent des allocations, les contrôleurs des impôts réclament des paiements, les officiers de police arrêtent des délinquants, et ainsi de suite). Pour des esprits humains, la manière la plus simple de se représenter ce que font de nombreux acteurs humains interagissant de manière complexe est de résumer toute cette complexité comme si un esprit unique ou générique, l'esprit de l'État, était à l'œuvre.

Cette description si séduisante de l'État en tant qu'agent est approximative, et souvent fausse, car les bureaucraties modernes mobilisent des milliers d'individus, avec leurs propres buts, intentions et connaissances mais aussi leurs propres motivations, lesquelles peuvent coïncider ou non avec les objectifs d'une politique particulière. En fait, un pan entier de l'économie politique, la théorie des choix publics, traite de ces questions sur le fonctionnement de l'État, étant entendu qu'il met en jeu de nombreuses agences différentes, dont chacune compte de nombreux agents, le comportement de chacun obéissant à des motivations particulières – lesquelles peuvent coïncider ou non avec le mandat donné par les électeurs aux partis politiques et au gouvernement[1].

La croyance spontanée dans l'État comme une sorte d'individu explique peut-être une autre caractéristique de la politique

1. Buchanan & Tullock, 2004 [1962].

moderne : le fait que les choix sont souvent motivés par des intuitions morales, plus précisément des motivations qui sous-tendent des propositions politiques particulières. En général, les hommes politiques présentent leurs propositions politiques comme autant de moyens pour résoudre des problèmes particuliers, qu'il s'agisse de l'amélioration du système scolaire, du système de santé, des salaires, du plein-emploi, et ainsi de suite. Les débats concernant les politiques publiques tournent également autour de ces intentions affichées – par exemple, les gens se demandent s'il faut faire passer l'école et la santé avant l'augmentation des salaires et des aides sociales. Les économistes se désolent souvent de cette attention portée aux intentions au détriment des résultats, qu'ils estiment particulièrement dommageable dans nos économies modernes où les choix politiques ont d'importants effets involontaires et souvent pervers. On peut donc se demander pourquoi les gens font autant attention aux intentions et aux descriptions moralisées des programmes politiques[1] ?

Cela a peut-être à voir avec l'idée que l'État est un individu et avec nos intuitions sur les échanges économiques. Comme j'ai essayé de le montrer au chapitre précédent, il est raisonnable que les humains, dans leur évaluation des transactions potentielles, recherchent des informations, non seulement sur les intentions des uns et des autres, mais aussi sur l'offre réellement disponible. La raison en est que dans les conditions d'avant les marchés, l'échange était d'autant plus avantageux qu'il consistait en des transferts potentiellement réitérés de manière mutuellement bénéfique plutôt qu'en des interactions uniques et impersonnelles. Dans de telles conditions, il était souvent préférable d'identifier et de choisir un partenaire bienveillant plutôt que la transaction la plus avantageuse à court terme.

1. Caplan, 2008 ; Sowell, 2011.

Les intentions d'un partenaire potentiel, si tant est qu'on puisse les détecter ou les inférer, fournissent souvent des indications fiables sur les bénéfices futurs. Et c'est la raison pour laquelle nous accordons aujourd'hui une telle importance à ce type d'informations, même lorsqu'il s'agit de transactions de marché où elles peuvent être moins pertinentes que dans les conditions ancestrales.

C'est la raison pour laquelle dans nos sociétés de masse tant de citoyens s'intéressent aux intentions qui sous-tendent les politiques proposées, ainsi qu'à leur évaluation morale, car ils considèrent que l'État est un agent, c'est-à-dire une entité dotée de croyances et de buts. Étant donné cette supposition tacite, il est naturel d'interpréter les services offerts par l'État et les devoirs qu'ils imposent comme on interpréterait les conditions d'un échange avec un partenaire humain. Dans nos sociétés de masse, les idéologies politiques reflètent souvent cette représentation implicite. Pour les sociaux-démocrates, l'État est un distributeur bienveillant de bienfaits mérités, les impôts étant la contrepartie dans un échange équitable. Certains conservateurs et la plupart des « libertaires » considèrent que l'État est un partenaire abusif dont les immenses ressources et le monopole de la violence conduiront à des échanges injustes et à des résultats négatifs. Les deux visions reposent sur notre sociologie spontanée, produite par l'évolution, qui nous rend en partie aveugles au fonctionnement réel des institutions étatiques.

Évolution et délibération

Dans la petite république de Te, la politique est globalement transparente. Lorsque les gens discutent de la bonne allocation des pâturages communs ou décident de la manière de procéder à la réparation ou à la construction d'aqueducs et de canaux, ils savent qui sont les personnes, quels sont leurs intérêts et quelles conséquences chaque décision peut avoir pour chaque membre de la communauté[1].

Une telle transparence est impossible dans nos sociétés de masse. L'idéal délibératif repose sur l'idée qu'une telle transparence peut être atteinte en partie en disposant de bonnes institutions permettant de communiquer et de prendre des décisions. Mais cela est-il compatible avec la psychologie politique dont nous a dotés l'évolution ?

Notre soif de délibération semble bien adaptée à nos capacités. La délibération est rendue possible par nos capacités de raisonnement, produites par l'évolution et, comme l'ont souvent remarqué les historiens et les politologues, cela explique pourquoi une discussion libre et sans contraintes conduit en général à de meilleurs résultats que les systèmes autocratiques et technocratiques. Comme l'ont démontré Hugo Mercier et Dan Sperber, le raisonnement est avant tout un outil argumentatif. Pour dire les choses crûment, nous raisonnons moins pour améliorer notre vision du monde que pour convaincre les autres de la justesse de nos croyances et de nos préférences. C'est pourquoi le raisonnement est si souvent biaisé en faveur de nos propres intérêts, mais aussi, et c'est peut-être plus surprenant, pourquoi la discussion est la meilleure manière d'aborder la prise de décisions, car nous sommes bien moins vulnérables aux mauvaises raisons des autres qu'aux nôtres[2]. Donc, nos dispositions cognitives évoluées pour la « vigilance épistémique », c'est-à-dire la détection de la tromperie et de l'erreur, sont essentielles dans une démocratie délibérative. Cependant, pour être efficace, la délibération exige non seulement que nous ayons des raisons d'être pour ou contre certaines politiques, mais que

1. Ramble, 2008.
2. Mercier & Sperber, 2011.

nous soyons aussi conscients des causes de nos préférences et que nous ayons une vision relativement claire de la manière dont opèrent les processus sociaux. Or, ces deux exigences importantes sont rarement satisfaites.

Que faire ? De toute évidence, l'étude de l'esprit politique par les psychologues évolutionnistes ne conduit pas *ipso facto* à des préconisations politiques. Mais cela pourrait nous aider à dépasser l'idée, profondément ancrée, que nous nous faisons de la manière dont fonctionnent les sociétés, ce que j'ai appelé notre « sociologie spontanée ». Cela pourrait aussi conduire à une autre approche du débat politique, dans laquelle nous pourrions utiliser ce que nous savons des capacités et des dispositions produites par l'évolution chez les humains – les raisons pour lesquelles nous formons des coalitions, nous fondons des familles, nous aimons tant les croyances étranges, nous investissons dans notre progéniture, et nous coopérons dans les domaines les plus divers.

Conclusion

Comment cognition et communication créent les traditions

Les humains se distinguent des autres espèces par la quantité et la variété de l'information qu'ils tirent du comportement des autres humains, de ce que les autres font, mais surtout de ce qu'ils disent. Nous apprécions mal la masse d'information socialement transmise parce que la quantité est stupéfiante et le processus assez transparent. On peut parler d'un océan, d'une montagne, d'un continent d'information – autant de métaphores aussi appropriées que trompeuses. À chaque instant, une quantité énorme d'informations est échangée socialement entre les individus, quelle que soit la taille de la communauté. L'information, c'est notre environnement, notre niche et, comme nous sommes des organismes complexes, nous modifions sans cesse cette niche, parfois d'une manière qui rend possible l'acquisition en un nombre plus grand encore d'informations tirées de notre environnement[1].

Cet océan métaphorique d'information inclut ce que les gens appellent « la culture humaine » ou « *les* cultures humaines ».

1. Tooby & DeVore, 1987.

Ces termes, il faut le dire, sont très vagues et trompeurs et leur emploi a souvent conduit les théories anthropologiques classiques à la confusion la plus totale. La raison en est que, presque immanquablement, ils ont des conséquences malheureuse en ce qui concerne l'information et la psychologie humaine – j'y reviendrai plus loin. Par chance, nous n'avons pas besoin de définir ces mots dès le départ pour poser des questions intéressantes sur la transmission de l'information dans les sociétés humaines – un peu comme vous n'avez pas besoin d'une définition claire de ce qu'est la matière pour pouvoir poser des questions intéressantes en physique, ni d'une définition de la vie pour poser des questions biologiques. Parmi ces questions au sujet de l'information et de sa transmission, en voici quelques-unes.

Dans toutes les communautés humaines, les gens « partagent » certaines représentations mentales. Je place le mot « partager » entre guillemets parce que les gens, bien évidemment, ne les partagent pas comme on partage un repas. Ce que l'on cherche à exprimer par cette tournure, c'est le fait que des représentations existant dans différents esprits semblent avoir des traits communs. (Cette ambiguïté au sujet du « partage » est la première des nombreuses confusions créées par l'emploi de termes comme « culture ».) Pour reprendre un exemple des chapitres précédents, on retrouve une même idée – les enfants appartiennent au clan de leur oncle maternel mais pas à celui de leur père – sous une forme analogue chez la plupart des gens vivant dans une société matrilinéaire comme celle des Ashanti. Ou bien l'idée, courante chez les Fang du Gabon, selon laquelle les guérisseurs possèdent une qualité intérieure particulière qui les distingue des gens ordinaires.

Cela entraîne la question suivante : d'où vient cette similitude des représentations ? Et c'est ici que nous nous heurtons à une autre confusion créée par les notions de « culture » ou de

« cultures ». Puisque nous disposons d'un nom pour une chose, il est tentant de penser que le terme est en soi une explication, que les Ashanti pensent que l'appartenance au clan est définie par la lignée maternelle parce que « cela fait partie de leur culture », comme on dit. Mais cela ne saurait être une explication. Dire que cette norme fait partie de la culture des Ashanti, c'est juste dire que la représentation de la norme est similaire dans l'esprit de nombreux Ashanti. La prétendue explication est circulaire.

La question « Pourquoi les gens qui communiquent ont-ils des représentations similaires ? » soulève donc un vrai problème. Parmi les innombrables représentations mentales qu'entretient un esprit humain lors de comportements normaux, seule une part infime ressemble aux représentations d'autres individus. Nous construisons et entretenons tous des représentations de notre environnement physique qui sont, bien évidemment, uniques à certains égards, car chaque individu possède une perspective unique sur les objets environnants. Les représentations de notre monde social sont aussi uniques, car nous sommes chacun au centre de nombreux réseaux de relations sociales et nous sommes les seuls à occuper cette position particulière. De manière tout aussi évidente, la communication ne crée pas automatiquement une similitude de représentations et ce n'est pas non plus son but. Si vous formulez une demande, vous n'avez pas l'intention de faire en sorte que vos auditeurs se représentent exactement la même demande. Vous voulez qu'ils envisagent une certaine manière de répondre à votre demande. Même lorsque nous employons des énoncés déclaratifs, nous ne créons pas des représentations mentales semblables aux nôtres. Si vous dites que le rôti de pangolin est délicieux, cela ne conduit pas vos auditeurs à penser qu'il est délicieux, cela leur fait seulement penser que vous devez penser cela. Tout cela peut sembler évident, mais il est hélas nécessaire de mentionner ces propriétés familières de la communication car elles sont souvent difficiles à garder présentes à l'esprit, tant le brouillard créé par des notions comme « culture » est épais.

Considérons une autre question : pourquoi existe-t-il des caractéristiques récurrentes de ces représentations dans de nombreuses communautés humaines ? Prenons l'idée que les chamans ou guérisseurs possèdent une propriété, une qualité spéciale, ou un organe supplémentaire. On retrouve ces idées sous des formes variées en Asie, aux Amériques et en Afrique subsaharienne. Pourquoi des gens qui vivent dans des endroits si différents s'intéressent-ils à cette notion d'essence interne ? Ou bien prenez encore une fois l'idée que vous faites partie du lignage de votre mère et de son frère mais pas de celui de votre père. C'est courant chez les Trobriandais du Pacifique, chez les Senufo d'Afrique occidentale, chez les Hopi d'Amérique du Nord et les Nayar d'Inde, ainsi que dans bien d'autres sociétés. Bien évidemment, on pourrait en dire autant de pratiquement toutes les caractéristiques des normes locales et des notions décrites par les anthropologues. Un peu partout dans le monde on retrouve notamment l'idée que les groupes sociaux se distinguent parce qu'ils sont naturellement, essentiellement différents – les catégories ethniques, par exemple, désigneraient des espèces d'humains différentes ou les individus de castes différentes seraient différents physiologiquement. Et beaucoup de gens dans différents endroits pensent que les morts subsistent en tant que personnes et interagissent avec les vivants en dépit de leur état physiologique. Et les gens pensent souvent que la malveillance et la magie sont mieux à même d'expliquer le malheur que des facteurs purement aléatoires.

Aucune de ces représentations n'est, à première vue, une représentation que les humains possèdent universellement. Les guérisseurs ne possèdent pas forcément un organe spécial – c'est le cas des herboristes dans de nombreuses sociétés africaines et bien sûr de nos médecins. Il existe des sociétés sans lignages, comme nos sociétés de masse ainsi que les bandes de chasseurs-cueilleurs. Les catégories sociales ne sont pas forcément essentialisées. Vous pouvez avoir des idées sur la mort en vous passant d'esprits et sur le malheur en l'absence d'agents. Mais, même si elles ne sont pas universelles, ces représentations sont très fréquentes chez les humains. Pourquoi ? Qu'est-ce qui explique leur récurrence ?

Si nous laissons de côté pour l'instant les idées confuses sur la culture, deux questions demeurent auxquelles doit répondre une science naturelle de la société : d'une part, comment les gens aboutissent-ils à des représentations similaires en communiquant ? Et, de l'autre, pourquoi certains thèmes sont-ils si courants dans des sociétés si diverses et sans rapport entre elles ? Au risque de vendre la mèche, je me dois de révéler qu'il s'agit en fait d'une seule et même question, à laquelle nous pouvons répondre de manière rigoureuse en considérant comment les esprits humains produisent de nouvelles représentations en communiquant.

Les traditions

Je commencerai par la similitude au sein d'une communauté donnée. Certaines parties du domaine exceptionnellement vaste des représentations mentales des membres d'un groupe semblent être en gros les mêmes à cause d'épisodes de communication précédents. Un terme pratique pour décrire ces îlots de similarité dans un océan de contenus uniques est celui de « tradition ». Les traditions sont simplement des ensembles de représentations mentales et de comportements qui présentent une certaine stabilité dans un groupe social donné[1]. Contraire-

1. Morin, 2016.

ment à ce que peut sembler suggérer le terme, les traditions dans ce sens du mot ne sont pas forcément durables. Certaines traditions persistent durant des siècles mais concernent un nombre limité d'individus, comme l'art de choisir et de mélanger les essences de bois dans un orgue ou celui de confectionner des costumes de théâtre kabuki japonais. À l'inverse, les traditions courtes incluent toutes les modes qui se propagent rapidement et disparaissent encore plus vite comme autant de succès éphémères dans l'arène culturelle. Comme le suggèrent ces exemples, la durée de vie d'une tradition et le nombre de gens impliqués sont des dimensions orthogonales. La tradition peut ne concerner que quelques individus ou il peut s'agir de millions de personnes. L'écrivaine italienne Natalia Ginzburg nous fournit un excellent exemple d'une tradition à petite échelle dans son récit *Les Mots de la tribu*, lorsqu'elle énumère des mots ou des usages étranges de ses parents, frères et sœurs, dans l'entre-deux-guerres. Le père, en particulier, avait créé (ou acquis de parents plus distants) un ensemble de termes en partie inventés à partir d'un mélange d'allemand et d'italien[1]. Beaucoup de familles ont des traditions de petite taille de ce type, même si celles-ci se limitent à une poignée de mots ou d'expressions particulières. À l'autre extrémité de ce spectre, certaines traditions impliquent des milliers, voire des millions d'individus. Bien avant que les techniques modernes de communication aient rendu possible la diffusion de masse, des millions de gens connaissaient et transmettaient des contes populaires comme *Cendrillon*, des légendes comme celles de Krishna et de Ganesh, des mélodies comme *Au clair de la lune* et des coiffures comme la queue-de-cheval mandchoue, sans parler de croyances religieuses largement répandues. De ce fait, lorsque nous disons que ces représentations sont globalement

1. Ginzburg, 1963.

stables dans un groupe social, nous devons comprendre cela de manière très souple. Dans un sens, toute collection d'individus reliés par des épisodes de communication crée des traditions puisque ces événements produisent des représentations partagées. C'est une conception très générale et large de ce qu'est une tradition, mais elle devrait nous permettre de pointer les nombreux problèmes que posent nos idées sur l'information et sa transmission.

Peut-être est-ce à cause de notre sociologie spontanée que nous passons à côté de certains aspects cruciaux de la transmission culturelle, en pensant que les représentations largement partagées se doivent de persister. Selon ce point de vue, seul le changement demande à être expliqué. Pendant longtemps, les chercheurs en sciences sociales ont pensé qu'il n'y avait rien de particulier à expliquer dans le fait que de nombreuses idées et coutumes vénitiennes et xhosas ressemblent beaucoup à celles des Vénitiens et des Xhosas de la génération précédente. Selon ce point de vue, *Cendrillon* et *Le Roi des singes* sont transmis de génération en génération et la stabilité n'exige aucun facteur particulier, comme s'il existait une sorte d'équivalent culturel à la loi d'inertie en physique.

Or, c'est précisément la stabilité qui est mystérieuse. Les gens ne se souviennent pas de la plupart des énoncés qu'ils entendent, et ceux dont ils se souviennent ont été radicalement modifiés. Quant à la partie qu'ils peuvent transmettre à d'autres, elle dépend de leurs motivations et d'une foule d'autres facteurs – en d'autres termes, l'océan d'information transmis par les êtres humains a une entropie très élevée. Cette question a été abordée par certains savants, notamment Gabriel Tarde au début du XXe siècle. Tarde avait tenté d'expliquer comment des effets culturels de grande ampleur, par exemple la diffusion d'un poème ou d'une idéologie politique, étaient produits par l'agrégation de nombreuses interactions entre individus, en particulier l'imitation et l'innovation, le comportement de chaque individu étant façonné par celui des autres[1]. Dans cette perspective, le vrai problème des sciences sociales était d'expliquer comment des interactions individuelles pouvaient conduire à des effets sociaux de grande ampleur. Hélas, ces idées ont eu très peu de retentissement en leur temps, de sorte que peu de gens ont compris que, étant donné l'entropie de la communication, le véritable mystère, le phénomène à expliquer, était l'improbable stabilité de certaines représentations et leur propagation.

La transmission par sélection

La transmission de l'information culturelle n'a pas été vraiment étudiée par les sciences sociales classiques, du moins pas avant les années 1970. Les choses ont commencé à changer lorsque les biologistes et les anthropologues ont envisagé la transmission culturelle comme un phénomène de population. L'inspiration est venue de la biologie évolutive, qui avait montré comment l'évolution des espèces, un phénomène à grande échelle, pouvait s'expliquer par l'accumulation de petits changements lors de la réplication des gènes. Puisque la culture n'est que le nom donné à des propriétés à grande échelle d'informations présentes chez de très nombreux individus, et que le processus de traitement de l'information se déroule dans les cerveaux individuels, il semblait possible de proposer pour la culture quelque chose de semblable à l'évolution biologique.

De ce point de vue, le développement le plus important fut la publication de *Culture and the Evolutionary Process* de Rob Boyd et Peter Richerson qui, pour la première fois, proposèrent des outils théoriques précis pour décrire et expliquer les

1. Tarde, 1903.

processus culturels[1]. Bien qu'il y eût des précurseurs de cette approche de la culture comme étant composée d'unités avec des probabilités de transmission différentes, ces conceptions n'avaient été ni aussi systématiques ni aussi utilisables que le modèle de Boyd et Richerson[2].

Le point de départ de leur modèle est que le matériel culturel est composé de paquets d'information, appelés des mèmes, qui sont transmis entre individus. L'idée de mèmes, formulée préalablement par le biologiste Richard Dawkins, avait été le point de départ de nombreuses tentatives de description du matériel culturel[3]. Selon cette approche sélectionniste, certaines tendances de l'évolution culturelle, par exemple la persistance ou la disparition d'une tradition, ou le fait que certaines idées peuvent se diffuser dans de grandes communautés ou au contraire se limiter à quelques individus, découlent du succès sélectif relatif de différents mèmes. C'était une transposition au matériel culturel du modèle classique de l'évolution fondé sur des mutations aléatoires et leur avantage sélectif[4].

La théorie décrivait des biais pouvant affecter la transmission, autrement dit orienter l'évolution des matériaux culturels dans une certaine direction. Le biais de fréquence, analogue à la sélection dépendant de la fréquence en génétique, stipulait que, toutes choses égales par ailleurs, les mèmes plus fréquents auraient plus de chances d'être transmis que des mèmes rares. Autrement dit, les individus capables de percevoir une différence de fréquence entre deux mèmes transmettraient davantage le mème le plus fréquent, au cours de ce que l'on pourrait appeler une « transmission conformiste ». Ce conformisme serait

1. Boyd & Richerson, 1985.
2. Cavalli-Sforza & Feldman, 1981 ; Lumsden & Wilson, 1981.
3. Dawkins, 1976, p. 189 *sqq.*
4. Boyd & Richerson, 1985.

raisonnable pour une espèce chez laquelle une grande masse d'informations cruciales serait acquise auprès d'autres individus plutôt que par expérience directe. De fait, la confiance accordée au mème le plus fréquent – « Préparez votre ragoût comme le font la plupart des gens » – revient à tirer parti des progrès par tâtonnements des générations précédentes pour aboutir à une solution optimale. Un autre facteur de transmission serait un « biais de prestige » qui nous pousserait à adopter les mèmes (idées, pratiques, manières de faire et de communiquer) des individus qui réussissent le mieux. En effet, même dans des groupes disposant d'une technologie rudimentaire, il existe des différences dans l'efficacité de certains gestes ou méthodes, par exemple pour la chasse, la pêche ou la fabrication d'outils. Pour finir, le modèle formel incluait des « biais de contenu » dus au fait que l'esprit humain serait prédisposé à acquérir ou à communiquer plus facilement certaines représentations que d'autres, ce qui expliquerait pourquoi certaines mélodies (comme *Au clair de la lune*) sont plus faciles à retenir que d'autres (la *Suite lyrique* d'Alban Berg, par exemple), de la même manière que l'intrigue de *Cendrillon* est plus facile à raconter que celle du *Ulysse* de James Joyce[1].

Cette théorie dite « à double héritage » (génétique et culturel) utilisait les modèles mathématiques de la génétique des populations pour décrire la transmission culturelle, et elle permit aux anthropologues et aux archéologues de formuler des hypothèses bien plus précises que celles des modèles traditionnels, mais aussi de constater que les modèles ne sont pas d'une grande valeur, s'agissant de prédire les comportements. Ainsi, les effets prédits de prestige et de fréquence ne se produisent qu'occasionnellement. Il arrive aux gens d'imiter les classes privilégiées en matière d'étiquette, mais tout aussi souvent ce sont ces der-

1. Richerson & Boyd, 2005, p. 69 *sqq.*

nières qui adoptent l'accent et le vocabulaire du *vulgum pecus*. Les biais de fréquence prédisent l'existence d'effets « boule de neige » qui effectivement se produisent parfois, mais tout aussi souvent ne sont pas observés.

Un problème plus délicat concerne le processus de transmission. Le modèle de Boyd et Richerson supposait que le principal processus de transmission de l'information était l'imitation, au cours de laquelle une représentation mentale est créée en copiant un comportement observé[1]. Cette idée était présente dans la plupart des modèles de la culture fondés sur la notion de mème, de Dawkins aux développements ultérieurs de ce qu'on a pu appeler la « mémétique[2] ». À première vue, rien de plus simple que l'imitation. Un individu entend *Au clair de la lune* et produit une représentation mentale d'une série de notes et de rythmes qui constituent la mélodie telle qu'elle a été chantée, sifflotée ou jouée. Cette représentation donne alors naissance à des comportements comme le fait de siffler ou de chanter une série de notes qui reproduisent (en gros) la performance originale. Or, même cet exemple simple montre déjà que, pour différentes raisons, l'imitation est une affaire bien plus compliquée qu'il n'y paraît.

Premièrement, bien évidemment, l'imitation ne dit rien de la raison pour laquelle certaines mélodies sont plus faciles à reproduire que d'autres, pourquoi *Au clair de la lune* est plus transmissible que la première ligne de violon de la *Suite lyrique*, qui en fait n'est pas beaucoup plus complexe. C'est la raison pour laquelle Boyd et Richerson ont estimé nécessaire d'inclure des « biais de contenu » dans leur modèle. Mais ces biais n'ont jamais été formulés de manière explicite. Selon la théorie, ils devaient exister, mais celle-ci ne disait pas en

1. Boyd & Richerson, 1985, p. 8.
2. Aunger, 2000 ; Sperber, 2000b.

quoi ils consistaient (car tel n'était pas le propos du modèle à double héritage).

Deuxièmement, même s'agissant de la transmission d'une mélodie aussi modeste que simple, nous retrouvons une caractéristique de la transmission culturelle qui est souvent ignorée alors qu'elle est de la plus grande importance : parfois, les représentations mentales des gens sont en quelque sorte meilleures que ce qui est censé avoir été imité. Les gens qui entendent *Au clair de la lune* interprété sur un piano mal accordé ou chanté par quelqu'un sans oreille musicale sont néanmoins capables de représenter cette mélodie comme une série de notes justes et, s'ils ont les compétences requises, ils peuvent produire une version plus correcte d'un point de vue mélodique. Donc, le processus de transmission ne se réduit pas à l'imitation : il ignore certaines propriétés et est guidé par autre chose que ce qui a été observé.

Ces deux problèmes quant à l'imitation sont reliés. La raison pour laquelle certains éléments du comportement et pas d'autres deviennent des traditions est que la création d'une tradition ne se limite pas à une imitation mais inclut une reconstruction et une correction constantes de ce qui doit être reproduit. Cela est en rapport avec les biais de contenu prédits par le modèle de Boyd et Richerson, parmi lesquels il faut compter la plupart des dispositions et préférences évoquées au cours des six chapitres précédents. Les gens pensent plus facilement à des agents surhumains qu'à d'autres notions surnaturelles possibles. Les rumeurs se propagent vite lorsqu'elles décrivent des menaces potentielles. La description d'une économie complexe est passée au crible de notre sens intuitif de l'équité. Les stéréotypes associés aux groupes sociaux se diffusent plus facilement si le groupe est considéré comme ayant une nature essentielle. Donc, pour une meilleure explication de la transmission culturelle, nous devons tenir compte de tous ces éléments. Bref, il faut encore plus de psychologie.

Un exemple : l'essentialisme social

Les gens décrivent souvent les ethnies et bien d'autres groupes sociaux en invoquant des différences de nature. Ils pensent qu'il existe une différence interne tangible entre ces groupes, de sorte que les membres du groupe A ne peuvent absolument pas appartenir au groupe B. L'appartenance à un groupe donné existe dès la naissance, sur la base de l'hérédité[1]. Par exemple, les nomades mongols interrogés par l'anthropologue Francisco Gil-White lui disaient sans hésiter que les Mongols et les Kazakhs étaient des gens très différents et que ce n'était pas pour rien qu'ils appartenaient à des groupes différents. Pour les Mongols, dans ce contexte, ce qui fait de tout Kazakh un Kazakh n'est pas le fait qu'il parle le kazakh, qu'il aime la cuisine kazakh ou qu'il respecte les coutumes kazakhs. Les Kazakhs qui ne font rien de tout cela sont tout de même des Kazakhs. Si vous êtes né de parents kazakhs, vous êtes un Kazakh et vous le resterez toute votre vie, quels que soient les changements dans votre comportement. Il y a quelque chose de spécial, une sorte de « kazakhité » qui fait que vous vous conduisez comme vous le faites, qui suscite en vous une propension à agir comme le font les autres Kazakhs, même si ce « quelque chose » n'est jamais défini[2].

On trouve de telles représentations des groupes sociaux un peu partout dans le monde. Dans de nombreuses sociétés tribales, un modèle répandu considère que les lignages sont fondés sur la transmission d'une substance spéciale, décrite en termes métaphoriques comme les « os », le « sang » ou d'autres substances[3]. L'idéologie des castes de l'Inde classique en est un

1. P. Boyer, 1990 ; Rothbart & Taylor, 1990.
2. Gil-White, 2001.
3. Dumont, 1970 ; Quigley, 1993.

autre exemple. Les gens appartiennent à des groupes spéciaux, appelés *jati*, dont chacun est lié traditionnellement à des tâches ou des métiers particuliers, balayeurs de rues, forgerons, marchands ou fonctionnaires royaux. Ces groupes sont censés être si radicalement différents qu'en général les membres de groupes différents ne peuvent partager de la nourriture ni dormir sous un même toit, encore moins avoir des rapports sexuels. Tous ces groupes étaient (et sont encore souvent) classés selon leur degré de pureté, et la simple idée d'être au contact d'un membre d'une caste inférieure dégoûte beaucoup de gens. L'idéologie traditionnelle postulait un rapport clair entre métier et rang. Les tanneurs et les fossoyeurs étaient très impurs parce qu'ils manipulaient des cadavres. Mais cela n'était pas considéré comme étant la véritable raison de leur statut. Après tout, les tanneurs et les bouchers changeaient de métier ou ne l'avaient même jamais exercé, mais ils restaient aussi polluants et dégoûtants que les autres membres de leur caste. Aujourd'hui, la plupart des occupations associées traditionnellement avec ces castes ont disparu, mais les castes elles-mêmes et leur hiérarchie sont toujours là[1].

Cette idéologie des différences naturelles est aussi invoquée pour justifier l'ostracisme dont sont victimes certaines minorités. Il peut s'agir de membres de groupes culturels minoritaires (les Ainu du Japon, les peuples tribaux de l'Inde) ou de spécialistes (fossoyeurs, forgerons ou potiers dans de nombreuses sociétés d'Afrique et d'Asie). Cette forme de stratification sociale s'accompagne souvent de l'idée que les membres de ces groupes possèdent une nature différente de celle du reste de la société. Dans un tout autre contexte, les idéologies racistes sont peut-être la manifestation la plus frappante de la croyance en l'existence de différences naturelles entre groupes. L'idée qu'il existe un

1. Dumont, 1970 ; Quigley, 1993.

« sang » juif, ou noir, ou blanc fait partie des métaphores qui expriment l'idée que certaines différences constituent des barrières innées et infranchissables[1].

De manière générale, on peut dire que les gens sont essentialistes au sujet d'une catégorie sociale donnée lorsqu'ils pensent que : a) tous ses membres partagent exclusivement une certaine qualité qui n'a pas à être définie ; b) la possession de cette qualité spéciale est d'ordre biologique et non accidentelle ; c) cette qualité spéciale est la cause d'un certain type de comportement.

Pourquoi l'idéologie des différences naturelles essentielles est-elle si répandue et si prégnante ? Ces intuitions essentialistes sont très robustes et font explicitement partie des représentations du monde naturel. Est-ce parce que notre esprit considère que les groupes humains sont des espèces naturelles[2] ? En effet, l'esprit humain interprète intuitivement les espèces animales comme si chacune avait une « essence causale » propre. Autrement dit, leurs caractéristiques et leurs comportements typiques sont interprétés comme résultant de la possession d'une qualité généralement non définie mais causalement pertinente qui est propre à chaque espèce. Ainsi pense-t-on implicitement que les girafes ont une qualité spéciale, qu'elles naissent dotées d'une certaine « girafité » et que c'est cela qui fait d'elles des girafes. Cette idée apparaît très tôt au cours du développement et elle est implicite dans notre savoir biologique ordinaire. Elle nous permet d'acquérir des informations au sujet des plantes et des animaux que nous observons parce que nous savons intuitivement que nous pouvons tirer des inférences au sujet de l'espèce à partir d'un seul individu. Après avoir observé un seul animal, tous les enfants savent généraliser cette information à tous les

1. Rothschild, 2001.
2. P. Boyer, 1990 ; Rothbart & Taylor, 1990.

membres de l'espèce et ils s'en servent d'une manière qui ne se limite pas aux apparences perceptuelles. Notre essentialisme biologique a des racines profondes et il est certainement adaptatif[1].

Les catégories sociales semblent donc être interprétées comme des espèces quasi naturelles, un type d'inférence qui joue un rôle important dans la cognition humaine. Certaines caractéristiques de la représentation des ethnies rassemblent certaines conditions d'activation du moteur intuitif d'inférences biologiques. Selon Gil-White, les humains traitent les groupes ethniques (et quelques autres catégories sociales apparentées) comme des espèces parce que les gens semblent hériter leur identité ethnique de leurs parents et que les groupes ethniques (du moins dans certains endroits) ne se marient pas entre eux[2]. Selon ce point de vue, les gens surgénéraliseraient leur essentialisme spontané dès que certains indices en font des données possibles du système d'inférences essentialistes. Nos esprits considèrent, à tort, les catégories ethniques comme des êtres vivants[3]. Cette analyse a le mérite d'expliquer d'une manière simple l'existence d'un vaste ensemble de représentations culturelles récurrentes à propos des groupes.

Mais cette interprétation n'est pas entièrement satisfaisante, du moins telle qu'elle est formulée. Elle laisse entendre que nos systèmes biologiques intuitifs sont induits en erreur par l'analogie entre les groupes sociaux et les espèces à cause de l'endogamie et de la transmission de l'appartenance au groupe, tout comme notre système visuel, par exemple, peut être induit en erreur par une perspective en deux dimensions et percevoir de la profondeur et du volume là où il n'y en a pas. Mais ce

1. Gelman, 1985, 2003.
2. Gil-White, 2001.
3. *Ibid.*

n'est pas vraiment ce qui se passe. L'endogamie est une norme prescriptive en ce qui concerne le mariage avec des étrangers, pas un fait sur les rapports sexuels avec eux. Dans toutes les sociétés qui pratiquent l'endogamie ethnique, les gens savent pertinemment qu'en cas de transgression, les rapports sexuels produiront une progéniture humaine : vous pouvez avoir des enfants avec un Kazakh. Dans les endroits où il existe des interdits stricts à propos du mariage à l'extérieur d'une caste, les gens savent pertinemment qu'on peut avoir des rapports sexuels avec quelqu'un de l'autre côté de la ligne séparant les castes et que cela peut produire une descendance viable. C'est même la raison d'être des interdits de caste et d'autres lois de ce type interdisant le « mélange » des races. De fait, au cours de l'évolution humaine, la guerre tribale a abondé en enlèvements et viols, ce qui suggère que même lorsque vous traitez les membres d'autres groupes ethniques de sous-humains ou de cafards, une partie de vos systèmes mentaux estime qu'ils sont tout aussi humains que vous, du moins en ce qui concerne la reproduction.

Comment les gens peuvent-ils donc avoir des croyances à propos des groupes qui, tout en étant séduisantes, sont en fait incohérentes et reposent sur des concepts généralement imprécis ? Cela ne concerne pas que l'essentialisme social, lequel nous sert ici à illustrer ce qui se produit dans bien d'autres domaines de la transmission culturelle. Pour le comprendre, il nous faut encore plus de psychologie.

Intuitions et réflexions au sujet des autres groupes

Il peut être utile de rappeler ici que les idées essentialistes en ce qui concerne les groupes ne sont pas intuitives, c'est-à-dire qu'il ne s'agit pas de représentations spontanées, produites sans effort. Considérez l'ensemble des inférences automatiques et des conjectures qui peuvent nous venir à l'esprit lorsque nous rencontrons des gens appartenant à un autre groupe. Les conjectures concerneront leurs intentions (Sont-ils amicaux ? Veulent-ils échanger des choses ? S'agit-il d'une embuscade ?), leurs capacités (Combien sont-ils ? Sont-ils forts, agressifs ?), leur attractivité, l'étrangeté de leur langue ou de leur accent et bien d'autres choses encore. Mais toutes ces inférences et conjectures admettent que ce sont des êtres humains, comme nous. Nous pouvons évaluer leur force en considérant leurs bras, leur agressivité en scrutant leurs visages et ainsi de suite, parce que nous exploitons déjà de tels indices au sujet des membres de notre propre groupe. Les intuitions, les représentations mentales fournies par des systèmes mentaux essentiellement automatiques et inconscients partent donc du principe que les « autres » ont la même nature que « nous ». Il semble y avoir une différence claire entre, d'une part, ces intuitions et, de l'autre, les énoncés explicites du type « Les groupes ethniques sont semblables à des espèces ».

Je dois prendre ici le temps de développer un peu plus cette distinction, très clairement formulée par Dan Sperber, entre les intuitions ou la compréhension intuitive, avec leur machinerie cognitive sous-jacente, et les informations et croyances réflexives. Pour notre argument, une intuition ou une compréhension intuitive est simplement l'occurrence d'une information qui est potentiellement accessible de manière consciente et guide les attentes et les comportements de l'agent, bien que les voies par lesquelles on parvient à ces informations ne soient pas, elles, accessibles à l'inspection consciente[1]. Prenons, par exemple, les situations suivantes :

1. Sperber, 1997.

a) un bébé s'attend à ce qu'un objet entrant en collision avec une surface solide rebondisse et ne fusionne pas avec elle[1] ;
b) après avoir disséqué un crocodile et observé ses entrailles, une personne à qui l'on demande à quoi ressemblera l'intérieur d'un autre crocodile formulera spontanément l'hypothèse qu'il sera pareil, mais sera moins assuré si le second animal est un serpent[2] ;
c) les gens à qui l'on présente rapidement des photos de mâles d'un groupe ethnique minoritaire auront tendance, à tort, sur des photos présentées par la suite, à identifier des outils comme étant des armes mais feront l'erreur inverse si on leur montre d'abord des visages de mâles appartenant à leur propre groupe[3].

Dans chaque domaine considéré ici, les représentations *intuitives* s'imposent à nous rapidement et, en gros, automatiquement, en présence des stimuli pertinents.

En revanche, l'information réflexive est une information qui a pour effet d'élargir, de donner un sens, d'expliquer, de justifier ou de communiquer les contenus de l'information intuitive. Par exemple, dans les exemples que nous venons de décrire, les processus réflexifs suivants peuvent être à l'œuvre :

a) pour expliquer la trajectoire d'un objet, les gens utiliseront des termes comme « impulsion », « force » et « rebond » ;
b) les gens expliquent que chaque animal possède une qualité unique qui en fait un membre de son espèce et que celle-ci est héritée – elle ne peut en aucun cas être acquise ;

1. Baillargeon, Kotovsky & Needham, 1995 ; Spelke, 1990.
2. Gelman, Coley & Gottfried, 1994.
3. Payne, 2001.

c) les gens affirment que les membres d'un certain groupe ethnique sont paresseux, agressifs, irresponsables et ainsi de suite, et qu'ils sont nés comme cela – c'est dans leur nature.

La différence entre ces deux types de représentation mentale, intuitive et réflexive, devrait nous aider à comprendre quels processus cognitifs sont à l'œuvre lorsque les gens acquièrent ce que nous appelons des concepts ou des normes « culturelles ».

Nous pouvons à présent revenir au cas de l'essentialisme à propos des groupes sociaux. Les rencontres avec des membres d'autres groupes déclenchent des représentations intuitives. Par exemple, après avoir fait la connaissance de membres du peuple poldovien, et armé d'informations sur leur langue, sur ce qu'ils mangent et sur leur manière de se vêtir, vous aurez peut-être des intuitions comme les suivantes :

1) Les Poldoviens ne sont pas comme nous ;
2) Tous les Poldoviens se ressemblent ;
3) Les Poldoviens ont des objectifs communs ;
4) Impossible de faire confiance à cette personne c'est une Poldovienne ;

qui déclencheront – peut-être – des explications réflexives spontanées comme les suivantes :

5) Si tous les Poldoviens se ressemblent, c'est sûrement pour une raison ;
6) Dans un sens, les nouveau-nés poldoviens sont déjà des Poldoviens ;

et ainsi de suite. Ces pensées réflexives peuvent être envisagées par n'importe quel individu face à des différences de comportement, ou toute autre différence qui semble correspondre à des catégories sociales. Mais en général, un individu acquiert des informations sur les catégories sociales pertinentes auprès d'autres personnes, qui, par exemple, lui communiquent des affirmations comme les suivantes :

7) Poldovien un jour, Poldovien toujours ! ;
8) Bon sang ne saurait mentir ;
9) Des groupes différents sont comme des espèces différentes.

Ces idées répandues ont des implications qui sont très proches de nos intuitions (1–4 par exemple) et de nos réflexions spontanées (5–6 par exemple). Elles risquent, dans une certaine mesure, de faire partie du répertoire de croyances plausibles et d'être communiquées à autrui (sous une forme globalement similaire), créant ainsi les chaînes de transmission qui constituent une tradition.

Dans des cas comme ceux-ci, certaines représentations spécifiques peuvent finir par faire partie de la tradition à cause de la convergence entre, d'un côté, les énoncés publics (« Bon sang ne saurait mentir ») et, de l'autre, les contenus de nombreuses représentations intuitives et réflexives. Cette façon de parler d'une « convergence » est bien trop vague, à n'en pas douter. Dans le contexte de l'essentialisme social, le lien est que les affirmations explicites que les gens perçoivent et (souvent) répètent fournissent un contexte causal à leurs intuitions préalables. Autrement dit, des pensées réflexives comme « bon sang ne saurait mentir » constituent une explication d'intuitions préalables. D'autres représentations réflexives comme « Poldovien un jour, Poldovien toujours ! » semblent élargir la portée de nos intuitions sans vraiment apporter d'explications supplémentaires. Il existe donc de nombreuses manières dont les représentations réflexives sont associées à nos intuitions.

Un point important est que les pensées réflexives, activées spontanément dans un esprit individuel ou acquises auprès d'autrui, ne sont pas nécessairement des explications cohérentes, non contradictoires ni même satisfaisantes. Cela est manifeste dans le cas d'affirmations essentialistes au sujet de groupes ethniques ou de castes. Le terme *jati*, qui désigne les castes en hindi, veut également dire « naissance » ou « espèce ». Il suggère fortement que les membres de groupes différents sont aussi différents que des animaux d'espèces différentes. Cela peut correspondre à l'intuition des gens qui préfèrent ne pas se mêler aux membres d'autres groupes. Mais cela n'explique pas vraiment en quoi les groupes sont comme des espèces vivantes. Il en va de même pour d'autres compréhensions essentialistes, comme j'ai déjà eu l'occasion de le dire. Les gens peuvent décrire l'autre groupe comme étant non humain, ou pas vraiment humain – c'est en fait la forme la plus répandue de xénophobie dans le monde – mais de telles affirmations contredisent de nombreuses autres intuitions (par exemple, à propos des pensées et des croyances des autres, de leur attractivité sexuelle, et ainsi de suite), lesquelles montrent clairement qu'on les considère comme humains.

Les représentations réflexives peuvent être répandues, bien qu'elles ne fournissent pas d'explications ou ne fournissent que des explications faibles. Cela peut se produire sans que les individus soient irrationnels ou confus, parce que, comme l'a fait remarquer Dan Sperber, la plupart des représentations de ce type sont des méta-représentations, c'est-à-dire des représentations de représentations[1]. Par exemple, l'énoncé « Des groupes différents sont comme des espèces différentes » ne dit rien de précis sur la raison pour laquelle ils le sont, et est sans doute mentalement représenté sous la forme suivante : « D'une

1. Sperber, 1997, 2000a.

certaine manière, il est sans doute vrai que “des groupes différents sont comme des espèces différentes”. »

Cette longue description des processus impliqués dans la transmission d'une notion simple, comme celle de groupes sociaux dotés d'une essence, suggère que la transmission culturelle est une affaire bien plus complexe que le processus qui vient à l'esprit lorsqu'on dit que les gens « absorbent » la « culture » locale. En particulier, elle devrait montrer que l'imitation est une très mauvaise explication de la transmission. Imiter, c'est copier les caractéristiques superficielles des comportements que l'on observe. Mais ce n'est pas du tout ce qui se produit dans la transmission de l'essentialisme, par exemple. Les gens entendent peut-être des propos comme « Les Poldoviens sont différents » ou « Bon sang ne saurait mentir » et il peut même leur arriver de répéter ces mots à l'identique, ce qui est un cas d'imitation. Mais le fait que les gens tendent à essentialiser les groupes sociaux ne se limite pas à cela. Pour être des essentialistes, il faut que les gens supposent qu'il existe une qualité non spécifiée qui est présente chez certains membres de la catégorie et seulement chez eux. Il faut aussi qu'ils supposent que cette qualité invisible est la cause de comportements visibles, mais que cette causalité ne peut fonctionner dans l'autre sens, les circonstances extérieures ne pouvant avoir d'effet sur des qualités essentielles. Or, dans les nombreuses sociétés où les gens ont une vision essentialiste des groupes, personne n'utilise jamais cette façon de parler théorique, voire métaphysique, pour décrire des groupes.

On peut en déduire que l'essentialisme portant sur les groupes sociaux émerge non pas en imitant d'autres personnes mais en faisant des déductions théoriques complexes (dont beaucoup restent inconscientes) à partir des affirmations ou des comportements d'autres personnes. En transférant certaines suppositions et règles d'inférence (mais pas toutes) de nos systèmes de biologie intuitive vers notre compréhension des groupes, nous produisons une représentation réflexive de ces groupes qui n'est qu'en partie cohérente. La similarité de ces pensées s'explique alors sans difficulté. Tout le monde étant un essentialiste biologique, toutes les représentations des groupes finissent par se ressembler. Mais de toute évidence il ne s'agit pas ici d'imitation.

Une autre leçon générale que l'on peut tirer de cet exemple particulier est que les esprits individuels ne se contentent pas de sélectionner des informations parmi celles que d'autres proposent, mais construisent des modèles qui vont bien au-delà de l'information offerte. J'ai dit plus haut que nous pouvons inférer une mélodie à partir d'une interprétation qui sonne faux. Loin d'être exceptionnel, ce processus joue un rôle central dans la transmission de l'information et nous devons le décrire en des termes plus généraux.

La communication repose sur des inférences

La communication humaine consiste à reconstruire des intentions. Lorsque nous communiquons, nous ne téléversons pas de représentations mentales de notre esprit vers celui d'un autre. En fait, en communiquant, nous produisons un certain comportement observable qui, pris conjointement avec beaucoup d'autres informations, aboutit dans l'esprit de l'auditeur à une représentation de ce que nous voulons lui communiquer. Cette conception proposée par la pragmatique contemporaine, l'étude du langage dans la conversation, va à l'encontre d'un point de vue aussi répandu qu'erroné que l'on appelle le « modèle du code ». Selon ce dernier, lorsqu'on souhaite exprimer une pensée, par exemple qu'un crocodile se trouve dans la salle à manger, on utilise une série de symboles tirés de notre code linguistique pour produire la phrase : « Il y a un crocodile dans la salle à manger ! » En entendant ce flux de symboles sonores, l'auditeur acquiert une croyance, qui se trouve alors représentée dans son esprit, la croyance selon laquelle un crocodile se trouve dans la salle à manger.

À partir des années 1960, les linguistes se sont rendu compte que ce tableau était problématique à bien des égards. Un premier problème, c'est que la communication humaine a souvent lieu sans qu'il y ait un rapport étroit entre ce qui est dit et ce que l'on veut dire. Supposons que je vous demande : « Prend-elle bien soin de sa santé ? » et que vous me répondiez : « Eh bien, tous les matins elle fait six kilomètres à pied dans les collines. » Vous serez parvenu à communiquer une certaine information, à savoir qu'elle prend soin de sa santé. Mais il serait absurde de conclure que la phrase « Eh bien, tous les matins elle fait six kilomètres à pied dans les collines » sert à communiquer de manière codée ce fait précis, que la personne est soucieuse de sa santé. En fait, cette même phrase peut servir à véhiculer des significations très variées. Elle peut, par exemple, répondre à la question : « Est-ce que sa vie n'est pas trop dure, si jeune et si loin de son école ? »

Les linguistes ont donc modifié le modèle du code pour rendre compte de ce type d'effet de contexte. Comme l'a fait remarquer le philosophe Paul Grice, la communication paraît souvent fonctionner comme si le locuteur et l'auditeur s'étaient mis d'accord sur certains principes tacites quant à la meilleure manière de transmettre de l'information[1]. Par exemple, lors d'une conversation, le simple fait d'affirmer un fait véridique peut aussi être très trompeur. Par exemple, on demande au roi Lear s'il a des enfants, et il répond : « J'ai deux filles, Regan et Goneril. » La plupart des gens seraient d'accord pour dire que,

1. Grice, 1991 [1967].

bien qu'étant littéralement vraie, cette affirmation est inexacte. Le fait de ne pas mentionner sa troisième fille, Cordelia, viole les principes conversationnels de Grice.

De fait, cette approche, inaugurée par Grice et développée par d'autres, en particulier Dan Sperber et Deirdre Wilson[1], permet de se passer entièrement du modèle codage-décodage. La principale hypothèse de ce modèle de la communication dite « ostensive-inférentielle » est que l'émetteur (le locuteur, dans le cas d'un échange verbal) produit des comportements observables (la partie ostensive) destinés à aider le récepteur à parvenir à une interprétation (c'est la partie inférentielle) de ce que le locuteur cherche à communiquer. En tant que réponse à la question « Prend-elle soin de sa santé ? », l'énoncé « Elle fait six kilomètres de marche par jour » est un indice permettant d'obtenir une réponse à la question de départ. Sperber et Wilson appellent cela la « présomption de pertinence ». Le fait que l'émetteur produise un énoncé signale qu'il s'attend à ce que le récepteur le considère comme étant pertinent du point de vue du sujet de l'échange.

Cela est valable pour la transmission culturelle, c'est-à-dire les événements qui font partie d'une chaîne de transmission et donnent parfois naissance à une tradition. Deux choses sont ici d'une importance capitale. La première est que les traditions sont construites par inférence, c'est-à-dire que l'esprit va plus loin que l'information qui lui est proposée. La seconde est que les inférences reposent sur un arrière-plan de connaissances. Ces deux caractéristiques sont particulièrement claires dans le domaine des conversations ordinaires. Premièrement, les pensées qui se déroulent dans l'esprit d'un individu à la suite d'un énoncé ne sont pas, en règle générale, une traduction directe de ce qui a été dit. Pour comprendre comment des représenta-

1. Sperber & Wilson, 1986, 1995.

tions semblables en viennent à être considérées par Jack et Jill simplement parce que Jill a parlé à Jack, le contenu littéral de ce qui a été dit n'est qu'un point de départ. Pour parvenir aux pensées suivantes, Jack devra y adjoindre du matériel qu'il a ajouté spontanément à l'énoncé. Deuxièmement, ces inférences exigent que Jack mobilise de l'information préexistante, avant tout des connaissances présentes dans sa mémoire. Ainsi, « Eh bien, tous les matins elle fait six kilomètres dans les collines » pourrait, selon le contexte, déclencher l'inférence « Elle prend soin de sa santé » ou bien « Sa vie n'est pas facile, surtout pour une enfant ». Mais chacune de ces réponses dépend de l'activation de certaines informations supplémentaires, par exemple, dans le premier cas, que l'exercice est bon pour la santé et, dans le second cas, que les enfants ont moins de réserves d'énergie que les adultes. Il n'y a pas de travail inférentiel sans recrutement social de l'information conservée.

Si la communication exige des inférences multiples, et si celles-ci exigent des connaissances préalables, comment obtient-on stabilité et changement dans le cas des traditions ?

Attracteurs culturels

La communication est un phénomène intrinsèquement entropique. Il n'existe aucun moyen par lequel vous pourriez imposer une certaine interprétation de votre comportement communicatif. Les inférences semblent pouvoir partir dans toutes les directions. À chaque étape d'une chaîne de communication, différentes inférences sont possibles et donnent naissance à une prolifération de représentations disparates.

C'est effectivement ce qui se passe dans la plupart des conversations réelles. Mais lorsqu'on rassemble des milliers de conversations (une simple estimation de l'ordre de grandeur du nombre d'événements de communication qui se produisent dans une communauté de taille modeste), on trouve des motifs récurrents, ce que les anthropologues évolutionnistes appellent des « attracteurs culturels[1] ». Il s'agit d'attracteurs au sens statistique du terme, c'est-à-dire des motifs qui se répètent dans le contexte d'une foule d'événements spécifiques. Pour vous faire une idée de ce que cela veut dire, imaginez que vous versiez du liquide sur une surface qui n'est pas parfaitement horizontale. Le liquide se dirigera vers le point le plus bas et, ce faisant, il laissera derrière lui des petites flaques, des endroits où il sera piégé – ce que l'on appelle des « bassins d'attraction ».

Prenons l'espace abstrait des concepts culturels possibles. Lorsque les gens considèrent un concept particulier, il se trouve dans un endroit précis de cet espace. Lorsqu'ils communiquent avec d'autres, le résultat peut être d'amener des gens à construire des représentations mentales qui seront semblables par certains égards mais différentes par d'autres. Ce processus, s'il était totalement libre, produirait avec une même probabilité des concepts qui se trouveraient en des endroits très différents de l'espace conceptuel. Or, la transmission culturelle fonctionne plutôt comme la répartition d'un liquide sur une surface irrégulière. Certaines positions risquent plus que d'autres d'être occupées.

Le lecteur trouvera dans les six chapitres précédents de très nombreux exemples de tels attracteurs culturels. Les notions d'esprits ou de dieux, c'est-à-dire de personnes possédant des propriétés physiques contre-intuitives, sont très fréquentes, tandis que l'idée d'une plante ayant ces mêmes propriétés est très rare. Les statues qui entendent ce que disent les gens sont très courantes, mais pas les statues qui grandissent avec le temps. Beaucoup de gens interprètent les catégories sociales comme

1. Claidière, Scott-Phillips & Sperber, 2014 ; Claidière & Sperber, 2007 ; Sperber & Claidière, 2006.

des groupes dont les membres partagent une essence non définie, mais l'idée que les groupes sociaux sont des assemblages accidentels d'individus est bien plus rare. La notion que le malheur est causé par des individus malveillants, souvent dotés de pouvoirs mystérieux, est plus répandue que l'idée que le malheur est le fruit du hasard – en fait, bien plus répandue que toutes les autres interprétations possibles du malheur. L'idée qu'un mariage doit être public est plus répandue que l'idée qu'il s'agit d'un contrat purement privé. Ainsi, dans les domaines les plus variés de la transmission culturelle, on constate que certains concepts ou normes sont plus fréquents que d'autres dans les cultures humaines.

Le liquide s'accumule par endroits à cause de la gravité. La transmission culturelle produit des représentations mentales récurrentes, en des endroits particuliers de l'espace conceptuel, parce que les systèmes d'inférence rendent certaines notions plus faciles que d'autres à acquérir, à considérer et à transmettre.

Naturellement, dans tous les cas réels de traditions, ces attracteurs généraux se combinent les uns aux autres. Par exemple, il existe peut-être une tendance de l'esprit humain à interpréter le malheur comme étant l'effet des intentions d'un agent. Dans un endroit donné, les gens peuvent aussi avoir une tradition qui décrit les âmes des morts comme des fantômes errants qui en veulent aux vivants. Les effets de cet attracteur local amplifieront ceux d'une disposition générale à penser le malheur comme étant causé par des agents. Les attracteurs généraux, manifestes dans de nombreuses cultures différentes, existent parce que les esprits humains se ressemblent beaucoup. Les attracteurs locaux peuvent être observés parce qu'une transmission redondante ou répétée augmente la probabilité que des détails particuliers soient représentés de manière analogue par de nombreux esprits d'une communauté. Toutes les traditions existantes présentent ces deux types d'attracteurs, comme l'a fait remarquer l'anthropologue Olivier Morin[1].

Au début de ce chapitre, j'ai mentionné deux questions très générales à propos de la transmission culturelle, à savoir : « Pourquoi les gens d'une communauté ont (parfois) des représentations globalement semblables de certains domaines ? » et « Pourquoi trouve-t-on des traits récurrents dans des endroits très différents ? » L'existence d'attracteurs dans l'espace conceptuel fait qu'il s'agit en fait d'une seule et même question. Par exemple, la disponibilité de l'essentialisme explique pourquoi les gens déduisent une notion abstraite d'essence partagée à partir d'énoncés particuliers au sujet d'une catégorie sociale, comme dans l'exemple des Poldoviens. Les membres d'un groupe ont les mêmes attentes intuitives au sujet des espèces et de leurs qualités intrinsèques qui les font converger vers une interprétation essentialiste des propos qu'ils entendent dans leur environnement. Mais cela est également vrai des groupes humains. Dans la mesure où l'essentialisme au sujet des choses vivantes est très répandu chez les humains, cela ne devrait pas nous surprendre que l'on retrouve sa généralisation (cohérente seulement en partie) aux groupes sociaux dans tant de sociétés différentes. La similarité des représentations d'une tradition, et la récurrence de ces représentations dans les sociétés humaines, sont produites par les mêmes processus.

Les chemins cognitifs de la transmission culturelle

Les attracteurs existent parce que la communication repose sur des inférences et sur l'accès à des connaissances préalables. Mais comme j'ai eu l'occasion de le répéter au cours

1. Morin, 2016, p. 130.

des chapitres précédents, la représentation mentale du savoir consiste en de multiples magasins d'information dédiés à un domaine spécifique, ayant leurs propres formats de données et des règles d'inférence différentes. Cela semble suggérer que, selon le domaine concerné, l'émergence d'attracteurs peut prendre des formes et suivre des processus très divers. Autrement dit, il pourrait y avoir très peu à dire sur la transmission culturelle en général, parce que la majeure partie de ce qu'il se passe dépend des systèmes d'inférence activés et que ces systèmes ont des principes de fonctionnement très variés.

Si nous considérons plusieurs domaines du comportement et les représentations qui peuvent avoir une certaine similarité dans une communauté, autrement dit ce que nous appelons le « matériau culturel », les différences entre domaines sont grandes et devraient jouer un rôle essentiel dans toute explication de la transmission d'information. Considérez, par exemple, les manières appropriées de soutenir un regard, d'avoir une posture corporelle et une distance appropriées lors d'une conversation. Dans une grande partie de l'Afrique, les gens sont gênés si on les regarde dans les yeux – c'est un signe d'hostilité probable – mais en Europe, c'est l'évitement du regard qui est gênant. De telles normes sont parfois explicites (« On ne montre pas les gens du doigt ! On ne regarde pas les gens dans les yeux ! ») mais comportent également un certain nombre d'attentes implicites. À quelle distance doit-on se tenir lors d'une conversation ? La distance que les Américains trouvent acceptable paraîtra bien grande, voire excessive, à de nombreux Espagnols. Il existe peu d'études anthropologiques systématiques de ces différences, bien que Marcel Mauss lui-même, l'un des pères de l'anthropologie moderne, y ait vu un mystère de la transmission culturelle[1]. Mais nous savons que

1. Mauss, 1973 [1937].

les gens d'une communauté particulière fixent des paramètres d'une certaine manière – ils semblent s'être mis d'accord, du moins implicitement, sur ce qu'est la bonne distance – mais personne n'a l'impression qu'on lui a inculqué cela explicitement. Ce n'est qu'occasionnellement, lors d'interactions avec des gens d'autres horizons, que nous nous apercevons que nous avons, dans ce domaine, des attentes, précises quoiqu'implicites, que nous avons acquises sans vraiment nous en rendre compte[1].

Pour prendre un autre exemple, considérez la manière dont nous apprenons des histoires. Il s'agit d'un processus explicite : nous savons quel est l'objet appris, son intrigue, ses personnages, et nous savons que tout cela est censé constituer un objet, par exemple l'histoire du singe qui devint roi. Certes, de nombreux aspects de l'acquisition et de la reproduction de l'histoire sont tacites – à commencer par le processus de mémorisation lui-même, qui déforme et omet certains aspects de ce qui a été entendu – mais le processus d'acquisition lui-même est quelque chose que nous ressentons de manière consciente. La manière dont nous déterminons que quelque chose est partagé par notre communauté est, bien évidemment, très différente de la manière dont nous intégrons quelle est la distance à respecter entre deux personnes.

Notre connaissance du monde naturel est un autre domaine de ce type, doté d'un ensemble de dispositions, façonnées par l'évolution, qui font peser d'importantes contraintes sur la tradition. Notre connaissance des espèces animales peut varier dans sa richesse, depuis une connaissance atrophiée, typique de la plupart des sociétés modernes, jusqu'à une vaste compétence botanique et zoologique comme celle des chasseurs-cueilleurs. En dépit de ces différences, l'« ethnobiologie », comme l'appellent les anthropologues, repose partout dans le monde sur

1. Sussman & Rosenfeld, 1982.

les mêmes principes[1]. Les gens utilisent des cadres taxonomiques pour organiser leurs classes biologiques et les rangs hiérarchiques employés dans la connaissance biologique sont semblables partout dans le monde[2]. Et, comme j'ai déjà eu l'occasion de le dire, les humains interprètent en général les espèces biologiques d'une manière essentialiste, c'est-à-dire en supposant que chaque espèce ou genre possède une substance interne héritable spéciale qui donne naissance aux caractéristiques externes et au comportement de l'organisme[3].

Il existe donc de nombreuses voies de communication, des chemins de transmission culturelle différents selon les domaines et même à l'intérieur d'un domaine. C'est le cas de l'acquisition du langage. Les enfants apprennent la phonologie, le lexique et la grammaire de leur langue de manières diverses, à l'aide de systèmes d'apprentissage distincts. Un de ces systèmes construit une phonologie cohérente, un système de sons, à partir d'un environnement qui est bruité, et ce processus commence avant la naissance[4]. D'autres systèmes fournissent des heuristiques rendant possibles l'apprentissage de nouveaux mots et l'inférence de leur sens probable à partir de connaissances préalables et de suppositions systématiques, comme celle que la plupart des mots renvoient à des concepts mentaux uniques[5]. D'autres heuristiques permettent aux enfants d'inférer des structures syntaxiques à partir du flux de parole, qui est unidimensionnel[6]. Le fait que différents systèmes soient impliqués à différents stades du développement explique pourquoi différents aspects du langage changent à des rythmes différents et dans des conditions

1. Atran & Medin, 1999.
2. Atran, 1990, 1995.
3. Gelman, Coley & Gottfried, 1994.
4. Kuhl *et al.*, 2006 ; Moon, Lagercrantz & Kuhl, 2013.
5. E. V. Clark, 1993 ; Markson & Bloom, 1997 ; Xu & Tenenbaum, 2007.
6. Pinker, 1989.

différentes. Le lexique peut changer rapidement, surtout au sein de grandes populations où les possibilités de communication sont nombreuses. La phonologie change également, mais bien plus lentement, souvent comme conséquence de contacts entre plusieurs langues ou de différences sociales signalées par des nuances de prononciation[1].

On peut multiplier les exemples. Tout cela suggère qu'il n'existe pas de formule générale pour l'émergence d'attracteurs culturels, aucun processus général sous-tendant la transmission de matériaux culturels. Il existe en fait des processus parallèles qui affectent différents domaines, différentes voies de transmission que nous pouvons décrire même si nous n'avons pas une bonne compréhension des systèmes psychologiques spécifiques sous-jacents.

Cette explication de la transmission culturelle est très différente de l'idée, fondée sur la notion de même, qui se trouve derrière de nombreux modèles de transmission culturelle, dans lesquels un mécanisme général explique l'apparition de représentations similaires dans des esprits distincts. En fait, cela montre que les voies de transmission sont très différentes d'un domaine à l'autre : l'exemple le plus clair est sans doute celui de la transmission de la technologie.

Le cliquet : la fabrication d'outils et la technologie

Le lignage humain exploite de manière unique la technologie. Il existe de nombreux exemples de singes et d'oiseaux qui se servent ingénieusement de brindilles et de pierres en tant qu'outils, mais cela ne fait que souligner le caractère unique des humains à cet égard. La technologie est aussi la caractéristique

1. Hombert & Ohala, 1982 ; Labov, 1964.

humaine dont l'influence sur notre niche écologique est la plus profonde, car elle nous permet de modifier notre environnement de manière adaptée ou inadaptée. La technologie illustre le fait que la transmission culturelle humaine peut être cumulative et procéder par des ajouts qui rendent notre exploitation de l'environnement encore plus performante. L'existence de la technologie nous fait nous interroger sur la manière dont nous avons réussi à inventer des comportements de plus en plus complexes en les améliorant constamment, alors que notre cerveau, lui, ne change pas.

Puisque la technologie est très changeante, cela veut dire que l'esprit humain est capable d'extraire de l'information pertinente à partir d'environnements parfois très différents. Pour illustrer ce point, Boyd et Richerson prennent pour exemple la construction d'un kayak. Les kayaks ne sont ni des choses simples ni des choses faciles à fabriquer. (Soit dit en passant, cela est vrai de la plupart des technologies dites « primitives ». La taille de silex, tout autant que l'utilisation d'un propulseur, exige pas mal de connaissances et beaucoup d'expérience.) L'utilisation de matériaux appropriés, tout comme la manière dont les caractéristiques d'un kayak s'équilibrent, montre qu'il faut des connaissances techniques détaillées, que l'on acquiert en observant les autres et en interagissant avec eux. Comme le font remarquer Boyd et Richerson, la recette de construction d'un kayak n'est pas codée en tant que telle dans nos gènes[1]. Et cela est vrai de la plupart des comportements humains, comme je l'ai souligné dès l'ouverture de ce livre. Tout comme pour d'autres domaines du comportement, la question est moins : « Ce comportement spécifique dépend-il de grandes quantités d'informations extérieures ? » (c'est vrai de tous les comportements) ; mais plutôt : « Quelles capacités produites par

1. Boyd & Richerson, 2005, p. 159 *sqq.*

l'évolution rendent possible l'acquisition de telles informations par des esprits individuels ? »

Comme pour le langage et la musique, des capacités hautement spécifiques contribuent à l'acquisition de compétences technologiques. Ces capacités apparaissent très tôt au cours du développement cognitif, tant dans la manière dont les enfants apprennent à manipuler des objets sur la base d'informations extérieures que par celle dont ils organisent leurs représentations mentales des fonctions des objets. Mêmes les très jeunes enfants ont une compréhension sophistiquée de ces fonctions. Ils classent les objets selon l'usage auquel ils sont destinés et les raisons de leur invention plutôt qu'en fonction de leur usage réel, et cela est vrai dans des sociétés disposant de technologies très différentes[1]. Les enfants interprètent spontanément les traits fonctionnels des outils selon leurs fonctions envisagées[2]. Mais le mécanisme crucial est la manière dont les enfants s'inspirent de la manière dont les adultes utilisent des outils et des machines en les observant. On dit souvent que les enfants « sur-imitent » les gestes techniques. Lors d'expériences de laboratoire, lorsqu'ils sont confrontés à des comportements associés à un objet inconnu et à l'obtention d'un certain résultat, les enfants ont tendance à reproduire la totalité des comportements observés, y compris ceux sans rapport évident avec le but recherché. Cette tendance à vouloir associer des résultats à tous les détails des comportements distingue les enfants des chimpanzés, quelle que soit la capacité des seconds à utiliser certains outils[3]. Mais l'on doit faire attention en utilisant le terme « sur-imitation », car les enfants ne se contentent pas d'enregistrer une séquence

1. Asher & Nelson, 2008 ; H. C. Barrett, Laurence & Margolis, 2008 ; Bloom, 1996.
2. Kelemen, Seston & Georges, 2012.
3. Nagell, Olguin & Tomasello, 1993 ; Whiten *et al.*, 1996.

de gestes en vue de la reproduire. Par exemple, ils ne reproduisent pas les gestes « non pertinents » si un adulte les a déjà effectués[1]. Le phénomène est bien attesté, mais il n'existe pas de consensus parmi les psychologues du développement quant à son explication. La sur-imitation est peut-être une stratégie efficace d'apprentissage permettant d'équilibrer le faible coût que représente l'inclusion d'actions peu coûteuses face à l'éventualité de résultats plus faibles. Mais la sur-imitation pourrait aussi être liée à la tendance qu'ont les enfants à interpréter les comportements d'une manière normative, comme s'il y avait une « bonne » manière de faire[2].

Ces capacités spéciales sont impliquées dans l'acquisition d'informations sur les artefacts, les outils et les instruments, mais pas dans celle de connaissances en général. Cela explique comment la transmission d'informations permet à des gens de construire un kayak à partir de très nombreuses observations et inférences, en s'y entraînant et en interagissant avec des aînés compétents. Ces capacités cognitives font qu'il existe certainement des attracteurs cognitifs spécifiques pour la transmission de la technologie, c'est-à-dire des combinaisons d'idées qui risquent plus que d'autres d'être incorporées dans des traditions technologiques stables, bien qu'il n'existe pour l'instant aucune étude systématique des effets de la cognition technique sur le changement technologique en général.

La prise en compte de nos dispositions technologiques peut aussi être utile pour aborder la question cruciale du changement technologique, à savoir la possibilité d'effets cumulatifs et de progrès. Nous devrions nous efforcer de comprendre en particulier comment nos dispositions rendent possible l'apparition d'un « effet de cliquet », expression qui désigne le processus

1. Kenward, Karlsson & Persson, 2011.
2. Keupp *et al.*, 2015.

par lequel des techniques se développent et perdurent au lieu de disparaître, ce qui permet d'en inventer d'autres à partir de techniques existantes au lieu de recommencer chaque fois à partir de zéro. Une fois qu'une technique spécifique a fait son apparition, on a le sentiment qu'elle est là pour toujours. C'est effectivement ce qui s'est produit, dans une certaine mesure, pour la fabrication des armes, l'agriculture, la fonte du métal et bien d'autres activités.

Il pourrait être tentant d'expliquer l'émergence et l'accumulation de techniques performantes comme conséquence d'une propriété des organismes humains – un type spécial d'imitation, par exemple, ou une manière radicalement nouvelle de penser qui expliquerait l'accélération du progrès chez *Homo sapiens* après des millénaires et des millénaires de stagnation. Mais nous ne devons pas oublier que la technologie ne se limite pas – ou plutôt, pas seulement – à la présence d'individus intelligents. Cela se passe aussi au niveau des populations, il faut que les individus soient connectés de la bonne manière et soumis aux bonnes incitations. Or, l'archéologie et l'histoire suggèrent que trois grands facteurs expliquent l'émergence relativement tardive de la technologie cumulative.

Le premier facteur est la division du travail, condition nécessaire pour l'invention de techniques qui, prises conjointement, vont bien au-delà des limitations d'un cerveau individuel. Les humains pratiquent une division minimale du travail, celle entre les sexes, depuis des centaines de milliers d'années. Nous savons que, même dans des communautés technologiquement peu sophistiquées, il existe une certaine répartition des tâches selon les compétences de chacun, des bénéfices pouvant être la conséquence d'avantages comparatifs. Mais nous savons également, grâce au travail des anthropologues, qu'on atteint rapidement une limite démographique. Les avantages de la spécialisation ne deviennent notables que lorsqu'un nombre important d'individus est impliqué – ce qu'on entend exactement par « important » étant une question empirique non résolue.

Un deuxième facteur crucial, lié au premier, est que les communautés peuvent surmonter cette barrière démographique en échangeant avec des groupes voisins. L'explication serait que, pour commencer, l'échange repose sur la rencontre d'individus issus de traditions différentes, cela permettant aux idées de « coucher ensemble », selon la formule de Matt Ridley : les individus combinent ainsi des ingrédients provenant de diverses chaînes de transmission[1]. Autrement dit, les échanges accroissent le nombre et la variété des chaînes de transmission, rendant ainsi possible une prolifération qui perpétue et modifie les traditions[2].

Un troisième facteur, pertinent surtout s'agissant de l'accélération du changement au sein de très grandes sociétés est, bien évidemment, la généralisation de l'écriture, qui démultiplie la masse d'informations techniques transmissibles et rend possibles les schémas, plans, tableaux de résultats et autres outils qui ont facilité la transition graduelle d'artisans compétents aux premiers ingénieurs[3].

Pour résumer, la possession d'une technologie cumulative et l'accélération du progrès technique ne demandent pas un cerveau spécial, d'un type nouveau, mais de nouvelles conditions d'interaction des esprits humains. Les dispositions cognitives associées à la fabrication d'outils, recrutées ensuite par l'utilisation de technologies complexes, sont effectivement spéciales – elles ont émergé au cours de l'évolution humaine en raison des avantages du point de vue du succès reproductif offerts par les outils, raison pour laquelle ces dispositions sont formidablement adaptées à la compréhension des outils.

1. Ridley, 2010.
2. Morin, 2016, p. 125 *sqq.*
3. Goody, 1977, 1986.

Pourquoi les gens croient-ils à la culture (et à la nature) ?

J'ai commencé chaque chapitre de ce livre par une question à propos de la science des sociétés humaines. La substance de chaque chapitre a fourni, non pas une réponse définitive à ces questions mais une masse d'informations sur la manière dont cette question peut faire partie d'une explication unifiée de la société à partir des découvertes et des modèles d'un vaste ensemble de programmes de recherche scientifique. À aucun moment, je n'ai dit qu'il existait une démarcation ni même une distinction claire entre « nature » et « culture », ni que la nature et la culture étaient opposées. J'ai bon espoir que le contenu de ces chapitres aura permis de vous convaincre que l'on peut faire progresser la recherche sans invoquer ces oppositions discutables.

Mais ces distinctions sans intérêt perdurent et, en dépit des efforts des scientifiques, elles sont tout à fait vivantes dans la manière dont les recherches sur le comportement humain sont rapportées, raison pour laquelle il est habituel de voir certains comportements décrits comme étant « câblés », « biologiques » ou « innés », sans doute par opposition aux comportements que d'autres appelleraient « culturels » ou « acquis ». Sous une forme ou une autre, l'opposition entre « nature » et « culture », avec leurs thèmes associés, « universel » et « variable », « physiologique » et « mental », « inéluctable » et « malléable », fait partie des principes fondamentaux de ce que les anthropologues John Tooby et Leda Cosmides ont appelé le « modèle standard des sciences sociales[1] ». Malheureusement, de telles distinctions empêchent toute discussion

1. Tooby & Cosmides, 1992.

intéressante du comportement humain, des gènes, de l'évolution et des différences culturelles. Comment ne pas s'interroger sur les raisons de leur succès ?

Et si l'opposition entre « nature » et « culture » n'était qu'un autre de ces attracteurs culturels que j'ai décrits plus haut ? Tout comme l'idée que le malheur est causé par des agents malveillants ou que les groupes sociaux ont une essence, l'opposition nature-culture est peut-être produite par certaines pensées intuitives et réflexives, raison pour laquelle on la retrouve à différentes époques et en différents endroits, obéissant toujours à un même ensemble de principes, alors qu'elle ne tient pas vraiment debout et est même allègrement remise en cause par la connaissance scientifique.

Un premier argument en faveur de cette conjecture consiste à remarquer qu'on retrouve une forme ou une autre de cette opposition dans les sociétés humaines les plus variées. Les Grecs, par exemple, s'interrogeaient sur l'opposition entre *physis* et *nomos* et avaient les idées les plus diverses sur la manière dont il convenait de les distinguer, sur les aspects du comportement humain qui devaient être attribués à l'une ou à l'autre, et ainsi de suite[1]. Il s'agissait certes de réflexions systématisées développées par des savants. Mais on trouve aussi des oppositions de ce type dans des petites sociétés, où il n'y a pas de spécialistes intellectuels. Dans la plupart des sociétés africaines, par exemple, il existe une opposition entre le monde du village et celui de la brousse ou de la forêt. L'un, cultivé, est régi par des normes tandis que l'autre, sauvage, est imprévisible et incontrôlable. Comme on ne trouve pas dans ces sociétés d'intellectuels spécialisés, ces oppositions ne conduisent pas à une théorie explicite et structurée du comportement humain et opèrent plutôt comme des principes implicites qui orga-

1. Lloyd, 2007.

nisent les idées des gens sur la vie sociale. Le même type de remarque vaut pour la plupart des sociétés tribales d'Asie ou d'Amérique. Bien évidemment, on ne doit pas ignorer les nombreuses différences entre ces conceptions. Comme l'a montré l'anthropologue Philippe Descola, les conceptions des gens au sujet de la distinction nature-culture peuvent aboutir à des spéculations fort diverses, comme l'animisme, dans lequel les gens considèrent que les animaux ou les esprits sont capables de pensée et d'intentionnalité, ou bien le totémisme, qui insiste sur la continuité entre certains groupes humains et certaines espèces animales[1].

Quelles que soient les différences entre les voies réflexive et spéculative qu'empruntent les gens lorsqu'ils considèrent ce type de questions, il se peut que les questions elles-mêmes soient fondées sur des intuitions très semblables. Je me permets ici d'aller un peu au-delà de ce qui est autorisé par les données, mais le point de départ de cette spéculation n'est pas vraiment discutable. Partout dans le monde, les gens ont des systèmes mentaux semblables, qui produisent des intuitions (en gros) semblables en ce qui concerne de nombreux aspects du monde naturel et social. Il n'existe pas de culture où les gens ne font pas de distinction entre objets animés et inanimés, ne peuvent concevoir que des personnes non apparentées puissent coopérer, trouvent absurde l'idée qu'il est immoral de tuer les gens qui vous apportent leur aide, ou ne pensent pas que le comportement d'autrui obéit à des intentions et des croyances. Et bien d'autres systèmes intuitifs guident nos inférences et la manière dont nous acquérons des connaissances, comme je n'ai cessé de le répéter au cours de ce livre.

Certains de ces systèmes peuvent contribuer à rendre irrésistible l'opposition nature-culture. Premièrement, un certain

1. Descola, 2009, 2013.

dualisme corps-esprit paraît inévitable dans notre manière de penser le comportement. Il ne résulte pas de l'adoption de théories philosophiques sur la nature, lesquelles n'existent pas dans la plupart des sociétés humaines. Il s'agit plutôt du résultat direct de la manière dont sont organisés nos systèmes d'inférence. Notre psychologie intuitive est constituée d'un ensemble de systèmes qui produisent des descriptions et des interprétations du comportement, surtout du comportement d'autrui, en invoquant des entités invisibles, non physiques même, comme les pensées, les croyances et les intentions. Dès le plus jeune âge, nous les interprétons comme non matérielles, mais nous admettons aussi qu'elles produisent des effets matériels, par exemple, la manière dont les corps bougent[1]. Nos intuitions sur les corps sont enracinées dans des systèmes inférentiels particuliers qui s'occupent de la physique des objets, tandis que nos intuitions sur le comportement ne peuvent se passer d'entités non matérielles de ce type. Notre équipement intuitif ne fournit pas de liens causaux entre ces deux systèmes, raison pour laquelle tous les êtres humains normalement constitués ont du mal à comprendre des questions comme : « Comment vos intentions font-elles bouger votre bras ? » ou, pis encore : « Comment vos intentions font-elles bouger votre bras de la manière souhaitée ? » L'idée de phénomènes mentaux distincts des phénomènes physiques est donc, une fois formulée de manière explicite, assez séduisante pour les esprits humains. C'est sans doute la raison laquelle on trouve une forme ou une autre de dualisme corps-esprit dans les sociétés humaines les plus variées[2].

Un autre ensemble d'intuitions contribue peut-être à rendre inévitable une certaine opposition entre nature et culture. Dans

1. German & Leslie, 2000 ; Leslie, 1987, 1994 ; Wellmann & Estes, 1986.
2. Astuti, 2001 ; M. Bloch, 1998 ; Bloom, 2007 ; Sarkissian *et al.*, 2010.

toutes les communautés humaines, les gens pensent que les « autres » appliquent des normes différentes des « nôtres ». En fait, une distinction entre son propre groupe, normal, central, et les autres, aberrants, constitue en grande partie la base de l'ethnocentrisme spontané des humains, où que l'on se trouve. Et, comme je l'ai dit au chapitre précédent, les enfants comprennent sans difficulté que les normes sociales peuvent être différentes d'un groupe à l'autre tout en étant, en quelque sorte, « objectivement impératives ». Il est peut-être facile, donc, d'acquérir la notion de « culture » comme désignant ce qui distingue les différentes cultures humaines. À l'inverse, beaucoup de nos systèmes intuitifs s'appliquent aux autres quelles que soient leurs normes – nous admettons, par exemple, que les gens préfèrent se sentir bien plutôt qu'avoir mal, qu'ils préfèrent la justice à l'exploitation, l'alimentation et le plaisir sexuel à la privation, et ainsi de suite. Cela donne un peu de substance intuitive à ce que les gens appellent « nature », alimentant l'opposition entre phénomènes culturels et naturels, même lorsqu'elle ne renvoie à rien de réel, parce qu'elle correspond à nos attentes intuitives.

Que cette interprétation spéculative soit juste ou non, une chose est certaine – le succès culturel de l'opposition entre nature et culture ne tient pas à son pouvoir explicatif ni à sa capacité d'éclairer le comportement humain. Comme nous avons eu l'occasion de le voir, les esprits humains utilisent l'information dans leur environnement, y compris durant l'enfance, pour organiser des stratégies de vie, par exemple investir à long terme ou recueillir les bienfaits d'une gratification immédiate. Nos systèmes mentaux donnent un sens à des régularités à l'échelle d'un groupe qui nous permettent d'attribuer une qualité interne aux membres d'une catégorie sociale donnée. D'autres systèmes mentaux permettent d'envisager des interactions sociales avec des agents qui ne sont pas physiquement présents, comme les morts, les héros mythiques, les dieux et les esprits. Nous pouvons aussi entretenir des représentations en partie cohérentes des économies de masse parce que nous disposons de modèles de ce que sont l'échange social et l'équité à l'échelle de petites communautés. Parmi toutes ces informations qui s'allient pour produire les comportements humains, lesquelles sont naturelles et lesquelles sont culturelles ? Personne ne saurait le dire, et on s'en moque un peu – en fait, si personne n'est capable de le dire, c'est parce qu'une telle séparation n'existe pas. Penser que les humains disposent d'un domaine d'information unifié appelé « culture » et que ce domaine est distinct du domaine des choses naturelles est peut-être une de ces « erreurs très séduisantes » contre lesquelles le philosophe Dan Dennett a mis en garde les scientifiques, ajoutant qu'un des bienfaits d'une éducation libérale est qu'elle nous permet d'apprendre quelles sont ces erreurs et pourquoi elles sont si attirantes, un antidote utile aux entreprises qui ne feraient que conduire aux mêmes impasses intellectuelles[1].

Hélas, dans le cas de l'opposition imaginaire entre nature et culture, les classiques ne sont pas d'un grand secours, car la plupart étaient eux aussi sous l'emprise des intuitions trompeuses que je viens de décrire, tout comme la plupart des scientifiques avant que la biologie et la psychologie ne finissent par offrir une alternative.

Miettes philosophiques

Une des conditions du progrès scientifique consiste à rejeter ce que les philosophes appellent l'« image manifeste », un tableau du monde qui semble à la fois simple et évident[2]. En

1. Dennett, 2014, pp. 19-28.
2. Sellars, 1963 [1991].

ce qui concerne le monde physique, cela revient à abandonner l'idée que les objets sont des masses solides dans un espace euclidien pour la remplacer par les concepts non intuitifs de la théorie de la relativité et de la physique quantique. Dans le monde naturel, il faut se débarrasser de la notion d'espèces naturelles distinctes, essentiellement différentes, pour penser en termes de populations et de fréquences de génotypes.

En ce qui concerne la vie sociale et culturelle humaine, une même prise de distance est nécessaire car nous devons nous éloigner de l'image manifeste de notre vie sociale. Les nombreux modèles et découvertes mentionnés au cours des chapitres précédents montrent que le processus est bien engagé, que nous disposons des rudiments d'une explication scientifique de certains domaines (au moins) du comportement humain, processus qui demande beaucoup d'efforts. Mais bien des chercheurs en sciences sociales n'en sont toujours pas convaincus et l'idée reste difficile à comprendre pour un public de non-spécialistes. Pourquoi ?

Beaucoup d'obstacles se dressent sur la voie d'une véritable science sociale. L'un d'entre eux, dont j'ai déjà fait état, est que certaines manières de penser la société et la transmission culturelle sont fortement influencées par nos propres dispositions psychologiques. C'est sans doute le cas de la notion spontanée et très contagieuse d'une opposition entre nature et culture. Et de nombreuses manières de penser les sociétés humaines, dont souvent les tentatives des chercheurs en sciences sociales eux-mêmes, sont fermement ancrées dans notre sociologie spontanée, dont les attentes sont certainement le fruit des systèmes qui rendent possible la vie en société même si ce sont de piètres outils pour appréhender la vie sociale.

En dépit de ces obstacles, la convergence des programmes de recherche dans plusieurs domaines longuement évoqués au cours de ce livre, démontre que, s'agissant de comprendre les sociétés humaines, une approche scientifique est possible, même si elle n'existe pour le moment que de manière fragmentaire. C'est le fruit des progrès de nombreuses disciplines, plus particulièrement la psychologie cognitive, les neurosciences, la biologie évolutive et l'anthropologie. Ces changements n'ont pas eu lieu parce que des chercheurs dans ces domaines ont adopté une nouvelle philosophie ou un nouveau programme de recherche général. En fait, au cours des siècles passés, les sciences sociales ont été davantage gênées qu'aidées par les manifestes et les déclarations générales. Au début du XXe siècle, par exemple, Durkheim, Boas et d'autres savants de premier plan ont posé comme principe des sciences sociales émergentes que ce qui se passe dans la société n'a pas grand-chose à voir avec l'objet d'étude de la psychologie et de la biologie. Ce type de séparation a perduré pendant une bonne partie du XXe siècle, compliquant la tâche des chercheurs qui ont néanmoins fini par comprendre qu'il y a fort à gagner en intégrant des disciplines, en tirant parti des développements extraordinaires de la biologie et des sciences cognitives.

L'approche scientifique des sociétés humaines est fondée sur un ensemble d'attitudes simples et d'habitudes salutaires que connaissent bien les chercheurs dans d'autres domaines de la recherche empirique. L'une de ces attitudes est un éclectisme délibéré, une volonté d'ignorer les traditions et les frontières entre disciplines afin que les découvertes de l'évolution puissent influer sur la recherche historique, que les modèles économiques aient des fondements neurocognitifs et que les comparaisons entre cultures fassent appel à l'écologie et l'économie. L'autre habitude est une adhésion salutaire au réductionnisme. Pendant longtemps, les chercheurs en sciences sociales poussaient des cris d'orfraie dès que l'on parlait de réduction, et l'idée que l'on aurait pu expliquer les phénomènes sociaux en invoquant la physiologie, l'évolution, la cognition et l'écologie leur donnait des sueurs froides. Pour eux, cela n'aurait eu pour effet que de polluer irrémédiablement la savoureuse tambouille des sciences sociales. Le problème etait qu'en rejetant ce type de réduction, les chercheurs rejetaient une pratique courante des autres sciences. Les géologues ne font pas comme si les découvertes et les modèles de la physique n'existaient pas, ils en font même un usage constant. *Idem* pour les écologistes avec les découvertes de la biologie et pour les biologistes de l'évolution avec la génétique moléculaire. Ce n'est que depuis peu que la recherche en sciences sociales a compris que ces disciplines empiriques étaient en progrès constant et que cela était peut-être en rapport avec le réductionnisme systématique qui leur permettait d'intégrer verticalement plusieurs domaines et disciplines[1].

Cette intégration est en marche. L'espoir est grand que cette science encore balbutiante suive la voie tracée par les philosophes, les historiens et les moralistes qui rêvaient d'expliquer l'émergence des sociétés, un des résultats les plus spectaculaires de la sélection naturelle.

1. Slingerland, 2008 ; Slingerland & Collard, 2012 ; E. O. Wilson, 1999.

Remerciements

Ce livre a mis un certain temps à atteindre sa forme définitive et, chemin faisant, les dettes se sont accumulées. J'en ai couché sur le papier les premiers éléments au cours d'une année sabbatique financée par une bourse de la fondation John S. Guggenheim. Au cours des années, de nombreuses personnes m'ont inspiré par leurs idées et leurs travaux, bien plus qu'on ne pourrait le penser à la lecture du texte, des notes et de la bibliographie. Il me faut remercier particulièrement quelques personnes dont la contribution a été singulièrement importante. Ainsi, je ne puis que faire ici état de ma dette intellectuelle considérable envers Dan Sperber, Leda Cosmides et John Tooby dont l'amitié, les idées et les conversations m'ont inspiré au fil de longues années. Je dois aussi nombre de mes idées à mes échanges constants avec Pierre Lienard, ainsi qu'à mes nombreuses discussions sur de possibles programmes de recherche avec Nicolas Baumard. Pour finir, je dois mentionner les amis qui ont eu la patience de lire les différentes versions du livre, de souligner leurs nombreux défauts et de suggérer des remèdes tant rhétoriques que substantiels. Toute ma reconnaissance va en particulier à Nicolas Baumard, Coralie

Chevallier, Leda Cosmides, Pierre Lienard, Robert McCauley, Hugo Mercier, Olivier Morin, Michael Bang Petersen et Jim Wertsch, ainsi qu'à mon ami et éditeur Abel Gerschenfeld pour sa superbe traduction en français.

Bibliographie

Abbott, E. (2011). *A History of Marriage : From Same-Sex Unions to Private Vows & Common Law : The Surprising Diversity of a Tradition* (1st U.S. ed.). New York : Seven Stories Press.

Acemoglu, D., Johnson, S. & Robinson, J. A. (2002). *The Rise of Europe : Atlantic Trade, Institutional Change & Economic Growth*. Cambridge, Mass. : National Bureau of Economic Research.

Acemoglu, D. & Robinson, J. (2012). *Why Nations Fail : The Origins of Power, Prosperity & Poverty* (1st ed.). New York : Crown Business.

Adam, T. C. (2010). "Competition Encourages Cooperation : Client Fish Receive Higher-Quality Service When Cleaner Fish Compete." *Animal Behaviour*, 79 (6), pp. 1183-1189. doi : 10.1016/j.anbehav.2010.02.023

Afkhami, M. (1995). *Faith & Freedom : Women's Human Rights in the Muslim World*. London : I. B. Tauris.

Aiello, L. C. & Wheeler, P. (1995). "The Expensive-Tissue Hypothesis : The Brain & the Digestive System in Human & Primate Evolution." *Current Anthropology*, 36 (2), pp. 199-221. doi : 10.1086/204350

Alberts, S. C., Altmann, J. & Wilson, M. L. (1996). "Mate Guarding Constrains Foraging Activity of Male Baboons." *Animal Behaviour*, 51 (6), pp. 1269-1277. doi : http://dx.doi.org/10.1006/anbe.1996.0131

Alcorta, C. S. & Sosis, R. (2005). "Ritual, Emotion & Sacred Symbols : The Evolution of Religion as an Adaptive Complex." *Human Nature*, 16 (4), pp. 323-359. doi : 10.1007/s12110-005-1014-3

Alesina, A. (2013). "On the Origins of Gender Roles : Women & the Plough." *Quarterly Journal of Economics*, 128 (2), pp. 469-530. doi : 10.1093/qje/qjt005

Al-Ghanim, K. A. (2009). "Violence against Women in Qatari Society." *Journal of Middle East Women's Studies*, 5 (1), pp. 80-93.

Allport, G. W. & Postman, L. J. (1947). *The Psychology of Rumor*. New York : H. Holt.

Alvarez, K. J. & Levy, B. R. (2012). "Health Advantages of Ethnic Density for African American & Mexican American Elderly Individuals." *American Journal of Public Health*, 102 (12), pp. 2240-2242.

Amundsen, T. & Forsgren, E. (2001). "Male Mate Choice Selects for Female Coloration in a Fish." *Proceedings of the National Academy of Sciences*, 98 (23), pp. 13155-13560. doi : 10.1073/pnas.211439298

Anderson, B. R. (1983). *Imagined Communities : Reflections on the Origin & Spread of Nationalism*. London : Verso.

Anderson, K. G., Kaplan, H. S. & Lancaster, J. (1999). "Paternal Care by Genetic Fathers & Stepfathers I : Reports from Albuquerque Men." *Evolution & Human Behavior*, 20 (6), pp. 405-431.

Anderson, K. G., Kaplan, H. S., Lam, D., & Lancaster, J. (1999). "Paternal Care by Genetic Fathers & Stepfathers II : Reports by Xhosa High School Students". *Evolution & Human Behavior*, 20 (6), pp. 433-451.

André, J.-B. & Baumard, N. (2011). "The Evolution of Fairness in a Biological Market." *Evolution*, 65 (5), pp. 1447-1456. doi : 10.1111/j.1558–5646.2011.01232.x

Anton, S. C., Potts, R. & Aiello, L. C. (2014). "Human Evolution : Evolution of Early Homo : An Integrated Biological Perspective." *Science*, 345 (6192), 1236828. doi : 10.1126/science.1236828

Appiah, K. A. (2011). *The Honor Code : How Moral Revolutions Happen*. New York : W. W. Norton.

Armstrong, G. (1998). *Football Hooligans : Knowing the Score*. New York : Berg.

Arnason, J., Eisenstadt, S. & Wittrock, B. (2005). *Axial Civilizations and World History*. Leiden : Brill Academic.

Arnold, K. E. & Owens, I. P. F. (2002). "Extra-Pair Paternity and Egg Dumping in Birds : Life History, Parental Care & the Risk of Retaliation." *Proceedings of the Royal Society* B, 269, pp. 1263-1269.

Asch, S. E. (1956). "Studies of Independence and Conformity : A Minority of One Against a Unanimous Majority." *Psychological Monographs*, 70 (9), pp. 1-70.

Ash, T. G. (2014). *The Magic Lantern : The Revolution of '89 Witnessed in Warsaw, Budapest, Berlin & Prague*. London : Atlantic Books.

Asher, Y. M. & Nelson, D. G. K. (2008). "Was It Designed to Do That ? Children's Focus on Intended Function in Their Conceptualization of Artifacts." *Cognition*, 106 (1), pp. 474-483. doi : 10.1016/j.cognition.2007.01.007

Astuti, R. (2001). "Are We All Natural Dualists ? A Cognitive Developmental Approach." *Journal of the Royal Anthropological Institute*, 7 (3), pp. 429-447.

Atran, S. A. (1990). *Cognitive Foundations of Natural History : Towards an Anthropology of Science*. Cambridge : Cambridge University Press.

–, (1995). "Classifying Nature across Cultures." *In* E. E. Smith, D. N. Osherson, *et al.* (eds.), *Thinking : An Invitation to Cognitive Science*, vol. 3 (2nd ed.), pp. 131-174. Cambridge, Mass. : MIT Press.

Atran, S. A. & Medin, D. L. (eds.). (1999). *Folkbiology*. Cambridge, Mass. : MIT Press.

Aunger, R. (ed.). (2000). *Darwinizing Culture : The Status of Memetics as a Science*. Oxford : Oxford University Press.

Badahdah, A. M. & Tiemann, K. A. (2005). "Mate Selection Criteria among Muslims Living in America." *Evolution & Human Behavior*, 26 (5), pp. 432-440. doi : 10.1016/j.evolhumbehav.2004.12.005

Baillargeon, R., Kotovsky, L. & Needham, A. (1995). "The Acquisition of Physical Knowledge in Infancy." *In* D. Sperber, D. Premack & A. James-Premack (eds.), *Causal Cognition : A Multidisciplinary Debate*, pp. 79-115. Oxford : Clarendon Press.

Baker, J. M., Liu, N., Cui, X., Vrticka, P., Saggar, M., Hosseini, S. M. H. & Reiss, A. L. (2016). "Sex Differences in Neural and Behavioral Signatures of Cooperation Revealed by fNIRS Hyperscanning." *Scientific Reports*, 6, 26492. doi : 10.1038/srep26492

Barclay, P. (2016). "Partner Choice versus Punishment in Human Prisoner's Dilemmas." *Evolution & Human Behavior*, 37, pp. 263-271. doi : 10.1016/j.evolhumbehav.2015.12.004

Baron, J. (2001). "Confusion of Group Interest and Self-Interest in Parochial Cooperation on Behalf of a Group." *Journal of Conflict Resolution*, 45 (3), pp. 283-296.

Baron-Cohen, S. (1991). "Precursors to a Theory of Mind : Understanding Attention in Others." *In* A. Whiten (ed.), *Natural Theories of Mind*. Oxford : Blackwell.

–, (1995). *Mindblindness : An Essay on Autism and Theory of Mind*. Cambridge, Mass. : MIT Press.

Barreiro, L. B. & Quintana-Murci, L. (2010). "From Evolutionary Genetics to Human Immunology : How Selection Shapes Host Defence Genes." *Nat. Rev. Genet*, 11 (1), pp. 17-30. doi : https://doi.org/10.1038/nrg2698

Barrett, H. C. (2005). "Adaptations to Predators & Prey." *In* D. M. Buss (ed.), *The Handbook of Evolutionary Psychology*. Hoboken, N.J. : John Wiley & Sons.

–, (2014). *The Shape of Thought : How Mental Adaptations Evolve*. Oxford : Oxford University Press.

Barrett, H. C., Laurence, S. & Margolis, E. (2008). "Artifacts and Original Intent : A Cross-Cultural Perspective on the Design Stance." *Journal of Cognition & Culture*, 8 (1–2), pp. 1-22. doi : 10.1163/156770908x289189

Barrett, J. L. (1998). "Cognitive Constraints on Hindu Concepts of the Divine." *Journal for the Scientific Study of Religion*, 37, pp. 608-619.

–, (2000). "Exploring the Natural Foundations of Religion." *Trends in Cognitive Sciences*, 4 (1), pp. 29-34.

–, (2001). "How Ordinary Cognition Informs Petitionary Prayer." *Journal of Cognition & Culture*, 1 (3), pp. 259-269.

Barrett, J. L. & Keil, F. C. (1996). "Conceptualizing a Nonnatural Entity : Anthropomorphism in God Concepts." *Cognitive Psychology*, 31 (3), pp. 219-247.

Barrett, J. L. & Nyhof, M. (2001). "Spreading Non-Natural Concepts : The Role of Intuitive Conceptual Structures in Memory & Transmission of Cultural Materials." *Journal of Cognition & Culture*, 1 (1), pp. 69-100.

Barrett, J. L., Richert, R. A. & Driesenga, A. (2001). "God's Beliefs *versus* Mother's : The Development of Nonhuman Agent Concepts." *Child Development*, 72 (1), pp. 50-65.

Baumard, N. André, J.-B. & Sperber, D. (2013). "A Mutualistic Approach to Morality : The Evolution of Fairness by Partner-Choice." *Behavioral & Brain Sciences*, 36 (1), pp. 59-78.

Baumard, N. & Boyer, P. (2013). "Explaining Moral Religions." *Trends in Cognitive Sciences*, 17 (6), pp. 272-280.

Baumard, N. & Lienard, P. (2011). "Second or Third Party Punishment ? When Self-Interest Hides Behind Apparent Functional Interventions." *Proceedings of the National Academy of Sciences of the United States of America*, 108, p. 39.

Baumard, N., Mascaro, O. & Chevallier, C. (2012). "Preschoolers Are Able to Take Merit into Account When Distributing Goods." *Developmental Psychology*, 48 (2), pp. 492-498. doi : 10.1037/a0026598

Baumard, N. & Sheskin, M. (2015). "Partner Choice & the Evolution of a Contractualist Morality." *In* J. Decety, T. Wheatley, J. Decety & T. Wheatley (eds.), *The Moral Brain : A Multidisciplinary Perspective*, pp. 35-48. Cambridge, Mass. : MIT Press.

Baumeister, R. F., Bratslavsky, E., Finkenauer, C. & Vohs, K. D. (2001). "Bad Is Stronger Than Good." *Review of General Psychology*, 5 (4), pp. 323-370. doi : 10.1037/1089-2680.5.4.323

Baumeister, R. F. & Sommer, K. L. (1997). "What Do Men Want ? Gender Differences & Two Spheres of Belongingness : Comment on Cross & Madson" (1997). *Psychological Bulletin*, 122 (1), pp. 38-44.

Beard, M. (1996). "The Roman & the Foreign : The Cult of the 'Great Mother' in Imperial Rome." *In* N. Thomas & C. Humphrey (eds.), *Shamanism, History & the State*, pp. 164-188. Ann Arbor : University of Michigan Press.

Bécares, L., Shaw, R., Nazroo, J., Stafford, M., Albor, C., Atkin, K., Kieman, K., Wilkinson, R. & Pickett, K. (2012). "Ethnic Density Effects on Physical Morbidity, Mortality & Health

Behaviors : A Systematic Review of the Literature." *American Journal of Public Health*, 102 (12), e33–e66.
Becker, G. S. (1973). "A Theory of Marriage : Part I." *Journal of Political Economy*, 81 (4), pp. 813-846.
–, (1974). "A Theory of Marriage." *In* T. W. Schultz (ed.), *Economics of the Family : Marriage, Children & Human Capital*, pp. 299-351. Chicago : University of Chicago Press.
–, (1981). *A Treatise on the Family*. Cambridge, Mass. : Harvard University Press.
Belsky, J., Steinberg, L. & Draper, P. (1991). "Childhood Experience, Interpersonal Development & Reproductive Strategy : An Evolutionary Theory of Socialization." *Child Development*, 62 (4), pp. 647-670. doi : 10.2307/1131166
Bering, J. M. (2006). "The Folk-Psychology of Souls." *Behavioral & Brain Sciences*, 29 (5), pp. 453-462.
Bernhardt, K., Huang, P. C. & Allee, M. A. (1994). *Civil Law in Qing & Republican China*. Stanford, Calif. : Stanford University Press.
Betzig, L. (1986). *Despotism & Differential Reproduction : A Darwinian View of History*. New York : Aldine.
Bicchieri, C. (2006). *The Grammar of Society : The Nature & Dynamics of Social Norms*. Cambridge : Cambridge University Press.
Billig, M. & Tajfel, H. (1973). "Social Categorization & Similarity in Intergroup Behavior." *European Journal of Social Psychology*, 3, pp. 27-52.
Binmore, K. (2005). *Natural Justice*. New York : Oxford University Press.
Blair, R. J. R. (2007). "The Amygdala & Ventromedial Prefrontal Cortex in Morality & Psychopathy." *Trends in Cognitive Sciences*, 11 (9), pp. 387-392.
Blair, R. J. R., Sellars, C., Strickland, I., Clark, F., Williams, A., Smith, M. & Jones, L. (1995). "Emotion Attributions in

the Psychopath." *Personality & Individual Differences*, 19 (4), pp. 431-437.

Blanchard, D. C., Griebel, G. & Blanchard, R. J. (2003). "Conditioning & Residual Emotionality Effects of Predator Stimuli : Some Reflections on Stress & Emotion." *Progress in Neuro-Psychopharmacology & Biological Psychiatry*, 27 (8), pp. 1177-1185.

Blascovich, J., Mendes, W. B., Hunter, S. B., Lickel, B. & Kowai-Bell, N. (2001). "Perceiver Threat in Social Interactions with Stigmatized Others." *Journal of Personality & Social Psychology*, 80 (2), pp. 253-267.

Bliege Bird, R. L. & Bird, D. W. (1997). "Delayed Reciprocity & Tolerated Theft : The Behavioral Ecology of Food-Sharing Strategies." *Current Anthropology*, 38 (1), pp. 49-78.

Bloch, E. (1985 [1921]). *Thomas Münzer als Theologe der Revolution*. Berlin : Suhrkamp.

Bloch, M. (1993). "Domain-Specificity, Living Kinds & Symbolism." *In* P. Boyer (ed.), *Cognitive Aspects of Religious Symbolism*. Cambridge : Cambridge University Press.

–, (1998). *How We Think They Think : Anthropological Approaches to Cognition, Memory & Literacy*. Boulder, Colo. : Westview Press.

–, (2008). "Why Religion Is Nothing Special but Is Central." *Philosophical Transactions of the Royal Society of London*, Series B, Biological Sciences, 363 (1499), p. 2055.

Bloch, M. & Parry, J. (1982). "Introduction : Death & the Regeneration of Life." *In* M. Bloch & J. Parry (eds.), *Death & the Regeneration of Life*, pp. 187-210. Cambridge : Cambridge University Press.

Blondel, C. & Lévy-Bruhl, L. (1926). *La Mentalité primitive*. Paris : Stock.

Bloom, P. (1996). "Intention, History & Artifact Concepts." *Cognition*, 60, pp. 1-29.

—, (2007). "Religion Is Natural." *Developmental Science*, 10 (1), pp. 147-151. doi : 10.1111/j.1467–7687.2007.00577.x

Boehm, C. (1999). *Hierarchy in the Forest : The Evolution of Egalitarian Behavior*. Cambridge, Mass. : Harvard University Press.

Bogart, L. M., Wagner, G., Galvan, F. H. & Banks, D. (2010). "Conspiracy Beliefs about HIV Are Related to Antiretroviral Treatment Nonadherence among African American Men with HIV." *JAIDS : Journal of Acquired Immune Deficiency Syndromes*, 53 (5), pp. 648-655.

Bohner, G., Dykema-Engblade, A., Tindale, R. S. & Meisenhelder, H. (2008). "Framing of Majority & Minority Source Information in Persuasion : When & How 'Consensus Implies Correctness.'" *Social Psychology*, 39 (2), pp. 108-116. doi : 10.1027/1864-9335.39.2.108

Bonhomme, J. (2012). "The Dangers of Anonymity : Witchcraft, Rumor & Modernity in Africa." *HAU : Journal of Ethnographic Theory*, 2 (2), pp. 205-233.

Bordia, P. & Difonzo, N. (2004). "Problem Solving in Social Interactions on the Internet : Rumor as Social Cognition." *Social Psychology Quarterly*, 67 (1), pp. 33-49. doi : 10.1177/019027250406700105

Bosqui, T. J., Hoy, K. & Shannon, C. (2014). "A Systematic Review & Meta-Analysis of the Ethnic Density Effect in Psychotic Disorders." *Social Psychiatry & Psychiatric Epidemiology*, 49 (4), pp. 519-529.

Bowden, R. (1979). "Tapu & Mana : Ritual Authority & Political Power in Traditional Maori Society." *Journal of Pacific History*, 14, pp. 50-61. doi : 10.1080/00223347908572364

Bowen, J. R. (2007). *Why the French Don't Like Headscarves : Islam, the State & Public Space*. Princeton : Princeton University Press.

–, (2010). *Can Islam Be French ? Pluralism & Pragmatism in a Secularist State*. Princeton : Princeton University Press.

–, (2012). *Blaming Islam*. Cambridge, Mass. : MIT Press.

Boyd, R., Gintis, H., Bowles, S. & Richerson, P. (2003). "The Evolution of Altruistic Punishment." *Proceedings of the National Academy of Sciences of the USA*, 100 (6), pp. 3531–3535.

Boyd, R. & Richerson, P. J. (1985). *Culture & the Evolutionary Process*. Chicago : University of Chicago Press.

–, (1990). "Culture & Cooperation." *In* J. J. Mansbridge *et al.* (eds.), *Beyond Self-Interest*, pp. 111-132. Chicago : University of Chicago Press.

–, (1992). "Punishment Allows the Evolution of Cooperation (or Anything Else) in Sizable Groups." *Ethology & Sociobiology*, 13, pp. 171-195.

–, (2002). "Group Beneficial Norms Can Spread Rapidly in a Structured Population." *Journal of Theoretical Biology*, 215 (3), pp. 287-296.

–, (2005). *The Origin & Evolution of Cultures*. Oxford : Oxford University Press.

–, (2006). "Solving the Puzzle of Human Cooperation." *In* S. C. Levinson & P. Jaisson (eds.), *Evolution & Culture*, pp. 105-132. Cambridge, Mass. : MIT Press.

Boyer, P. (1990). *Tradition as Truth & Communication : A Cognitive Description of Traditional Discourse*. Cambridge : Cambridge University Press.

–, (1994). "Cognitive Constraints on Cultural Representations : Natural Ontologies & Religious Ideas." *In* L. A. Hirschfeld & S. Gelman (eds.), *Mapping the Mind : Domain-Specificity in Culture & Cognition*, pp. 391-411. New York : Cambridge University Press.

–, (2000a). "Functional Origins of Religious Concepts : Conceptual & Strategic Selection in Evolved Minds." [Malinowski

Lecture 1999.] *Journal of the Royal Anthropological Institute*, 6, pp. 195-214.
–, (2000b). "Natural Epistemology or Evolved Metaphysics ? Developmental Evidence for Early-Developed, Intuitive, Category-Specific, Incomplete & Stubborn Metaphysical Presumptions." *Philosophical Psychology*, 13 (3), pp. 277-297.
–, (2001). *Religion Explained : Evolutionary Origins of Religious Thought*. New York : Basic Books.
–, (2008). "Evolutionary Economics of Mental Time Travel ?" *Trends in Cognitive Sciences*, 12 (6), pp. 219-224.
–, (2015). "How Natural Selection Shapes Conceptual Structure : Human Intuitions & Concepts of Ownership." *In* E. Margolis & S. Laurence (eds.), *The Conceptual Mind : New Directions in the Study of Concepts*, pp. 185-200. Cambridge, Mass. : MIT Press.
Boyer, P. & Barrett, H. C. (2005). "Domain Specificity & Intuitive Ontology." *In* D. M. Buss (ed.), *The Handbook of Evolutionary Psychology*, pp. 96-118. Hoboken, N.J. : John Wiley & Sons.
–, (2015). "Domain Specificity & Intuitive Ontologies." *In* D. M. Buss (ed.), *The Handbook of Evolutionary Psychology*, 2nd ed., pp. 161-180. Hoboken, N.J. : John Wiley & Sons.
Boyer, P. & Bergstrom, B. (2011). "Threat-Detection in Child Development : An Evolutionary Perspective." *Neuroscience & Biobehavioral Reviews*, 35 (4), pp. 1034-1041.
Boyer, P., Firat, R. & Van Leeuwen, F. (2015). "Safety, Threat & Stress in Intergroup Relations : A Coalitional Index Model." *Perspectives on Psychological Science*, 10 (4), pp. 434-450.
Boyer, P. & Lienard, P. (2006). "Why Ritualized Behavior ? Precaution Systems & Action Parsing in Developmental, Pathological & Cultural Rituals." *Behavioral & Brain Sciences*, 29 (6), pp. 595-613.

Boyer, P. & Parren, N. (2015). "Threat-Related Information Suggests Competence : A Possible Factor in the Spread of Rumors." *PLoS One*, 10 (6), e0128421. doi : 10.1371/journal.pone.0128421

Boyer, P. & Petersen, M. B. (2012). "The Naturalness of (Many) Social Institutions : Evolved Cognition as Their Foundation." *Journal of Institutional Economics*, 8 (1), pp. 1-25. doi : 10.1017/S1744137411000300

Boyer, P. & Ramble, C. (2001). "Cognitive Templates for Religious Concepts : Cross-Cultural Evidence for Recall of Counter-Intuitive Representations." *Cognitive Science*, 25, pp. 535-564.

Boyer, P. S. & Nissenbaum, S. (1974). *Salem Possessed : The Social Origins of Witchcraft.* Cambridge, Mass. : Harvard University Press.

Bradbury, J. W. & Vehrencamp, S. L. (2000). "Economic Models of Animal Communication." *Animal Behaviour*, 59 (2), pp. 259–268.

Brown, D. E. (1991). *Human Universals*. New York : McGraw Hill.

Brubaker, R. (2004). *Ethnicity without Groups*. Cambridge, Mass. : Harvard University Press.

Brubaker, R., Loveman, M. & Stamatov, P. (2004). "Ethnicity as Cognition." *Theory & Society*, 33 (1), p. 4.

Bruce, G. (2010). *The Firm : The Inside Story of the Stasi.* Oxford : Oxford University Press.

Brunvand, J. H. (1981). *The Vanishing Hitchhiker : American Urban Legends & Their Meanings*. New York : W. W. Norton.

Bshary, R. (2002). "Building Up Relationships in Asymmetric Co-Operation Games between the Cleaner Wrasse Labroides Dimidiatus & Client Reef Fish." *Behavioral Ecology & Sociobiology*, 52 (5), pp. 365-371. doi : 10.1007/s00265–002–0527–6

Bshary, R. & Bergmüller, R. (2008). "Distinguishing Four Fundamental Approaches to the Evolution of Helping." *Journal of Evolutionary Biology*, 21 (2), pp. 405-420. doi : 10.1111/j.1420–9101.2007.01482.x

Bshary, R. & Grutter, A. S. (2005). "Punishment & Partner Switching Cause Cooperative Behaviour in a Cleaning Mutualism." *Biology Letters*, 1 (4), pp. 396-399. doi : 10.1098/rsbl.2005.0344

Buchanan, J. M. & Tullock, G. (2004 [1962]). *The Calculus of Consent : Logical Foundations of Constitutional Democracy*. Indianapolis : Liberty Fund.

Bulbulia, J. (2004). "Religious Costs as Adaptations That Signal Altruistic Intention." *Evolution & Cognition*, 10 (1), pp. 19-42.

Bullock, D. (2013). "The Contact Hypothesis & Racial Diversity in the United States Military." Ph.D. dissertation, Texas Woman's University [dissertation number : AAI3550788]. Disponible dans la base de données EBSCOhost psyh.

Burton-Chellew, M. N. & West, S. A. (2013). "Prosocial Preferences Do Not Explain Human Cooperation in Public-Goods Games." *Proceedings of the National Academy of Sciences*, 110 (1), pp. 216-221. doi : www.pnas.org/cgi/doi/10.1073/pnas.1210960110

Buss, D. M. (1989). "Sex Differences in Human Mate Preferences : Evolutionary Hypotheses Tested in 37 Cultures." *Behavioral & Brain Sciences*, 12, pp. 1-49.

–, (2000). *The Dangerous Passion : Why Jealousy Is as Necessary as Love & Sex*. New York : Free Press.

–, (2003). *The Evolution of Desire : Strategies of Human Mating*. New York : Basic Books.

Buss, D. M. & Schmitt, D. (1993). "Sexual Strategies Theory : An Evolutionary Perspective on Human Mating." *Psychological Review*, 100, pp. 204–32.

Buss, D. M. & Shackelford, T. K. (1997). "From Vigilance to Violence : Mate Retention Tactics in Married Couples."

Journal of Personality & Social Psychology, 72 (2), pp. 346-361. doi : 10.1037/0022–3514.72.2.346

–, (2008). "Attractive Women Want It All : Good Genes, Economic Investment, Parenting Proclivities & Emotional Commitment." *Evolutionary Psychology*, 6 (1), pp. 134-146. doi : 10.1177/147470490800600116

Butterworth, G. (2001). "Joint Visual Attention in Infancy." *In* G. Bremner & A. Fogel (eds.), *Blackwell Handbook of Infant Development*, pp. 213–240. Malden, Mass. : Blackwell.

Byrne, R. & Whiten, A. (1988). *Machiavellian Intelligence : Social Expertise & the Evolution of Intellect in Monkeys, Apes & Humans*. Oxford : Clarendon Press.

Camerer, C. (2003). *Behavioral Game Theory : Experiments in Strategic Interaction*. Princeton : Princeton University Press.

Campbell, L. & Ellis, B. J. (2005). "Commitment, Love & Mate Retention." *In* D. M. Buss (ed.), *The Handbook of Evolutionary Psychology*, pp. 419-442. Hoboken, N.J. : John Wiley & Sons.

Caplan, B. (2001). "What Makes People Think Like Economists ? Evidence on Economic Cognition from the 'Survey of Americans & Economists on the Economy'". *Journal of Law & Economics*, 44 (2), pp. 395-426.

–, (2006). "How Do Voters Form Positive Economic Beliefs ? Evidence from the Survey of Americans & Economists on the Economy." *Public Choice*, 128 (3–4), pp. 367-381. doi : 10.1007/s11127-006-9026-z

–, (2008). *The Myth of the Rational Voter : Why Democracies Choose Bad Policies* (new edition, with a new preface by the author). Princeton : Princeton University Press.

Carey, N. (2015). *Junk DNA : A Journey through the Dark Matter of the Genome*. London : Icon Books.

Carey, S. (2009). *The Origin of Concepts*. New York : Oxford University Press.

Carroll, S. B., Grenier, J. K. & Weatherbee, S. D. (2013). *From DNA to Diversity : Molecular Genetics & the Evolution of Animal Design*. New York : Wiley.

Carruthers, P., Stich, S. & Siegal, M. (eds.). (2002). *The Cognitive Basis of Science*. Cambridge : Cambridge University Press.

Cavalli-Sforza, L. L. & Feldman, M. W. (1981). *Cultural Transmission & Evolution : A Quantitative Approach*. Princeton : Princeton University Press.

Chagnon, N. A. (1988). "Life Histories, Blood Revenge & Warfare in a Tribal Population." *Science*, 239 (4843), pp. 985–988.

Chang, L., Wang, Y., Shackelford, T. K. & Buss, D. M. (2011). "Chinese Mate Preferences : Cultural Evolution & Continuity across a Quarter of a Century." *Personality & Individual Differences*, 50 (5), pp. 678-683. doi : http://dx.doi.org/10.1016/j.paid.2010.12.016

Chapais, B. (2009). *Primeval Kinship : How Pair-Bonding Gave Birth to Human Society*. Cambridge, Mass. : Harvard University Press.

Charafeddine, R., Mercier, H., Clément, F., Kaufmann, L., Berchtold, A., Reboul, A. & Van der Henst, J.-B. (2015). "How Preschoolers Use Cues of Dominance to Make Sense of Their Social Environment." *Journal of Cognition & Development*, 16 (4), pp. 587-607. doi : 10.1080/15248372.2014.926269

Chen, F. F. & Kenrick, D. T. (2002). "Repulsion or Attraction ? Group Membership & Assumed Attitude Similarity." *Journal of Personality & Social Psychology*, 83 (1), pp. 111-125.

Chen, M. K., Lakshminarayanan, V. & Santos, Laurie R. (2006). "How Basic Are Behavioral Biases ? Evidence from Capuchin Monkey Trading Behavior." *Journal of Political Economy*, 114 (3), pp. 517-537. doi : 10.1086/503550

Chevallier, C., Xu, J., Adachi, K., Van der Henst, J.-B. & Baumard, N. (2015). "Preschoolers' Understanding of Merit in

Two Asian Societies". *PLoS One*, 10 (5), e0114717. doi : 10.1371/journal.pone.0114717
Childs, D. (1996). *The Stasi : The East German Intelligence & Security Service*. New York : New York University Press.
Childs, G. (2003). "Polyandry & Population Growth in a Historical Tibetan Society." *History of the Family*, 8, pp. 423-444.
Chong, D. (1991). *Collective Action & the Civil Rights Movement*. Chicago : University of Chicago Press.
Cicéron, M. T. (1923). *De senectute, De amicitia, De divinatione*. Edited by W. A. Falconer. Loeb Classical Library 154. Cambridge, Mass. : Heinemann.
–, (2004) *De la divination*. Paris : Flammarion.
Cimino, A. & Delton, A. W. (2010). "On the Perception of Newcomers : Toward an Evolved Psychology of Intergenerational Coalitions." *Human Nature*, 21 (2), pp. 186-202. doi : 10.1007/s12110-010-9088-y
Claidière, N., Scott-Phillips, T. C. & Sperber, D. (2014). "How Darwinian Is Cultural Evolution ?" *Philosophical Transactions of the Royal Society of London* : Biological Sciences, 369 (1642), 20130368. doi : 10.1098/rstb.2013.0368
Claidière, N. & Sperber, D. (2007). "The Role of Attraction in Cultural Evolution." *Journal of Cognition & Culture*, 7 (1-2), pp. 89-111.
Clark, E. V. (1993). *The Lexicon in Acquisition*. Cambridge : Cambridge University Press.
Clark, G. (2008). *A Farewell to Alms : A Brief Economic History of the World*. Princeton : Princeton University Press.
Clastres, P. (1989). *Society against the State : Essays in Political Anthropology*. New York : Zone Books.
–, (2011) *La Société contre l'État : recherches d'anthropologie politique*. Paris : Les Éditions de Minuit.
Cosmides, L. (1989). "The Logic of Social Exchange : Has Natural Selection Shaped How Humans Reason ? Stu-

dies with the Wason Selection Task." *Cognition*, 31 (3), pp. 187-276.

Cosmides, L. & Tooby, J. (1987). "From Evolution to Behavior : Evolutionary Psychology as the Missing Link." *In* J. Dupré (ed.), *The Latest on the Best : Essays on Evolution & Optimality*, pp. 297-323. Cambridge, Mass. : MIT Press.

–, (1992). "Cognitive Adaptations for Social Exchange." *In* J. H. Barkow, L. Cosmides & J. Tooby (eds.), *The Adapted Mind : Evolutionary Psychology & the Generation of Culture*, pp. 163-228. New York : Oxford University Press.

–, (2005). *Neurocognitive Adaptations Designed for Social Exchange*. Hoboken, N.J. : John Wiley & Sons.

Cosmides, L., Tooby, J. & Kurzban, R. (2003). "Perceptions of Race." *Trends in Cognitive Sciences*, 7 (4), pp. 173-179.

Cronin, H. (1991). *The Ant & the Peacock : Altruism & Sexual Selection from Darwin to Today*. Cambridge : Cambridge University Press.

Cumont, F. V. M. (1910). *The Mysteries of Mithra* (2nd ed.). Chicago : Open Court.

Curtiss, S., Fromkin, V., Krashen, S., Rigler, D. & Rigler, M. (1974). "The Linguistic Development of Genie." *Language*, 50 (3), pp. 528-554. doi : 10.2307/412222

Daly, M. & Wilson, M. (1988). *Homicide*. New York : Aldine.

–, (2001). "Risk-Taking, Intrasexual Competition & Homicide." *In* J. A. French & A. C. Kamil (eds.), *Evolutionary Psychology & Motivation*, pp. 1-36. Lincoln : University of Nebraska Press.

Daniel, E. V. (1984). *Fluid Signs : Being a Person the Tamil Way*. Berkeley : University of California Press.

Das-Munshi, J., Bécares, L., Boydell, J. E., Dewey, M. E., Morgan, C., Stansfeld, S. A. & Prince, M. J. (2012). "Ethnic Density as a Buffer for Psychotic Experiences : Findings from a

National Survey (EMPIRIC)". *British Journal of Psychiatry*, 201 (4), pp. 282-290.

Das-Munshi, J., Bécares, L., Dewey, M. E., Stansfeld, S. A. & Prince, M. J. (2010). "Understanding the Effect of Ethnic Density on Mental Health : Multi-Level Investigation of Survey Data from England." *BMJ : British Medical Journal*, 341 (7778), pp. 1-9.

Davis, B. L. & MacNeilage, P. F. (1995). "The Articulatory Basis of Babbling." *Journal of Speech & Hearing Research*, 38 (6), pp. 1199-1211. doi : 10.1044/jshr.3806.1199

Davis, C. F. (1989). *The Evidential Force of Religious Experience*. Oxford : Clarendon Press.

Dawkins, R. (1976). *The Selfish Gene*. Oxford : Oxford University Press.

Dawson, A., King, V. M., Bentley, G. E. & Ball, G. F. (2001). "Photoperiodic Control of Seasonality in Birds." *Journal of Biological Rhythms*, 16 (4), pp. 365-380.

Deardorff, J., Ekwaru, J. P., Kushi, L. H., Ellis, B. J., Greenspan, L. C., Mirabedi, A., Hiatt, R. A. (2010). "Father Absence, Body Mass Index & Pubertal Timing in Girls : Differential Effects by Family Income & Ethnicity." *Journal of Adolescent Health*, 48 (5), pp. 441-447. doi : 10.1016/j.jadohealth.2010.07.032

Declerck, C. H., Kiyonari, T. & Boone, C. (2009). "Why Do Responders Reject Unequal Offers in the Ultimatum Game ? An Experimental Study on the Role of Perceiving Interdependence." *Journal of Economic Psychology*, 30 (3), pp. 335-343. doi : 10.1016/j.joep.2009.03.002

De Dreu, C. K. W., Greer, L. L., Handgraaf, M. J. J., Shalvi, S. & Van Kleef, G. A. (2012). "Oxytocin Modulates Selection of Allies in Intergroup Conflict." *Proceedings of the Royal Society* B : Biological Sciences, 279 (1731), pp. 1150-1154.

De Dreu, C. K. W., Greer, L. L., Van Kleef, G. A., Shalvi, S. & Handgraaf, M. J. J. (2011). "Oxytocin Promotes Human

Ethnocentrism." *Proceedings of the National Academy of Sciences*, 108 (4), pp. 1262-1266.

Del Giudice, M. (2009a). "Human Reproductive Strategies : An Emerging Synthesis ?" *Behavioral & Brain Sciences*, 32 (1), pp. 45-67. doi : 10.1017/S0140525X09000272

–, (2009b). "Sex, Attachment & the Development of Reproductive Strategies." *Behavioral & Brain Sciences*, 32 (1), pp. 1-21. doi : 10.1017/S0140525X09000016

Del Giudice, M., Gangestad, S. W. & Kaplan, H. S. (2016). "Life History Theory & Evolutionary Psychology." *In* D. Buss (ed.), *The Handbook of Evolutionary Psychology*, vol. 1, pp. 88-114. New York : John Wiley & Sons.

Delton, A. W. & Cimino, A. (2010). "Exploring the Evolved Concept of Newcomer : Experimental Tests of a Cognitive Model." *Evolutionary Psychology*, 8 (2), pp. 317-335.

Delton, A. W., Cosmides, L., Guemo, M., Robertson, T. E. & Tooby, J. (2012). "The Psychosemantics of Free Riding : Dissecting the Architecture of a Moral Concept." *Journal of Personality & Social Psychology*, 102 (6), pp. 1252-1270. doi : 10.1037/a0027026, 10.1037/a0027026.supp (Supplemental).

Delton, A. W., Krasnow, M. M., Cosmides, L. & Tooby, J. (2011). "Evolution of Direct Reciprocity under Uncertainty Can Explain Human Generosity in One-Shot Encounters." *PNAS Proceedings of the National Academy of Sciences of the United States of America*, 108 (32), pp. 13335-13340. doi : 10.1073/pnas.1102131108

Delton, A. W., Nemirow, J., Robertson, T. E., Cimino, A. & Cosmides, L. (2013). "Merely Opting Out of a Public Good Is Moralized : An Error Management Approach to Cooperation." *Journal of Personality & Social Psychology*, 105 (4), pp. 621-638. doi : 10.1037/a0033495

Delton, A. W. & Robertson, T. E. (2012). "The Social Cognition of Social Foraging : Partner Selection by Underlying Valuation." *Evolution & Human Behavior*. doi : 10.1016/j.evolhumbehav.2012.05.007

Demarest, A. A. (2004). *Ancient Maya : The Rise & Fall of a Rainforest Civilization*. Cambridge : Cambridge University Press.

Demos, J. (1982). *Entertaining Satan : Witchcraft & the Culture of Early New England*. New York : Oxford University Press.

Dennett, D. C. (1987). *The Intentional Stance*. Cambridge, Mass. : MIT Press.

–, (2014). *Intuition Pumps & Other Tools for Thinking*. New York : W. W. Norton.

Deschamps, M., Laval, G., Fagny, M., Itan, Y., Abel, L., Casanova, J.-L., Quintana-Murci, L. (2016). "Genomic Signatures of Selective Pressures & Introgression from Archaic Hominins at Human Innate Immunity Genes." *American Journal of Human Genetics*, 98 (1), pp. 5-21. doi : 10.1016/j.ajhg.2015.11.014

DeScioli, P. & Kurzban, R. (2009). "Mysteries of Morality." *Cognition*, 112 (2), pp. 281-299. doi : 10.1016/j.cognition.2009.05.008

–, (2012). "A Solution to the Mysteries of Morality." *Psychological Bulletin*. doi : 10.1037/a0029065

Descola, P. (2009). "Human Natures." *Social Anthropology*, 17, pp. 145-157.

–, (2013). *Beyond Nature & Culture*. Chicago : University of Chicago Press.

–, (2015). *Par-delà nature et culture*. Paris : Folio.

De Souza, M. J. & Toombs, R. J. (2010). "Amenorrhea Associated with the Female Athlete Triad : Etiology, Diagnosis & Treatment." *In* F. N. Santoro & G. Neal-Perry (eds.), *Amenorrhea : A Case-Based, Clinical Guide*, pp. 101-125. Totowa, N.J. : Humana Press.

Difonzo, N. & Bordia, P. (2007). *Rumor Psychology : Social & Organizational Approaches*. Washington, D.C. : American Psychological Association.

Dillian, C. D. & White, C. L. (2010). "Trade & Exchange : Archaeological Studies from History & Prehistory". New York : Springer.

Dinesen, P. T. & Sønderskov, K. M. (2012). "Trust in a Time of Increasing Diversity : On the Relationship between Ethnic Heterogeneity & Social Trust in Denmark from 1979 until Today." *Scandinavian Political Studies*, 35 (4), pp. 273-294. doi : 10.1111/j.1467-9477.2012.00289.x

Douglas, M. & Evans-Pritchard, E. E. (eds.). (1970). *Witchcraft Confessions & Accusations.* London : Tavistock.

Dovidio, J. F., Gaertner, S. L. & Kawakami, K. (2003). "Intergroup Contact : The Past, Present & the Future." *Group Processes & Intergroup Relations*, 6 (1), pp. 5-20.

Dubreuil, B. (2010). *Human Evolution & the Origins of Hierarchies : The State of Nature*. New York : Cambridge University Press.

Dumont, L. (1970). *Homo Hierarchicus : An Essay on the Caste System*. Chicago : University of Chicago Press.

Dunbar, R. I. M. (1993). "Co-evolution of Neocortex Size, Group Size & Language in humans." *Behavioral & Brain Sciences*, 16 (4), pp. 681-735.

–, (2003). "Evolution of the Social Brain." *Science*, 302 (5648), pp. 1160-1161.

Dutton, D. G. (2007). *The Psychology of Genocide, Massacres & Extreme Violence : Why "Normal" People Come to Commit Atrocities*. Westport, Conn. : Praeger Security International.

Earle, T. (2002). "Commodity Flows & the Evolution of Complex Societies." *In* J. Ensminger (ed.), *Theory in Economic Anthropology*, pp. 81-104. New York : Altamira Press.

Edin, K. & Kefalas, M. (2011). *Promises I Can Keep : Why Poor Women Put Motherhood before Marriage*, avec une préface inédite. Berkeley : University of California Press.

Egyed, K., Király, I. & Gergely, G. (2013). "Communicating Shared Knowledge in Infancy." *Psychological Science*, 24 (7), pp. 1348-1353.

Eilam, D., Izhar, R. & Mort, J. (2011). "Threat Detection : Behavioral Practices in Animals & Humans." *Neuroscience & Biobehavioral Reviews*, 35 (4), pp. 999-1006.

Eliade, M. (1959). *The Sacred & the Profane : The Nature of Religion*. New York : Harcourt Brace Jovanovich.

–, (1987). *Le Sacré et le Profane*. Paris : Folio.

Elias, S. G., Van Noord, P. A. H., Peeters, P. H. M., den Tonkelaar, I., Kaaks, R. & Grobbee, D. E. (2016). "Menstruation during & after Caloric Restriction : The 1944-1945 Dutch Famine." *Fertility & Sterility*, 88 (4), pp. 1101-1107. doi : 10.1016/j.fertnstert.2006.12.043

Ellis, B. J., Bates, J. E., Dodge, K. A., Fergusson, D. M., Horwood, L. J., Pettit, G. S. & Woodward, L. (2003). "Does Father Absence Place Daughters at Special Risk for Early Sexual Activity & Teenage Pregnancy ?" *Child Development*, 74 (3), pp. 801-821.

Ellis, B. J., Figueredo, A. J., Brumbach, B. H. & Schlomer, G. L. (2009). "Fundamental Dimensions of Environmental Risk : The Impact of Harsh *versus* Unpredictable Environments on the Evolution & Development of Life History Strategies." *Human Nature*, 20 (2), pp. 204-268. doi : 10.1007/s12110-009-9063-7

Ellis, B. J., Schlomer, G. L., Tilley, E. H. & Butler, E. A. (2012). "Impact of Fathers on Risky Sexual Behavior in Daughters : A Genetically & Environmentally Controlled Sibling Study." *Development & Psychopathology*, 24(1), pp. 317-332. doi : 10.1017/S095457941100085X

El-Solh, C. F. & Mabro, J. (eds.). (1994). *Muslim Women's Choices : Religious Belief & Social Reality*. Oxford : Berg.

English, R. (2003). *Armed Struggle : The History of the IRA*. Oxford : Oxford University Press.

Eriksson, K. & Coultas, J. C. (2014). "Corpses, Maggots, Poodles & Rats : Emotional Selection Operating in Three Phases of Cultural Transmission of Urban Legends." *Journal of Cognition & Culture*, 14 (1-2), pp. 1-26.

Eskildsen, S. (1998). *Asceticism in Early Taoist Religion*. Stony Brook, N.Y. : SUNY Press.

Estes, K. G. & Lew-Williams, C. (2015). "Listening through Voices : Infant Statistical Word Segmentation across Multiple Speakers." *Developmental Psychology*, 51 (11), pp. 1517-1528. doi : 10.1037/a0039725

Evans-Pritchard, E. E. (1937). *Witchcraft, Oracles & Magic among the Azande*. Oxford : Clarendon Press.

–, (1962). "The Divine Kingship of the Shilluk of the Nilotic Sudan." *In* E. E. Evans-Pritchard (ed.), *Social Anthropology & Other Essays*, pp. 192-212. Glencoe, Ill. : Free Press.

Fafchamps, M. (2016). *Market Institutions in Sub-Saharan Africa : Theory & Evidence*. Cambridge, Mass. : MIT Press.

Favret-Saada, J. (1980). *Deadly Words : Witchcraft in the Bocage*. Cambridge : Cambridge University Press.

Fehr, E. & Gächter, S. (2002). "Altruistic Punishment in Humans." *Nature*, 415, pp. 137-140.

Fehr, E., Schmidt, K. M., Kolm, S.-C. & Ythier, J. M. (2006). "The Economics of Fairness, Reciprocity & Altruism – Experimental Evidence & New Theories." *In* S.-C. Kolm & J. M. Ythier (eds.), *Handbook of the Economics of Giving, Altruism & Reciprocity*, vol. 1 : Foundations, pp. 615-691. New York : Elsevier Science.

Feigenson, L. (2011). "Objects, Sets & Ensembles." *In* S. Dehaene & E. Brannon (eds.), *Attention & Performance* (14), pp. 13-22. Oxford : Oxford University Press.

Feinberg, D. R., Jones, B., Little, A., Burt, D. & Perrett, D. (2005). "Manipulation of Fundamental & Formant Frequencies Influence Attractiveness of Human Male Voices." *Animal Behavior*, 69, pp. 561-568.

Ferreira, F., Chen, S., Dabalen, A. L., Dikhanov, Y. M., Hamadeh, N., Jolliffe, D. M., Yoshida, N. (2015). "A Global Count of the Extreme Poor in 2012 : Data Issues, Methodology & Initial Results." *World Bank Policy Working Paper*, vol. 7432. Washington, D.C. : World Bank.

Ferriere, R., Bronstein, J. L., Rinaldi, S., Law, R. & Gauduchon, M. (2002). "Cheating & the Evolutionary Stability of Mutualisms." *Proceedings of the Royal Society of London* B : Biological Sciences, 269 (1493), pp. 773-780. doi : 10.1098/rspb.2001.1900

Fessler, D. M. T., Pisor, A. & Navarrete, C. D. (2014). "Negatively-Biased Credulity & the Cultural Evolution of Beliefs." *PLoS One*, 9 (4), e95167.

Festinger, L. (1957). *A Theory of Cognitive Dissonance*. Stanford, Calif. : Stanford University Press.

Festinger, L., Riecken, H. W. & Schachter, S. (1956). *When Prophecy Fails*. Minneapolis : University of Minnesota Press.

Fink, B., Grammer, K. & Matts, P. (2006). "Visible Color Distribution Plays a Role in the Perception of Age, Attractiveness & Health in Female Faces." *Evolution & Human Behavior*, 27, pp. 433-442.

Fink, B. & Penton-Voak, I. (2002). "Evolutionary Psychology of Facial Attractiveness." *Current Directions in Psychological Science*, 11 (5), pp. 154-158. doi : 10.1111/1467-8721.00190

Finn, R. D. (2009). *Asceticism in the Graeco-Roman World*. Cambridge : Cambridge University Press.

Fletcher, G. J. O., Simpson, J. A., Campbell, L. & Overall, N. C. (2015). "Pair-Bonding, Romantic Love & Evolution : The Curious Case of *Homo sapiens.*" *Perspectives on Psychological Science*, 10 (1), pp. 20-36. doi : 10.1177/1745691614561683

Flinn, M. V., Ward, C. V. & Noone, R. J. (2005). "Hormones & the Human Family." *In* D. M. Buss (ed.), *The Handbook of Evolutionary Psychology*, pp. 552-580. Hoboken, N.J. : John Wiley & Sons.

Foley, R. (1987). *Another Unique Species : Patterns in Human Evolutionary Ecology.* London : Longman Scientific & Technical.

Fortes, M. (1950). "Kinship & Marriage among the Ashanti." *In* A. R. Radcliffe-Brown & D. Forde (eds.), *African Systems of Kinship & Marriage*, pp. 252-284. London : Oxford University Press.

Fowler, J. H., Johnson, T. & Smirnov, O. (2005). "Egalitarian Motive & Altruistic Punishment." *Nature*, 433, e1-e2.

Fox, R. (1967). *Kinship & Marriage : An Anthropological Perspective.* Cambridge : Cambridge University Press.

–, (2011). *The Tribal Imagination : Civilization & the Savage Mind.* Cambridge, Mass. : Harvard University Press.

Freedom House. (2014). *Freedom in the World 2014 : The Annual Survey of Political Rights & Civil Liberties.* Lanham, Md. : Rowman & Littlefield.

Freidel, D. A., Schele, L. & Parker, J. (1993). *Maya Cosmos : Three Thous & Years on the Shaman's Path.* New York : William Morrow.

Fried, M. H. (1967). *The Evolution of Political Society : An Essay in Political Anthropology.* New York : Random House.

Friedman, O. (2010). "Necessary for Possession : How People Reason about the Acquisition of Ownership." *Personality & Social Psychology Bulletin*, 36 (9), pp. 1161-1169. doi : 10.1177/0146167210378513

Friedman, O. & Neary, K. R. (2008). "Determining Who Owns What : Do Children Infer Ownership from First Possession ?" *Cognition*, 107 (3), pp. 829-849. doi : 10.1016/j.cognition.2007.12.002

Futó, J., Téglás, E., Csibra, G. & Gergely, G. (2010). "Communicative Function Demonstration Induces Kind-Based Artifact Representation in Preverbal Infants." *Cognition*, 117 (1), pp. 1-8. doi : 10.1016/j.cognition.2010.06.003

Gabennesch, H. (1990). "The Perception of Social Conventionality by Children & Adults." *Child Development*, 61 (6), pp. 2047-2059. doi : 10.2307/1130858

Gabriel, S. & Gardner, W. L. (1999). "Are There 'His' & 'Hers' Types of Interdependence ? The Implications of Gender Differences in Collective *versus* Relational Interdependence for Affect, Behavior & Cognition." *Journal of Personality & Social Psychology*, 77 (3), pp. 642-655.

Gallistel, C. R. & Gelman, R. (2000). "Non-verbal Numerical Cognition : From Reals to Integers." *Trends in Cognitive Sciences*, 4, pp. 59-65.

Gallistel, C. R. & King, A. P. (2011). *Memory & the Computational Brain : Why Cognitive Science Will Transform Neuroscience*. New York : Wiley.

Gambetta, D. (2011). *Codes of the Underworld : How Criminals Communicate*. Princeton : Princeton University Press.

–, (2014). *La Pègre déchiffrée*. Paris : Markus Haller.

Gangestad, S. W., Garver-Apgar, C. E., Cousins, A. J. & Thornhill, R. (2014). "Intersexual Conflict across Women's Ovulatory Cycle." *Evolution & Human Behavior*, 35 (4), pp. 302-308. doi : 10.1016/j.evolhumbehav.2014.02.012

Gat, A. (2006). *War in Human Civilization*. New York : Oxford University Press.

–, (2013). *Nations : The Long History & Deep Roots of Political Ethnicity & Nationalism*. Cambridge : Cambridge University Press.

Gates, H. (2001). “Footloose in Fujian : Economic Correlates of Footbinding.” *Comparative Studies in Society & History*, 43 (1), pp. 130-148. doi : 10.2307/2696625
Geary, D. C. (1998). *Male, Female : The Evolution of Human Sex Differences*. Washington, D.C. : American Psychological Association.
–, (2003). “Evolution & Development of Boys’ Social Behavior.” *Developmental Review*, 23, pp. 444-470.
–, (2005). “Evolution of Paternal Investment.” *In* D. M. Buss (ed.), *The Handbook of Evolutionary Psychology*, pp. 483-505. Hoboken, N.J. : John Wiley & Sons.
Gellner, D. N. (1992). *Monk, Householder & Tantric Priest : Newar Buddhism & Its Hierarchy of Ritual*. Cambridge : Cambridge University Press.
Gellner, E. (1969). *Saints of the Atlas*. London : Weidenfeld & Nicolson.
–, (1983). *Nations & Nationalism*. Oxford : Blackwell.
Gelman, S. A. (1985). *Children’s Inductive Inferences from Natural Kind & Artifact Categories*. Stanford, Calif. : Stanford University Press.
–, (2003). *The Essential Child : Origins of Essentialism in Everyday Thought*. New York : Oxford University Press.
Gelman, S. A., Coley, J. D. & Gottfried, G. M. (1994). “Essentialist Beliefs in Children : The Acquisition of Concepts & Theories.” *In* L. A. Hirschfeld & S. A. Gelman (eds.), *Mapping the Mind : Domain Specificity in Cognition & Culture*, pp. 341-365. New York : Cambridge University Press.
Gergely, G., Egyed, K. & Király, I. (2007). “On Pedagogy.” *Developmental Science*, 10 (1), pp. 139-146.
German, T. P. & Leslie, A. M. (2000). “Attending to & Learning about Mental States.” *In* P. Mitchell, K. J. Riggs *et al.* (eds.), *Children’s Reasoning & the Mind*, pp. 229-252. Hove : Psychology Press/Taylor & Francis.

Ghanim, D. (2009). *Gender & Violence in the Middle East*. London : Praeger.
Gigerenzer, G. (2002). *Adaptive Thinking : Rationality in the Real World*. New York : Oxford University Press.
Gigerenzer, G. & Hoffrage, U. (1995). "How to Improve Bayesian Reasoning without Instruction : Frequency Formats." *Psychological Review*, 102, pp. 684-704.
Gigerenzer, G. & Murray, D. J. (1987). *Cognition as Intuitive Statistics*. Hillsdale, N.J. : L. Erlbaum.
Gilbert, M. (1989). *On Social Facts*. London : Routledge.
–, (2008). "The Sacralized Body of the Akwapim King." *In* N. Brisch (ed.), *Religion & Power : Divine Kingship in the Ancient World & Beyond*, pp. 171-190. Chicago : Oriental Institute of the University of Chicago.
Gil-White, F. (2001). "Are Ethnic Groups Biological 'Species' to the Human Brain ? Essentialism in Our cognition of Some Social Categories." *Current Anthropology*, 42 (4), pp. 515-554. doi : 10.1086/321802
Ginzburg, N. (1963). *Lessico famigliare*. Turin : Einaudi.
Glimcher, P. W. (2009). "Neuroeconomics & the Study of Valuation." *In* M. S. Gazzaniga *et al* (eds.), *The Cognitive Neurosciences* (4th ed.), pp. 1085-1092. Cambridge, Mass. : MIT Press.
Göckeritz, S., Schmidt, M. F. H. & Tomasello, M. (2014). "Young Children's Creation & Transmission of Social Norms." *Cognitive Development*, 30, pp. 81-95. doi : 10.1016/j.cogdev.2014.01.003
Goetz, A. T. & Romero, G. A. (2011). "Family Violence : How Paternity Uncertainty Raises the Stakes." *In* C. Salmon & T. K. Shackleford (eds.), *The Oxford Handbook of Evolutionary Family Psychology*, pp. 169-180. New York : Oxford University Press.

Goldstein, M. C. (1978). “Pahari & Tibetan Polyandry Revisited.” *Ethnology*, 17, pp. 325-337.

–, (1981). “New Perspectives on Tibetan Fertility & Population Decline.” *American Ethnologist*, 8 (4), pp. 721-738.

Gombrich, R. F. (2006). *Theravada Buddhism : A Social History from Ancient Benares to Modern Colombo*. London : Routledge.

–, (2009). *What the Buddha Thought*. London : Equinox.

Gombrich, R. F. & Obeyesekere, G. (1988). *Buddhism Transformed : Religious Change in Sri Lanka*. Princeton : Princeton University Press.

Goodenough, U. & Heitman, J. (2014). “Origins of Eukaryotic Sexual Reproduction.” *Cold Spring Harbor Perspectives in Biology*, 6 (3). doi : 10.1101/csh-perspect.a016154

Goodin, R. E. & Klingemann, H.-D. (1996). *A New Handbook of Political Science*. Oxford : Oxford University Press.

Goody, J. (1977). *The Domestication of the Savage Mind*. Cambridge : Cambridge University Press.

–, (1986). *The Logic of Writing & the Organization of Society*. Cambridge : Cambridge University Press.

–, (1990). *The Oriental, the Ancient & the Primitive : Systems of Marriage & the Family in the Pre-Industrial Societies of Eurasia*. Cambridge : Cambridge University Press.

Gordon, I., Zagoory-Sharon, O., Leckman, J. F. & Feldman, R. (2010). “Prolactin, Oxytocin & the Development of Paternal Behavior across the First Six Months of Fatherhood.” *Hormones & Behavior*, 58 (3), pp. 513-518. doi : 10.1016/j.yhbeh.2010.04.007

Gosden, P. (1961). *The Friendly Societies in England, 1815-1875*. Manchester : Manchester University Press.

Graeber, D. (2007). *Possibilities : Essays on Hierarchy, Rebellion & Desire*. Chico, Calif. : AK Press.

Grafen, A. (1990). “Biological Signals as Handicaps.” *Journal of Theoretical Biology*, 144 (4), pp. 517-546.

Graham, J., Haidt, J. & Nosek, B. A. (2009). "Liberals & Conservatives Rely on Different Sets of Moral Foundations." *Journal of Personality & Social Psychology*, 96 (5), pp. 1029-1046.

Gray, H. M., Mendes, W. B. & Denny-Brown, C. (2008). "An In-Group Advantage in Detecting Intergroup Anxiety." *Psychological Science*, 19 (12), pp. 1233-1237. doi : 10.1111/j.1467-9280.2008.02230.x

Gregory, J. P. & Greenway, T. S. (2017). "The Mnemonic of Intuitive Ontology Violation Is Not the Distinctiveness Effect : Evidence from a Broad Age Spectrum of Persons in the UK & China during a Free-Recall Task." *Journal of Cognition & Culture*, 17 (1-2), pp. 169-197.

Greif, A. (1993). "Contract Enforceability & Economic Institutions in Early Trade : The Maghribi Traders' Coalition." *American Economic Review*, 83 (3), pp. 525-548.

Grice, P. (1991 [1967]). "Logic & Conversation" In *Studies in the Way of Words*, pp. 1-143. Cambridge, Mass. : Harvard University Press.

Griskevicius, V., Tybur, J. M., Delton, A. W. & Robertson, T. E. (2011). "The Influence of Mortality & Socioeconomic Status on Risk & Delayed Rewards : A Life History Theory Approach." *Journal of Personality & Social Psychology*, 100 (6), pp. 1015-1026. doi : 10.1037/a0022403

Griskevicius, V., Tybur, J. M., Gangestad, S. W., Shapiro, J. R., Kenrick, D. T. & Perea, E. F. (2009). "Aggress to Impress : Hostility as an Evolved Context-Dependent Strategy." *Journal of Personality & Social Psychology*, 96 (5), pp. 980-994.

Gueth, W. & Van Damme, E. (1998). "Information, Strategic Behavior & Fairness in Ultimatum Bargaining : An Experimental Study." *Journal of Mathematical Psychology*, 42 (2-3), pp. 227-247.

Gurven, M. (2004). "To Give & to Give Not : The Behavioral Ecology of Human Food Transfers." *Behavioral & Brain Sciences*, 27 (4), pp. 543-560.

Gurven, M. & Hill, K. (2009). "Why Do Men Hunt ? A Reevaluation of 'Man the Hunter' & the Sexual Division of Labor." *Current Anthropology*, 50 (1), pp. 51-62.

Gurven, M., Hill, K., Kaplan, H. S., Hurtado, A. & Lyles, R. (2000). "Food Transfers among Hiwi Foragers of Venezuela : Tests of Reciprocity." *Human Ecology*, 28 (2), pp. 171-218.

Gurven, M. & Winking, J. (2008). "Collective Action in Action : Prosocial Behavior in & out of the Laboratory." *American Anthropologist*, 110, pp. 179-190.

Guzman, R. A. & Munger, M. C. (2014). "Euvoluntariness & Just Market Exchange : Moral Dilemmas from Locke's Venditio." *Public Choice*, 158 (1–2), pp. 39-49. doi : http://link.springer.com/journal/volumes&Issues/11127

Gwinner, E. (1996). "Circadian & Circannual Programmes in Avian Migration." *Journal of Experimental Biology*, 199 (pt. 1), pp. 39-48.

Hagen, E. H. & Hammerstein, P. (2006). "Game Theory & Human Evolution : A Critique of Some Recent Interpretations of Experimental Games." *Theoretical Population Biology*, 3, pp. 339-348.

Haidt, J. (2013). *The Righteous Mind : Why Good People Are Divided by Politics & Religion*. New York : Vintage Books.

Haidt, J. & Graham, J. (2007). "Planet of the Durkheimians, Where Community, Authority & Sacredness Are Foundations of Morality." In *Social & Psychological Bases of Ideology & System Justification*, pp. 371-401. Oxford : Oxford University Press.

Haidt, J. & Joseph, C. (2004). "Intuitive Ethics : How Innately Prepared Intuitions Generate Culturally Variable Virtues." *Daedalus*, 133 (4), pp. 55-66.

Hamilton, W. D. (1963). "The Evolution of Altruistic Behavior." *American Naturalist*, 97 (896), pp. 354-356.

Hamlin, J. K., Wynn, K. & Bloom, P. (2007). "Social Evaluation by Preverbal Infants." *Nature*, 450 (7169), pp. 557-559.

Hanegraaff, W. J. (1998). *New Age Religion & Western Culture : Esotericism in the Mirror of Secular Thought*. Albany : State University of New York Press.

Hann, C. M. & Hart, K. (2011). *Economic Anthropology : History, Ethnography, Critique*. Cambridge : Polity Press.

Hannagan, R. J. (2008). "Gendered Political Behavior : A Darwinian Feminist Approach." *Sex Roles*, 59 (7-8), pp. 465-475. doi : 10.1007/s11199-008-9417-3

Harari, D., Gao, T., Kanwisher, N., Tenenbaum, J. & Ullman, S. (2016). "Measuring & Modeling the Perception of Natural & Unconstrained Gaze in Humans & Machines." arXiv preprint : 1611.09819.

Hardin, R. (1982). *Collective Action*. Baltimore : Johns Hopkins University Press.

–, (1995). *One for All : The Logic of Group Conflict*. Princeton : Princeton University Press.

Harris, P. L. (1991). "The Work of the Imagination." *In* A. Whiten (ed.), *Natural Theories of Mind : Evolution, Development & Simulation of Everyday Mindreading*. Oxford : Blackwell.

Harris, P. L. & Lane, J. D. (2014). "Infants Understand How Testimony Works." *Topoi*, 33 (2), pp. 443-458. doi : 10.1007/s11245-013-9180-0

Haselton, M. G. & Gangestad, S. W. (2006). "Conditional Expression of Women's Desires & Men's Mate Guarding across the Ovulatory Cycle." *Hormones & Behavior*, 49 (4), pp. 509-518. doi : 10.1016/j.yhbeh.2005.10.006

Havel, V. (1985). "The Power of the Powerless." *In* J. Keane (ed.), *The Power of the Powerless : Citizens against the State in Central-Eastern Europe*, pp. 27-28. Armonk, N.Y. : Sharpe.

Hawkes, K. (2006). "Slow Life Histories & Human Evolution." *In* K. Hawkes & R. R. Paine (eds.), *The Evolution of Human Life History*, pp. 45-94. Santa Fe : School of American Research.

Hawkes, K. & Bliege Bird, R. (2002). "Showing Off, Handicap Signaling & the Evolution of Men's Work." *Evolutionary Anthropology*, 11, pp. 58-67.
Hechter, M. (1987). *Principles of Group Solidarity*. Berkeley : University of California Press.
Heine, B. (1997). *Possession : Cognitive Sources, Forces & Grammaticalization.* Cambridge : Cambridge University Press.
Henrich, J. *et al.* (2001). "In Search of *Homo Economicus* : Behavioral Experiments in 15 Small-Scale Societies." *American Economic Review*, 91 (2), pp. 73-78.
Herz, J. H. (2003). "The Security Dilemma in International Relations : Background & Present Problems." *International Relations*, 17, (4), pp. 411-416. doi : 10.1177/0047117803174001
Hibbing, J. R., Smith, K. B. & Alford, J. R. (2013). *Predisposed : Liberals, Conservatives & the Biology of Political Difference.* London : Taylor & Francis.
Hilbig, B. E. (2009). "Sad, Thus True : Negativity Bias in Judgments of Truth." *Journal of Experimental Social Psychology*, 45 (4), pp. 983-986.
Hill, K. & Kaplan, H. S. (1999). "Life History Traits in Humans : Theory & Empirical Studies." *Annual Review of Anthropology*, 28 (1), pp. 397-430.
Hinde, R. A. (1987). *Individuals, Relationships & Culture : Links between Ethology & the Social Sciences.* Cambridge : Cambridge University Press.
Hirschfeld, L. A. (1994). "The Acquisition of Social Categories." *In* L. A. Hirschfeld & S. A. Gelman (eds.), *Mapping the Mind : Domain-Specificity in Culture & Cognition.* New York : Cambridge University Press.
–, (2013). "The Myth of Mentalizing & the Primacy of Folk Sociology." *In* M. R. Banaji & S. A. Gelman (eds.), *Navigating the Social World : What Infants, Children & Other Species Can Teach Us*, pp. 101-106. New York : Oxford University Press.

Hirschfeld, L. A. & Gelman, S. A. (1994). *Mapping the Mind : Domain Specificity in Cognition & Culture*. Cambridge : Cambridge University Press.

Hitchner, R. B. (2005). "'The Advantages of Wealth & Luxury' : The Case for Economic Growth in the Roman Empire." *In* I. Morris & J. Manning (eds.), *The Ancient Economy : Evidence & Models*, pp. 207-222. Stanford, Calif. : Stanford University Press.

Hobbes, T. (1651). *Leviathan, or, The Matter, Forme & Power of a Commonwealth Ecclesiasticall & Civill*. London : Printed for Andrew Ckooke [*i.e.*, Crooke], at the Green Dragon in St. Pauls Church-yard.

Hobsbawm, E. J. & Ranger, T. O. (1983). *The Invention of Tradition*. Cambridge : Cambridge University Press.

Hoffer, E. (1951). *The True Believer : Thoughts on the Nature of Mass Movements*. New York : Harper & Row.

Hombert, J.-M. & Ohala, J. J. (1982). "Historical Development of Tone Patterns." *In* J. P. Maher, A. R. Bomhard & E. F. K. Koerner (eds.), *Papers from the 3rd International Conference on Historical Linguistics*, pp. 75-84. Amsterdam : Benjamins.

Hooker, C. I., Paller, K. A., Gitelman, D. R., Parrish, T. B., Mesulam, M. M. & Reber, P. J. (2003). "Brain Networks for Analyzing Eye Gaze." *Cognitive Brain Research*, 17 (2), pp. 406-418.

Hopkins, K. (1980). "Taxes & Trade in the Roman Empire (200 B.C. – A.D. 400)." *Journal of Roman Studies*, 70, pp. 101-125.

Horne, C. (2001). "Sociologial Perspectives on the Emergence of Social Norms." *In* M. Hechter & K.-D. Opp (eds.), *Social Norms*, pp. 3-33. New York : Russell Sage Foundation.

Hornsey, M. J. (2008). "Social Identity Theory & Self-categorization Theory : A Historical Review." *Social & Personality Psychology Compass*, 2 (1), pp. 204-222. doi : papers2://publication/doi/10.1111/j.1751-9004.2007.00066.x

Horowitz, D. L. (2001). *The Deadly Ethnic Riot*. Los Angeles : University of California Press.

Hrdy, S. B. (1977). "Infanticide as a Primate Reproductive Strategy." *American Scientist*, 65 (1), pp. 40-49.

–, (1981). *The Woman That Never Evolved*. Cambridge, Mass. : Harvard University Press.

–, (2009). *Mothers & Others : The Evolutionary Origins of Mutual Understanding*. Cambridge, Mass. : Belknap Press of Harvard University Press.

Huang, P. C. (1996). *Civil Justice in China, Representation & Practice in the Qing*. Stanford, Calif. : Stanford University Press.

Human Rights Watch. (2008). *Perpetual Minors : Human Rights Abuses Stemming from Male Guardianship & Sex Segregation in Saudi Arabia*. New York : Human Rights Watch.

Humphrey, C. & Hugh-Jones, S. (1992). *Barter, Exchange & Value : An Anthropological Approach*. Cambridge : Cambridge University Press.

Hutchins, E. (1980). *Culture & Inference : A Trobriand Case Study*. Cambridge, Mass. : Harvard University Press.

Hyman, I. E., Jr., Husband, T. H. & Billings, F. J. (1995). "False Memories of Childhood Experiences." *Applied Cognitive Psychology*, 9 (3), pp. 181-197.

Ibn Khaldoun (1958). *The Muqaddimah : An Introduction to History*. Princeton : Princeton University Press.

–, (1997). *Discours sur l'Histoire universelle. Al-Muqaddima*. Arles : Sindbad.

Irons, W. (2001). "Religion as a Hard-to-Fake Sign of Commitment." *In* R. Nesse (ed.), *Evolution & the Capacity for Commitment*, pp. 292-309. New York : Russell Sage Foundation.

Jaeggi, A. V. & Van Schaik, C. P. (2011). "The Evolution of Food Sharing in Primates." *Behavioral Ecology & Sociobiology*, 65 (11), pp. 2125-2140. doi : 10.1007/s00265-011-1221-3

James, W. (1902). *The Varieties of Religious Experience : A Study in Human Nature : Being the Gifford Lectures on Natural Religion Delivered at Edinburgh in 1901-1902.* New York : Modern Library.

Jankowiak, W. R. & Fischer, E. (1992). "A Cross-Cultural Perspective on Romantic Love." *Ethnology* (31), pp. 149-155.

Jaspers, K. (1953). *The Origin & Goal of History.* (*Vom Ursprung und Ziel der Geschichte*, [1949].) New Haven : Yale University Press.

–, (1954). *Origine et sens de l'histoire.* Paris : Plon.

Jayakody, R. & Kalil, A. (2002). "Social Fathering in Low-Income, African American Families with Preschool Children." *Journal of Marriage & Family*, 64 (2), pp. 504-516.

Jolly, M. & Thomas, N. (1992). "Introduction" [to special issue : The Politics of Tradition in the Pacific]. *Oceania*, 62 (4), pp. 241-248.

Jones, D. (2003). "The Generative Psychology of Kinship : Part 1 : Cognitive Universals & Evolutionary Psychology." *Evolution & Human Behavior*, 24 (5), pp. 303-19.

Jordan, D. P. (1979). *The King's Trial : The French Revolution vs. Louis XVI.* Berke- ley : University of California Press.

Jowett, A. (2014). "'But if you legalise same-sex marriage' : Arguments against Marriage Equality in the British Press." *Feminism & Psychology*, 24 (1), pp. 37-55. doi : 10.1177/0959353513510655

Jussim, L., Crawford, J. T. & Rubinstein, R. S. (2015). "Stereotype (In)accuracy in Perceptions of Groups & Individuals." *Current Directions in Psychological Science*, 24 (6), pp. 490-497. doi : 10.1177/0963721415605257

Jussim, L., Harber, K. D., Crawford, J. T., Cain, T. R. & Cohen, F. (2005). "Social Reality Makes the Social Mind : Self-Fulfilling Prophecy, Stereotypes, Bias & Accuracy." *Interaction Studies : Social Behaviour & Communication in Biological & Artificial Systems*, 6 (1), pp. 85-102. doi : 10.1075/is.6.1.07jus

Kaiser, M. K., Jonides, J. & Alexander, J. (1986). "Intuitive Reasoning about Abstract & Familiar Physics Problems." *Memory & Cognition*, 14, pp. 308-312.

Kalyvas, S. N. (2006). *The Logic of Violence in Civil War*. Cambridge : Cambridge University Press.

Kamble, S., Shackelford, T. K., Pham, M. & Buss, D. M. (2014). "Indian Mate Preferences : Continuity, Sex Differences & Cultural Change across a Quarter of a Century." *Personality & Individual Differences*, 70, pp. 150-155. doi : http://dx.doi.org/10.1016/j.paid.2014.06.024

Kant, I. (1781). *Critik der reinen Vernunft*. Riga : Johann Friedrich Hartknoch.

–, (1790). *Kritik der Urteilskraft*. Berlin : Libau.

Kaplan, H. S. & Gangestad, S. W. (2005). "Life History Theory & Evolutionary Psychology." *In* D. M. Buss (ed.), *The Handbook of Evolutionary Psychology*. Hoboken, N.J. : John Wiley & Sons.

Kaplan, H. S. & Gurven, M. (2005). "The Natural History of Human Food Sharing & Cooperation : A Review & a New Multi-Individual Approach to the Negotiation of Norms." *In* H. Gintis, S. Bowles, R. Boyd & E. Fehr (eds.), *Moral Sentiments & Material Interests : The Foundations of Cooperation in Economic Life*, pp. 75-113. Cambridge, Mass. : MIT Press.

Kaplan, H. S., Hill, K., Lancaster, J. & Hurtado, A. (2000). "A Theory of Human Life History Evolution : Diet, Intelligence & Longevity." *Evolutionary Anthropology*, 9, pp. 156-185.

Karp, D., Jin, N., Yamagishi, T. & Shinotsuka, H. (1993). "Raising the Minimum in the Minimal Group Paradigm." *Japanese Journal of Experimental Social Psychology*, 32 (3), pp. 231-240.

Katz, P. R. (2009). *Divine Justice : Religion & the Development of Chinese Legal Culture*. Cambridge : Cambridge University Press.

Kaufmann, L. & Clément, F. (2007). "How Culture Comes to Mind : From Social Affordances to Cultural Analogies." *Intellectica*, 46 (2-3), pp. 221-250.

Keesing, R. M. (1984). "Rethinking 'Mana.'" *Journal of Anthropological Research*, 40 (1), pp. 137-156.

–, (1993). "Kastom Re-examined." *Anthropological Forum*, 6 (4), pp. 587-596.

Kelemen, D. (2004). "Are Children 'Intuitive Theists' ? Reasoning about Purpose & Design in Nature." *Psychological Science*, 15 (5), pp. 295-301.

Kelemen, D. & DiYanni, C. (2005). "Intuitions about Origins : Purpose & Intelligent Design in Children's Reasoning about Nature." *Journal of Cognition & Development*, 6 (1), pp. 3-31.

Kelemen, D., Seston, R. & Georges, L. S. (2012). "The Designing Mind : Children's Reasoning about Intended Function & Artifact Structure." *Journal of Cognition & Development*, 13 (4), pp. 439-453. doi : 10.1080/15248372.2011.608200

Kelly, R. L. (1995). *The Foraging Spectrum : Diversity in Hunter-Gatherer Lifeways.* Washington, D.C. : Smithsonian Institution Press.

Kenward, B., Karlsson, M. & Persson, J. (2011). "Over-Imitation Is Better Explained by Norm Learning Than by Distorted Causal Learning." *Proceedings of the Royal Society of London* B : Biological Sciences, 278 (1709), pp. 1239-1246.

Kettell, S. (2013). "I Do, Thou Shalt Not : Religious Opposition to Same-Sex Marriage in Britain." *Political Quarterly*, 84 (2), pp. 247-255. doi : 10.1111/j.1467923X.2013.12009.x

Keupp, S., Behne, T., Zachow, J., Kasbohm, A. & Rakoczy, H. (2015). "Over-Imitation Is Not Automatic : Context Sensitivity in Children's Over-Imitation & Action Interpretation of Causally Irrelevant Actions." *Journal of Experimental Child Psychology*, 130, pp. 163-175.

KFF (1996). "Survey of Americans & Economists on the Economy : The Washington Post/Kaiser Family Foundation/Harvard University Survey Project." Washington, D.C. : Kaiser Family Foundation.

Khan, T. S. (2006). *Beyond Honour : A Historical Materialist Explanation of Honour-Related Violence*. Oxford : Oxford University Press.

King, A. J., Johnson, D. D. & Van Vugt, M. (2009). "The Origins & Evolution of Leadership." *Current Biology*, 19, R911–R916. doi : 10.1016/j.cub.2009.07.027

Kinzler, K. D., Shutts, K., Dejesus, J. & Spelke, E. S. (2009). "Accent Trumps Race in Guiding Children's Social Preferences." *Social Cognition*, 27 (4), pp. 623-634. doi : 10.1521/soco.2009.27.4.623

Kipnis, A. B. (1997). *Producing Guanxi : Sentiment, Self & Subculture in a North China Village*. Durham, N.C. : Duke University Press.

Kirch, P. V. (2010). *How Chiefs Became Kings : Divine Kingship & the Rise of Archaic States in Ancient Hawai'i*. Berkeley : University of California Press.

Kiyonari, T., Tanida, S. & Yamagishi, T. (2000). "Social Exchange & Reciprocity : Confusion or a Heuristic ?" *Evolution & Human Behavior*, 21 (6), pp. 411-427. doi : 10.1016/s1090-5138(00)00055-6

Klonoff, E. A. & Landrine, H. (1999). "Do Blacks Believe That HIV/AIDS Is a Government Conspiracy against Them ?" *Preventive Medicine*, 28 (5), pp. 451-457. doi : http://dx.doi.org/10.1006/pmed.1999.0463

Komdeur, J. (2001). "Mate Guarding in the Seychelles Warbler is Energetically Costly & Adjusted to Paternity Risk." *Proceedings of the Royal Society of London* B : Biological Sciences, 268 (1481), pp. 2103-2111.

Kosmin, B. (2011). *One Nation under God : Religion in Contemporary America*. New York : Three Rivers Press.

Kramer, S. N. (1961). *Mythologies of the Ancient World* (1st ed.). Garden City, N.Y. : Doubleday.

Krasnow, M. M., Cosmides, L., Pedersen, E. J. & Tooby, J. (2012). "What Are Punishment & Reputation For ?" *PLoS One*, 7 (9), e45662.

Krasnow, M. M., Delton, A. W., Cosmides, L. & Tooby, J. (2016). "Looking under the Hood of Third-Party Punishment Reveals Design for Personal Benefit." *Psychological Science*, 27 (3), pp. 405-418.

Krasnow, M. M., Delton, A. W., Tooby, J. & Cosmides, L. (2013). "Meeting Now Suggests We Will Meet Again : Implications for Debates on the Evolution of Cooperation." *Nature Scientific Reports*, 3, p. 1747. doi : 10.1038/srep01747

Krebs, D. & Denton, K. (1997). "Social Illusions & Self-Deception : The Evolution of Biases in Person Perception." *In* J. A. Simpson, D. T. Kenrick *et al.* (eds.), *Evolutionary Social Psychology*, pp. 21-48. Mahwah, N.J. : Lawrence Erlbaum.

Kropotkin, P. A. (1902). *Mutual Aid, a Factor of Evolution*. New York : McClure Phillips.

Kübler, S., Owenga, P., Reynolds, S. C., Rucina, S. M. & King, G. C. P. (2015). "Animal Movements in the Kenya Rift & Evidence for the Earliest Ambush Hunting by Hominins." *Scientific Reports*, 5, p. 14011. doi : 10.1038/srcp14011

Kuhl, P. K., Stevens, E., Hayashi, A., Deguchi, T., Kiritani, S. & Iverson, P. (2006). "Infants Show a Facilitation Effect for Native Language Phonetic Perception between 6 & 12 Months." *Developmental Science*, 9 (2), F13–F21. doi : 10.1111/j.1467-7687.2006.00468.x

Kuran, T. (1995). *Private Truths, Public Lies : The Social Consequences of Preference Falsification*. Cambridge, Mass. : Harvard University Press.

–, (1998). “Ethnic Norms & Their Transformation through Reputational Cascades”. *Journal of Legal Studies*, 27 (2), pp. 623-659.

Kurzban, R., Descioli, P. & O’Brien, E. (2007). “Audience Effects on Moralistic Punishment.” *Evolution & Human Behavior*, 28 (2), p. 10.

Kurzban, R., McCabe, K., Smith, V. L. & Wilson, B. J. (2001). “Incremental Commitment & Reciprocity in a Real-Time Public Goods Game.” *Personality & Social Psychology Bulletin*, 27 (12), pp. 1662-1673.

Kurzban, R. & Neuberg, S. (2005). “Managing Ingroup & Outgroup Relationships.” *In* D. M. Buss (ed.), *The Handbook of Evolutionary Psychology*, pp. 653-675. Hoboken, N.J. : John Wiley & Sons.

Kurzban, R., Tooby, J. & Cosmides, L. (2001). “Can Race Be Erased ? Coalitional Computation & Social Categorization.” *Proceedings of the National Academy of Sciences of the United States of America*, 98 (26), pp. 15387-15392.

Labov, W. (1964). “Phonological Correlates of Social Stratification.” *American Anthropologist*, 66 (6, pt. 2), pp. 164-176. doi : 10.1525/aa.1964.66.suppl_3.02a00120

La Fontaine, J. S. (1998). *Speak of the Devil : Tales of Satanic Abuse in Contemporary England.* Cambridge : Cambridge University Press.

Lakoff, G. (1987). *Women, Fire & Dangerous Things*. Chicago : University of Chicago Press.

Lakoff, G. & Johnson, M. (1980). *Metaphors We Live By*. Chicago : University of Chicago Press.

Lal, D. (2010). *Reviving the Invisible Hand : The Case for Classical Liberalism in the Twenty-First Century*. Princeton : Princeton University Press.

Landes, D. S. (1998). *The Wealth & Poverty of Nations : Why Some Are So Rich & Some So Poor* (1st ed.). New York : W. W. Norton.

Langlois, J. H., Kalakanis, L., Rubenstein, A. J., Larson, A., Hallam, M. & Smoot, M. (2000). "Maxims or Myths of Beauty ? A Meta-Analytic & Theoretical Review." *Psychological Bulletin*, 126 (3), pp. 390-423. doi : 10.1037/0033- 2909.126.3.390

Laurence, J. & Vaïsse, J. (2006). *Integrating Islam : Political & Religious Challenges in Contemporary France*. Washington, D.C. : Brookings Institution Press.

LeBlanc, S. A. & Register, K. E. (2003). *Constant Battles : The Myth of the Peaceful, Noble Savage* (1st ed.). New York : St. Martin's Press.

Lee, A. Y., Bond, G. D., Russell, D. C., Tost, J., González, C. & Scarbrough, P. S. (2010). "Team Perceived Trustworthiness in a Complex Military Peacekeeping Simulation." *Military Psychology*, 22 (3), pp. 237-261. doi : 10.1080/08995605.2010.492676

Lee, R. B. (1979). *The !Kung San : Men, Women & Work in a Foraging Society*. Cambridge : Cambridge University Press.

Leeson, P. T. & Coyne, C. J. (2012). "Sassywood." *Journal of Comparative Economics*, 40, pp. 608-620.

Leonardi, M., Gerbault, P., Thomas, M. G. & Burger, J. (2012). "The Evolution of Lactase Persistence in Europe : A Synthesis of Archaeological & Genetic Evidence." *International Dairy Journal*, 22 (2), pp. 88-97. doi : http://dx.doi.org/10.1016/j. i dairyj.2011.10.010

Le Roy Ladurie, E. (1975). "Famine Amenorrhoea (Seventeenth–Twentieth Centuries)." *In* R. Forster & O. Ranum (eds.), *Biology of Man in History*, pp. 163-178. Baltimore : Johns Hopkins University Press.

Leslie, A. M. (1987). "Pretense & Representation : The Origins of 'Theory of Mind.'" *Psychological Review*, 94, pp. 412-426.

–, (1994). "ToMM, ToBy & Agency : Core Architecture & Domain Specificity." *In* L. A. Hirschfeld & S. A. Gelman (eds.), *Mapping the Mind : Domain Specificity in*

Cognition & Culture, pp. 119-148. New York : Cambridge University Press.

Leslie, A. M., Friedman, O. & German, T. P. (2004). “Core Mechanisms in ‘Theory of Mind.’” *Trends in Cognitive Sciences*, 8 (12), pp. 529-533.

Lev-Ari, S. & Keysar, B. (2010). “Why Don’t We Believe Non-Native Speakers ? The Influence of Accent on Credibility.” *Journal of Experimental Social Psychology*. doi : 10.1016/j.jesp.2010.05.025

Levine, N. E. & Silk, J. B. (1997). “Why Polyandry Fails : Sources of Instability in Polyandrous Marriages.” *Current Anthropology*, 38 (3), pp. 375-398. doi : 10.1086/204624

Levitt, S. & List, J. (2007). “What Do Laboratory Experiments Measuring Social Preferences Reveal about the Real World ?” *Journal of Economic Perspectives*, 21 (2), pp. 153-174.

Lewandowsky, S., Ecker, U. K. H., Seifert, C. M., Schwarz, N. & Cook, J. (2012). “Misinformation & Its Correction : Continued Influence & Successful Debiasing.” *Psychological Science in the Public Interest*, 13 (3), pp. 106-131. doi : 10.1177/1529100612451018

Lewis, D. K. (1969). *Convention : A Philosophical Study*. Cambridge, Mass. : Harvard University Press.

Li, N. P., Bailey, J. M., Kenrick, D. T. & Linsenmeier, J. A. W. (2002). “The Necessities & Luxuries of Mate Preferences : Testing the Tradeoffs.” *Journal of Personality & Social Psychology*, 82 (6), pp. 947-955. doi : 10.1037/0022-3514.82.6.947

Licht, L. E. (1976). “Sexual Selection in Toads (*Bufo americanus*).” *Canadian Journal of Zoology*, 54 (8), pp. 1277-1284. doi : 10.1139/z76-145

Lieberman, D., Tooby, J. & Cosmides, L. (2007). “The Architecture of Human Kin Detection.” *Nature*, 445 (7129), p. 5.

Lieberman, M. D., Schreiber, D. & Ochsner, K. (2003). “Is Political Cognition Like Riding a Bicycle ? How Cognitive

Neuroscience Can Inform Research on Political Thinking." *Political Psychology*, 24 (4), pp. 681-704.

Lienard, P., Chevallier, C., Mascaro, O., Kiura, P. & Baumard, N. (2013). "Early Understanding of Merit in Turkana Children." *Journal of Cognition & Culture*, 13 (1), pp. 57-66.

Liesen, L. T. (2008). "The Evolution of Gendered Political Behavior : Contributions from Feminist Evolutionists." *Sex Roles*, 59 (7-8), pp. 476-481. doi : 10.1007/ s11199-008-9465-8

List, J. A. (2007). "On the Interpretation of Giving in Dictator Games." *Journal of Political Economy*, 115 (3), pp. 482-493.

Lloyd, G. E. R. (2007). *Cognitive Variations : Reflections on the Unity & Diversity of the Human Mind.* New York : Oxford University Press.

Loftus, E. F. (1993). "The Reality of Repressed Memories." *American Psychologist*, 48 (5), pp. 518-537.

–, (1997). "Creating Childhood Memories." *Applied Cognitive Psychology*, 11 (special issue), S75-S86.

–, (2005). "Planting Misinformation in the Human Mind : A 30-Year Investigation of the Malleability of Memory." *Learning & Memory*, 12 (4), pp. 361-366.

Low, B. S. (2000). *Why Sex Matters : A Darwinian Look at Human Behavior.* Princeton : Princeton University Press.

Luft, A. (2015). "Toward a Dynamic Theory of Action at the Micro Level of Genocide : Killing, Desistance & Saving in 1994 Rwanda." *Sociological Theory*, 33 (2), pp. 148-172. doi : 10.1177/0735275115587721

Luhrmann, T. M. (2012). *When God Talks Back : Understanding the American Evangelical Relationship with God* (1st ed.). New York : Alfred A. Knopf.

Lumsden, C. J. & Wilson, E. O. (1981). *Genes, Minds & Culture.* Cambridge, Mass. : Harvard University Press.

Macfarlan, S. J., Walker, R. S., Flinn, M. V. & Chagnon, N. A. (2014). "Lethal Coalitionary Aggression & Long-Term Alliance Formation among Yanomamö Men." *Proceedings of the National Academy of Sciences*, 111 (47), pp. 16662-16669. doi : 10.1073/pnas.1418639111

Mackay, C. (1841). *Memoirs of Extraordinary Popular Delusions & the Madness of Crowds*. London : Bentley.

Maeterlinck, M. (1930). *The Life of the Ant*. New York : John Day.

Major, B., Mendes, W. B. & Dovidio, J. F. (2013). "Intergroup Relations & Health Disparities : A Social Psychological Perspective." *Health Psychology*, 32 (5), pp. 514-524.

Malinowski, B. (1929). *The Sexual Life of Savages in Northwestern Melanesia : An Ethnographic Account of Courtship, Marriage & Family Life among the Natives of Trobriand Islands, British New Guinea*. New York : Harcourt, Brace.

Mallart Guimerà, L. (1981). *Ni dos ni ventre : religion, magie et sorcellerie Evuzok*. Paris : Société d'ethnographie.

–, (2003). *La Forêt de nos ancêtres*. Tervuren, Belgique : Musée royal de l'Afrique centrale.

Mann, S. E. (1955). *Ancient Near Eastern Texts Relating to the Old Testament*. Princeton : Princeton University Press.

Marcus, G. E. (2013). *Political Psychology : Neuroscience, Genetics & Politics*. New York : Oxford University Press.

Markson, L. & Bloom, P. (1997). "Evidence against a Dedicated System for Word Learning in Children." *Nature*, 385 (6619), pp. 813-815. doi : 10.1038/385813a0

Marlowe, F. (2000). "Paternal Investment & the Human Mating System." *Behavioural Processes*, 51 (1-3), pp. 45-61.

Martin, L. H. (1987). *Hellenistic Religions : An Introduction*. Oxford : Oxford University Press.

Maryanski, A. & Turner, J. H. (1992). *The Social Cage : Human Nature & the Evolution of Society*. Stanford, Calif. : Stanford University Press.

Mascaro, O. & Sperber, D. (2009). "The Moral, Epistemic & Mindreading Components of Children's Vigilance Towards Deception." *Cognition*, 112 (3), pp. 367-380.

Mather, C. (2005). "Accusations of Genital Theft : A Case from Northern Ghana." *Culture, Medicine & Psychiatry*, 29 (1), pp. 33-52. doi : 10.1007/s11013-005-4622-9

Mauss, M. (1973 [1937]). "Techniques of the Body." *Economy & Society*, pp. 270-288.

–, « Les techniques du corps ». *Journal de Psychologie*, XXXII, n° 3-4, 15 mars-15 avril 1936. doi : http://dx.doi.org/doi:10.1522/cla.mam.tec

Maynard Smith, J. (1964). "Group Selection & Kin Selection." *Nature*, 201 (4924), pp. 1145-1147.

–, (1982). *Evolution & the Theory of Games*. Cambridge : Cambridge University Press.

Maynard Smith, J. & Harper, D. (2003). *Animal Signals* (1st ed.). New York : Oxford University Press.

McCabe, K. A. & Smith, V. L. (2001). "Goodwill Accounting & the Process of Exchange." *In* G. Gigerenzer & R. Selten (eds.), *Bounded Rationality : The Adaptive Toolbox*, pp. 319-340. Cambridge, Mass. : MIT Press.

McCaffree, K. (2017). *The Secular Landscape : The Decline of Religion in America*. New York : Palgrave Macmillan.

McCauley, R. N. (2011). *Why Religion Is Natural & Science Is Not*. Oxford : Oxford University Press.

McCauley, R. N. & Lawson, E. T. (1984). "Functionalism Reconsidered." *History of Religions*, 23, pp. 372-381.

–, (2002). *Bringing Ritual to Mind : Psychological Foundations of Cultural Forms*. Cambridge : Cambridge University Press.

McCloskey, D. N. (2006). *The Bourgeois Virtues : Ethics for an Age of Commerce*. Chicago : University of Chicago Press.

McDermott, R. (2004). *Political Psychology in International Relations*. Ann Arbor : University of Michigan Press.

–, (2011). “Hormones & Politics.” *In* P. K. Hatemi & R. McDermott (eds.), *Man Is by Nature a Political Animal*, pp. 247-260. Chicago : University of Chicago Press.

McDonald, M., Navarrete, C. D. & Van Vugt, M. (2012). “Evolution & the Psychology of Intergroup Conflict : The Male Warrior Hypothesis.” *Philosophical Transactions of the Royal Society* B, 367, pp. 670-679. doi : 10.1098/rstb.2011.0301

McGarty, C., Yzerbyt, V. Y. & Spears, R. (2002). *Stereotypes as Explanations : The Formation of Meaningful Beliefs about Social Groups*. New York : Cambridge University Press.

Medina, L. F. (2007). *A Unified Theory of Collective Action & Social Change*. Ann Arbor : University of Michigan Press.

Mendes, W. B., Blascovich, J., Lickel, B. & Hunter, S. (2002). “Challenge & Threat during Social Interaction with White & Black Men.” *Personality & Social Psychology Bulletin*, 28 (7), pp. 939-952. doi : 10.1177/014672020028007007

Mendle, J., Harden, K. P., Turkheimer, E., Van Hulle, C. A., D’Onofrio, B. M., Brooks-Gunn, J., Lahey, B. B. (2009). “Associations between Father Absence & Age of First Sexual Intercourse.” *Child Development*, 80 (5), pp. 1463-1480. doi : 10.1111/j.1467-8624.2009.01345.x

Mercier, H. (2017). “How Gullible Are We ? A Review of the Evidence From Psychology & Social Science.” *Review of General Psychology*, 21 (2), p. 103. doi : dx.doi.org/10.1037/gpr0000111

Mercier, H. & Sperber, D. (2011). “Why Do Humans Reason ? Arguments for an Argumentative Theory.” *Behavioral & Brain Sciences*, 34 (2), pp. 57-74. doi : 10.1017/s0140525x10000968

–, (2017). *The Enigma of Reason*. Cambridge, Mass. : Harvard University Press.

Mernissi, F. (1987). *Beyond the Veil : Male-Female Dynamics in Modern Muslim Society*. Bloomington : Indiana University Press.

Merton, R. K. (1996). *On Social Structure & Science*. Chicago : University of Chicago Press.

Mesnick, S. L. (1997). "Sexual Alliances : Evidence & Evolutionary Implications." *In* P. Gowaty (ed.), *Feminism & Evolutionary Biology*, pp. 207-260. Dordrecht : Springer.

Miklósi, A., Polgárdi, R., Topál, J. & Csányi, V. (1998). "Use of Experimenter Given Cues in Dogs." *Animal Cognition*, 1, pp. 113-122.

Milinski, M., Semmann, D. & Krambeck, H. J. (2002). "Reputation Helps Solve the 'Tragedy of the Commons.'" *Nature*, 415 (6870), pp. 424-426.

Miller, G. F. & Todd, P. M. (1998). "Mate Choice Turns Cognitive." *Trends in Cognitive Sciences*, 2 (5), pp. 190-198. doi : 10.1016/S1364–6613(98)01169–3

Miner, E. J., Shackelford, T. K. & Starratt, V. G. (2009). "Mate Value of Romantic Partners Predicts Men's Partner-Directed Verbal Insults." *Personality & Individual Differences*, 46 (2), pp. 135-139. doi : http://dx.doi.org/10.1016/j.paid.2008.09.015

Mitchell, R. (1986). "A Framework for Discussing Deception." *In* R. Mitchell & N. Thompson (eds.), *Deception : Perspectives on Human & Nonhuman Deceit*, pp. 3-40. Albany : SUNY Press.

Mokyr, J. (1992). *The Lever of Riches : Technological Creativity & Economic Progress*. Oxford : Oxford University Press.

Moon, C., Lagercrantz, H. & Kuhl, P. K. (2013). "Language Experienced in Utero Affects Vowel Perception after Birth : A Two-Country Study." *Acta Paediatrica*, 102 (2), pp. 156-160. doi : 10.1111/apa.12098

Morin, O. (2016). *How Traditions Live & Die*. Oxford : Oxford University Press.

–, (2011). *Comment les traditions naissent et meurent – La transmission culturelle*. Paris : Odile Jacob.

Morris, I. (2006). "The Growth of Greek Cities in the First Millennium BC." *In* G. Storwey (ed.), *Urbanism in the*

Preindustrial World : Cross-Cultural Approaches, pp. 26-51. Tuscaloosa : University of Alabama Press.
–, (2013). *The Measure of Civilization : How Social Development Decides the Fate of Nations*. Princeton : Princeton University Press.
Mueller, J. E. (2004). *The Remnants of War*. Ithaca : Cornell University Press.
Munger, M. C. (2010). "Endless Forms Most Beautiful & Most Wonderful : Elinor Ostrom & the Diversity of Institutions." *Public Choice*, 143 (3-4), pp. 263-268. doi : http://link.springer.com/journal/volumes&Issues/11127
–, (2015). *Choosing in Groups : Analytical Politics Revisited*. Cambridge : Cambridge University Press.
Musolino, J. (2015). *The Soul Fallacy : What Science Shows We Gain from Letting Go of Our Soul Beliefs*. New York : Prometheus Books.
Nagell, K., Olguin, R. S. & Tomasello, M. (1993). "Processes of Social Learning in the Tool use of Chimpanzees (Pan troglodytes) & Human Children (*Homo sapiens*)." *Journal of Comparative Psychology*, 107 (2), p. 174.
Needham, R. (1971). "Remarks on the Analysis of Kinship & Marriage." *In* R. Needham (ed.), *Rethinking Kinship & Marriage*, pp. 1-33. London : Tavistock.
–, (1972). *Belief, Language & Experience*. Chicago : University of Chicago Press.
Nell, V. (2006). "Cruelty's Rewards : The Gratification of Perpetrators & Spectators." *Behavioral & Brain Sciences*, 29, pp. 211-257.
Nereid, C. T. (2011). "Kemalism on the Catwalk : The Turkish Hat Law of 1925." *Journal of Social History*, 44 (3), pp. 707-728.
Nesdale, D. & Rooney, R. (1996). "Evaluations & Stereotyping of Accented Speakers by Pre-Adolescent Children." *Journal*

of Language & Social Psychology, 15 (2), pp. 133-154. doi : 10.1177/0261927x960152002

Nettle, D. (2010). "Dying Young & Living Fast : Variation in Life History across English Neighborhoods." *Behavioral Ecology*, 21 (2), pp. 387-395.

Nettle, D., Coall, D. A. & Dickins, T. E. (2011). "Early-Life Conditions & Age at First Pregnancy in British Women." *Proceedings : Biological Sciences / The Royal Society*, 278 (1712), pp. 1721-1727. doi : 10.1098/rspb.2010.1726

Nettle, D., Colléony, A. & Cockerill, M. (2011). "Variation in Cooperative Behaviour within a Single City." *PLoS One*, 6 (10), e26922.

Nettle, D., Grace, J. B., Choisy, M., Cornell, H. V., Guégan, J. F. & Hochberg, M. E. (2007). "Cultural Diversity, Economic Development & Societal Instability." *PLoS One*, 2 (9), e929.

Neuberg, S. L., Kenrick, D. T. & Schaller, M. (2010). "Evolutionary Social Psychology. *In* S. T. Fiske, D. T. Gilbert & G. Lindzey (eds.), *Handbook of Social Psychology*, vol. 2 (5th ed.), pp. 761-796. Hoboken, N.J. : John Wiley & Sons.

–, (2011). "Human Threat Management Systems : Self-Protection & Disease Avoidance." *Neuroscience & Biobehavioral Reviews*, 35 (4), pp. 1042-1051. doi : 10.1016/j.neubiorev.2010.08.011

Nietzsche, F. (1882). *Die fröhliche Wissenschaft*. Leipzig : Fritzsch.

–, (1980 [1901]). *Der Wille zur Macht : Versuch einer Umwertung aller Werte* (12th ed.). Stuttgart : Kröner.

Noë, R. & Hammerstein, P. (1994). "Biological Markets : Supply & Demand Determine the Effect of Partner Choice in Cooperation, Mutualism & Mating." *Behavioral Ecology & Sociobiology*, 35 (1), pp. 1-11. doi : 10.1007/bf00167053

Noë, R., Van Schaik, C. & Van Hooff, J. (1991). "The Market Effect : An Explanation for Pay-Off Asymmetries among Collaborating Animals." *Ethology*, 87 (1-2), pp. 97-118.

Noles, N. S. & Keil, F. (2011). "Exploring Ownership in a Developmental Context." *In* H. H. Ross & O. Friedman (eds.), *Origins of Ownership of Property : New Directions for Child & Adolescent Development*, vol. 132, pp. 91-103. New York : Wiley.

Norenzayan, A. & Shariff, A. F. (2008). "The Origin & Evolution of Religious Prosociality." *Science*, 322, pp. 58-61.

Norwich, J. J. (1989). *Byzantium : The Early Centuries*. New York : Knopf.

Nozick, R. (1974). *Anarchy, State & Utopia*. New York : Basic Books.

Offit, P. A. (2011). *Deadly Choices : How the Anti-Vaccine Movement Threatens Us All*. New York : Basic Books.

Öhman, A., Flykt, A. & Esteves, F. (2001). "Emotion Drives Attention : Detecting the Snake in the Grass." *Journal of Experimental Psychology : General*, 130 (3), pp. 466-478.

Öhman, A. & Mineka, S. (2001). "Fears, Phobias & Preparedness : Toward an Evolved Module of Fear & Fear Learning." *Psychological Review*, 108 (3), pp. 483-522.

Olson, M. (1965). *The Logic of Collective Action : Public Goods & the Theory of Groups*. Cambridge, Mass. : Harvard University Press.

Onishi, K. H. & Baillargeon, R. (2005). "Do 15-Month-Old Infants Understand False Beliefs ?" *Science*, 308 (5719), p. 255.

Ostrom, E. (1990). *Governing the Commons : The Evolution of Institutions for Collective Action*. Cambridge : Cambridge University Press.

–, (2005). *Understanding Institutional Diversity*. Princeton : Princeton University Press.

Otto, R. (1920). *Das Heilige* (4th ed.). Breslau : Trewendt und Granier.

Oxley, D. R., Smith, K. B., Alford, J. R., Hibbing, M. V., Miller, J. L., Scalora, M., Hibbing, J. R. (2008). "Political

Attitudes Vary with Physiological Traits." *Science*, 321 (5896), pp. 1667-1670.

Padoa-Schioppa, C. & Assad, J. A. (2006). "Neurons in the Orbitofrontal Cortex Encode Economic Value." *Nature*, 441 (7090), pp. 223-226. doi : http://www.nature.com/nature/journal/v441/n7090/suppinfo/nature04676_S1.html

Page-Gould, E., Mendoza-Denton, R. & Tropp, L. R. (2008). "With a Little Help from My Cross-Group Friend : Reducing Anxiety in Intergroup Contexts through Cross-Group Friendship." *Journal of Personality & Social Psychology*, 95 (5), pp. 1080-1094.

Paladino, M.-P. & Castelli, L. (2008). "On the Immediate Consequences of Intergroup Categorization : Activation of Approach & Avoidance Motor Behavior toward Ingroup & Outgroup Members." *Personality & Social Psychology Bulletin*, 34 (6), pp. 755-768. doi : 10.1177/0146167208315155

Payne, B. K. (2001). "Prejudice & Perception : The Role of Automatic & Controlled Processes in Misperceiving a Weapon." *Journal of Personality & Social Psychology*, 81 (2), pp. 181-192. doi : 10.1037/0022-3514.81.2.181

Payne, B. K., Lambert, A. J. & Jacoby, L. L. (2002). "Best Laid Plans : Effects of Goals on Accessibility Bias & Cognitive Control in Race-Based Misperceptions of Weapons." *Journal of Experimental Social Psychology*, 38 (4), pp. 384-396. doi : 10.1016/s0022-1031(02)00006-9

Pelphrey, K. A., Morris, J. P. & McCarthy, G. (2005). "Neural Basis of Eye Gaze Processing Deficits in Autism." *Brain : A Journal of Neurology*, 128 (5), pp. 1038-1048.

Perrett, D. I., Burt, D. M., Penton-Voak, I. S., Lee, K. J., Rowland, D. A. & Edwards, R. (1999). "Symmetry & Human Facial Attractiveness." *Evolution & Human Behavior*, 20 (5), pp. 295-307.

Peters, E. L. (1978). "The Status of Women in Four Middle East Communities." *In* L. Beck & N. Kiddie (eds.), *Women in the Muslim World*, pp. 311-350. Cambridge, Mass. : Harvard University Press.

Pettigrew, T. F. & Tropp, L. R. (2008). "How Does Intergroup Contact Reduce Prejudice ? Meta-Analytic Tests of Three Mediators." *European Journal of Social Psychology*, 38 (6), pp. 922-934.

Pettit, P. (2003). "Groups with Minds of Their Own." *In* F. Schmitt (ed.), *Socializing Metaphysics : The Nature of Social Reality*, pp. 167-193. Lanham, Md. : Rowman & Littlefield.

Pew Research Center. (2013). "The World's Muslims : Religion, Politics & Society." *Pew Research Center's Forum on Religion & Public Life*, pp. 226-237. Washington, D.C. : Pew Research Center.

Piaget, J. (1932). *The Moral Judgment of the Child.* London : Routledge & Kegan Paul.

–, (1992). *Le jugement moral chez l'enfant.* Paris : PUF.

Piazza, J. & Bering, J. (2008). "Concerns about Reputation Via Gossip Promote Generous Allocations in an Economic Game." *Evolution & Human Behavior*, 29 (3), pp. 172-178.

Pickrell, J. K., Coop, G., Novembre, J., Kudaravalli, S., Li, J. Z., Absher, D. & Pritchard, J. K. (2009). "Signals of Recent Positive Selection in a Worldwide Sample of Human Populations." *Genome Research*, 19 (5), pp. 826-837. doi : 10.1101/gr.087577.108

Pietraszewski, D. (2013). "What Is Group Psychology ? Adaptations for Mapping Shared Intentional Stances." *In* M. R. Banaji & S. A. Gelman (eds.), *Navigating the Social World : What Infants, Children & Other Species Can Teach Us*, pp. 253-257. New York : Oxford University Press.

Pietraszewski, D., Cosmides, L. & Tooby, J. (2014). "The Content of Our Cooperation, Not the Color of Our Skin :

An Alliance Detection System Regulates Categorization by Coalition & Race, but Not Sex." *PLoS One*, 9 (2), pp. 1-19. doi : 10.1371/journal.pone.0088534

Pietraszewski, D., Curry, O. S., Petersen, M. B., Cosmides, L. & Tooby, J. (2015). "Constituents of Political Cognition : Race, Party Politics & the Alliance Detection System." *Cognition*, 140, pp. 24-39. doi : 10.1016/j.cognition.2015.03.007

Pike, S. M. (2012). *New Age & Neopagan Religions in America*. New York : Columbia University Press.

Pinker, S. (1984). *Language Learnability & Language Development*. Cambridge, Mass. : Harvard University Press.

–, (1989). *Learnability & Cognition : The Acquisition of Argument Structure*. Cambridge, Mass. : MIT Press.

Plott, C. R. (1974). "On Game Solutions & Revealed Preference Theory Social." *Science Working Papers*, California Institute of Technology, vol. 35. Pasadena : California Institute of Technology.

Polanyi, K. (2001[1957]). "The Economy as Instituted Process." *In* M. Granovetter & R. Swedberg (eds.), *The Sociology of Economic Life*. Boulder, Colo. : Westview Press.

Porta, D. (2008). "Research on Social Movements & Political Violence." *Qualitative Sociology*, 31 (3), pp. 221-230.

Posner, E. A. (2000). *Law & Social Norms*. Cambridge, Mass : Harvard University Press.

Posner, R. A. (1980). "A Theory of Primitive Society, with Special Reference to Law." *Journal of Law & Economics*, 23 (1), pp. 1-53.

–, (2001). "A Theory of Primitive Society, with Special Reference to Law." *In* F. Parisi (ed.), *The Collected Essays of Richard A. Posner*, vol. 2 : "The Economics of Private Law", pp. 3-55. Northampton, Mass : Elgar.

Povinelli, D. J. (2003). "Folk Physics for Apes : The Chimpanzee's Theory of How the World Works." *Human Development*, 46, pp. 161-168.

Povinelli, D. J. & Eddy, T. J. (1996). "Chimpanzees : Joint Visual Attention." *Psychological Science*, 7 (3), pp. 129-135.
Pratto, F. & John, O. P. (1991). "Automatic Vigilance : The Attention-Grabbing Power of Negative Social Information." *Journal of Personality & Social Psychology*, 61 (3), pp. 380-391.
Price, M. E. (2005). "Punitive Sentiment among the Shuar & in Industrialized Societies : Cross-Cultural Similarities." *Evolution & Human Behavior*, 26 (3), pp. 279-287. doi : 10.1016/j. evolhumbehav.2004.08.009
Putnam, R. D. (2000). *Bowling Alone : The Collapse & Revival of American Com- munity.* New York : Simon & Schuster.
–, (2002). *Democracies in Flux : The Evolution of Social Capital in Contemporary Society*. New York : Oxford University Press.
–, (2007). "*E Pluribus Unum* : Diversity & Community in the Twenty-First Century. The 2006 Johan Skytte Prize Lecture." *Scandinavian Political Studies*, 30 (2), pp. 137-174. (ed.).
–, (2010). *American Grace : How Religion Divides & Unites Us*. New York : Simon & Schuster.
Puts, D. A. (2005). "Mating Context & Menstrual Phase Affect Women's Preference for Male Voice Pitch." *Evolution & Human Behavior*, 31, pp. 157-175.
Quervain, D. de, Fischbacher, U., Treyer, V., Schellhammer, M., Schnyder, U., Buck, A. & Fehr, E. (2004). "The Neural Basis of Altruistic Punishment." *Science*, 305, pp. 1254-1258.
Quigley, D. (1993). *The Interpretation of Caste*. Oxford : Clarendon Press.
–, (2005). *The Character of Kingship*. Oxford : Berg.
Quinlan, R. J. (2003). "Father Absence, Parental Care & Female Reproductive Development." *Evolution & Human Behavior*, 24 (6), pp. 376-390.
Quinlan, R. J., Quinlan, M. B. & Flinn, M. V. (2003). "Parental Investment & Age at Weaning in a Caribbean Village." *Evolution & Human Behavior*, 24 (1), pp. 1-16.

Rabbie, J., Schot, J. & Visser, L. (1989). "Social Identity Theory : A Conceptual Critique from the Perspective of a Behavioural Interaction Model." *European Journal of Social Psychology*, 19, pp. 171-202.

Rachman, S. (1977). "The Conditioning Theory of Fear-Acquisition : A Critical Examination." *Behaviour Research & Therapy*, 15 (5), pp. 375-387. doi : 10.1016/0005-7967(77)90041-9

Rakoczy, H. & Schmidt, M. F. H. (2013). "The Early Ontogeny of Social Norms." *Child Development Perspectives*, 7 (1), pp. 17-21. doi : 10.1111/cdep.12010

Rakoczy, H., Warneken, F. & Tomasello, M. (2008). "The Sources of Normativity : Young Children's Awareness of the Normative Structure of Games." *Developmental Psychology*, 44 (3), pp. 875-881. doi : 10.1037/0012-1649.44.3.87510.1037/0012-1649.44.3.875.supp (Supplemental).

Ramble, C. (2008). *The Navel of the Demoness. Tibetan Buddhism & Civil Religion in Highland Nepal.* Oxford : Oxford University Press.

Rawls, J. (1971). *A Theory of Justice.* Cambridge, Mass. : Belknap Press of Harvard University Press.

–, (2009). *Théorie de la justice.* Paris : Points.

Read, L. E., Reed, L. W., Ebeling, R. M. & Friedman, M. (2009). *I, Pencil.* Atlanta : Foundation for Economic Education.

Renfrew, C. (1969). "Trade & Culture Process in European Prehistory." *Current Anthropology*, 10 (2-3), pp. 151-169.

Rhodes, G., Proffitt, F., Grady, J. M. & Sumich, A. (1998). "Facial Symmetry & the Perception of Beauty." *Psychonomic Bulletin & Review*, 5 (4), pp. 659-669.

Ricardo, D. (1817). *On the Principles of Political Economy & Taxation.* London : John Murray at John M'Creery's Printers.

Richerson, P. J. & Boyd, R. (2005). *Not by Genes Alone : How Culture Transformed Human Evolution.* Chicago : University of Chicago Press.

Ridley, M. (1996). *The Origins of Virtue : Human Instincts & the Evolution of Cooperation.* New York : Penguin Books.
–, (2010). *The Rational Optimist : How Prosperity Evolves* (1st U.S. ed.). New York : Harper.
Roemer, J. E. (1996). *Theories of Distributive Justice.* Cambridge, Mass. : Harvard University Press.
Roff, D. A. (2007). "Contributions of Genomics to Life-History Theory." *Nature Reviews Genetics*, 8 (2), pp. 116-125.
Rosenberg, A. (1980). *Sociobiology & the Preemption of Social Science.* Baltimore : Johns Hopkins University Press.
Rosenblum, L. A. & Paully, G. S. (1984). "The Effects of Varying Environmental Demands on Maternal & Infant Behavior." *Child Development*, 55 (1), p. 305. doi : 10.1111/1467-8624.ep7405592
Ross, L., Greene, D. & House, P. (1977). "The False Consensus Effect : An Egocentric Bias in Social Perception & Attribution Processes." *Journal of Experimental Social Psychology*, 13 (3), pp. 279-301.
Rotberg, R. (1999). "Social Capital & Political Culture in Africa, America, Australasia & Europe." *Journal of Interdisciplinary History*, 29 (3), pp. 339-356.
Roth, I. (2007). *Imaginative Minds.* New York : Oxford University Press.
Rothbart, M. & Taylor, M. (1990). "Category Labels & Social Reality : Do We View Social Categories as Natural Kinds ?" *In* K. F. G. Semin (ed.), *Language & Social Cognition*, pp. 11-36. London : Sage.
Rothschild, L. S. (2001). *Psychological Essentialism : Social Categories & the Impact of Prejudice.* New York : New School For Social Research.
Rousseau, J.-J. (1984 [1755]). *A Discourse on Inequality.* Trans. M. Cranston. Harmondsworth, U.K. : Penguin.

–, (2011). *Discours sur l'origine et les fondements de l'inégalité parmi les hommes*. Paris : Flammarion.

–, (1762). *Du contrat social*. Chicoutimi, Québec : Les classiques en sciences sociales.

–, (2011). *Du contrat social*. Paris : Flammarion.

Rowe, D. C. (2002). "On Genetic Variation in Menarche & Age at First Sexual Intercourse : A Critique of the Belsky-Draper Hypothesis." *Evolution & Human Behavior*, 23 (5), pp. 365-372. doi : 10.1016/S1090–5138(02)00102–2

Rozin, P., Millman, L. & Nemeroff, C. (1986). "Operation of the Laws of Sympathetic Magic in Disgust & Other Domains." *Journal of Personality & Social Psychology*, 50 (4), pp. 703-712.

Rozin, P. & Royzman, E. B. (2001). "Negativity Bias, Negativity Dominance & Contagion." *Personality & Social Psychology Review*, 5 (4), pp. 296-320. doi : 10.1207/S15327957PSPR0504_2

Rubin, P. H. (2002). *Darwinian Politics : The Evolutionary Origin of Freedom*. New Brunswick, N.J. : Rutgers University Press.

–, (2013). *Emporiophobia (Fear of Markets) : Cooperation or Competition ?* New York : Technology Policy Institute.

Ryan, M. J. & Guerra, M. A. (2014). "The Mechanism of Sound Production in Túngara Frogs & Its Role in Sexual Selection & Speciation." *Current Opinion in Neurobiology*, 28, pp. 54-59. doi : http://dx.doi.org/10.1016/j.conb.2014.06.008

Saad, G. (2012). *The Evolutionary Bases of Consumption*. Mahwah, N.J. : Lawrence Erlbaum.

Saler, B., Ziegler, C. A. & Moore, C. B. (1997). *UFO Crash at Roswell : The Genesis of a Modern Myth*. Washington, D.C. : Smithsonian Institution.

Sales, A. de (2003). "The Kham Magar Country : Between Ethnic Claims & Maoism." *In* D. N. Gellner (ed.), *Resistance & the State : Nepalese Experiences*, pp. 326-357. Oxford : Berghahn Books.

Sanderson, S. K. (2014). *Human Nature & the Evolution of Society*. Boulder, Colo. : Westview Press.

Santos, L. R. & Platt, M. L. (2014). "Evolutionary Anthropological Insights into Neuroeconomics : What Non-Human Primates Can Tell Us about Human Decision-Making Strategies." *In* E. Fehr & P. W. Glimcher (eds.), *Neuroeconomics* (2nd ed.), pp. 109-122. San Diego : Academic Press.

Sarkissian, H., Chatterjee, A., De Brigard, F., Knobe, J., Nichols, S. & Sirker, S. (2010). "Is Belief in Free Will a Cultural Universal ?" *Mind & Language*, 25 (3), pp. 346-358. doi : 10.1111/j.1468-0017.2010.01393.x

Scheidel, W. & Friesen, S. J. (2009). "The Size of the Economy & the Distribution of Income in the Roman Empire." *Journal of Roman Studies*, 99, pp. 61-91.

Schelling, T. C. (1971). "Dynamic Models of Segregation." *Journal of Mathematical Sociology*, 1, pp. 143-186.

–, (1978). *Micromotives & Macrobehavior* (1st ed.). New York : W. W. Norton.

Schmitt, D. P. (2003). "Universal Sex Differences in the Desire for Sexual Variety : Tests from 52 Nations, 6 Continents & 13 Islands." *Journal of Personality & Social Psychology*, 85 (1), pp. 85-104. doi : 10.1037/0022-3514.85.1.85

Scott-Phillips, T. C. (2008). "Defining Biological Communication." *Journal of Evolutionary Biology*, 21 (2), pp. 387-395. doi : 10.1111/j.1420-9101.2007.01497.x

Scribner, R. (1990). "Politics & the Institutionalisation of Reform in Germany." *In* G. Elton (ed.), *The New Cambridge Modern History*, vol. 2 : "The Reformation", pp. 172-197. Cambridge : Cambridge University Press.

Seabright, P. (2010). *The Company of Strangers : A Natural History of Economic Life*. Princeton : Princeton University Press.

–, (2012). *The War of the Sexes : How Conflict & Cooperation Have Shaped Men & Women from Prehistory to the Present.* Princeton : Princeton University Press.

Searcy, W. A. & Nowicki, S. (2010). *The Evolution of Animal Communication : Reliability & Deception in Signaling Systems.* Princeton : Princeton University Press.

Sears, D. O., Huddy, L. & Jervis, R. (2003). *Oxford Handbook of Political Psychology.* New York : Oxford University Press.

Sell, A. (2011). "The Recalibrational Theory & Violent Anger." *Aggression & Violent Behavior*, 16 (5), pp. 381-389. doi : 10.1016/j.avb.2011.04.013

Sell, A., Tooby, J. & Cosmides, L. (2009). "Formidability & the Logic of Human Anger." *PNAS Proceedings of the National Academy of Sciences of the United States of America*, 106 (35), pp. 15073-15078. doi : 10.1073/pnas.0904312106

Sellars, W. (1963 [1991]). *Science, Perception & Reality.* London : Routledge & Kegan Paul & Humanities Press.

Sen, A. K. (2009). *The Idea of Social Justice.* Cambridge, Mass. : Belknap Press of Harvard University Press.

Service, E. R. (1965). *Primitive Social Organization : An Evolutionary Perspective.* New York : Random House.

Setchell, J. M., Charpentier, M. & Wickings, E. J. (2005). "Mate Guarding & Paternity in Mandrills : Factors Influencing Alpha Male Monopoly." *Animal Behaviour*, 70 (5), pp. 1105-1120. doi : http://dx.doi.org/10.1016/j.anbehav.2005.02.021

Seyfarth, R. M. & Cheney, D. L. (2003). "Signalers & Receivers in Animal Communication." *Annual Review of Psychology*, 54, pp. 145-173.

Sharer, R. J. & Traxler, L. P. (2006). *The Ancient Maya.* Stanford, Calif. : Stanford University Press.

Sharf, R. H. (1998). "Experience." *In* M. C. Taylor (ed.), *Critical Terms in Religious Studies*, pp. 94-116. Chicago : University of Chicago Press.

–, (2000). "The Rhetoric of Experience & the Study of Religion." *Journal of Consciousness Studies*, 7 (11-12), pp. 267-287.
Shariff, A. F. & Norenzayan, A. (2011). "Mean Gods Make Good People : Different Views of God Predict Cheating Behavior." *International Journal for the Psychology of Religion*, 21 (2), pp. 85-96. doi : 10.1080/10508619.2011.556990
Sheehy, P. (2012). *The Reality of Social Groups*. London : Routledge.
Sidanius, J. & Pratto, F. (1999). *Social Dominance : An Intergroup Theory of Social Oppression & Hierarchy*. Cambridge : Cambridge University Press.
Sidanius, J. & Veniegas, R. C. (2000). "Gender & Race Discrimination : The Interactive Nature of Disadvantage." *In* S. Oskamp *et al.* (eds.), *Reducing Prejudice & Discrimination*, pp. 47-69. Mahwah, N.J. : Lawrence Erlbaum.
Slingerland, E. G. (2007). *Effortless Action : Wu-Wei as Conceptual Metaphor & Spiritual Ideal in Early China*. New York : Oxford University Press.
–, (2008). *What Science Offers the Humanities : Integrating Body & Culture*. New York : Cambridge University Press.
Slingerland, E. G. & Collard, M. (2012). *Creating Consilience : Integrating the Sciences & the Humanities*. New York : Oxford University Press.
Slone, D. J. (2004). *Theological Incorrectness : Why Religious People Believe What They Shouldn't*. Oxford : Oxford University Press.
Smith, A. (1767). *The Theory of Moral Sentiments. To Which is Added a Dissertation on the Origin of Languages* (3rd ed.). London : Printed for A. Millar, A. Kincaid & J. Bell in Edinburgh ; & sold by T. Cadell.
–, (1776). *An Inquiry into the Nature & Causes of the Wealth of Nations*. London : Printed for W. Strahan & T. Cadell, in the Strand, London.

Smith, A. D. (1987). *The Ethnic Origins of Nations*. Oxford : Basil Blackwell.

Smith, A. G. (2008). "The Implicit Motives of Terrorist Groups : How the Needs for Affiliation & Power Translate into Death & Destruction." *Political Psychology*, 29 (1), pp. 55-75.

Smith, E. A. (1998). "Is Tibetan Polyandry Adaptive ? Methodological & Metatheoretical Analyses." *Human Nature*, 9 (3), pp. 225-261.

Smith, R. M. (2003). *Stories of Peoplehood : The Politics & Morals of Political Membership*. Cambridge : Cambridge University Press.

Smith, V. L. (1976). "Experimental Economics : Induced Value Theory." *American Economic Review*, 66 (2), pp. 274-279.

Smuts, B. B. (1995). "The Evolutionary Origins of Patriarchy." *Human Nature*, 6 (1), pp. 1-32.

Sokol, S. (2011). "Beit Shemesh Goes to the Streets." *Jerusalem Post*, Features Section, p. 7.

Sola, C. & Tongiorgi, P. (1996). "The Effect of Salinity on the Chemotaxis of Glass Eels, Anguilla, to Organic Earthy & Green Odorants." *Environmental Biology of Fishes*, 47 (2), pp. 213-218. doi : 10.1007/BF00005045

Solove, D. J. (2007). *The Future of Reputation : Gossip, Rumor & Privacy on the Internet*. New Haven : Yale University Press.

Somit, A. & Peterson, S. A. (1997). *Darwinism, Dominance & Democracy : The Biological Bases of Authoritarianism*. Westport, Conn. : Praeger.

Sorabji, C. (2006). "Managing Memories in Post-War Sarajevo : Individuals, Bad Memories & New Wars." *Journal of the Royal Anthropological Institute*, 12 (1), pp. 1-18. doi : 10.1111/j.1467-9655.2006.00278.x

Sowell, T. (2007). *A Conflict of Visions : Ideological Origins of Political Struggles*. New York : Basic Books.

–, (2011). *Economic Facts & Fallacies* (2nd ed.). New York : Basic Books.

Spelke, E. S. (1990). “Principles of Object Perception.” *Cognitive Science*, 14, pp. 29-56.

–, (2000). “Core Knowledge.” *American Psychologist*, 55 (11), pp. 1233-1243.

Spelke, E. S. & Kinzler, K. D. (2007). “Core Knowledge.” *Developmental Science*, 10 (1), pp. 89-96.

Sperber, D. (1997). “Intuitive & Reflective Beliefs.” *Mind & Language*, 12 (1), p. 17.

–, (2000a). “Metarepresentation in an Evolutionary Perspective.” *In* D. Sperber (ed.), *Metarepresentations : A Multidisciplinary Perspective*, pp. 3-16. Oxford : Oxford University Press.

–, (2000b). “An Objection to the Memetic Approach to Culture.” *In* R. Aunger (ed.), *Darwinizing Culture : The Status of Memetics as a Science*, pp. 163-173. Oxford : Oxford University Press.

–, (2002). “In Defense of Massive Modularity.” *In* E. Dupoux (ed.), *Language, Brain & Cognitive Development : Essays in Honor of Jacques Mehler*, pp. 47-57. Cambridge, Mass. : MIT Press.

Sperber, D. & Baumard, N. (2012). “Moral Reputation : An Evolutionary & Cognitive Perspective.” *Mind & Language*, 27 (5), pp. 495-518. doi : 10.1111/ mila.12000

Sperber, D. & Claidière, N. (2006). “Why Modeling Cultural Evolution Is Still Such a Challenge.” *Biological Theory*, 1 (1), pp. 20-22.

Sperber, D., Clément, F., Heintz, C., Mascaro, O., Mercier, H., Origgi, G. & Wilson, D. (2010). “Epistemic Vigilance.” *Mind & Language*, 25 (4), pp. 359-393. doi : 10.1111/j.1468-0017.2010.01394.x

Sperber, D. & Wilson, D. (1986). *Relevance : Communication & Cognition*. New York : Academic Press.

–, (1995). *Relevance : Communication & Cognition* (2nd ed.). Oxford : Blackwell.

Sprecher, S., Sullivan, Q. & Hatfield, E. (1994). "Mate Selection Preferences : Gender Differences Examined in a National Sample." *Journal of Personality & Social Psychology*, 66 (6), pp. 1074-1080. doi : 10.1037/0022-3514.66.6.1074

Stark, R. (2003). "Upper Class Asceticism : Social Origins of Ascetic Movements & Medieval Saints." *Review of Religious Research*, 41, pp. 5-19.

Stearns, S. C. (1992). *The Evolution of Life Histories*. Oxford : Oxford University Press.

Stearns, S. C., Allal, N. & Mace, R. (2008). "Life History Theory & Human Development." *In* C. Crawford, D. Krebs, C. Crawford & D. Krebs (eds.), *Foundations of Evolutionary Psychology*, pp. 47-69. New York : Taylor & Francis / Lawrence Erlbaum.

Stepanoff, C. (2014). *Chamanisme, rituel et cognition chez les Touvas de Sibérie du Sud*. Paris : Maison des Sciences de l'Homme.

Stewart, J. J. (2014). "Muslim-Buddhist Conflict in Contemporary Sri Lanka." *South Asia Research*, 34 (3), pp. 241-260.

Stocking, G. W. (1984). *Functionalism Historicized : Essays on British Social Anthropology*. Madison : University of Wisconsin Press.

Stubbersfield, J. M., Tehrani, J. J. & Flynn, E. G. (2014). "Serial Killers, Spiders & Cybersex : Social & Survival Information Bias in the Transmission of Urban Legends." *British Journal of Psychology*, 106 (2), pp. 288-307. doi : 10.1111/bjop.12073

Sugiyama, L. (1996). "In Search of the Adapted Mind : Cross-Cultural Evidence for Human Cognitive Adaptations among the Shiwiar of Ecuador & the Yora of Peru." Ph.D. dissertation, University of California, Santa Barbara.

Sulikowski, U. (1993). "Eating the Flesh, Eating the Soul : Reflections on Politics, Sorcery & Vodun in Contemporary Benin." *In* J.-P. Chrétien (ed.), *L'Invention religieuse en Afrique : histoire et religion en Afrique noire*, pp. 387-402. Paris : Karthala.

Surian, L., Caldi, S. & Sperber, D. (2007). "Attribution of Beliefs by 13-Month-Old Infants." *Psychological Science*, 18 (7), pp. 580-586.

Sussman, N. M. & Rosenfeld, H. M. (1982). "Influence of Culture, Language & Sex on Conversational Distance." *Journal of Personality & Social Psychology*, 42 (1), pp. 66-74. doi : 10.1037/0022-3514.42.1.66

Symons, D. (1979). *The Evolution of Human Sexuality*. New York : Oxford University Press.

–, (1992). "On the Use & Misuse of Darwinism in the Study of Human Behavior." *In* J. H. Barkow, L. Cosmides & J. Tooby (eds.), *The Adapted Mind : Evolutionary Psychology & the Generation of Culture*, pp. 137-159. New York : Oxford University Press.

Szechtman, H. & Woody, E. (2004). "Obsessive-Compulsive Disorder as a Disturbance of Security Motivation." *Psychological Review*, 111 (1), pp. 111-127.

Tajfel, H. (1970). "Experiments in Inter-Group Discrimination." *Scientific American*, 223, pp. 96-102.

Tajfel, H., Billig, M. & Bundy, R. (1971). "Social Categorization & Intergroup Behaviour." *European Journal of Social Psychology*, 1, pp. 149-178.

Talmy, L. (1988). "Force Dynamics in Language & Cognition." *Cognitive Science*, 12 (1), pp. 49-100. doi : http://dx.doi.org/10.1016/0364-0213(88)90008-0

–, (2000). *Toward a Cognitive Semantics*. Cambridge, Mass. : MIT Press.

Tambiah, S. J. (1992). *Buddhism Betrayed ? Religion, Politics & Violence in Sri Lanka*. Chicago : University of Chicago Press.

Tarde, G. (1903). *The Laws of Imitation.* New York : Henry Holt.
Taves, A. (2009). *Religious Experience Reconsidered : A Building-Block Approach to the Study of Religion & Other Special Things.* Princeton : Princeton University Press.
Taylor, C. C. (1999). *Sacrifice as Terror : The Rwandan Genocide of 1994.* Oxford : Berg.
Tedeschi, J. T., Schlenker, B. R. & Bonoma, T. V. (1971). "Cognitive Dissonance : Private Ratiocination or Public Spectacle ?" *American Psychologist*, 26 (8), pp. 685-695. doi : 10.1037/h0032110
Tetlock, P. E. & Goldgeier, J. M. (2000). "Human Nature & World Politics : Cognition, Identity & Influence." *International Journal of Psychology*, 35 (2), pp. 87-96. doi : 10.1080/002075900399376
Thomas, K. (1997). *Religion & the Decline of Magic : Studies in Popular Beliefs in Sixteenth & Seventeenth Century England.* New York : Oxford University Press.
Thomas, S. A. (2007). "Lies, Damn Lies & Rumors : An Analysis of Collective Efficacy, Rumors & Fear in the Wake of Katrina." *Sociological Spectrum*, 27 (6), pp. 679-703. doi : 10.1080/02732170701534200
Tomasello, M. (2008). *Origins of Human Communication.* Cambridge, Mass. : Bradford Books & MIT Press.
–, (2009). *Why We Cooperate.* Cambridge, Mass. : MIT Press.
Tooby, J. (1982). "Pathogens, Polymorphism & the Evolution of Sex." *Journal of Theoretical Biology*, 97 (4), pp. 557-576. doi : http://dx.doi.org/10.1016/0022-5193(82)90358-7
Tooby, J. & Cosmides, L. (1988). "The Evolution of War & Its Cognitive Foundations." *In* J. Tooby & L. Cosmides (eds.), *Evolutionary Psychology : Foundational Papers.* Cambridge, Mass. : MIT Press.
–, (1992). "The Psychological Foundations of Culture." *In* J. H. Barkow, L. Cosmides *et al.* (eds.), *The Adapted Mind : Evo-*

lutionary Psychology & the Generation of Culture, pp. 19-136. New York : Oxford University Press.
–, (1995). “Mapping the Evolved Functional Organization of Mind & Brain.” *In* M. S. Gazzaniga *et al.* (eds.), *The Cognitive Neurosciences*, pp. 1185-1197. Cambridge, Mass. : MIT Press.
–, (2005). *Conceptual Foundations of Evolutionary Psychology.* Hoboken, N.J. : John Wiley & Sons.
–, (2010). “Groups in Mind : The Coalitional Roots of War & Morality.” *In* H. Høgh-Olesen (ed.), *Human Morality & Sociality : Evolutionary & Comparative Perspectives*, pp. 191-234. New York : Palgrave MacMillan.
Tooby, J. & DeVore, I. (1987). “The Reconstruction of Hominid Behavioral Evolution Through Strategic Modeling.” *In* W. Kinzey (ed.), *Primate Models of Hominid Behavior*, pp. 183-237. New York : SUNY Press.
Trigger, B. G. (2003). *Understanding Early Civilizations : A Comparative Study.* Cambridge : Cambridge University Press.
Tuomela, R. (2013). *Social Ontology : Collective Intentionality & Group Agents.* New York : Oxford University Press.
Turchin, P. (2007). *War & Peace & War : The Rise & Fall of Empires.* London : Penguin.
Turiel, E. (1983). *The Development of Social Knowledge : Morality & Convention.* Cambridge : Cambridge University Press.
Valeri, V. (1985). *Kingship & Sacrifice : Ritual & Society in Ancient Hawaii.* Chicago : University of Chicago Press.
Van Dijk, E. & Wilke, H. (1997). “Is It Mine or Is It Ours ? Framing Property Rights & Decision Making in Social Dilemmas.” *Organizational Behavior & Human Decision Processes*, 71 (2), pp. 195-209. doi : 10.1006/obhd.1997.2718
Van Schaik, C. P. & Van Hooff, J. A. (1983). “On the Ultimate Causes of Primate Social Systems.” *Behaviour*, 85 (1-2), pp. 91-117.

Van Vugt, M. (2006). "Evolutionary Origins of Leadership & Followership." *Personality & Social Psychology Review*, 10 (4), pp. 354-371. doi : 10.1207/s15327957pspr1004_5

Van Vugt, M., Cremer, D. D. & Janssen, D. P. (2007). "Gender Differences in Cooperation & Competition : The Male-Warrior Hypothesis." *Psychological Science*, 18 (1), pp. 19–2-3. doi : 10.1111/j.1467-9280.2007.01842.x

Viding, E. & Larsson, H. (2010). "Genetics of Child & Adolescent Psychopathy." *In* R. T. Salekin & D. R. Lynam (eds.), *Handbook of Child & Adolescent Psychopathy*, pp. 113-134. New York : Guilford Press.

Waldron, M., Heath, A. C., Turkheimer, E., Emery, R., Bucholz, K. K., Madden, P. A. F. & Martin, N. G. (2007). "Age at First Sexual Intercourse & Teenage Pregnancy in Australian Female Twins." *Twin Research & Human Genetics*, 10 (3), pp. 440-449. doi : 10.1375/twin.10.3.440

Walker, R. S., Hill, K. R., Flinn, M. V. & Ellsworth, R. M. (2011). "Evolutionary History of Hunter-Gatherer Marriage Practices." *PLoS One*, 6 (4), e19066. doi : 10.1371/journal. pone.0019066

Ward, T. B. (1994). "Structured Imagination : The Role of Category Structure in Exemplar Generation." *Cognitive Psychology*, 27 (1), pp. 1-40.

–, (1995). "What's Old about New Ideas ?" *In* S. M. Smith, T. B. Ward *et al.* (eds.), *The Creative Cognition Approach*, pp. 157-178. Cambridge, Mass. : MIT Press.

Ward-Perkins, B. (2005). *The Fall of Rome & the End of Civilization*. Oxford : Oxford University Press.

Washburn, S. & Lancaster, C. (1968). "The Evolution of Hunting." *In* R. Lee & I. DeVore (eds.), *Man the Hunter*, pp. 293-303. Chicago : Aldine Press.

Wellmann, H. & Estes, D. (1986). "Early Understandings of Mental Entities : A Re-examination of Childhood Realism." *Child Development*, 57, pp. 910-923.

Werker, J. F. & Tees, R. C. (1999). "Influences on Infant Speech Processing : Toward a New Synthesis." *Annual Review of Psychology*, 50 (1), pp. 509-535. doi : 10.1146/annurev.psych.50.1.509

Wertsch, J. V. (2002). *Voices of Collective Remembering*. New York : Cambridge University Press.

Westermarck, E. (1921). *The History of Human Marriage*, vol. 5. London : Macmillan.

Wetzel, C. G. & Walton, M. D. (1985). "Developing Biased Social Judgments : The False-Consensus Effect." *Journal of Personality & Social Psychology*, 49 (5), pp. 1352-1359.

Whitehouse, H. (1992). "Memorable Religions : Transmission, Codification & Change in Divergent Melanesian contexts." *Man*, 27, pp. 777-797.

–, (1995). *Inside the Cult : Religious Innovation & Transmission in Papua New Guinea*. Oxford : Oxford University Press.

–, (2000). *Arguments & Icons : Divergent Modes of Religiosity*. Oxford : Oxford University Press.

–, (2004). *Modes of Religiosity*. Walnut Creek, Calif. : Altamira Press.

Whiten, A., Custance, D. M., Gomez, J.-C., Teixidor, P. & Bard, K. A. (1996). "Imitative Learning of Artificial Fruit Processing in Children (*Homo sapiens*) & Chimpanzees (Pan troglodytes)." *Journal of Comparative Psychology*, 110 (1), p. 3.

Whitson, J. A. & Galinsky, A. D. (2008). "Lacking Control Increases Illusory Pattern Perception." *Science*, 322 (5898), p. 115.

Wiessner, P. (2005). "Norm Enforcement among the Ju/'hoansi Bushmen : A Case of Strong Reciprocity ?" *Human Nature*, 16 (2), pp. 115-145.

Wilkinson, J. F. (1891). *The Friendly Society Movement : Its Origin, Rise & Growth : Its Social, Moral & Educational Influences*. London : Longmans, Green.

Williams, D. R. & Mohammed, S. A. (2009). "Discrimination & Racial Disparities in Health : Evidence & Needed Research." *Journal of Behavioral Medicine*, 32, pp. 20-47.

Wilson, E. O. (1975). *Sociobiology : The New Synthesis*. Cambridge, Mass. : Belknap Press of Harvard University Press.

–, (1998). *Consilience : The Unity of Knowledge*. London : Little, Brown.

–, (1999). *Consilience : The Unity of Knowledge*. New York : Vintage.

Wilson, M. & Daly, M. (1992). "The Man Who Mistook His Wife for a Chattel." *In* J. H. Barkow & L. Cosmides (eds.), *The Adapted Mind : Evolutionary Psychology & the Generation of Culture*, pp. 289-322. London : Oxford University Press.

–, (1997). "Life Expectancy, Economic Inequality, Homicide & Reproductive Timing in Chicago Neighbourhoods." *British Medical Journal*, 314 (7089), p. 1271.

–, (1998). "Lethal & Nonlethal Violence against Wives & the Evolutionary Psychology of Male Sexual Proprietariness." *In* R. E. Dobash & R. P. Dobash (eds.), *Rethinking Violence against Women*, pp. 199-230. Thous & Oaks, Calif. : Sage.

Wolf, A. P. (1995). *Sexual Attraction & Childhood Association : A Chinese Brief for Edward Westermarck*. Stanford, Calif. : Stanford University Press.

Wood, G. E. (2002). *Fifty Economic Fallacies Exposed*. London : Institute of Economic Affairs.

Woodward, A. L. (2003). "Infants' Developing Understanding of the Link between Looker & Object." *Developmental Science*, 6 (3), pp. 297-311.

Woody, E. & Szechtman, H. (2011). "Adaptation to Potential Threat : The Evolution, Neurobiology & Psychopathology." *Neuroscience & Biobehavioral Reviews*, 35 (4), pp. 1019-1033.

Worstall, T. (2014). *Twenty Economics Fallacies*. N.p. : Searching Finance.

Wrangham, R. W., Jones, J. H., Laden, G., Pilbeam, D. & Conklin-Brittain, N. (1999). "The Raw & the Stolen : Cooking & the Ecology of Human Origins." *Current Anthropology*, 40 (5), pp. 567-594. doi : 10.1086/300083

Wrangham, R. W. & Peterson, D. (1997). *Demonic Males : Apes & the Origins of Violence*. London : Bloomsbury.

Xénophon. (1960). *Cyropaedia*. Cambridge, Mass. : Harvard University Press.

–, (2019). *Cyropédie*. Paris : Les Belles Lettres.

Xiaoxiaosheng, L.-L. (1993). *The Plum in the Golden Vase*. Princeton : Princeton University Press.

Xu, F. & Tenenbaum, J. B. (2007). "Word Learning as Bayesian Inference." *Psychological Review*, 114 (2), p. 245.

Yamagishi, T. & Mifune, N. (2009). "Social Exchange & Solidarity : In-Group Love or Out-Group Hate ?" *Evolution & Human Behavior*, 30 (4), pp. 229-237.

Yan, Y. (1996). *The Flow of Gifts : Reciprocity & Social Networks in a Chinese Village*. Stanford, Calif. : Stanford University Press.

Zahavi, A. & Zahavi, A. (1997). *The Handicap Principle : A Missing Piece of Darwin's Puzzle*. New York : Oxford University Press.

Zivi, K. (2014). "Performing the Nation : Contesting Same-Sex Marriage Rights in the United States." *Journal of Human Rights*, 13 (3), pp. 290-306. doi : 10.1080/14754835.2014.919216

Ce livre existe grâce au travail de toute une équipe.

Communication : Caroline Babulle, Sandrine Perrier-Replein, Typhaine Maison, Adélaïde Yvert, Inès Paulin.

Coordination éditoriale et administrative : Céline Poiteaux, Martine Rivierre.

Studio : Pascaline Bressan, Barbara Cassouto-Lhenry, Joël Renaudat.

Fabrication : Muriel Le Ménez, Céline Ducournau, Bernadette Cristini, Sophia Paroussoglou, Phousa Chantharath, Isabelle Goulhot.

Correction : Emmanuelle Coppeaux, Valérie Gautheron.

Commercial, relation libraires et marketing : Laetitia Beauvillain, Élise Iwasinta, Morgane Rissel, Perrine Therond, Aurélie Scart, Ombeline Ermeneux.

Cessions de droits : Isabelle Votier, Benita Edzard, Lucile Besse, Sonia Guerreiro, Costanza Corri.

Gestion : Sophie Veisseyre, Chloé Hocquet, Isabelle Déxès, Camille Douin.

Service auteurs : Viviane Ouadenni, Jean-François Rechtman, Catherine Reimbold.

Ressources humaines : Mylène Bourreau.

Juridique : Juliane Charbois, Laëtitia Doré, Anaïs Rebouh, Valérie Robe, Julia Crosnier.

Diffusion : Aurélia Spalacci, Nadine Eugénie, Céline Pitt, Arnaud Weill, Hervé Adamczyk, Annie Bourgade, Éric Charpentier, Gilles Couillard, Sandrine Ducrocq, Élisabeth Ehlinger, Guillaume Loras, Jean-Philippe Pilloux, Philippe Maulnier, Gilles Torché, Élisabeth Gastaldo, Jean-Pierre Stephany (Belgique), Olivier Béguin (Suisse), Emmanuelle Cadot, Virginie Godet et Caroline Pan.

Avec le soutien des équipes d'Interforum et d'Editis qui participent à la création, la diffusion et la distribution de ce livre.

Canoros Vehit Canentes

Composition et mise en pages
Nord Compo à Villeneuve-d'Ascq

MIXTE
Papier issu de
sources responsables
FSC® C003309
FSC
www.fsc.org

L'éditeur de cet ouvrage s'engage dans une démarche
de certification FSC® qui contribue à la préservation
des forêts pour les générations futures.

Pour en savoir plus :
www.editis.com/engagement-rse/

Imprimé en France par CPI
en mai 2022

N° d'édition : 63852/01 – N° d'impression : 3048536